KB210378

The

Intentional

Christian Community

Handbook

작정하고 시작하는 그리스도인 공동체

지은이	데이비드 잰슨과 벗들의 공동체
옮긴이	최태선
초판발행	2022년 7월 4일
펴낸이	배용하
책임편집	배용하
편집부	윤찬란 최지우 박민서 고학준
등록	제364-2008-000013호
펴낸 곳	도서출판 대장간
	www.daejanggan.org
등록한 곳	충청남도 논산시 가야곡면 매죽헌로1176번길 8-54
편집부	전화 (041) 742-1424
영업부	전화 (041) 742-1424 · 전송 0303 0959-1424
ISBN	978-89-7071-688-6 03230
분류	기독교	공동체

 값 30,000원

"교회에 다니지 말고 교회가 되라."

⋮

작정하고 시작하는
그리스도인 공동체

⋮

데이비드 잰슨과 벗들의 공동체

목차

옮긴이 글 ··· 13

서문 ·· 17
독자들이 먼저 읽어보기 원하는 저자의 서문 ····················· 20
감사 인사 ·· 36

1부 • 맥락 속에서의 공동체에 대한 열망
제1장 • 열망과 소명의 다섯 이야기 ···································· 40
제2장 • 해체된 공동체의 풍경과 공동체에 대한 우리의 열망 ········· 53
제3장 • 공동체에 대한 저항의 등고선 ································ 71

2부 • 의도적 공동체는 당신의 소명인가?
제4장 • 부르심 받은 공동체 찾기 ······································ 92
제5장 • 공동체에서 제자가 되라는 복음의 부름 ··············101
제6장 • 당신의 공동체 찾기: 방문, 인턴십, 멘토 ·············117
제7장 • 초보 회원 자격: 공동체를 향한 질문과 자신의 질문을 통해
　　　　거꾸로 자신의 소명을 점검해보기 ···················129

3부 • 함께 이사하기 전에
제8장 • 새로운 공동체의 첫걸음을 꿈꾸며 ······················144
제9장 • 갈등을 연대로 전환하기 ·······································152
제10장 • 헌신, 회원 자격 및 임무 ····································160
제11장 • 어디에 뿌리를 내릴 것인가? ······························170
제12장 • 인종적 화해 - 듣기, 복종, 협동 ·························181
제13장 • 공동체 안에서의 성 역할 - 갈등과 상승효과 ·······193

4부 • 공동체에서의 첫 해

제14장 • 의사 결정, 리더십 및 일치로 가는 길······204

제15장 • 작업 일정 잡기 및 직업의 유혹 ······216

제16장 • 공동체들 간의 연결 만들기 ······226

제17장 • 교회에 다니지 말고 교회가 되라 ······237

5부 • 젊은 공동체를 위한 성장 과제

제18 장 • 이야기, 규칙, 헌신의 예식에서 서약 만들기 ······248

제19 장 • 공동체에 양파가 필요한 이유에 대하여 ······260

제20 장 • 창조 관리, 식량 정의, 그리고 공동 식탁 ······272

제21장 • 하나님의 경제와 재물의 공동체 ······284

제22장 • 공동체를 위한그럼에도 불구하고 영적인 삶 ······295

제23장 • 사람들이 떠날 때······305

6부 • 성숙한 공동체는 하나님의 새로운 씨앗들을 위한 토양이 된다

제24장 • 공동체를 가로막는 상처의 치유 ······320

제25장 • 공동의 일과 사역 개발 ······333

제26장 • 공동체에서 예언자적인 소명과 가족을 유지하기 ······344

제27장 • 책임지기 방문 및 공동체 협회 ······353

제28장 • 홈 기반으로부터 새로운 공동체를 만들고 육성하기 ······366

제29장 • 뛰어난 재능을 가진 사람들과 복종에의 도전 ······379

결론: 갱신 수용 ······390

주 ······400

추천도서 ······407

조앤에게,

그녀는 반세기 전에 이 젊은 모험가를 훨씬

더 매력적으로 만든 공동체로서의 교회에 먼저 사로잡혔다.

데이비드 잰슨이 이 책의 대부분을 썼지만,

다른 사람들도 중요한 기여를 했다.

어떤 경우에는 장을 다른 사람이 썼거나

저자가 다른 사람과 공동 집필했다.

그들 기여자들은 아래와 같다.

브랜든 로즈 _ 오레곤주 포틀랜드, **스프링워터공동체**

샐리 슈라이너 영퀴스트 _ 일리노이주 에반스톤, **레바 플레이스 공동체**

앤디 로스 _ 일리노이주 에반스톤, **레바 플레이스 교회**

옮긴이 글

"공동체는 불가능하다."

이유는 공동체의 삶이 힘들어 보이기 때문입니다. 실제로도 힘듭니다. 하지만 세상에는 공동체들이 많습니다. 특히 장애인들과 같이 혼자의 힘으로 살기 어려운 사람들과 함께 사는 공동체들은 단순히 보기 좋은 것이 아니라 매우 존경스럽습니다. 그리스도교 신앙과 상관없이 세상에는 그런 공동체들이 숨어 있습니다.

우리나라 제주도에도 그런 공동체가 있습니다. 장애인들과 함께 살면서 세계적인 수준의 소시지를 만드는 평화의 마을 공동체입니다. 그곳의 이야기를 들으며 저는 전율을 느낍니다. 그리고 공동체를 우리의 삶의 방식으로 규정한 복음을 떠올립니다. 그러나 그것은 오늘날의 현실과는 동떨어진 전설 속의 이야기가 되었습니다.

"예수의 지문指紋이 스친 것은 그것이 무엇이든 묘수妙手다."

제가 가장 좋아하고 확신하는 명제입니다. 이 명제대로 공동체의 완성판은 그리스도인의 공동체입니다. 아니 그리스도인들의 공동체여야 한다고 말해야 할 것 같습니다. 사실 교회는 그리스도인들의 공동체여야 합니다. 그러나 그리스도인들의 공동체는 주류 역사 속에서 완전히 사라졌습니다. 물론 수도원 공동체를 언급하는 이들도 없지 않을 것입니다. 하지만 수도원 공동체는 주님이 원하셨던 공동체가 아닙니다. 그것은 생육하고 번성하라는 창조의 원리에 위배됩니다.

> "많은 신도가 다 한 마음과 한 뜻이 되어서, 아무도 자기 소유를 자기 것
> 이라고 하지 않고, 모든 것을 공동으로 사용하였다. 사도들은 큰 능력
> 으로 주 예수의 부활을 증언하였고, 사람들은 모두 큰 은혜를 받았다.
> 그들 가운데는 가난한 사람이 한 사람도 없었다. 땅이나 집을 가진 사람
> 들은 그것을 팔아서, 그 판 돈을 가져다가 사도들의 발 앞에 놓았고, 사
> 도들은 각 사람에게 필요에 따라 나누어주었다."

오늘날 그리스도교에서는 이 기사를 잘못된 종말론에 경도된 초기 그리스도인들의 일회적인 삶의 방식이었다고 해석합니다. 통탄할 일이 아닐 수 없습니다.

초기 그리스도인들은 인류 역사 속에 가난한 사람이 한 사람도 없는 사회를 구현하고 그것을 복음의 증거로 제시하였습니다. 그리고 그것은 온 세상을 구원하시려는 하나님의 경륜이었습니다. 그러나 그것은 과거형이 되었습니다. 더 이상 초기 교회와 같은 공동체를 현실 속에서 구현하려는 노력은 주류 그리스도교 안에서 완전히 실종되었기 때문입니다.

그리스도교 역사는 온고이지신이 아니라 처음부터 다시 시작해야 하는 역사입니다.

> "그러므로 네가 어디에서 떨어졌는지를 생각해 내서 회개하고, 처음에
> 하던 일을 하여라. 네가 그렇게 하지 않고, 회개하지 않으면, 내가 가서
> 네 촛대를 그 자리에서 옮기겠다."

에베소교회는 첫사랑을 버렸습니다. 그리고 오늘날 교회는 그리스도인 공동체를 버렸습니다. 이것이 오늘날 그리스도인들이 다시 공동체를 시작해야 하는 이유입니다. 오늘날 그리스도교에서 공동체는 이단들의 전유물로 전락했습니다. 하지만 하나님과 하나님 나라를 드러내고 보여주는 공동체가 없다면 복음은 무의미합니다.

최근 교회를 떠나 교회가 된 사람들이 있습니다. 그분들은 감격하고 기뻐합니다. 그러나 감격하고 기뻐하기에는 너무 이릅니다. 그분들의 모토는 "교회에 다니지 말고 교회가 되다"로 바뀌어야 합니다. 그것이 그리스도교 역사를 다시 시작하는 유일한 길이기 때문입니다.

저는 곳곳에 그런 "산 위에 세운 마을"들이 어두운 세상을 밝히는 빛으로 드러나기를 기도합니다. 그 마을은 "소유를 나누는 사랑의 공동체"들입니다. 물론 그리스도의 몸인 교회는 그리스도께서 세우십니다. 하지만 먼저 필요한 것이 있습니다. "인간의 작정"입니다.

그렇습니다. 지금은 작정하고 시작하는 그리스도인 공동체가 필요할 때입니다. 그리스도인들이 그렇게 불가능한 공동체를 시작하기로 작정할 때 성령은 그런 사람들을 이끌어 가난한 사람이 한 사람도 없는 소유를 나누는 사랑의 공동체를 다시 우리 시대에 건설하실 것입니다.

이 책을 읽고 공동체에 도전하기로 작정하는 여러분들이 되시기를 바랍니다.

소유를 나누는 사랑의 공동체를 꿈꾸며 **최태선**

서문

셰인 클레어본과 조나단 윌슨-하트그로브

이 책은 우리에게 오랫동안 필요했던 책입니다. 지난 15년 동안, 우리는 같은 질문을 한 사람들과 함께 거실과 부엌 식탁에 둘러 앉아 있었습니다. "어떻게 하면 우리가 우리의 모든 삶으로 예수님을 따를 수 있을까요?" 우리가 각각 집이라고 부르는 공동체인 심플 웨이와 루트바 하우스에서, 우리는 친구들과 이웃들과 함께 이 문제와 씨름해 왔습니다. 우리는 밤늦게까지 그 질문에 대해 이야기했고, 우리가 가진 모든 것을 복음의 진리에 대한 실험에 투자하고 있는 중입니다.

공동체에서 우리는 산상 수훈을 읽고 또 읽었습니다. 우리는 고대 수도원과 20세기 공동체 운동에서 영감을 받았습니다. 우리는 도로시 데이와 장 바니에, 존 퍼킨스와 디트리히 본회퍼의 책을 돌려보았습니다. 우리는 우리보다 앞서 간 사람들로부터 배우려고 노력했고, 우리 시대의 뚜렷하고 새로운 도전에 귀를 기울이려고 노력했습니다. 우리는 몇 가지 기적을 보았지만 비참하게 실패하기도 했습니다. 우리는 서로 용서하고 용서받는 법을 배웠습니다. 공동체는 우리의 회심을 위한 교실이었습니다.

우리가 복음의 진리에 대한 이 작은 실험들을 통해 보고 들은 좋은 소식들을 나누면서, 우리는 같은 질문을 하고, 같은 부름을 듣고 있는 수천 명의 다른 사람들을 만날 수 있었습니다. 그것은 예수님을 따라 공동체에서 제자의 삶을 살아가라는 부름입니다. 그 친구들의 작은 모임에서 우리가 알아볼 수 있는 그들의 표정을 통해 우리는 성령 운동에 참가하는 우리의 공통된 이유를 인식할 수 있었습니다. 하나님께서 무언가를 행하시고 계십니다. 희망은 하나의 거대한 줄기가 아니라 수천 개의 새싹 속에서 움트고 있습니다. 그 싹들은 창조를 낳은 노래, 태양과 다른 별들을 움직이는 사랑에 뿌리를 두고 있습니다. 하나님께서는 우리 시대에 새로운 일을 일으키고 계십니다.

그러나 공동체 안에서 새 생명을 돋우는 이러한 새싹들은 연약하기 때문에 성숙하게 자라기 위해서는 섬세한 보살핌이 필요합니다. 우리는 공동체가 쇠퇴하는 고통을 직접 목격함으로써 그것을 어렵게 배웠습니다. 그리고 우리는 예수님이 씨앗들이 아름답지만 뿌리가 자라지 않으면 단명 한다고 말씀하신 것처럼 너무나 많은 새로운 공동체들이 생겨나고 죽는 것을 보아 왔습니다. 하지만 그 고통 속에서 우리는 또한 놀라운 은혜를 보았습니다. 대부분의 경우 은혜는 부드럽게 지혜를 나누기 위해 온 선배 멘토의 형태로 왔습니다.

우리 둘 모두에게, 데이비드 잰슨은 현명한 목소리 중 하나였습니다. 여러분이 손에 들고 있는 이 책은 그가 지난 50년 동안 공동체에서의 자신의 경험을 통해 배운 것들을 되돌아보면서 오늘날 수십 개의 공동체들에서 일어나고 있는 일들을 귀담아 들으려고 노력한 결과입니다.

하지만 데이비드는 오랫동안 공동체를 형성해왔기 때문에, 단순히 자신의 생각만 말할 수는 없습니다. 그는 자신이 경청한 사람들이 어떻게 생각하는지 무엇을 생각하는지도 말해야 합니다. 그래서 이 책은 대화의 산물이자 최고의 음모, 즉 그들이 알고 살아내고 있는 진실을 말하기 위해 함께 노력하는 친구들의 이야기입니다. 이 책은 세대의 집단적 지혜를 다음 세대로 물려주면서 진정으로 "우리"의 목소리로 말고 있습니다.

이 책은 공동체를 갈망하는 사람들과 공동체를 발견한 사람들을 위한 것입니다. 젊은 구도자들과 오래된 급진주의자들을 위해, 농부의 달력이나 좋은 요리책처럼, 무엇을 해야 하는지 알려주는 것이 아니라, 당신이 있는 곳에서 친구들과 함께 길을 찾는 데 필요한 자원을 제공해주는 안내서입니다.

이런 책이 있다는 것은 정말 감사한 일입니다.
여러분과 이 책을 나눌 수 있어 너무도 행복합니다.

독자들이 먼저 읽어보기 원하는 저자의 서문

어떤 책들의 경우는 저자가 나중에 다시 말하게 될 것들을 소개하는 서문을 건너 뛸 수도 있을 것입니다. 하지만, 이 서문에서 나는 이 책의 다른 곳에서는 발견할 수 없는 이야기를 하고 있습니다. 즉, 제목과, 공동체를 육성하는 것이 나의 열정이 되는 방식으로 성장한 방법과, 이 책에서 발견되는 성장하고 있는 공동체들을 위해 이야기들과 통찰력을 모으기 위해 협력한 많은 다른 공동체들이라는 친구들의 모임에 대한 것입니다. 여기에 참여해주셔서 감사합니다.

우리는 많은 새로운 의도적인 그리스도인 공동체들이 생겨나는 흥분되는 시대에 살고 있습니다. 그리고 그곳에서 젊은이들그리고 나이 든 사람들도이 "제국의 버려진 장소"로 이주하며, "내가 너희를 사랑했던 것처럼 서로를 사랑하라"는 예수님의 말씀과 본보기에 따라 살아가려는 용기 있는 삶의 실험을 하고 있습니다, 그 과정에서 그들은 수도원 공동체들과 평신도 공동체들이 모든 세대에서 발견한 것을 다시 발견하고 있습니다. 진정한 공동체가 이루어지기 위해서는 우리가 삶의 중대한 전환을 겪어야 할 필요가 있습니다. 공동체에 독이 되는, 즉 자신과 돈과 권력을 숭배하고 가난한 사람들을 무시하는 우리 사회와 같은 사회의 토양에서 우리가 자랐다면, 특히 더 그럴 것입니다. 우리는 오래된 세상의 문제가 무엇인가를 알고 있을지도 모르지만, 그 오래된 세상이라는 거름에 새로운 사회의 씨앗을 심으면서도 우리가 아직도 그 세상에서 얼마나 많은 것들을 가지고 오는지는 거의 깨닫지 못합니다. 네, 이것은 내가 농장에서 자랐기 때문에 이렇게 말할 수 있습니다. 비록 우리가 이상주의자이고 위선자일지라도, 우리가 예수님께 붙어 있기만 하다면, 우리와 세상을 위한 희망은 여전히 있습니다. 예수님은 반드시 우리와 함께 하실 것입니다.

이상주의자들과 관련하여 먼저 이야기하자면, 우리 중 많은 사람들은 사회, 교회, 그리고 지금까지 함께 살아온 사람들과 관련하여 잘못된 모든 것에 대한 우리의 비판 때문에 공동체를 갈망합니다. 이상적인 세상과 모범적인 공동체에 대한 우리의 비전은 우리를 문 앞까지 데려다 줄 수는 있습니다. 하지만 그것이 그런 공동체라는 집 안에서 우리가 어떻게 살아야 할지를 보여주지는 못합니다. 1933년 디트리히 본회퍼가 썼던 것처럼, "공동체라는 이상을 비전으로 가지고 그것을 만드는 사람은 그 공동체가 하나님에 의해, 다른 사람들에 의해, 그리고 자신에 의해 실현되기를 구합니다." 이상적인 공동체를 우리의 손에서 놓지 않는 한, 우리는 필연적으로 우리의 기대에 부응하지 못하는 자매와 형제들을 증오하는 것으로 끝나게 될 것이며, 따라서 본회퍼는 우리가 하나님께서 이미 우리 주변에서 자라게 하시고 있는 바로 그 진정한 공동체의 파괴자가 될 것이라고 경고합니다. 우리는 우리의 공동체에 대한 꿈이 실현 가능하도록 우리를 도와줄 수 있을 뿐만 아니라 우리를 사랑하는 신실한 사람이 필요합니다.

이제 위선자들에 대해서 생각을 해보면, 무지와 지식은 순간적일 수혹은 최신 책과 같을 수 있지만, 아는 것과 우리가 이미 알고 있는 것을 다른 사람들과 함께 성실하게 행하는 것 사이의 차이는 한 평생 이상 지속될 수 있습니다. 우리는 다른 사람들의 경우는 그들의 가장 나쁜 행동으로 판단하고, 우리 자신의 경우는 최상의 가정으로 판단하는 것을 좋아합니다. 알코올 중독자들이 AA에서 배울 때와 마찬가지로, 우리가 자기 확신에 차 있을 때에는 우리 안에 숨어 있는 위선이 늘 우리의 삶을 차지하게 될 것입니다. "안녕하세요, 제 이름은 데이비드이고, 저는 위선자입니다."라는 고백과 함께 공동체 모임에서 우리 자신을 소개하는 연습을 할 수도 있습니다. 위선자들은, 우리의 생각과 달리 예수님이 가장 좋아하는 사람들 중 일부였습니다. 우리는 의도적인 그리스도인 공동체가 우리가 알고 있는 것과 우리가 사는 방식 사이의 큰 간격을 함께 살면서 발견하고, 더욱이 우리가 사랑 받고 있다는 사실을 발견한 위선자들의 회복을 위한 지지 모임이라고 믿고 있습니다.

그렇다면 공동체를 가능하게 하는 이 불가능한 사랑은 어디에서 오는 것일까요? 만약 여러분이 주일학교에 다녔다면 배웠겠지만 모든 질문에 대한 대답은 "예수님"입니다. 하지만 슬프게도, 예수님과 함께 있다는 사실이 우리를 우리가 가야할 곳으로 데려다주지는 않습니다. 예수님은 "나더러 '주님, 주님' 하는 사람이라고 해서, 다 하늘 나라에 들어가는 것이 아니다."라고 말씀하셨습니다. 우리는 특정한 예수의 제자들 무리에 참여하여 예수님으로부터 "서로"라는 공동체의 삶의 방식을 배워야 예수님의 사랑으로 가까이 다가갈 수 있습니다.

> "그러므로 내 말을 듣고 그대로 행하는 사람은, 반석 위에다 자기 집을 지은, 슬기로운 사람과 같다고 할 것이다." 마 7:21-24

N.T. 라이트에 따르면, "예수가 하고자 했던 일의 가장 중요한 점은 그가 미래에 장기적으로 약속했던 것을 현재 가까이서 하시고 있다는 것이었습니다." "그리고 그가 그 미래를 위해 약속하고 현재에 하신 일은 알 수 없는 영원을 위해 영혼을 구하신 것이 아니라, 이미 현재에 하나님의 궁극적 목적인 창조의 회복을 즐기고, 그 거대한 계획안에서 동료와 동반자가 될 수 있도록

현재의 세상의 부패와 타락으로부터 사람들을 구하는 것이었습니다."

"그 거대한 계획"이 바로 이 책의 내용이고 그것은 우리 시대에 새로운 공동체와 공동체를 위한 새로운 소명을 낳고 있는 성령이 이끄시는 운동입니다. 이 공동체들은 하나님이 온 세상을 위해 가지고 계신 미래를 위해 지금 행해지고 있는 예표라 할 수 있습니다.

"보라, 하나님 나라는 너희들 가운데 있다."

이 책은 가장 최근에 이루어진 의도적인 공동체들로부터 배우고 그것들을 양육하기 위해 함께 뭉친 모든 연령대의 사람들로 구성된 팀인 "우리"에 의해 만들어졌습니다. 하지만 이 책이 어떻게 만들어졌는지 말씀드리기 전에, 나에게 의도적인 그리스도인 공동체를 육성하기 위한 이런 열정을 안겨준 삶의 경험들을 여러분이 먼저 알아두시는 것이 좋을 것 같습니다.

여러분에게 이미 귀띔했던 것처럼, 나는 소 젖 짜는 법과 트랙터를 모는 법을 배우고, 언제나 헛간 남쪽에 달려있는 골대에서 농구를 하기 위해 여동생과 두 형들과 몰래 도망치곤 했던 캔사스에 있는 메노나이트 가족 공동체인 농장에서 자랐습니다. 교회는 우리 주일의 고정적인 부분이었고, 아침 식탁과 자기 전 기도도 그런 부분이었습니다. 성서에 "화를 내더라도, 해가 지도록 노여움을 품고 있지 마십시오."엡4:26라고 했기 때문에 낮에 다툼이 일어났을 때마다 우리는 자러 가기 전에 서로 잘못을 고백하고 화해해야 한다는 부모님의 강조는, 어쩌면 더욱 중요했습니다. 한 번은 아버지가 한밤중에 나를 깨우시고, 너무 화가 나서 내 친구들 앞에서 나를 야단쳐 망신을 주었던 것에 대해 용서를 구했던 것을 나는 기억하고 있습니다. 복음서에서 급진적 평화주의자인 예수님에 대해 배우며 자랐지만, 평화의 예수님이 교회 안에

서 구체화되는 모습을 보기 어렵게 만드는 경직되고 권위주의적인 리더십과
마주치기도 했습니다.

캔자스의 북뉴튼 지역에 있는 캔자스 메노나이트 교양과목 대학인 베델
대학에서 나는 순응해야 한다는 압박감에서 벗어나 내가 누구인지를 알 수
있는 자유를 경험했습니다. 나는 그 당시 내가 읽고 있던 철학이 무엇이든 그
것을 시험해 보았고, 솔직하게 나 자신을 그리스도인으로 부를 수 없다고 생
각했습니다. 케네디 대통령 시절인 1961년 4학년 때 나는 워싱턴 백악관 앞
에서 대기 핵실험에 반대하는 단식과 피켓 시위를 하는 평화 운동 활동가 대
표단 가운데 있었습니다. 신비롭고 경이로운 방식으로 하나님께서 내 삶에
들어오셔서 전면적인 전쟁을 준비하는 세상에서 평화주의자가 되라는 소명
을 받았기 때문입니다. 나는 불의에 분노하는 젊은 급진주의자였지만, 하
나님은 나에게 이 여행에서의 동반자 관계를 약속하셨습니다. 그 관계는 내
부적인 개인적인 관계임과 동시에 우리가 세상에 선포할 화해를 경험할 수
있는 동료 탐구자들인 공동체와의 관계였습니다.

캠퍼스로 돌아와서 나는 일종의 예언자적인 사명인 나의 소명에 대해 귀
를 기울여준 평화 모임의 협력자인 조앤 저거를 만났습니다. 조앤 자신은 알
마이어존 하워드 요더의 처남와 다른 멘토들이 이끌고 있던 캠퍼스 갱신 운동에
속해 있었습니다. 이들은 아나밥티스트 비전의 회복과 초기 교회의 공동체
주의에 대해 읽는 것에 만족하지 않고 예수님의 가르침을 삶의 중심에 두고
공동체 속에서 함께 교회가 되기 위해 작은 학생들의 모임을 형성했습니다.

신학교 2년을 빠르게 보낸 후, 나는 목사가 되지 않고, 조앤과 결혼하고,
캔자스 대학에서 역사를 공부한 후, 메노나이트 중앙 위원회에 속해 베트남
전쟁 참전 대체복무를 하기 위해, 새로 독립한 콩고 민주공화국의 고등학교
의 교사가 되었습니다. 우리는 가는 곳마다 같은 생각을 가진 친구들과 함께

성서종종 예수님의 산상수훈를 읽기 위해 기초적인 그리스도인 공동체로 모였고 급진적인 제자도로의 부르심에 응답하여 함께 사는 방법을 추구했습니다.

1970년대 초 미국으로 돌아와 베트남 전쟁에 반대하고 우리가 콩고에서 맛보았던 의도적인 공동체의 삶을 더 많이 추구하던 우리는 "반전 운동"에 뛰어들었습니다. 우리는 세상을 바꿀 모범적인 공동체의 비전을 가진 이상주의자들이었고, 세상이 불타는 동안 잠들어있던 교회의 다른 사람들과는 대조적으로 우리가 하려던 모든 위대한 일들에 대한 예언적 수사로 가득 찬 위선자들이었습니다.

하나님은 우리에게 자비로우셨고 공동체에 대한 첫 시도를 여러 가지 이유로 실패하게 하셨지만, 아마도 그것은 우리가 분명한 우선순위 없이 너무나 많은 선한 일들을 추구했고, 우리의 삶의 중심으로서의 예수님에 대한 확신이 없는 사람들과 그 일을 함께 했기 때문이었습니다. 얼마간 허우적거리는 첫 단계를 거친 후, 일리노이주 에반스턴에 있는 레바 플레이스 펠로우십RPF과 곧 샬롬 공동체 협의회에 속하게 될 다른 공동체들로부터 본질적인 가르침을 받아 1973년 새로운 공동체인 뉴 크리에이션 펠로우십이 탄생했습니다.

우리는 여섯 명의 가족과 몇 사람의 독신자들이 의도적으로 한 블록 안에 모여 살면서 공동의 소유를 실천하고, 이 집 저 집으로 함께 뛰어다니는 활기찬 아이들과 함께 공동체의 정원을 가꾸었습니다. 우리는 성령세례를 체험했고, 우리의 가장 큰 집 지하실에서 카리스마적이고 공동체적인 평화와 정의의 아나밥티스트 교회를 시작했습니다. 나는 다른 혁명적인 프로젝트를 준비할 수 있는 경제적 기반을 제공하는 궂은일을 마다하지 않는 동료들을 이끌었습니다.

밖에서 봤을 때, 한동안은 우리가 그것을 함께 한 것처럼 보였습니다. 하지만 우리는 반전 집회에서 집으로 돌아와 부엌을 청소하느냐 마느냐, 또 한다면 어떻게 하느냐를 놓고 다투곤 했습니다. 우리가 주장하는 평화는 세상을 위한 평화였지만 서로를 위한 평화는 아니었습니다. 우리는 문제가 있는 몇 명의 영혼들에게 환대를 제공했다가 이내 어쩔 줄 모르게 되었습니다. 정신적 붕괴와 결혼의 위기로 인해 우리는 다른 공동체에 있는 치료 전문가들과 더 현명한 멘토들의 도움을 다급하게 찾게 되었습니다. 우리의 삶의 충격적인 경험들이 우리의 발목을 잡았고, 우리가 서로를 파괴하지 않고 계속 함께 살고 싶다면 개인적인 치유를 위한 원천에 대해 배우고 현명해져야할 필요가 있다는 것을 깨달았습니다. 우리는 교대로 우리의 실패들을 포용하면서 하나님이 우리에게 얼마나 은혜로우셨는지를 실감나고 재미있게 나누었습니다.

"새치기를 해서는 안 됩니다. 아직 내 위기가 끝나지 않았기 때문에 당신의 위기는 기다려야 합니다."

우리는 예수님이 말씀하신 팔복의 첫 번째 복이 무엇인지를 배웠습니다.

"마음이 가난한 사람은 복이 있다. 하늘 나라가 그들의 것이다."

우리는 하나님께서 채우시기 원하시는 빈 마음과 간절한 마음으로 사랑과 용서를 위해 기도하는 법을 배웠습니다. 우리는 우리가 자랑스러워할 수 있는 어떤 것을 얻을 수 있는 공동체의 이상을 버리고 예수님이 거하시는, 우리가 함께했던 부서진 사람들을 그냥 받아들이는 법을 배웠습니다. 많은 갈등을 통해 우리는 우리와 다른 사람들을 양육하기 시작한 부드러운 사랑의 선물을 받았고, 그곳에서 우리와 우리의 아이들은 여전히 깊은 곳을 향해 가는 방식으로 하나가 되었습니다. "오늘 구원이 이 집에 이르렀다."눅19:9는 예수님 말씀을 우리가 들었을 때 성서는 우리에게 살아있는 말씀이 되었습니다.

뉴 크리에이션 펠로우십에서 우리는 합의에 의해 우리의 모든 결정을 이뤄내느라 얼마 지나지 않아 지치고 말았습니다. 하나님의 은혜로 우리가 평화롭고 질서정연하게 우리의 모임을 진행할 수 있는 사람들의 목회적 은사를 신뢰하는 법을 배울 즈음에 권태가 시작되었습니다. 우리는 저마다 모두의 선을 위해 일할 수 있는 은사를 가진 몸처럼 더 잘 기능하기 시작했습니다.

공동체는 대학 캠퍼스보다 더 교육적인 것으로 입증되었습니다. 대개 다른 모든 것들을 시도한 후에 좋은 길을 찾는 방식으로 우리는 기본적인 공동체를 양육할 수 있는 교훈과 기술을 배우고 있었습니다.

나는 다른 사람들이 나를, 인간관계에서 경청하고 은혜를 확장하는 것에 대해 배울 것이 많은 도덕적이고 원칙 지향적인 이상주의자로 경험한다는 것을 발견했습니다. 다행히도, 대부분이 자매들인 이 사람들은, 모두가 용기 있고 겸손한 예수님의 방식을 배우려고 했기 때문에, 어쨌든 나를 참아내고, 고쳐주고, 용서해주고, 품어주었습니다.

이 이야기를 하는 것은 여러분들이 나와 조금이라도 친해질 수 있고, 내가 이 프로젝트에 어떤 경험과 편견을 가지고 오는지 알 수 있도록 하는 것이며, 또한 새로 형성된 의도적인 그리스도인 공동체들이 용서를 고수하면서 하나님께서 우리를 변화시키기를 기다리면 비슷한 발견과 발전을 겪게 된다는 것을 설명하기 위해서입니다.

다른 사람들은 우리의 삶에서 예수님의 사랑을 느끼고 또한 치유될 수 있다는 희망을 가지고 우리에게 더 가까이 다가왔습니다. 우리는 소련 사람들의 말살을 목표로 하는 지역 미사일 사일로에서 시위를 계획했고, 뉴턴 지역 평화 센터를 시작하는 데 참여했습니다.

그러나 1980년대 중반이 되자 원래의 공동체의 지체들 중 일부가 나갔고, 국세청에 의해 괴롭힘을 당하던 시기에 우리의 공동 지갑은 사라지고 말았습니다. 이 공동체는 메노나이트 신자들의 모임으로 바뀌었는데, 이 모임은 애초부터 공동체의 특성의 일면을 유지하면서 해를 거듭할수록 성장해왔습니다. 이러한 변화의 시기에, 조앤과 나는 중학생 나이의 두 아이들과 함께 레바 플레이스 펠로우십에서 안식년을 보내고 있었습니다. 새로운 창조의 축복과 더불어, 레바에 머물기로 결정했는데, 그곳에서 우리는 좋은 사역과 치유와 우리의 소명 의식에 더 어울리는 공동체를 찾았습니다.

캔자스 주 뉴턴의 공동체 생활의 종말을 "공동체를 육성"하고 공동체의 지속 가능한 발전의 안내자가 되도록 부름 받은 사람의 눈으로 되돌아보면서, 무슨 일이 일어났는지 되짚어보게 됩니다. 이제 나는 성장하는 공동체를 위한 우리의 도전이 한 공동체에서 무엇을 해야 할지 알아낼 수 있는 것보다 더 많은 리더십의 은사를 가진 자신 없는 젊은이들을 모이게 했다는 것을 알았습니다. 우리는 우리의 모든 은사들을 사용하여 함께 사역하는 비전을 길러냈을 지도 모르는, 나이든 멘토가 없는 동료들이었습니다. 우리의 떠남은 젊은 지도자 세대가 결국 그들의 자리를 찾으면서 계속된 교회를 위한 건강한 발전으로서의 파송이었습니다.

우리 가족은 레바로 왔고, 그곳에서 만나지 못했던 어른들을 우리 또래 동료들의 공동체에서 발견했습니다. 이곳에서 나는 중앙아메리카의 전쟁을 지원하고 있는 미국에 저항하고, "엘 노르테"에 있는 난민들이 망명을 찾을 수 있도록 돕는 교회와 공동체들의 전국적인 네트워크를 운영할 수 있는 지원을 받았습니다. 줄리어스 벨서는 근본적으로 나에게 자신의 일을 주었고, 내가 실패하지 않도록 충분히 지도해주었지만, 동시에 내가 책임을 지고 그 일과 함께 성장할 것이라고 믿어주었습니다. 율리우스와 나는 25년이 넘도록 매주 월요일 아침에 만나 우리의 영혼을 성찰하고, 일에 대해 이야기하고, 새로운 비전을 꿈꾸고, 관계를 위해 기도하고, 주님과 함께 이 길을 걷는 믿을 수 없는 선물을 받았습니다. 위기에 처했을 때, 나는 이제 율리우스나 나의 다른 레바의 멘토들이 무엇을 할지 알게 되었습니다. 그리고 그것은 예수님이 무엇을 하실지 아는 것과 매우 유사합니다. 왜냐하면 그들이 예수님의 지도를 구하는 사람들이기 때문입니다.

1995년에 레바는 나에게 20여 곳의 공동체들을 방문하고 『빛과 소금과 평화』라는 북미에 현존하는 의도적인 그리스도인 공동체에 관한 책을 쓸 수 있도록 반 년 간의 안식년을 주었습니다. 그 이후로 나는 저렴한 주택을 공급하는 사역을 이끌고, RPF 리더십 팀의 일원으로서의 역할을 하고, 젊은이들이 공동체에 대해 배울 수 있는 견습 프로그램의 정초를 놓고, 레바가 속한 공동체의 연합인 샬롬 미션 공동체를 조정하는 일들을 하고 있습니다. 이 기간 동안 나는 레바는 물론 다른 공동체들에서도 협의와 중재, 공동체의 검토 등에 참여하며 공동체들의 관심사에 몰두했습니다.

2004년 노스캐롤라이나주 더럼에 있는 루트바 하우스는 새로운 공동체 활동가, 오래 된 공동체의 베테랑, 의도적 공동체 운동의 학자들을 모아 획기적인 행사로 판명된 모임을 개최했습니다. 이 "초대한 사람들만 참석하는" 모임에 대한 소식이 퍼져나갔고, 새로운 공동체 운동에 대해 간절히 말하고 싶어 하는 젊은이들의 무리가 나타났습니다. 젊은 공동체 운동가들의 에너지와 흥분은 나에게 70년대를 생각나게 했고, 나는 이 공동체 운동이 한 세대 전에 그토록 많은 그룹들이 그랬던 것처럼 섬광처럼 순식간에 사라져버리지 않을까 하는 걱정을 하게 만들었습니다. 그러나 "서른 살이 넘은 사람은 아무도 믿지 말라"는 70년대 청년 운동과는 반대로, 이 운동가들은 그들과 함께 걸을 수 있는 오래된 수도원주의와 레바, 순례자들의 교회, 종이신 왕의 교회와 같은 평신도 공동체를 분명하게 원했습니다. 미래에 이루어질 정의와 평화의 가능성을 이 시대에 증언하는 예언자 공동체에서 예수를 따르는 것에 일관성을 부여하는 아나밥티스트 신학에 대한 친숙함도 있었습니다.

우리는 루트바 하우스의 초대로 이 "신 수도원주의" 운동의 기본적인 책무의 이름을 지으려는 목표를 가지고 함께 모였습니다. 처음에는 회의적이었습니다. 레바가 참여한 샬롬 미션 공동체는 공유된 책무 목록에 동의할 수 있도록 하기 위해 1년 내내 일했습니다. 서로를 거의 알지 못하는 사람들이 어떻게 단 한 번의 주말에 이런 일을 할 수 있었을까요?

그런데, 성령께서는 다른 것을 염두에 두셨습니다. 조나단 윌슨 하트그로브는 다른 사람들의 이야기를 받아 적었고, 우리는 결국 "신 수도원주의의 12가지 표지"라는 선언문 작성을 마칠 수 있었습니다. 회의가 끝난 후, 12명의 사람들이 각각의 표지에 대한 장을 작성하도록 요청받았는데, 각각의 장들은 회심을 위한 학교새로운 수도원주의의 12 표지라는 제목으로 함께 모아졌습니다. 나는 '그리스도의 길에 있는 의도적 형성 과정과 옛 수련 방식의 노선에 따른 공동체의 규칙'이라는 장을 써 달라는 요청을 받았습니다. 실제로 이 "12개의 표지"를 그들의 책무로 받아들인 공동체는 많지 않았지만, 많은 공동체들이 자신들의 삶의 규칙을 작성할 때 그것들을 연구하도록 영감을 주었습니다.

그 이후에 쉐인 클레어본은 『거부할 수 없는 혁명The irresistible Revolution』을 썼고 수많은 대학 캠퍼스와 청소년 대회에서 이 메시지를 전했습니다. 조나단 윌슨-하트그로브는 구도자들에게 한 지역 그리스도인 공동체의 삶과 가르침에 몰입할 수 있는 주말을 제공하는, 전국에 설립된 더 많은 공동체들이 주최하는 피정으로써의 회심을 위한 학교를 시작했습니다. 참가한 사람들은 이곳에서 새로운 공동체를 시작하거나 이미 공동체의 삶을 구현하고 있는 공동체의 인턴이 되는 탐험을 했습니다.

이 프로젝트에 대한 지원은 쉐인과 심플 웨이, 조나단과 회심을 위한 학교, 샬롬 선교 공동체와 다른 다양한 의도적인 그리스도인 모임들로부터 왔습니다. 우리는 공동체들을 방문했을 때, 그들의 이야기와 쟁점에 몰두하면서, 의도적인 그리스도인 공동체를 양육하기 위한 안내서를 작성할 경우를 대비하여 장챕터의 제목에 대한 제안들을 계속해서 들었습니다. 그것이 이 책이 태동하고 날개를 달기 시작한 방법이었습니다.

2010년 여름, 조나단에게 전국적으로 나타나고 있는 새로운 의도적인 공동체를 위한 지침서를 작성할 때가 되었는지를 묻는 출판사가 등장했습니다. 그는 자신에게 너무 많은 책무들이 있지만 그 책을 써야 할 사람을 안다고 말했고, 그는 나에게 전화를 했습니다. 그래서, 어떤 면에서는, 상황이 뒤바뀌었습니다. 젊은 세대가 나이 든 사람들에게 멘토링을 하고 있지만 하나님 나라에서는 그런 일들이 계속해서 일어나고 있는 일입니다. 공동체의 젊은 지도자들로 구성된 팀이 이 책 프로젝트의 계획, 집필 및 검토 단계에 참여했습니다. 성령의 일하심의 증거는 세대를 화해시켜 주님의 길을 예비하는 것입니다. 눅 1:17과 행 2:17 - 18 지금이 바로 그 드문 기회의 시간입니다.

더 깊은 공동체에 대한 갈망이 미국에서 자라나고 있습니다. 많은 관심 있는 그리스도인들은 예배와 교회 건물의 현란함과 프로그램들의 과장된 광고에도 불구하고, 대부분의 미국 교회 구성원들의 삶이 세상의 믿지 않는 사람들과 다르지 않다고 한탄했습니다. 통계적으로 말하면, 자신을 그리스도인이라고 밝힌 사람들은 부에 대한 끝없는 사랑, 소비주의, 이혼과 관계의 단절, 쾌락주의적 오락, 아무도 좋아하지 않는 이웃들 가운데 살면서 종종 이사를 하며, 다른 사람들과 거의 마찬가지로 계급과 인종에 의해 분리되는 것으로 특징지어질 수 있습니다. 그리스도인들이 스스로 예수님을 닮은 삶을 살기를 기대하는 교회는 자신을 기만하는 것입니다. 우리는 그리스도교 국가의 신화와 한때 그리스도교 국가체제라고 불리던 낡은 잔재들과 함께 하고 있습니다. 그러나 주변 세상이 우리를 그리스도와 같은 삶의 방식으로 사회화시킨 적은 없었습니다.

예수 운동을 하던 첫 세기 교회의 모습은 오늘날 우리 교회의 모습과 완전히 달랐습니다. 초기 그리스도인들은 도시 빈민들에게 먹을 것을 주고, 미망인들을 지원해 교회를 섬기게 한다는 평판과 함께 박해에 대한 비폭력적 대응, 즉 무기 수령을 거부하거나 제국의 전쟁에 참여하지 않는 것과 같은 행동으로 계급과 민족을 넘나드는 형제애와 나눔으로 유명했습니다. 초기 그리스도인들은 어떤 권력도 가지고 있지 않았지만 순교 앞에서 그들이 보여주었던 기쁨으로 로마라는 제국을 전복시켰습니다. 무엇이 그런 차이를 만들어낸 것일까요?

그 차이에 대한 그리스 신약성서의 답은 코이노니아입니다. 이 단어를 우리는 종종 "나눔"으로 번역하지만 이 단어는 더 구체적으로 "의도적인 공동체"로 번역될 수 있습니다.

의도적인 그리스도인 공동체에 대한 우리의 실천으로부터 도출한 정의는 예수님의 가르침과 실천을 그분의 제자들과 함께 더 가깝게 따르기 위해 의도적으로 삶을 공유하는 사람들의 집단입니다. 일상적인 기도와 예배, 소유, 삶의 결정, 가까이 사는 것, 우정, 공동 작업 또는 사역, 식사, 어린이와 노인을 돌보는 것과 같은 삶의 더 필수적인 삶의 요소들이 더 많이 공유될수록 공동체는 더 의도적인 것이 됩니다.

공동체는 다양한 이유로 형성됩니다. 같은 도시 블록에 사는 사람들처럼 우연한 공동체들이 있습니다. 공유하고 있는 땅과 관계의 역사가 연대에 대한 기대로 사람들을 묶어주는 제3세계의 소작농들의 마을과 같은 전통적인 공동체들이 있습니다. 기본적으로 사람들은 그곳에서 역할을 부여받기도 합니다. 그들이 얼마나 많은 것을 공유하느냐에 따라 결속력이 강한 공동체와 느슨한 공동체가 있을 수 있습니다. 나는 지역 노인 센터에서 일주일에 두 번 농구를 즐기는 사람들로 이루어진 느슨한 공동체에 속해 있습니다. 나는 또한 RPF 안의 더 결속력 강한 공동체에 속해 있는데, 그곳에서 우리는 예수님의 사랑, 소유, 근접성, 몇 가지 공통된 일과 사역, 그리고 수년간 서서히 생겨난 서로를 위한 많은 섬김의 편안한 방식들을 공유하고 있습니다. 우리는 이러한 코이노니아의 헌신들이 예수님을 주님으로 모시지 않는 우리 주변의 세상보다 우리의 삶을 다스리시는 예수님에게 더 많은 힘을 부여한다는 것을 경험하였습니다.

우리가 이러한 삶의 영역에서도 어떻게 하나님 나라의 모습으로 나타날 수 있는지를 모색할 때 우리가 공유하는 것은 무엇이든 공동체적 분별의 문제가 됩니다. 이와는 대조적으로, 우리가 의도적으로 살지 않는 삶의 영역들은 세상을 닮는 경향이 있습니다. 예수님 때문에 공동의 소유를 실천하는 공동체는 맘몬이 접근할 수 없는 곳이 됩니다. 예수님이 가르치신 대로 서로를 용서하는 공동체는 비난이 없는 곳이 됩니다. 개인들이 변화될 뿐만 아니라, 세상이 어떻게 바뀔 수 있는지도 볼 수 있습니다. 세상을 위한 좋은 소식이 되기를 바라는 모든 집단은 세상과 다른 의도적인 삶을 함께 살아내야 합니다. 이와 반대의 입장을 취하는, 지배적인 사회와 같은 집단은 그것을 제공할 좋은 소식이 없습니다.

교회의 갱신 운동은 삶을 변화시키고 눈에 보이는 사회적, 경제적 관계에서 예수님의 방식이 어떤 모습인가를 세상에 보여주는 의도적 공동체의 힘을 거듭 발견했습니다. 미국 조지아의 농부이자 그리스 학자인 클러렌스 조단은 이 공동체들을 "하나님 나라를 보여주는 모략"이라고 말하는 것을 좋아했습니다. 그들이 하는 모든 것이 옳기 때문이 아니라, 예수를 위해 모든 것을 버린 사람들 가운데 구현 되는 산상수훈이 어떤 것인지를 세상이 볼 수 있게 해주는 지역적인 실험이기 때문입니다.

자, 이제 여러분은 이 책을 탄생하게 만든 구불구불한 길에 대한 이해를 가지게 되었습니다. 남은 것은 이 책을 더 잘 읽을 수 있는 방법을 설명하는 것입니다.

우리가 젊은이들과 노인들의 공동체를 방문하면서, 우리는 그들이 개별적인 인간들과 마찬가지로 발전의 단계들을 거친다는 사실에 주목할 수밖에 없었습니다. 우리는 유아기로부터 성숙하는 과정을 거쳐 지혜에 이르기까지 삶의 각 단계에 대한 특정한 성품의 발달 과제들을 가지고 있습니다. 마찬가지로, 그리스도인 공동체의 경우도 이러한 과제들은 씨앗에서 식물을 거쳐 풍성한 수확에 이르기까지 변화됩니다.

정말로 예수님처럼 나도 농부이자 목수였습니다. 공동체의 경우, 예수님께서 조직으로서의 은유보다 유기체로서의 은유를 선호했다는 사실은 중요합니다. 공동체 개척자들은 공동체를 건설하지 않고, 공동체의 씨앗조차도 심지 않지만, 특정한 사람들과 함께 삶을 공유해야 하는 상황 속에서 하나님께서 가꾸시는 정원을 돌보라는 부르심을 받습니다. 우리의 개요는 다음과 같은 일련의 순서로 진행될 것입니다.

제1부: 맥락 속에서의 공동체에 대한 열망
제2부: 의도적인 공동체는 당신의 소명인가?

제3부: 함께 모이기 전에

제4부: 공동체의 첫해

제5부: 젊은 공동체를 위한 성장 과제

제6부: 성숙한 공동체가 하나님의 새로운 씨앗을 위한 토양이 되다

만약 여러분도 이 길을 가고 있거나 의도적인 공동체로의 여정을 준비하고 있다면, 여러분은 이 각각의 장에서 여러분 자신을 보게 될 것입니다. 좋은 소식은 사람들의 경우와 마찬가지로, 공동체가 삶의 전 과정과 죽음을 완성해야 하는 것이 아니라 우리가 거듭해서 다시 태어날 수 있도록 하나님께서 가지치기와 회복에 적극적이시라는 사실입니다.

감사 인사

이 책은 평생의 열정과 소명이 넘쳐나기 때문에, 인정해야 할 나의 빚 목록은 기억할 수 없을 정도입니다. 하지만 나는 우선 부모님인 힐다와 루이 잰슨이 우리 가족을, 예수님의 방식으로 서로를 섬기는 법을 배우고 필요한 것은 무엇이든 익숙해졌던 농장에서 키워주신 것에 대해 하나님께 감사해야만 할 것입니다. 그분들은 친구를 사귀고, 환대를 넓히고, 농장 이웃으로부터 지역 교회, 나아가 땅 끝까지 모든 범위에서 공동체를 구축하는 방법을 본보기로 가르쳐주셨습니다. 그분들은 그분들의 아이들이 쓴 모든 것에 있는 것처럼 이 책에 자부심을 가지고 책 속의 모든 내용을 속속들이 이해할 것입니다.

여러 해 동안 나의 멘토들이었던 J. 딕, 알 마이어, 제이크 폴스, 버질 보그트, 줄리어스 벨서, 존 레먼, 앨런 하우, 샐리 영퀴스트, 힐다 카퍼, 그리고 다른 여러 고무적인 길벗들에게 감사를 드립니다.

이 책의 공동저자들은 나를 그들의 집, 꿈, 공동체로 다정하게 맞아주었고, 다른 공동체를 양육하는 과정에서 우리는 놀랍고 광범위한 친구들의 네트워크가 되었습니다. 나는 특히 조나단 윌슨, 하트그로브, 셰인 클레어본, 나탈리 포츠, 루크 힐리, 졸린 로드먼, 브렌 듀베이, 르로이 바버, 브랜든 로즈, 카리마 워커, 아만다 무어, 셀리나 바렐라, 마리즈 스토브, 카라 클리어먼, 안톤 플로레스, 그리고 라케타, 사라 폰에게 감사의 말을 전하고 싶습니다, 샐리 영퀴스트, 앤디 로스, 칼 리먼, 블리스 앤 조너선 벤슨, 조디 앤 에릭

가비슨, 트리시아 파틀로우, 브라이언 고먼, 패트릭 머피, 팀 오토, 케이티 리버스, 다니엘 버트, 루이즈 앤 마크 지웍, 바비 라이트, 톰 로디, 팀 앤 샤론 도란 모리아티, 조시 맥콜리스터, 찰스 무어, 앨런 하우, 셀리나 베렐라, 애널리 개틀린, 사라 베슬러 터커, 그리고 내가 언급하는 것을 잊었을지도 모르는 다른 분들에게 감사를 표하고 싶습니다.

이 책이 나오기까지 양육 공동체 프로젝트에 대한 재정적 지원을 아끼지 않은 레바 플레이스 펠로우십, 샬롬 선교 공동체, 심플 웨이, 회심을 위한 학교, 루이빌 재단과 너무 많아서 다 언급하지 못한 여러 기관들에도 감사를 드립니다.

레비 센터 시니어 올림픽 농구팀의 친구들에게도 감사를 드립니다. 그들은 머리가 희끗희끗해진 나를 젊게 해주었습니다.

전 세계의 친구들에게 감사를 드립니다. 특히 인도의 선교 파트너 다스와 도리스 마디마두구는 나를 사랑과 신실한 기도 가운데 머물게 해주었습니다.

지난 10년간 레바의 견습생이었던 분들에게 감사드립니다. 그들은 자신들의 세상에 대해 가르쳐주었고, 믿음 안에서 함께 했던 영적인 여행은 나의 마음을 사로잡았습니다.

2011년 가을, 의도적인 그리스도인 공동체 수업에서 이 책의 앞부분의 장들을 읽고 토론하여 이 책을 더 나은 책으로 만드는데 도움을 주었던 노스파크대학교 학생들의 사랑에 조금이라도 보답하고 싶습니다.

이제 20년이 지났지만 주님의 말씀을 들으며 일기 쓰는 법을 가르쳐준 짐 스트링햄을 만나게 하신 하나님께 감사를 드립니다.

데이비드 잰슨에게는 결코 일어나지 않았을 좋은 통찰력을 한 번 더 적을 수 있도록 밤에 나를 깨우신 성령님께 영광을 돌립니다.

존 M. 스위니, 로버트 에드먼슨과 이 책의 프로젝트를 믿고 이 책을 완성할 수 있도록 전문적으로 지도해준 파라클레 출판사 관계자 분들을 주님께서 축복해주시기를 바랍니다.

인내심을 갖고 경청하는 법을 내게 가르쳐주었고, 다루기 어려운 수많은 중단 속에서 바른 길을 찾게 해주었고, 사십팔 년 동안을 나와 함께 애정 어린 용서의 길을 함께 걸어준 조앤에게 사랑을 전합니다.

우리들과 함께 "그 뜻을 하늘에서 이루심 같이, 땅에서도 이루어 주십시오."라고 기도하는 모든 사람에게 무한하고 놀라운 은혜의 파노라마를 베푸시는 하나님을 찬양합니다. 할렐루야!

그리고 마지막으로, 여러분의 관심에 감사를 드립니다, 사랑하는 독자 여러분, 이러한 이야기와 통찰을 형제애로 더 단단해지는 그리스도인 공동체의 삶으로 가는 길에 공유하게 되어 기쁩니다. 이 여정에서 우리가 어떤 위치에 있든 간에, 늘 우리 자신의 비전들을 사랑하는, 느리게 깨닫는 이상주의자들이지만 예수님이 사랑하는 공동체의 제자가 되도록 그분의 초대를 받은 위선자들을 다시 받아들이는 겸손한 용기를 가질 수 있기를 바랍니다.

1부

맥락 속에서의 공동체에 대한 열망

제1장

열망과 소명의 다섯 이야기

다음의 이야기들은 의도적인 그리스도인 공동체로 가는 매우 다른 다섯 가지 영적인 여행에 대해 이야기한다. 그들은 모두 예수가 "회개하고 하나님의 나라가 가까이에 있음을 믿으라"는 말씀에서 "회개"라고 부르신 것에 대한 설명이다. 여기서 회개하는 것은 인생에서 죄에 대해 수치심을 느끼는 것과 같은 감정이 아니라, 오히려 새로운 삶의 길을 택하는 순간이다. 왜냐하면 "밭에 숨겨진 보물"이 모든 것을 팔아 살만큼 가치가 있는 것임을 알게 되었기 때문이다.마 13:44 여기서 시작된 이 이야기들은 이 책의 후반부에서 계속된다. 당신은 이 다섯 사람과 함께 1마일을 걸어간 후에, 우리와 다시 만나서 이러한 열망과 부르심의 이야기에서 나타나는 차이점과 공통된 주제들에 대해 성찰할 것이다.

청년 목사와 제 3의 길을 모색하는 사람들

나탈리 포츠의 이야기

고등학교 3학년이 되기 전 여름, 나는 미네소타주 세인트 폴에 있는 우드랜드 힐스 교회에서 인턴십을 했습니다. 그 당시 나는 예수님을 따르는 것에 열정적이지 않았고 오히려 리더십 개발에 더 관심이 있었습니다. 어느 날 우리 청년 목사인 세스 맥코이가 다른 인턴과 나에게 "예수님 자신이 하나님이라는 것을 몰랐다면?"이라는 질문을 했습니다. 그것은 다시 예수님을 우리와 같은 인간으로 상상하고 우리가 그분과 더 비슷할지도 모른다는 생각을 하게 함으로써 나의 흥미를 유발했습니다. 그것이 하나님 나라를 이해하는 나의 첫 번째 관심사였습니다. 인턴십의 일환으로 나는 쉐인 클레어본의 『저항할 수 없는 혁명』을 포함하여 많은 책들을 읽었습니다. 거의 모든 이야기들이 매우 흥미로웠습니다. 우리는 우리가 읽고 있던 모든 것들에 대해 세스와 이야기를 나누었습니다.

그 후 나는 성서 이야기인 『만나와 자비』라는 성서 이야기책을 읽었는데, "빅딜 시스템"이라고 불렀던 그 책은 나에게 "제국"에 대한 저항 공동체와 같은 문제에 대해 더 쉽게 접근할 수 있도록 해주었습니다. 그것은 삶을 공유하는 교회로서의 의도적인 공동체에 대한 나의 관심을 유발했는데, 그것은 단순히 청소년 그룹에 가서 모든 사람을 사랑하려고 하는 것 이상의 것이었습니다.

월터 브루그만의 『예언적 상상력』은 우리가 예언자 공동체와 그 사역에 대해 말할 수 있도록 도와주었습니다. 우리는 모든 것을 공유하며 함께 살라는 소명을 받았을 뿐만 아니라 우리 주변 세상에 예언자로서의 증인, 하나님이 인간을 위해 가지고 계신 삶의 방식에 대한 증인이 되라는 부르심을 받았습니다.

헨리 나우웬이 쓴 『사랑의 내면의 소리』는 그가 공동체를 떠난 피정기간 동안의 일기를 담고 있으며, 종속적인 관계로부터의 치유에 대한 자신의 필요성을 반영하고 있습니다. 이것은 나에게 치유의 장소로서의 공동체에 대한 비전도 가져다주었습니다. 거기서 나우웬은 영적인 안내자와 멘토의 중요성을 강조했습니다.

세스는 한 친구로부터 들어 알게 된, 이 모든 생각들을 하나로 묶어 이해할 수 있도록 해주는 아나뱁티스트 신학과 친숙해졌고, 그것을 우리 청년 그룹에게 가르치기 시작했습니다. 그 당시에 나는 의사가 되어 아프리카로 갈 생각이었는데, 세스가 의도적인 공동체에 대한 자신의 비전에 대해 말해주었을 때, 나는 그 계획을 포기했습니다. 나는 즉시 내가 그것을 원한다는 사실을 깨닫고 공유 가정을 시작하는 것이 내 사명이라는 것을 알게 되었습니다. 9개월 동안 나는 누구든 듣고 싶어 하는 모든 친구들에게 공동체를 시작하는 일에 대해 이야기했습니다.

4학년이던 4월, 나는 몇몇 친구들과 함께 브라이언 맥라렌, 쉐인 클레어본, 마크 야코넬리가 이야기하던 윌로우 크릭 협회에서 있었던 학회에 참석했습니다. 그곳에서 우리는 의도적인 공동체의 삶 이면의 많은 생각들에 대해 들을 수 있었습니다. 그리고 우리와 함께 의도적인 공동체를 하고 싶어 할 다른 사람들을 찾는 과정이 시작되었습니다. 교회 친구들인 다니와 리키는 처음부터 나와 함께 그 열정에 사로잡혔습니다. 나는 친한 친구인 사라에게 공동체를 위한 집을 구해달라는 부탁을 했습니다. 그러자 그녀는 흥분해서 "내가 정말 바라던 일"이라고 말했습니다. 그녀가 구해준 집은 햄린 애비뉴 피자집 위에 있는 아파트였습니다. 2008년 6월, 우리는 세인트 폴 시와 미니애폴리스 사이의 미드웨이 지역에 있는 "햄라인 하우스"로 이사했습니다. 그 당시 나는 겨우 열여덟 살이었습니다.

그때 세스와 그의 아내 젠은 청년부에서 자원봉사자로 일했던 다른 부부와 함께 작은 그룹을 시작했습니다. 그들은 함께 『대통령 예수』를 읽은 후 2008년 11월에 이웃으로 이사하기로 결정했습니다. 다음 해에 다른 싱글들이 두 번째 의도적인 가정을 시작했고, 2009년 5월에 우리는 함께 예배를 드리기 시작했고 우리 자신을 "제 3의 길"이라고 불렀습니다. "제 3의 길"이란 예수님의 비폭력에 관한 언급으로써 갈등을 피하지도 보복하지도 않는 방식입니다. 그렇게 우리는 예수님으로부터 고난 받는 사랑인 제 3의 방식을 배우고 있습니다. 그 무렵 세스는 우드랜드 힐스 교회에서 이 새로운 의도적인 그리스도인 공동체를 돌보는 데 헌신하기로 한 자신의 결정에 대해 말했고, 몇몇 다른 가족들이 그의 말을 듣고 거기에 동참하기를 원했습니다.

캠퍼스 사역에서 온 우리 그룹

루크 힐리의 이야기

우리 공동체의 이야기는 우리 각자가 다른 공동체들과의 접촉을 통해 영감을 얻는 것으로 시작됩니다. 나의 첫 공동체 경험은 공동체를 그리스도인의 삶에 필수적임을 강조하는 1년 기간의 성서 대학에서 비롯되었습니다. 나는 개인적인 지식과 개별적 신앙에 대한 책임을 강조하는 나의 종교적 교육과는 너무나 다른 이 환경에서 변화되었습니다. 그곳은 내 과거의 어려운 문제들에 대해 마음을 열고 치유를 바랄 수 있는 안전한 장소였습니다. 간단히 말해서, 그것은 정상적인 삶을 위한 나를 "망쳐놓았습니다."

그 후, 캔자스 주립 대학교에서, 우리의 캠퍼스 사역인 '익투스'가 성서 공부에서 우리가 "생명 그룹"이라고 부르는 것으로 바뀌었을 때 더 깊은 공동체 경험을 할 수 있었습니다. 다시 말해, 단지 함께 배우는 대신 우리는 다른 사람들에게 우리의 노력과 기쁨을 알리고 싶었고, 의도적으로 우리의 삶을 공유하기 위해 작은 공동체를 만들었습니다.

나만의 생활 그룹을 이끈 한 시즌 후에 나는, 처음에는 학생이었지만 나중에는 '익투스'의 전임 사역자로 모든 생명 그룹의 리더가 되었습니다. 우리는 열심히 노력했고, 사람들의 마음도 진심이었지만 항상 같은 갈등들이 발생했습니다. 그렇다면 종종 아르바이트를 하는 학생들로서 우리는 어떻게 그리스도인 공동체가 될 수 있을까요? 그리고 몇 년마다 모든 사람들이 떠날 때 우리는 어떻게 이런 공동체에서 더 깊이 성장할 수 있을까요? 매 학기마다 우리의 스케줄은 바뀌었고, 사람들은 종종 그룹을 바꿔야 했습니다. 주님은 우리와 함께 많은 것을 할 수 있었지만, 공동체 안에서의 더 깊은 관계에 대한 갈증은 나와 다른 사람들에게도 커져갔습니다.

때때로 프랑스의 떼제 공동체 방문, 시카고 도심에서 다르게 사는 사람들의 이야기, 필라델피아의 심플 웨이 공동체에 관한 이야기인 쉐인 클레어본의 책 『저항할 수 없는 혁명』과 같은, 보다 총체적인 공동체의 경험이 우리의 메마른 토양에 몇 방울씩 떨어졌지만 그것은 우리의 갈망만을 증가시킬 따름이었습니다. 우리들 대부분이 오클라호마 시에 있는 느슨하고, 많고, 자주 바뀌는, 전에는 빈 집에서 살던 사람들의 집단인 노숙자들이 많은 지역에 있는 오래된 호텔에 자리한 '피난처'라는 공동체를 알게 되었습니다. 우리가 방문할 때마다 그들의 접근 방식과 비전이 바뀌는 것 같았지만 이웃의 위험과 도전에 직면하여 기꺼이 다르게 살고자 하는 그들의 의지는 우리가 우리 자신의 공동체가 되는 것에 대해 이야기할 수 있도록 우리를 격려해주었습니다.

캔자스 주립 대학교는 캔자스 시에서 차로 2시간 거리에 있는 캔자스 주 맨해튼에 위치해 있으며, 캠퍼스 사역을 하는 우리들 중 많은 사람들이 이곳 출신이었습니다. 우리는 부유함과 종종 고립된 교외에서의 독립이라는 전형적인 미국인들의 생활 방식에 도전하는 공동체에 대한 열망을 가지게 되었습니다. 우리 공동체는 일주일에 한 번 7, 8명이 모여 기도를 하는 것으로 시작했는데, 대부분 함께 식사를 한 후였습니다.

그러던 중 캔자스 시에서 발행되는 '스타'지에 "살인 공장: 64130."이라는 제목의 기사가 나왔습니다. 조사에 따르면 캔자스 시에 수감된 살인범들 중 대다수가 이 우편번호로 자신의 집 주소를 기재했습니다. 이 지역은 소위말하는 캔자스 시의 인종 차별 지역인 트루스트 애비뉴 "길 건너 편"이었습니다. 이 기사가 우리를 감동시킨 방식은 단순한 우연이 아니었습니다. 그것은 부르심이었습니다.

나는 깊은 관계를 원했다.

졸린 로드먼의 이야기

어렸던 중고등학교 시절, 나는 내가 너무 망가졌기 때문에 그리스도인이될 수 없다고 생각했습니다. 나는 사람들이 영성에 대해 이야기하는 것을 들었지만, 그것은 결코 그때의 나에게는 적절하지 않았습니다. 대학생 때 그리스도인이 되기로 했지만, 나는 어디에 헌신해야 할지를 몰랐습니다. 대학을마친 후 나는 다양한 캠프에서 아이들과 함께 교육 일을 하고 있었고, 내가아이들을 즐겁게 만드는 기발한 방식들을 생각해내는 은사를 가지고 있다는 것을 발견했습니다. 나는 하나님이 줄곧 나를 그런 곳으로 인도하셔서 그와 같은 은사가 발휘될 수 있었다고 생각했습니다. 그 "잃어버린 세월"을 돌아보며 하나님께서 나를 상실감을 느끼는 다른 사람들과 연결시켜 주셨다는것을 깨닫고 놀라움과 기쁨을 느꼈습니다.

얼마 후, 계속해서 새로 오고 떠나가는 청년들과 함께 집중적인 일주일을보낸다는 것이 불가능하다는 사실을 깨달았습니다. 나는 더 깊은 관계를 원했습니다. 나는 사람들을 더 잘 알기 위해 더 긴 시간몇 달 몇 년을 함께 보내고싶었습니다. 그것이 나를 캔자스 주 허친슨에서 노인 돌봄과 주택 사역을 하는 메노나이트 자원봉사MVS에 합류하게 만들었습니다. 하나님께서 내게 고난 받는 사람들을 향한 긍휼한 마음을 주셨습니다. 나는 그들의 삶이 나에게 매우 중요하다는 것을 발견했습니다. 섬김은 내 사랑의 언어입니다. 그것은 '내가 주고 네가 받는다'가 아니라, 내가 준 것의 열 배로 돌아왔습니다. 그럼에도 불구하고, 나는 늘 MVS에서 매년 새로운 자원봉사자들과 동거인들과 관계를 다시 시작하는 것이 힘겨웠습니다. 4년이 지난 후, 나는 외로움을 느꼈습니다.

그때 나는 다음 목표가 무엇인지를 하나님께 진지하게 묻기 시작했습니다. 분별을 위해 교회 사람들을 만났고 점차 내가 찾던 것이 직업이 아니라 소명이라는 사실을 깨닫게 되었습니다. 나는 계속해서 주님의 말씀을 경청하라는 충고를 들었습니다. 나는 그 8달 동안 기도에 관해 많은 것을 배웠습니다. 나는 의도적인 그리스도인 공동체에 대해 배웠고 이것이 내가 살았던 모든 곳에서 하려고 노력해왔던 것이라는 사실을 깨달았습니다. 다른 사람들은 1~2년의 섬김과 모험을 원했지만, 나에게 그것은 삶의 방식이었습니다. 나는 스스로 해결하려는 통제에서 벗어나 하나님께서 공급해 주실 것을 믿기 위해 주먹을 꽉 쥐는 대신 손을 벌리고 살고 싶었습니다. 나의 영적 안내자는 레바 플레이스 펠로우십이 바로 내가 찾던 곳일 수 있다고 말해주었습니다.

내가 론과 니나 프란츠의 뒷마당에 들어서던 날, 나는 그들과 함께 살아야 한다는 것과 하나님께서 나를 이 공동체로, 제안 받은 직업으로, 레바 견습생 프로그램으로, 그리고 로저스 파크 근처로 데려오셨다는 것을 깨닫게 되었습니다.

그리스도인 공동체에 대해 내가 아는 모든 것

르로이 바버의 이야기

나는 종종 필라델피아 도심에서 자라면서 배운 그리스도교 공동체에 대해 아는 모든 것을 말합니다. 공동 지갑, 단순한 생활, 일들을 논의하는 것들은 우리 아프리카계 미국인들이 단지 살아남기 위해 해야 했던 공동체적인 일들이었습니다. 백인들은 경제적으로 몰락하거나, 그들이 알고 있는 사회에서 물러남으로써 공동체에 도달합니다. 하지만 이것은 우리가 살았던 방식입니다. 성인이 되면서 어려운 일들이 일어나는 것을 보았고, 그리스도인으로서, 나는 응답하고 싶었습니다.

그것은 매우 기이한 일이었습니다. 나는 올해 마흔일곱이 됩니다. 도나와 나는 스무 살에 결혼한 이후 더 열심히 의도적인 공동체를 향한 이 여정을 걸어왔습니다. 우리는 환대로의 부르심을 느꼈습니다. 우리가 "어떻게 낯선 사람들과 머물 곳이 필요할지도 모르는 사람들을 환대할 수 있을까요?"를 물었습니다. 우리는 어느 순간 공동 지갑을 운영하고 싱글맘들과 다른 커플들을 우리와 함께 살자고 초대하는 의도적인 결정을 내리고 그들과 함께 살기 시작했습니다. 우리는 경제적으로 어려움을 겪고 있는 싱글맘과 함께 살았고, 그래서 우리는 집세와 저축을 위한 계획도 세워야 했습니다. 그녀가 지불한 집세는 그녀의 자립을 위해 따로 기금에 저축해 두었습니다. 이것이 우리가 필라델피아 도심에서 그들이 다시 자리를 잡을 수 있도록 도와줄 수 있는, 그곳에서 경험한 꽤 실용적인 방법이었습니다.

나는 토니 캄폴로에 의해 시작된 코너스톤 사역이라 부르는 선교 인턴수련 프로그램에서 일하기 시작했습니다. 나는 내가 풀뿌리 수준에서 경험하고 있던 것이 다른 사람들특히 백인들이 의도적인 그리스도인 공동체에서 하려고 했던 것과 일치한다는 것을 발견했습니다. 돌이켜보면, 그것은 내가 도시에서 어려움을 겪고 있는 사람들과 함께 했던 경험과 일치했습니다. 내가 이 프로그램을 총괄하면서 그런 개념들이 하나로 모아지기 시작했습니다.

브렌 뒤베이의 이야기

나는 항상 공동체에 매력을 느껴왔지만, 내 삶은 그렇게 이루어지지 않았습니다. 열일곱 살 때 나는 내가 가톨릭교회에 뿌리를 두고 있다는 사실을 발견했습니다. 나는 교회사를 공부했고 아주 많은 수도원을 세운 아빌라의 성 테레사의 수도원 이야기에 이끌렸습니다. 공동체의 씨앗은 그 당시 그곳에도 있었습니다. 후에 연극에서 했던 일은 지속될 것이라고 생각했던 진지한 공동체적 관계를 낳았지만, 연극이 끝나자 사람들은 흩어져 제 갈 길을 가게 되었습니다. 내가 엄마가 되었을 때, 내 아이들은 공동체적인 요소가 강한 몬테소리 학교에 다녔습니다. 그 학교에서는 매주 공동체 모임이 열렸고, 모두가 서로를 깊이 존중하고 존경하며 일을 했습니다. 그것은 매우 총체적이었지만 왠지 충분하지 않아보였습니다.

나는 공동체를 할 생각으로 조지아의 아메리쿠스에 온 것이 아니었습니다. 나는 휴스턴에서 아이들 그룹과 함께 견학차 글로벌 빌리지 전시회에 가기 위해 아메리쿠스에 있는 인류를 위한 해비타트 본부로 왔습니다. 방문객 담당자는 우리가 휴스턴으로 돌아가기 전에 해비타트의 탄생지인 코이노니아 파트너스를 봐야 한다고 말했습니다. 예의바른 텍사스 사람이 되어 나는 "알겠습니다. 부인"이라고 대답했습니다.

코이노니아에서 내게 일어난 일은 설명하기가 어려웠습니다. 차에서 내리는 순간 나는 사랑의 영, 거룩함, 땅과 공동체의 역사에 대한 무언가를 느껐습니다. 나는 거기에 45분밖에 머물지 않았지만, 나중에 내가 다시 돌아올 것이라고 생각하지 않고 온라인으로 모든 종류의 책과 씨디를 주문했습니다.

그리고 나는 마치 그곳에 대해 다 아는 것처럼 다른 도시 아이들 모임에게 "우리가 방문할 수 있는 이 농장을 알고 있습니다."라고 말했고, 놀랍게도, 그들은 그것이 아주 좋은 계획이라고 생각했습니다. 우리는 2003년 11월에 방문했고, 나는 2004년 1월까지 코이노니아로 이사하는 것에 동의했습니다! 당시 코이노니아 이사회는 새 상임 이사를 물색하고 있었습니다. 그들은 나를 원했고, 나는 지원서를 작성했습니다. 그리고 나는 그곳의 상임 이사가 되었습니다.

나는 이런 종류의 일을 하려던 계획은 정말 없었다고 말할 수밖에 없습니다. 그때 나는 라이스 대학에서 극작가로 재직 중이었고, 다시 그곳으로 돌아가고 싶었습니다. 하지만 하나님의 일하심을 느끼고 그 일을 수락했습니다. 내 생명을 뿌리째 뽑아 간 것은 순종이었습니다.

여기에 오는 것을 수락하게 만든 중요한 사람은 남편이었습니다, 남편은 내가 한 모든 일들을 지지해주었습니다. 나는 여전히 "이건 미친 짓이야"라고 생각하는 단계에 있었지만, 짐은 "우리가 해야 할 것 같아."라고 말했습니다. 우리의 세 아들이 지금도 살고 있는 휴스턴에 머물렀다면 삶은 훨씬 더 쉬웠을 것입니다. 하지만 짐도 여기에 끌렸고, 공동체에 참여하고 봉사할 수 있는 방법을 찾았습니다.

그때 짐은 암 진단을 받았고, 우리의 의료 보험은 조지아에서의 그의 치료비를 감당할 수 없었습니다. 그래서 그는 휴스턴에 머물렀고, 그곳에서 계속 가르치며 치료를 받을 수 있었습니다. 결국 내가 매달 휴스턴에 가거나 짐이 며칠 동안 이곳으로 오는 것이 우리의 일상이 되었습니다. 우리는 매일 대여섯 차례 전화 통화를 했습니다. 계속 이렇지는 않겠지만, 우리는 지금 이렇게 지내고 있습니다. 우리는 의료용 물품들이 관리되고 내놓은 우리 집이 팔린 후 내년 여름까지는 그가 이곳에 올 수 있기를 바라고 있습니다.

열망과 소명의 다섯 이야기에 대한 성찰

개인의 공동체로의 여정은 종종 이름도 없고 하나님에 대한 열망도 없는 것으로 드러나는 고통과 함께 시작된다. 일련의 "회심"을 포함하는 이 이야기들은 영적인 여행자들이 다른 제자들과 함께 예수님을 따라 그들 스스로 감당해 왔던 것보다 더 급진적인 길로 나아가라는 부르심을 일깨우는 경험을 하게 한다. 이러한 부르심의 경험은 성령이 하이킹 코스의 지도처럼, 하나님께서 부르시는 공동체를 찾는 개인들의 여정에 영감을 주기 위해 사용하는 사회적인 정황 속에서 성령 운동의 일환으로 일어난다. 우리는 다음 장에서 이러한 움직임의 더 넓은 맥락을 검토하고 반성할 것이다.

나는 이 사람들이 비슷한 삶의 변화와 새로운 직업을 찾는 것에 대한 본질적인 이야기를 하는 다른 방식들에 흥미를 가진다. 나탈리 포츠는 그녀가 읽은 책들, 아나밥티스트 신학을 발견한 청년 목사와의 대화, 그리고 참석했던 회의들을 통해 그녀의 변화의 여정을 알린다. 어렸을 때 그녀는 또래들 사이에서 작은 청소년 운동에 열정을 쏟았다. 그 배경에서 우리는 나탈리의 조숙한 재능이 조직하는 사람이자 공동체의 하인으로 펼쳐질 공간을 만들면서 정신적, 지적 자양분을 제공한 세스 맥코이의 빈틈없는 멘토로서의 면모를 볼 수 있다.

루크 힐리는, 비전을 가진 목사와, 의도적인 공동체의 삶으로 부르심을 받은 점점 더 많이 그리고 새롭게 나타난 대학생 그룹의 담당자가 되라는 하나님의 부르심을 발견했다. 한 걸음씩 기도하면서 루크와 그의 신생 그룹은 그들이 자랐던 교외에서 캔자스 시티의 "경계선을 가로지르는" 공동체를 개척하고, 인종 화해의 더 깊은 차원이 여전히 탐구되어야 하는 아프리카계 미국인 회중들과 파트너가 되라는 감동을 받았다. 공동체가 낙후된 장소인 제국의 버려진 곳으로 옮겨갔지만 하나님은 그들과 교회, 그들이 만나는 이웃들을 버리지 않으셨다.

타인과의 관계를 맺을 수 없고, 무언가 가치 있는 것을 제공할 수 없었던 부서진 사람이라는 고통스러운 확신에서 시작되었던 졸린 로드먼의 공동체로 가는 여정은 더 외로웠다. 그러나 그 후에 그녀는 아이들과 함께 바보 같은 기쁨이라는 선물을 발견했고, 하나님께 살아있고 섬김을 위한 긍휼의 에너지로 넘치는 영혼으로 꽃을 피웠다. 깊고 신실한 관계에 대한 그녀의 갈망은 그녀를 영적인 안내자, 기도의 삶으로 이끌었고, 그때에야 그녀는 자신의 소명이 의도적인 그리스도인 공동체로 부름 받았던 다른 사람들과 일치한다는 것을 발견했다.

르로이 바버와 그의 아내는 많은 아프리카계 미국인 가족들이 살아온 방식이기도 한 대가족으로 또 하나님께서 그들의 길에 가져오신, 가난 때문에 도시 빈민이 된 사람들을 위한 생존 수단으로 사용되었던 환대를 받으며 그들의 결혼 생활을 시작했다. 그들의 방식은 믿음을 행동으로 실천하는 실재적이고 실험적인 것이었다. 나중에야 그들은 아프리카 마을 생활에서 나온 이 고대 공동체의 지혜가 모든 것을 버리고 예수님을 따르라는 복음의 부르심을 듣는 특권을 가진 그리스도인들의 하향 이동성을 지지하는 의도적 그리스도인 공동체들이 2000년 동안 해온 것과 일치한다는 것을 발견했다.

브렌 뒤베이에게 삶의 전환점이 되었던, 휴스턴에서의 편안하고 생산적인 삶을 버리고 조지아 시골에 있는 코이노니아 파트너즈로 이사하기로 한 결정은 과감했다. 그곳에서 그녀가 상임 이사로 임명된 것은 사실 청빈의 서약을 의도적으로 받아들인 것이었다. 그녀는 자신이 실패한 비영리 서비스 기관을 의도적인 그리스도인 공동체라는 복음의 뿌리로 이끌도록 부르심을 받았다는 것을 알았다. 그녀의 삶과 일의 전환이 기적적인 것인 만큼, 그녀의 남편 짐이 고통스러운 이별의 계절들을 견뎌야 함에도 불구하고 성령의 부르심에 대한 확신과 충실함을 가질 수 있었던 것은 둘 모두에게 똑같이 놀라운 일이었다.

이 이야기들이 전개되는 다른 방식에도 불구하고, 공통점과 강력한 주제가 두드러진다. 사회학적 관점에서 우리는 이 모든 이야기들을 공동체의 맥락에서 희생적 섬김을 위한 일반적인 소명에 대한 발견으로 묘사할 수 있다. 역사적으로 우리는 이 사람들이 어떻게 급진적인 제자 공동체로서의 소수 운동에 참여했는지 보여줄 수 있었는데, 이는 교회의 삶에서 항상 존재해온 하나의 선택이었다. 영적인 관점에서, 우리는 이 사람들이 어떻게 삶의 더 깊은 차원과 목적에 맞추어져서 하나님과의 관계 속에서 모두가 살아나게 되는지 그 방법에 대해 주목한다.

이 모든 관점들은 사실이지만, 통일되고, 살아있고, 하나님께 권한이 있는 어떤 것의 단지 조각일 뿐이다. 이것은 '나'에서 '우리'로의 이동이며, 예수님의 말씀에 따르면 그것은 하나님 나라가 땅에 오는 것에, 지금 이곳에서 이미 영원한 삶에, 온 세상을 위한 좋은 소식으로서의 그 무엇에 참여하는 것이다. 우리가 아무리 그것을 묘사하려고 노력해도, 우리의 말은 부분적일 뿐이다. 하지만 우리는 매료되고, 가슴이 두근거리면서, 이야기 속으로 들어오도록 초대를 받았다.

제2장

해체된 공동체의 풍경과 공동체에 대한 우리의 열망

브랜든 로드

예수님을 따르는 자로서 삶을 온전히 나누고자 하는 열망은 지난 2천 년 동안 거의 변함이 없었다. 초기 가정 교회에서 사막 교부들과 교모들과 중세 수도회와 초기 아나밥티스트들까지, 윌리엄 펜의 필라델피아와 미국 개척지 유토피아 종파들로부터 오늘날의 번창하는 유기적/단순한 교회와 새로운 수도원 운동에 이르기까지, 모든 세대에 예수님은 급진적인 공동체로의 소환장을 보내고 있는 것처럼 보인다. 남은 자들은 겨자씨 한 알의 장엄함과 바보들의 경건으로 이루어진 현실에 뿌리내린 그리스도교를 추구하며 시민 종교의 지위나 자기 깨우침에 의한 영성의 어떤 한 가지만을 강조하는 경건함을 끈질기게 거부한다. 삼위일체 하나님을 반영하여 삶을 나누라는 예수님의 외침요17장은 주님께서 우리를 관계적 하나님의 형상으로 만드셨기 때문에 변하지 않았다. 사실 우리는 이 일을 위한 존재들이다.

이 시대를 초월한 부르심의 당대의 받아드림은 부르심 자체에 대한 매력과 그것에 대한 세상의 방식에 대한 절망에 근거를 두고 있다. 개인주의, 소비주의, 그리고 경력주의는 그것을 거절하지 못한다. 우리는 고립된 자아,

우리가 소유한 것, 우리의 경력 그 이상이다. 우리는 그 이상이 있다는 것을 알고, 예수님의 공동체로의 부르심을 듣고 거기에 분명하게 응답한다.

더 긍정적으로, 철학, 신학, 사회학, 신경과학의 새로운 통찰력은 만물의 상호작용을 지적하며 공동체의 아름다움을 우리에게 일깨운다. 이것은 미온적인 뉴 에이지의 "모든 것이 하나"라는 입장이 아니다. 이것은 하나님의 계획이 바울이 기록한 대로 그리스도 안에서 모든 것을 하나로 묶는 것이라는 옛 진리의 겸손한 재발견이다.엡1:10 우리는 충만한 이 진리의 아름다움에 의해 깨어나 예수 그리스도를 통해 모든 관계를 새롭게 하라는 부르심을 받는다. 생태학적, 영적, 사회적이라고 부를 수 있는 방식으로 예수님이 치유하고 계시다! 그렇다면 구원은, 하늘에서와 같이 땅에서도 공동체를 건설하는 것이다. 우리 중 많은 사람들은 공동체에 저항하는 것이 우리의 인간성에 대한 근본적인 진실을 부정하는 것이라는 사실을 점점 더 깨달아가고 있다. 예수님께서 당신과 나에게만 샬롬을 주시기를 원하지 않으시고, 여러분과 나 사이에 있는 모든 것에서, 하늘의 생명으로 우리의 관계들을 생생하게 만들고 싶어 하신다. 이것은 하나님께서 우리에게 일깨워주시는 공동체에 대한 크고 영원한 소명이다.

그리고 하나님의 영원한 부르심은 언제나 독특하게 시의적절하다. 때로 베네딕토의 수도원들은 초기 교회들과 다르게 보이고 아미쉬 공동체들은 심플 웨이와 다르게 보인다. 그리스도의 성육신처럼, 공동체에 대한 하나님의 회복적 부르심은 그것이 자라고 있는 문화의 맥락과 가능성 안에서 이루어진다. 이것이 바로 어떤 사람들이 성육신에 대한 선교적 충동이라고 부르는 것이다.

오늘날, 확실히, 공동체에 대한 요구는 크게 다르게 느껴진다. 서구 문화는 지난 200년 동안 엄청난 격변을 겪었다. 이것은 그리스도교 공동체와 관련하여 전혀 새로운 것은 없지만, 주어진 정확 속에서 언제나 새롭게 구현될 필요가 있다는 사실을 의미한다. 공동체를 추구하는 사람들에게 무언가 새로운 것을 시작하라는 요구는 매우 오래된 것일 뿐만 아니라 매우 새로운 것이다. 그리고 그것은 우리가 어떻게 그곳에서 가장 충실하게 그 소명을 받게 되는지를 비평적으로 분별함으로써 선교사의 시선으로 우리의 이웃들을 바라볼 것을 요구한다.

비록 우리는 당신의 이웃을 알지 못하지만 그것을 결정하는 것은 당신이다. 하지만 이 장의 나머지에서, 우리는 우리 시대를 매우 뚜렷하게 특징짓고 있는 서구 문화의 큰 격변을 탐구하면서 우리의 역사적 정황 속에서의 큰 그림을 살펴볼 것이다. 특별히 우리는 그 격변 뒤에 있는 두 가지 큰 흐름이 어떻게 예수님의 공동체에 대한 부르심으로 많은 사람들을 일깨웠는지를 생각해볼 것이다. 이 같은 방식으로 우리의 시대를 아는 것은 우리가 우리의 소명, 우리의 정황, 그리고 우리 자신을 더 잘 분별할 수 있도록 도울 것이다.

자동차 문화와 그것의 소비문화

20세기는 경이로운 창의력의 시대로 기억될 것이다. 그리고 그 시대에 미국인들은 자발적으로 그들의 삶을 멀고 불협화음을 내는 조각들로 산산조각 냈다. 미국의 산업은 미국 사회가 가족, 음식, 신앙, 직업 분야의 아주 오래된 중첩된 부분들을 분해한 시대에 원자 폭탄, 비행기, 아이패드, 그리고 생명 자체의 유전자 코드를 조립하는 방법을 배웠다. 미국인들은 그들의 뿌리가 시들면서 별에 손을 뻗었고, 우주에 살았지만 장소에 대한 모든 감각을 잃었다. 무엇이 이 뿌리 없는 장소를 경멸하는 사회를 만들었는가? 답은 멀리 있지 않다. 그 정체성과 기회의 위대한 대리인은 자동차 문화다.

이런 미국인들의 삶은 분산된 삶이다. 말하자면 우리는 우리와 20마일 떨어진 곳에 사는 사람과 함께 10마일 떨어진 곳에서 일하고, 다른 구획에 사는 식료품 가게 점원에게서 천마일 떨어진 곳에서 재배한 식재료를 사고, 도시의 다른 쪽에 사는 사람과 데이트를 하고, 차로 한 시간 거리에 떨어져 사는 사람과 함께 예배를 드린다. 우리는 "일주일에 7일" 그리스도인이 되고 싶을지도 모르지만, 이런 분산된 삶 속에서 각각의 개인들 이상으로 그 일을 하기 위해 고군분투한다. 그리스도인들은 그들의 빵을 만든 사람들과 성찬을 나누지 않는다. 하물며 밀을 재배한 사람들과는 더욱 그렇다! 우리는 길 건너편에 있는 가난한 사람들에게 수프를 대접하지만, 우리는 우리와 같은 벽을 사이에 두고 있는 사람은 알지 못한다. 이 포장된 도로로 이루어진 새로운 세상에는 일치, 헌신, 자연스러움 또는 안정감에 대한 감각이 거의 없다.

우리의 다른 삶의 영역들에서는 겹치는 부분이 거의 없기 때문에, 우리의 사귐, 독창성 또는 섬김이 자발적일 가능성은 거의 없다. 교외의 분열된 생활방식에서 가장 자발적이라고 할 수 있는 것은 문자, 트위터 및 핸드폰의 상태 업데이트의 반복되는 연속이다. 그러나 그것들은 우리가 쉽게 무시할 수 있는 것들이다. 서로 부딪치며 일어나는 놀라운 만남들을 선물로 받는 대신에, 이 전자 메모들은 우리 앞에 진정으로 있는 것으로부터 주의를 딴 데로 돌리기 위해 침입한다.

자발적인 선택 대신에, 우리의 많은 사귐, 독창성, 섬김들이 우발적인 선택에 뿌리를 두고 있다. 이 가게 마음에 안 드세요? 걱정하지 마세요. 몇 마일 동쪽에 있는 가게의 제품들은 마음에 들 것입니다. 스타벅스에 시끄러운 애들이 너무 많다구요? 걱정 마세요. 반스 & 노블 내부에는 조용한 사람들이 있습니다. 이런 상황에서 인생은 받은 선물이 아니라 선택이 만든다.

이 사실은 우리가 예배를 드리고 예배를 드리려 참석하는 곳처럼 우리가 쇼핑하고 식사하고 노는 곳에서도 동일하다. 교회가 너무 카리스마적이던, 충분히 카리스마적이지 않던, 너무 보수적이던, 너무 진보적이던, 너무 크던, 너무 작던, 너무 단일하던, 너무 다양하던, 우리는 그것을 우리의 취향에 맞는 교회로 몰고 갈 수 있다. 우리의 선택이 그것을 결정한다. 결국, 우리가 그것을 "교회 쇼핑"이라고 부르는 이유가 있다. 그리고 그것은 자동차 문화에 의해 특이하게 가능해진 영적 새로움이다.

인간이 되는 이 방식들과 하나님의 새로운 인류가 되는 이 방식들을 수천 년 동안 서구 문명이 작동해온 방식들과 비교해 보라. 걸어갈 수 있는 거리 내에서만 예배를 드릴 수 있을 때, 당신의 선택권은 제한된다. 농업에 종사했던 대부분의 사람들에게, 그들의 교회는 가장 가까운 마을의 사람들이었다. 그리고 도시 지역에 살고 있는 소수의 사람들에게도 그들의 선택은 마찬가지로 보행자로서 걸을 수 있는 거리에 의해 제한을 받았다. 무역, 예술, 오락, 교육은 모두 누구나 걸어갈 수 있는 범위 내로 한정되었다. 좋든 나쁘든 이런 사람이 당신 곁에 머물던 사람이다. 당신은 그들을 선물, 성가신 일, 또는 선교의 장으로 받아들일 수 있지만, 이것이 당신이 그리스도 안에서 함께 있는 사람이다.

이것은 대부분의 교회 역사가 의도적인 그리스도인 공동체처럼 살았다고 말하는 것이 아니다. 그건 어림도 없는 일이다! 좁은 장소, 이웃, 교구 교회의 범위로 삶의 모든 측면을 통합하는 것은 오히려 의도적 공동체라는 개념을 덜 필요해 보이도록 만들었다. 거룩함, 화해, 꾸준함, 인내심에 관한 전통적인 그리스도교 지혜의 필요성은 트위터 시대가 아닌 얽힌 관계의 시대에 훨씬 더 분명했다.

확실히 교구 교회는 여전히 역사적이고 현대적인 의도적인 그리스도교 공동체로부터 배울 것이 많다. 공동의 지갑, 공유된 헌신과 매일의 기도, 서약한 안정감 등등은 반문화적 행위로서 언제나 생명을 부여받을 수 있는 가능성이 높다. 그러나 우리의 분열된 사회에 분명하게 존재하는 공유된 삶의 필요성은 그 당시에는 꽤 이상하게 느껴졌을 것이다.

그러나 진실은 자동차로 인해 확장된 우리 사회가 공유된 삶으로 공유된 모든 것들을, 정말로 매우 새롭고 매력적인 것으로 만들었다는 사실이다. 다음 그림을 잘 살펴보고, 그것이 당신의 경험을 상기시키지 않는지 살펴보라.

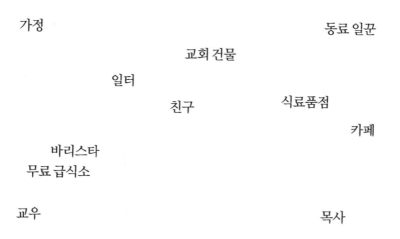

이 상상의 지도는 우리의 삶이 얼마나 흩어져 있는지를 보여준다. 단지 우리가 흔히 교회와 연결되는 위치, 즉 교회 건물, 목사, 교우, 무료급식소가 서로 얼마나 멀리 떨어져 있는지 생각해 보라! 교회 건물처럼 통제된 장소를 제외하고는 서로 부딪힐 가능성이 없다. 1980년대에 교외에 사는 회중들이 카페와 체육관을 갖춘 거대한 교회 건물을 지었고, 21세기에는 많은 목사들이 평신도들 사이에서 공유하는 믿음을 구체화하기 위한 어떤 방법 대신 온라인상의 "공유" 버튼을 받아들였다.

우리의 삶은 파편화되었고 우리는 연결을 갈망한다. 의도적인 그리스도인 공동체는 우리의 삶을 다시 지역화하고 재통합하면서 이러한 연결을 제공한다. 갑자기 교회 건물, 교회 리더십, 사교, 교우애, 섬김의 맥락들이 모두 촘촘하게 겹치기 시작한다. 아래 지도와 위 지도를 대조해 보라. 이것이 훨씬 더 인간적인 삶의 방식이 아닐까? 의도적인 그리스도인 공동체는 자동차 문화가 산산조각 낸 것들을 예수 그리스도 아래서 다시 한데 모은다.

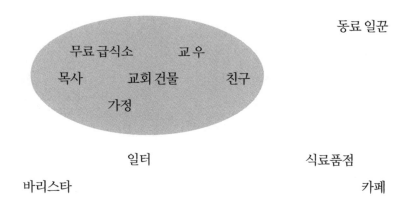

한편, 자동차 문화는 그것으로 더 확장된 교회 안에서의 위기를 만들어내고 있다 교회 출석이 소비자들의 선택처럼 되면서 교회의 전략 역시 그에 따라 바뀌었다. 오락 중심의 예배, 구도자 친화적인 예배, 무책임하게 입으로만 전하는 복음, 다른 교회 교인 빼앗아오기, 자기 교회 선전, 응집력 강화를 위한 소그룹 사역과 같은 모든 일들은 더 심각한 세상의 포로가 된 교회 유배의 증상이다. 자동차 문화가 된 미국인들의 삶에 맞추어, 교회 역시 잠재적인 참석자들에게 의미, 정체성, 가치를 제공하기 위해 이러한 방향으로 움직였다.

이러한 전략과 적응은 일부 사람들에게 그리고 한동안은 효과가 있었다. 독립적이고 자유로운 교회들과 오순절교회의 믿음은 특히 자동차 문화의 격변에 적응하는 데 효과적이었다. 한편, 주류 교회의 전통은 교회란 선택하는 것이 아니라는 사고를 견지한 채 이에 적응하는 데 크게 실패했다. 그들은 교외 지역에 있는 복음주의 교회들에 의해 쉽게 도태되었다. 현재, 대부분의 초대형교회들은 교외 문화에 특화된 신앙의 맛을 전문으로 하는 각각의 독립된 프랜차이즈이다.

그러나 초대형 교회는 궁극적으로 자동차 문화를 만족시키지 못했고, 언제나 신실한 교회로 성장하거나 지속적인 방식으로 하나님 나라를 보여주지도 못했다. 자동차 문화를 따라 더 확장된 교회는 점점 더, 더 넓어지는 자동차 문화에 대안을 제시하지도 못하고 그 문화로 인한 가장 깊은 고통도 낮게 하지 못하는 부적절한 것으로 인식되고 있다. 의도적인 그리스도인 공동체를 향한 현대의 움직임이 교외의 거주자들에게 그토록 심각할 정도로 매력적이 되었다는 사실은 의심할 여지가 없다. 그것은 오래된 대안을 독특하게 구현하고 있으며, 그 대안은 교외 거주자들의 고통에 위안을 제공한다.

그리스도교 제국주의의 종말과 포스트모더니즘

대부분의 그리스도교 공산주의자들과 대화하면 당신은 콘스탄티누스의 교회 유배에 대한 못마땅한 견해를 듣게 될 것이다. 그것은 아나밥티스트들이 오랫동안 집중해왔던 것이고, 최근에야 자동차 문화에 따라서 더 넓어진 교회를 다루어야 할 실제 문제로 인식하게 된 것이다. 이것은 그 사람의 동료들 사이에서 성서의 지식과 그리스도교적 애정을 가정하는 것만큼 무해한 것에 대하여 한 사람의 나라가 하나님 나라의 목적을 위해 신성하게 하나님의 선택을 받고 지극히 그리스도교적이라고 가정하는 것만큼 맹신적인 자랑이 될 수 있다. 수세기 동안 그리스도교 제국주의라는 믿음의 영역은 유럽과 미국의 규범이었다. 그것에 대한 비판은 좀처럼 맞지 않을 것처럼 보이는 골리앗을 향해 던진 돌들이었다.

그러나, 20세기 후반에, 그것은 바뀌었다. 세상을 그리스도교화하고 진보와 이성, 민주주의로 세상의 상처를 치유하겠다는 유럽과 미국의 그리스도교 제국주의의 약속은 부족한 것으로 드러났다. 집단학살, 식민주의, 인종차별, 핵무장에 대한 교회의 공모라는 그리스도교의 유산은 그리스도교 제국주의가 하나님 나라라는 확신에 대한 모욕이었다. 종교가 이러한 악들에 대한 책임을 피할 수 없다면, 도대체 그것이 무슨 소용이 있겠느냐고 많은 사람들이 의아해 했다.

결과적으로 전후 유럽에서는 신앙이 급속히 쇠퇴했다. 아우슈비츠 이후 태어난 많은 유럽인들은 유럽의 유산, 즉 이성과 민주주의가 인간 번영의 어떤 장애물도 극복할 수 있다는 그리스도교 믿음과 계몽주의의 독선적 확신에 대해 뿌리 깊은 회의감을 가지고 있다. 콘스탄티누스에 의해 유배된 교회는 한 세기도 채 안 되어 권력의 중심에서 가장 먼 곳으로 내던져졌다.

미국 교회들은 유럽 교회들의 쇠퇴에 있어서 단지 몇 십 년 떨어져 있는 것으로 밝혀졌다. 해가 갈수록, 자신을 그리스도인이라고 생각하거나 지역 교회에 정기적으로 참여하는 미국인들의 수가 줄고 있다. 미국에서는 매일 10개의 교회가 문을 닫고, 교회에서 자란 십대들 중 88퍼센트가 대학 2학년이 되면 신앙을 버린다. 미국인들이 성서를 읽어서 알고 있다거나 유일신으로서의 하나님, 천국, 또는 죄의 개념에 대해 믿음을 가지고 있다고 가정하는 것은 더 이상 타당하지 않다. 우리의 정황은 빠르게 후기 그리스도교가 되어가고 있다.

결과적으로 그리스도인들은 그리스도교 제국주의에 돌을 던지는 것에서 그것의 추도문을 쓰고 유언장을 정리하는 것으로 입장을 바꾸었다. 미국 교회들은 이 후기 그리스도교 시대에 현실적으로 살아남기 위한 다양한 신앙의 방식들을 시험해보기 위해 미친 듯이 실험하고, 쓰고, 블로그를 하고, 트위터를 하고 있다. 그리스도교 제국주의의 종말은 교회에 정체성 위기를 초래했고, 이는 다시 교회에 대한 상상력과 지혜라는 용광로에 불을 붙였다. 선교적 교회, 새롭게 등장하는 교회, 유기적 교회, 그리고 새로운 수도원 운동은 모두 그리스도교 제국주의 이후 발생한 창조적 반응의 흐름들이다.

전 세계 그리스도인들은 사람들을 그리스도와 의미 있는 방식으로 연결시켜 줄 무언가가 필요하다는 사실을 발견하고 새로운 교회적 상상력을 개발하고 있지만 그 교회가 반드시 예전처럼 보여야 할 필요는 없다. 이러한 교회들 중 많은 것들이 의도적인 그리스도인 공동체의 노선을 따르고 있다. 이러한 후기 그리스도교의 교회론들은 장소, 공동체, 겸손한 섬김에 뿌리를 두고 있을 때 가장 타당하다. 그리스도교 제국주의에서 교회가 정치적 통일체로 봉사한다고 가정했다면, 후기 그리스도교 교회론은 아나밥티스트 성향의 그리스도인들이 줄곧 주장해온 것처럼, 다시 말해 초기 교회와 마찬가지로 무너지는 제국 내에서 정치적 대안을 제시하는 사회를 보여주어야 한다는 사실과 마주치게 되었다. 하나님께서 여기까지 이끄신 은혜의 아름다움에 주목하라. 의도적인 그리스도인 공동체들은 오래도록 반 그리스도교 제국주의자로서의 자신들의 정체성을 강화해왔고, 나머지 교회들의 혼란과 분통을 야기했다. 이제, 후기 그리스도교 문화에서, 자동차 문화로 확장된 교회는 교회론을 다시 생각할 필요성을 깨닫고 있으며, 놀랍지 않게도, 의도적인 그리스도인 공동체와 같은 결론에 도달하고 있다. 후기 그리스도교의 교회와 반 그리스도교 제국주의 교회는 놀라울 정도로 비슷하게 들린다. 그것은 스스로를 의도적인 그리스도인 공동체라고 부르지 않을 수도 있지만, 명칭에 집착하는 것은 요점을 놓치는 것이다. 그것은 공유된 삶이라는 정황 속에서 온전한 제자도를 지향하는 본질적인 추구이다.

후기 그리스도교의 이러한 새로운 정황과 분열된 삶은 교회의 많은 사람들이 의도적인 그리스도인 공동체에 더 많은 관심을 가질 것을 촉구하고 있다. 이곳에 서술된 생생함으로 이러한 힘들을 인식하지 못할 수도 있지만, 그들은 언제나 똑같이 우리를 압박해 왔다. 교회의 상상력은 이러한 위기들에 의해 끈질긴 도전을 받고 있으며, 하나님은 의도적인 그리스도인 공동체라는 흐름 속에서 내일의 교회의 많은 것들을 만드시기 위해 그것들을 사용하고 있는 것으로 보인다. 만약 그것이 공동체를 향한 독려라면, 그것을 견인하는 힘은 무엇인가?

공동체를 향하도록 이끄는 힘

콘스탄티누스 이후 공동체를 향한 부르심은 믿음을 구성하는 정상적인 요소였고 그 이전 3세기 동안에는 교회의 많은 부분에서 규범적이었다. 그리고 좋은 이유로 의도적인 그리스도인 공동체에 들어가기 위한 성서적 영감들이 많이 있는데 이 책에서 나중에 그것들을 자세히 설명할 것이다. 성서 이야기에서 도출되는 아주 오래된 신앙 양식으로 언제나 우리와 함께할 것이다.

그러나 대부분의 미국 변화가를 산책해 보기만 해도 공동체 생활을 향한 충동은 우리들 그리스도인들만의 것이 아니라는 것을 떠올리게 된다. 도시 범죄 조직, 힙스터재즈광들을 포함하는들의 거주지, 블로그에서 만난 그룹, 종교적인 게토들은 우리 중 많은 사람들이 자신들이 속할 집단을 찾고 있다는 것을 보여준다. 이 공통된 갈망은 마치 우리의 인간성이 공동체를 통해 성취되는 것처럼 우리가 본능적으로 "우리의 뼈에 아로 새겨져 있는" 것처럼 느끼는 어떤 것을 가리킨다. 이것이 어디서 오는 것일까? 어쩌면 우리는 공동체를 위해 태어났는지도 모른다.

초기 그리스도인들은 구원을 예수님이 우리 안에 하나님의 형상을 담을 수 있는 능력을 회복하는 것으로 이야기했고, 일찍이 예수님과 바울에게 그 것은 곧 하나님의 삶을 공유하는 것을 의미했다. 예수님을 통한 인간과 하나님과의 혼인 관계는 교회 전통에서 우리가 하나님과 하나가 될 수 있도록 우리가 하나님이신 그리스도와 하나가 되는 것이라고 기억된다. 시간이 지남에 따라 이러한 구원의 의미는 서구의 전통에서 서서히 시들었지만 동방 정교회에서는 점점 더 신비롭고 개인적이며 내면적인 진리로 이어져 왔다. 그리스도교 제국주의의 허세를 부리는 과장의 한복판에서 주님과의 연합을 낳는 우리의 이미지는 명상적인 신비로 그 의미를 잃어갔다.

역설적으로, 고대 교회의 교부들과 교모들은 우리가 구원 받아 드러내게 되는 하나님의 형상이 어떤 하나님이신가에 대해 논의했었다. 그들은 지금 우리가 삼위일체라고 부르는 하나님의 존재방식에 대한 상상에 도달했고, 그것을 정리하기 위해 삼위일체 교리를 만들고 '기쁨의 원무'라는 그림 언어로 그것을 표현했다. 그렇다면 하나님의 존재 방식은 그 안에서 기뻐하고 서로를 향하여 영광을 돌리는 완벽하고 활동적인 공동체이다.

서로라는 말은 미심쩍은 교회의 삶에 대한 신약성서 문구이다! 우리는 "거울로 보는 것 같이 희미하나"라는 바울의 글에서의 표현 같이 이 주제들에 대한 기대를 느낄 수 있다. 거기서 신비주의와 결합된 하나님과의 연합이라는 구원의 필수적인 요소는 예수님이 우리로 하여금 원무라는 그림 언어로 표현되는 하나님의 삶을 살 수 있게 만드는 것이다. 그 말은 우리가 천국을 위해서만이 아니라 서로를 위해서도 구원을 받는다는 뜻이다. 우리는 서로에게 구원을 받는다. 왜냐하면 하나님과의 연합과 삼위일체 교리가 함께

하기 때문이다.

하지만 모든 사람들이 이 원무에 참여할 준비가 된 것 같지는 않다. 나는 하나님이 결코 자신들을 의도적인 그리스도인 공동체로 부르지 않을 것이라고 믿는 많은 사람들과의 우정을 즐겼다. 만약 하나님이 그러셨다면, 그들은 나에게 굳게 약속했고, 그때 거기에 있었을 것이다.

이것에 대해 솔직하게 말하면 나는 공동체의 삶이 신앙의 삶을 살 수 있는 유일한 길이라고 믿지 않는다. 또 다른 어떤 최상의 길이 존재한다고 믿지도 않는다. 그러나 인류가 공동체를 위해 만들어졌을 수도 있지만, 우리 중 어떤 사람들은 다른 사람들보다 조금 더 많이 그 춤을 출 준비가 되어 있다. 그 이유는 무엇일까? 그것이 미심쩍은 이유는 의도적인 그리스도인 공동체가 우리의 자동차 문화, 소비주의, 개인주의 문화와 근본적으로 너무나 다르기 때문에 거기에 참여하거나 집착하는 사람들이 거의 없다는 것이다. 단지 그 변화는 너무 급진적이어서 지체 없이 동참하기가 매우 어렵다. 우리의 파편화된 생활 방식은 그 원무에 대한 우리의 충동을 자극하고 활성화시키지만, 동시에 우리가 그 원무에 참여할 수 없도록 우리를 심각하게 변화시켰다. 한 사람의 소비자로서 급진적인 형태의 공동체에 노출되면서, 우리 중 많은 사람들이 대가를 계산해본 후 돌아서 떠나게 된다.

나는 공동체에의 참여를 주저하는 그 사람들에게 눈살을 찌푸리기 위해 이런 말들을 하는 것이 아니다. 그 원무는, 이미 언급했듯이, 심각하게 반문화적이다. 아무리 그리스도인 공동체가 더 나은 영적 무용수가 되는 데 유용하다는 것을 안다고 해도 내가 의도적인 그리스도인 공동체를 그 원무와 동일시하는 것은 매우 오만해 보일 것이다. 내가 제안하는 중요한 것은, 우리가 삼위의 존재 방식인 하나님의 삶을 향해 더 깊이 나아가고 있다는 사실과 그것이 매우 다양한 방식으로 일어나고 있다는 사실이다.

공동체로 가는 다양한 길

만약 원무를 추는 곳으로서의 우리의 공동체들이 진정으로 그 은유에 합당하게 살기를 원한다면 우리는 아름답게 다양한 춤을 추는 공동체들이 도처에서 일어나기를 기대해야 한다. 그리고 실제로, 그것이 우리가 발견한 것이기도 하다! 비록 우리가 같은 역사적 흐름과 내면의 갈망에 다양하게 반응하고 있지만, 우리는 또한 의도적인 그리스도인 공동체를 향한 동시대의 움직임에서 보게 되는 순수한 다양성을 기쁘게 바라보아야 한다. 우리를 공동체로 향하게 하는 더 큰 역사적 흐름들을 되새기고, 우리를 공동체로 끌어들이는 하나님과의 연합과 삼위일체 교리 사이의 연관성을 회상하면서, 우리는 지역 속에서, 삶을 나누고, 자신들에게 뿌리내린 믿음을 구현하고 있는 많은 움직임들을 축하할 수 있다. 아래 표에 제시된 것은 의도적인 그리스도인 공동체를 실천해 온 그룹들의 목록이며, 일부는 다른 단체들보다 훨씬 더 오래되었다. 우리는 여기에 지역에서 삶을 나누고 소규모라는 공통의 궤적을 그리고 있는 그리스도에 대한 여러 세대에 걸친 급진적인 증인으로서의 역할을 지닌다.

나는 이 그룹들을 완전히 다른 공동체 유형의 포괄적인 일람표로 명명하지 않는다. 많은 공통부분과 중복되는 부분들이 있는데, 이것들은 우리가 이러한 주제들에 대해 이야기할 때 관대한 시선을 갖도록 권장한다. 일부는 자신들을 X형으로 정의하고, 그들에 그런 정의에 의해 Y형으로 분류되고 비평가들이나 나 같은 다른 사람들에 의해 Z로 쓰인다. 그리고 그 각각이 다 옳을 수도 있다. 나는 이러한 종류의 공동체들을 헌신의 높이, 급진성의 깊이 또는 인기의 폭에 의해 "순위를 매기는" 것보다, 다만 "복음주의 교회와 선교와 관련된 주류인 사람들에게 알려지지 않은 정도"에 따라 나만의 기준을 만들었다. 결국, 현실을 직시하자는 것이다. 만약 당신이 기독교의 전통적인 표현에 익숙하다면, 의도적인 그리스도인 공동체를 향한 이 여정은 다른 나라로의 여행처럼 보일 수 있다.

유 형	형태	요 약	특징과 카리스마	예
다중 지역 교회	있음	여러 예배처소에 위성을 통한 원격 설교를 하는 메가처치들	재정적 통합과 조직적 기량을 갖춤	어디에나 있다
소그룹들	부분적	많은 교회들이 교회가 "실제로 이루어진다"고 말하는 곳으로, 아마도 단순히 친교 모임과 같은 곳들	많은 사람들의 낮은 수준의 교회를 향한 첫 걸음	어디에나 있다
제3의 장소" 교회	있음	술집, 미술관, 카페와 같은 사업을 통해 모이고, 전도하고, 조직하는 선교적인 교회 개척	공동 작업, 천막 만들기(이중직), 지역 기업 활동	어디에나 있다
캠퍼스 사역	없음	InterVarity, CCC, Chi Alpha는 신흥 그리스도교가 매우 공동체적이라는 것을 깨달았고, 그래서 학생들을 위한 공동 주택에 대한 실험을 한다	많은 사람들이 처음으로 의도적인 그리스도인 공동체를 깊이 경험하는 곳	어디에나 있다
선교적 공동체	다양함	교회를 중심으로 하는 사무실/조직과 연결된 창의적인제자도를 추구하는 이웃으로 모인 여러 사람들	제자도 중심의, 후기 그리스도교 문화	애둘람(포트 콜린스, 콜로라도) 와 신실한 언약 관계인 소마 (타코마, 워싱턴)
교회에 부속된 "공동체 하우스"	부분적	공동 거주를 실험하고 있는 교회들. 그 집들의 한정된모임은 나머지 회중을 위한생수의 우물이 된다	전통적인 교회와 협력하여 이루어 졌으며, "독립된 교회"가 아니다	처치 오브 더 비러브드 교회에 있는 로즈우드 마눌(에드먼드, 워싱턴)

유 형	형태	요 약	특징과 카리스마	예
교회에 소속되지 않은 "공동체 하우스"	없음	수천 명의 젊은이들이 공동거주를 통해 "공동체 생활"을 실험하고 있다.	많은 미혼의 젊은 그리스도인들이 대학 졸업 후에 그곳에서 성서 공부, 집 이름 짓기, 술 취하지 않는 파티 등을 시도한다	어디에나 있다
가정교회	있음	거실에 모이고, 자주 가까이 살며, 종종 공동 주거를 실천하고, 늘 헌신을 강조한다	만인제사장에 초점을 맞추고 화해하며 사는 법을 실천한다	서번트왕의교회 (포틀랜드와 유진, 오리건)
교구/ 동네 교회	있음	이 교회들은 이웃의/을 위한 교회들이다. 교인 자격과 선교와 사역의 창조성이 이 장소에서 일어난다.	장소, 존재의 신학에 대한 전문성	스프링워터 (포틀랜드, 오리건) 조이리버블 교회 (타코마, 워싱턴)
신 수도 원주의 공동체	종종 아니다	다른 공동체 유형을 포함 하지만 공유된 경건의 리듬에 중점을 둔다	영적 훈련을 통해 개인주의를 극복하기	루트바 하우스 (더럼, 노스 캐롤라이나)
새로운 급진적 교회	있음	적극적인 평화와 정의를 추구하는 아나밥티스트 교회는 행동주의, 단순성, 공동 주거를 통해 증언한다	창의적인 선교적 증언, 미국 문화에 대한 깊은 비판	미시오 데이 (미네아폴리스, 미네소타)
농장	종종 아니다	몇몇 농장은 예수를 위한 생태 마을이다. 다른 농장은 공유 농장을 통한 인종 화해에 초점을 맞춘다	공유된 작업 습관, 지속 가능성을 강조한다. 음식은 종종 도시 공동체에 판매된다	플로우 크릭 펠로우십(티실와, 일리노이), 티에라 누에바(스카짓 밸리, 워싱턴), 코이노니아 팜(아메 리쿠스, 조지아)
가톨릭 일꾼	부분적	가톨릭 자매, 개신교, 무신론자, 기타 자원 봉사자들이 모여 가난한 사람들 사이에서 정의를 추구한다	평화와 정의를 위한 조직, 노숙자와의 우정, 급진적인 환대	어디에나 있다

유 형	형태	요 약	특징과 카리스마	예
새로운 급진적 공동체	없음	새로운 급진적인 교회와 비슷하지만 회원들은 종종 지역 교회에 참석한다	전통 교회와의 관계에서 예언적 증인	심플 웨이 (필라델피아, 펜실베이니아)
새로운 수사 공동체	없음	가난한 사람들과 다른 소외된 사람들과 연대하고 가까이 살기	급진적인 환대, 가난한 사람들과의 상호 관계	서번트 밴쿠버 (밴쿠버, 브리티시 컬럼비아)
아나밥티스트 공동체 교회	있음	공동체 생활을 규범으로 삼는 교회로서 회원 자격에 대한 깊은 의도를 가지고 있다. 일부는 평화와 정의에 관련되어 있다	종종 공동 지갑을 가지고 있고 장기적으로 함께 뿌리를 내린다	레바 플레이스 펠로우십 (에반스톤, 일리노이즈)

공동의 여행에 대한 공동의 요구

이 목록에서 내가 좋아하는 것은 각 그룹이 가져오는 독특한 소중한 것과 용기이다. 어떤 공동체는 헌신에 초점을 맞추고, 어떤 공동체는 환대에 초점을 맞추고, 어떤 공동체는 화해에 뛰어나고, 어떤 공동체는 희년과 샬롬을 알린다. 우리는 서로에게서 배우고 감사해야 할 것이 너무 많다! 각 공동체는 다른 이들을 축복하는 그들 안에서 주님께서 행하신 독특한 일인 그들만의 카리스마를 가지고 있다. 우리는 그 원무의 일부로서 특별하게 현란한 각기 다른 춤을 춘다.

뿌리를 내리고, 지역화 되고, 함께 나누는 신실함은 놀랍도록 넓은 공간에서 그 모습을 드러낸다. 그리고 나는 의도적인 그리스도인 공동체로의 여정의 넓은 공간에서, 우리가 함께 놀고, 일하고, 예배를 시작하도록 부르심을 받았다고 믿는다. 모두가 한 곳에 뿌리를 내려야 하는 공동체의 삶은 혼자서 감당하기에는 너무 힘든 어려움이다. 다음 장에서 살펴볼 것처럼, 우리 시대에 그 원무를 향한 이 다양한 움직임은 의도적인 그리스도인 공동체들이 서로에게 생명을 주는 관계가 될 것을 강력하게 요구한다. 새로운 급진적인 사람들과 캠퍼스 사역자들, 교구 교회들과 소그룹들은 서로를 필요로 한다. 살아계신 하나님의 성령의 인도하심 속에서 우정과 동반자로서 하나가 됨으로써 우리는 앞으로 나아가고 우리 가운데 이루어지는 하나님 나라를 보게 될 것이다.

제3장

공동체에 대한 저항의 등고선

브랜든 로드

제2장은 오늘날의 정황 속에서 의도적인 그리스도인 공동체에 대해 꽤 낙관적이었다. 마치 모든 역사와 인간 본성이 우리를 안락한 포용이라는 사랑스러운 소용돌이 속으로 데려오기 위해 결합하는 것 같았다. 진실은 그것과 거리가 멀다. 북미인들, 특히 오늘날 내가 감히 이 장에서 조심스럽게 말하는 젊은 세대들은 많은 면에서 공동체 생활에 대한 준비가 매우 부족하다. 우리 중 많은 사람들이 이혼한 가정 출신이었고 이러한 공동체에 대한 부정적인 경험들은 우리의 마음을 공동체로 끌리게 만드는 동시에 공동체에 대한 깊은 두려움이라는 항체를 형성하기도 한다.

아마 여러분은 이 장에 나열되어 있는 대부분의 부정적인 경험들을 이미 알고 있을 것이다. 그러나 수년간 의도적인 공동체에서 살아온 많은 사람들의 경험의 관점에서, 우리는 그들을 당연하게 여기고 더 자세히 알려하지 않거나, 나약함과 도덕적 무기력함이라는 태도로 그들을 일축하지도 않는다. 우리 모두가 공동체 안에서 제자도를 강화하기 위해 이러한 부정적인 경험들을 알아내려 애를 쓰는 경우는 거의 없다.

이 목록은 광범위한 시도들을 보여주지만, 개인적인 경험에 의해 사실로 드러나 진실임이 입증된 시도들이라는 사실에 주목하라.

등고선 1: 우리는 여러 다른 가족 상황으로부터 왔다. 인류의 대부분은 조부모, 이모, 삼촌, 사촌, 그리고 이웃으로 이루어진 대가족 속에서 자랐다. 그것은 2차 세계대전 이후 변했는데, 교외의 생활방식으로써 단독주택에 대한 강조가 우리를 핵가족아빠, 엄마, 그리고 두 세 아이들로 구성된으로 몰아넣었고, 한동안 대부분의 사람들에게 가정생활이 그렇게 보였다.

하지만 지난 두 세대 동안의 대부분의 미국인들의 경우는 그렇지 않았다. 우리들 중 상당수는 한 부모나 두 명의 부모들이 밖에 나가 일하는 동안 열쇠를 목에 걸고 자란 아이들이었다. 학교에서 집으로 돌아왔을 때 우리를 반긴 것은 부모님들이 아니라 텔레비전이었다. 다른 아이들의 경우는 부모들이 여러 번 이혼하거나, 동거를 하거나, 재혼을 했기 때문에 자라면서 여러 명의 아버지나 어머니를 두었다.

공동체에서 이것은 충족되지 않은 다양한 기대로 작용하는데, 그것들은 공동체 생활 안에서 성장하는 우리의 경험에 영향을 끼쳤다. 이것에 대한 나의 첫 번째 경험은 내가 집에 올 때마다 같은 집에 함께 살고 있던 토미를 짜증나게 하기 시작했을 때였다. 메고 있던 배낭을 내려놓기도 전에, 나는 토미의 방문에 기대어 하루 종일 그가 어떻게 지냈는지를 묻고 오늘 있었던 내 모든 일들을 세세하게 말하곤 했다. 마찬가지로, 그가 집에 도착했을 때도 나는 그의 방으로 그를 따라가서 내가 평소에 하던 대로 방문에 기대곤 했다. 당연히 내 이런 행동은 토미를 견디지 못하게 만들었다. 그는 마침내 폭발했고, 거절당하고, 귀 기울이지 않고 환영받지 못한다는 느낌을 남기고 나를 떠났다.

우리의 각각의 욕구들의 배후에 무엇이 있는 지를 밝히는 데에는 오랜 시간이 걸리지 않았다.

자라면서 나는 집으로 돌아올 때마다 매일 어머니로부터 관심어린 질문을 받았고 어머니는 내가 말하는 모든 것을 잘 들어주셨다. 나는 그렇게 환영을 받았다. 오후의 질문과 경청은 그렇게 내 안 깊은 곳에 새겨져 있는 일상적인 관계의 확인이었다. 그러나 토미는 밖에 나가 일하는 두 부모님 밑에서 자랐다. 이런 일상적인 관계의 확인은 그에게는 낯선 것이었다. 우리는 엄청나게 다른 어린 시절을 보냈고 그런 우리는 엄청나게 다른 기대를 공동체로 가져왔다. 시간이 지나고 경청하는 법을 배움으로써 우리는 일상의 관계 확인과 개인 공간에 대한 다양한 요구들을 존중하는 법을 배웠다.

고려 사항: 우리는 무의식적으로 자신의 가정 문화에서 익숙해진 리듬, 강점 및 약점들을 공동체로 가져오고 있다. 우리는 각기 다른 환경 속에서 살았다. 그러므로 모두 함께 나누어야 하는 삶은 여러 문화가 혼합된 경험처럼 느껴질 수 있다.

등고선 2: 우리는 이혼으로 찢어진 가정과 공동체에서 왔다. 모든 결혼의 절반이 이혼으로 끝난다는 것은 이제 일반적인 사회적 통념이 되었다. 비록 가장 최근의 미국 인구 조사에서 결혼과 이혼율이 실제로 주마다 상당히 차이가 있다는 사실을 보여주지만, 어린 시절에 부모가 이혼한 사람에게는 그런 통계가 중요하지 않다. 따라서 통계는 신경 쓸 필요가 없다. 만약 당신이 이혼으로 갈라진 가정 출신이라면, 다른 이혼한 가정 출신의 아이들과 몇 가지 공통점이 있을 것이다. 그런 우리에게는 헌신에 대한 두려움, 신뢰에 대한 망설임과 어떤 종류의 서약에도 회의적인 경향이 있다. 우리 중 많은 사람들이 "여기가 내가 있어야 할 곳이고, 내가 누구와 함께 있어야 하는지 어떻게 확신할 수 있을까?"라는 의심하는 질문을 계속해서 하게 될 것이다.

당연히 우리는 의도적인 그리스도인 공동체에 대해서도 이러한 걱정들을 하게 될 것이다. 이혼과 이별에 대한 우리의 기억이 모든 맹세와 언약들이 얼마나 허무한가를 상기시켜준다면 우리가 왜 언약을 하고 헌신을 하고 그리스도의 몸인 교회를 위해 우리 자신을 드려야 하는가? 그 맹세와 언약들은 우리 부모에게 아무런 소용이 없었고 어떤 경우에는 폭력적인 관계를 지속되게 만들었다. 다른 사람들도 우리를 해치지 않을 거라고 어떻게 확신할 수 있는가?

우리가 진정한 신뢰나 서로에게 충실함을 경험하지 못했기 때문에 이러한 두려움과 불신은 의도적인 그리스도인 공동체에 대한 두려움과 불신으로 이어진다. 우리는 관계를 회복하기 위한 노력을 거의 하지 않은 채 결혼이 무너지는 것을 보아왔다. 우리는 공동체에 대해 반신반의하게 될 것이다. 충실함과 헌신이라는 그리스도교적 미덕을 실천하지 못하게 만드는 이 장애는 우리를 쉽게 갈라지게 한다. 우리는 부서진 가정들을 우리의 공동체로 가져온다.

고려 사항: 이혼은 엄청나게 파괴적인 힘이다. 그러므로 언제든 우리가 오랫동안 공동체에 참여하려면 이혼의 상처로부터 벗어날 수 있는 감정적이고 관계적인 치유가 필요하다.

등고선3: 우리는 계획적 진부화에 익숙하다. 매년 애플은 그들의 모든 제품들을 업데이트한다. 이것은 3년에서 5년만 지나면 그들의 제품이 최신 프로그램을 실행할 수 없게 된다는 것을 의미한다. 어떤 면에서 이것은 기술 혁신의 빠른 속도 덕분이라고 할 수 있다. 그러나 애플과 다른 회사들에게 이러한 제품의 진부화는 단지 발전의 결과일 뿐만 아니라 실제로 특정 기능의 배치를 지연시킴으로써 계획되었다. 예를 들어, 새로운 아이패드가 카메라를 가지고 있는 반면, 애플의 괴짜들은 카메라가 없는 1세대 아이패드가 실제로 섀시 안에 카메라 마운트를 가지고 있다는 것을 발견했다! 그 회사는 미래 버전을 더 매력적으로 만들기 위해 의도적으로 그 기능을 보류한 것으로 보인다.

계획적 진부화는 젊은 사람들이 예상하는 것이고, 그것이 우리가 종종 교회와 공동체를 대하는 방식이다. 몇 년 안에 더 나은 그룹이 생길 텐데 왜 여기에 뿌리를 내리나? 따라서 우리는 곧 다가올 더 나은 것에 익숙하기 때문에 회원 자격을 추구하거나 공동의 지갑 이라는 재정을 시도하는 공동체를 향해 나아가는 것에 저항한다. 우리의 눈은 항상 다른 쪽에서 더 나은 곳을 찾고 있다.

우리는 우리가 속한 공동체의 평범함과 아름다움을 받아들이기 위해 고군분투한다. 우리의 손에 있는 대단히 기능적인 전화기처럼, 우리는 이미 가지고 있는 것을 감사하는 마음으로 받는 대신에 다음에 올 것을 태평스럽게 응시한다.

고려 사항: 공동체는 계획적 진부화와 실망의 이야기에서 감사와 만족의 이야기로 마음을 재훈련시켜야 한다.

등고선 4: 우리는 성장하고 나중에 결혼할 것이다. 교리문답, 성인식 또는 결혼과 같은 성숙의 역사적인 의식은 성인이 된다는 것이 무엇을 의미하는지에 대한 유형을 제공했다. 성인이 된다는 것은 결혼과 부모라는 맥락에서 다른 사람들을 책임지는 것을 의미했다. 다시 말해 그것은 한 사람이 부모의 집을 떠나는 것이었다.

오늘날은 성인이라는 의미의 사회 통념이 존재하지 않는다. 사회적 사춘기가 도래한 것인가? 성적 조숙인가? 성인이 된 것은 농기구를 운전할 수 있게 된 14살인가? 어른과 함께 운전할 수 있게 된 15살인가? 운전할 수 있게 된 16살인가? R등급 영화를 보게 된 17살인가? 투표하고, 담배 피우고, 총기소지를 할 수 있게 된 18살인가? 아니면 술을 마실 수 있게 된 21살인가? 혹은 24세에 자동차 보험료가 인하되거나 부모의 건강보험으로 더 이상 치료받을 수 없게 되었을 때 우리는 성인이 된 것일 수도 있다. 혹은 대학을 졸업한 때인가? 직업을 가질 때인가? 결혼 한 후인가?

성인이 된다는 것의 의미를 설명할 수 있는 능력을 상실함으로써, 우리는 성인됨의 목적을 상실했다. 독립하여 사는 것, 직업을 선택하는 것 혹은 결혼을 한다는 것의 요점은 무엇인가? 사회 평론가들은 이 현상을 설명하기 위해 성년 지연이라는 어휘를 사용하게 되었다. 어른이 되는 것을 선택함에 있어서, 많은 사람들이 기꺼이 그것을 연기하기로 결정했다.

그렇다고 이 결정을 무책임한 것으로 오해하지 말라. 결혼과 같은 성년의 전통적인 시기들을 미루고 있는 많은 사람들은 단순히 책임지지 않으려는 것이 아니다. 다시 말해 가족과 헌신이라는 더 무거운 책임을 지지 않으려는 것도 아니고 명백하게 삶을 낭비하는 것도 아니다. 내가 관찰한 바와 같이, 그것은 미래에 대한 희망이나 목표가 거의 없는 무아지경에 이른 일종의 허무주의시대의 도래다.

지연되는 성년에 대해서는 의도적인 그리스도인 공동체의 열렬한 지지자들 사이에서도 논의되고 있지만, 그것은 어느 정도 의도적인 공동체를 향한 동시대의 움직임 뒤에 있는 문제이다. 우리들 중 많은 사람들은 기숙사나 캠퍼스 사역, 그릭 시스템북미대학의 형제회 및 여학생 클럽 시스템에서 좋은 시간을 보냈다. 그래서 우리는 다른 그리스도인들과 동거함으로써 그 대학 경험을 확장하기로 하고 그것을 "공동체에서 사는 것"이라고 부르기로 선택했다. 나는 이 말이 얼마나 천박하게 들리는지 알고 있지만, 반드시 말해야 한다. 이 상황은 공동체라는 단어를 값싸게 만들고 상대화하여 삶, 일, 예배 또는 봉사를 거의 공유하지 않는 그리스도인들 사이의 공동 거주를 의미하게 만든다. 그것은 때때로 그리스도교적인 독신의 삶 이외의 다른 아무런 의미도 없다.

이러한 경우 공동체는 독신자와 가족 모두에게 예수를 따르는 중요한 맥락 대신 책임감 있고 관계적인 뿌리내림을 개인적인 선택으로 만듦으로써 성년 지연을 가능하게 한다. 내가 만나서 함께 했던 공동체들 중 많은 공동체들이 1년 만에 너무 많은 구성원들이 결혼을 하고 공동체의 삶을 완전히 떠남으로써 해체되었다. 결혼은 생긴 지 얼마 안 된 공동체들에게 새로운 시작이라기보다는 죽음의 종지부가 될 수 있다.

하지만 성년 지연이 반드시 나쁜 것만은 아니다. 어떤 사람들이 성년을 늦추는 이유를 잘 살펴보라. 그러면 혼자 그리고 "독립적으로" 사는 것이 만족스럽지 못한 신화라는 것을 깨닫게 될 것이다! 그들은 우리가 독립적인 존재가 아니라 공동체적 존재라는 사실을 깨닫고 가정에서 살기를 선택한다. 태초의 가족으로 돌아가고 의도적인 그리스도인 공동체의 피상적인 삶으로 드러나는 성년 연기는 경멸하기 쉬울 수도 있지만 삼위의 존재 방식인 군무를 삶의 방식으로 제시하는 예수님의 초대는 복음을 위한 흥미진진한 기회를 제공할 수도 있다.

고려 사항: 공동체의 비전은 가족들이나 나이 든 멘토들을 포함할 만큼 충분히 넓어야 한다. 그렇지 않으면 공동체에 대한 의도적인 그리스도교적 저항은 삶의 모든 단계에 대한 지속적인 방식이 아니라 성년 연기의 틈새 형태가 된다.

등고선 5: 우리는 부족을 원하지만 부족의 일원으로 사는 법을 모른다.
확장된 생물학적 가족으로서의 밀접한 관계 또는 의도적인 그리스도인 공동체로서 삶을 공유하려면 시험들을 끝까지 논의하여 해결하고 지속적인 우정을 구축하기 위한 습관, 지혜, 삶의 리듬 및 가치관을 다룰 수 있는 관계적 도구상자가 필요하다. 그러나 우리가 살펴본 바와 같이 교외의 생활 방식은 부족 생활을 위한 도구들을 부식시켰다. 붕괴된 부모의 결혼과 자신의 도덕적 미성숙이라는 정황의 결합으로 인해, 지속적인 관계로 사는 법을 상상하지 못하는 많은 사람들이 생겼다. 중요한 삶의 문제를 결정하기 위한 분별과 다른 사람들과 연합하여 살기 위한 다양한 다른 도구들을 공유하고 기꺼이 다른 사람들의 그릇들을 설거지 하면서 이루어지는 서로의 말을 잘 경청하는 법, 고백과 용서를 시작하는 법, 하고 싶은 것을 미루고 단념하는 법과 같은 습관들은 반드시 기초 단계에서부터 실천되어야 한다.

이것의 역설은 교회에서 자란 우리들에게 특히 예민하다. 유진에서 처음으로 의도적인 그리스도인 공동체에서 생활하는 동안, 하나님을 두려워하고 성서 말씀을 믿으며 성령이 충만하고 열성적이며 정통에 뿌리를 둔 교회에서 자라온 18년의 세월이 화해된 관계에서 살아가는 방법에 대해 아무것도 가르쳐주지 않았다는 것을 깨달았을 때 가슴이 철렁 내려앉았다. 예수님의 십자가 사건을 통해 하나님께서 나와 어떻게 화해하셨는지에 대해 정말 철저하게 알고 있었다. 그러나 나는 용서하고 용서 받는 방법을 경험을 통해 배우지는 못했다. 나의 가정생활은 건강했고, 나는 그곳에서 조금은 배웠을 것이라고 생각했다. 그런데 주일학교 수업, 청소년 수련회, 기도 모임, 성서 공부 등 모든 과정에서 내가 '화해의 직분'이라는 그리스도인의 소명 속에서 어떻게 살아야 하는지에 대한 가르침을 전혀 받지 못했다는 사실은 정말 이상하지 않은가고후 5:18?

그렇다고 해서 우리 모두가 완전한 멍청이들이라는 뜻은 아니다. 그럼에도 불구하고, 공동체의 삶이 정기적으로 우리 안에서 최악의 결과를 초래한다는 진실을 피할 수는 없다. 그것은 우리를 못 견디게 만드는 사람들과 관계를 맺게 한다. 하지만 우리를 깊이 사랑하는 사람들보다 우리의 가장 약한 부분과 가장 짜증나는 순간들이 일어나기에 더 좋은 곳이 어디 있겠는가? 공동체 안에서 사는 것은 필연적으로 하나님의 수술대에 누워 서로를 통해 성령의 치유하심에 우리의 마음을 여는 선택이다. 그것은 은혜의 진실을 말하고 인내심 있는 경청이라는 "수술 도구"를 사용하고 복종하는, 우리의 미숙함으로 인해 더욱 엉망이 된 영적인 수술에 대한 초대이다. 이런 엉망인 수술을 통과하도록 우리를 돕기 위해 성령께서 몇 번이고 반복해서 나타난다는 사실은 나를 놀라게 한다. 하나님의 강함은 우리의 약함 속에서 완벽하게 만들어진다.

고려 사항: 공동체의 첫 경험에서 일부 사람들에게는 가파른 학습 곡선이 있을 수 있다. 그러므로 그들은 죄를 지을 것이고, 용서할 것이며, 죄에 직면할 것이고, 용서 받게 될 것이라는 네 가지 기대를 가지고 공동체로 들어가야 한다.

등고선 6: 우리는 "율법주의"를 두려워하고 "진실함"을 소중히 여긴다.
프로그램화되거나, 융통성이 없거나, 진실하고 유기적이라고 느껴지지 않는 활동들이 우리의 마음을 선동할 것이다. 다양한 이유로, 특히 더 똑똑한 사람들이 낭만주의와 실존주의라고 부르는 것의 재강조와 관련하여, 우리는 자발적이고 세상에 순응하는 활동들만을 선호한다.

이 사실의 배후에 있는 것과 성서적 윤리가 어떻게 가능한지에 대한 면밀한 조사를 위해 N.T. 라이트의 『당신이 믿은 후에After You Believe』를 추천한다. 하지만 이것이 의도적인 그리스도인 공동체를 추구하는 많은 사람들에게 어떻게 작용하는지에 대한 근본적인 의미는 계획되고 조직화된 활동에 대한 불신과 우리가 명시한 계획의 한계를 넘어 일어나는 과장된 활동들에 대한 이상화이다. 우리는 종교와 사람에게 질려서 단지 영성만을 원한다. 우리는 '프로그램이 아닌 사람', '종교가 아닌 관계'로 보는 교회의 성서적 비전을 관행과 신실함과 공유된 실천이라는 측면과 자발성과 관계와 자유라는 다른 측면 사이의 불필요한 논쟁 속으로 밀어 넣는다.

물론, 이보다 더 모순적인 일은 없다. 우리는 의도적인 공동체를 원하지만 그것이 자발적이고 의도적이지 않기를 기대한다. 사실 모든 공동체들에서 이런 것들을 많이 발견하게 될 것이고, 자신도 다르지 않다는 것을 알게 될 것이다. 우리 중 많은 이들이 광범위하게 세부적으로 공유된 실천이 분주함을 만들어냈지만 어떤 성령의 열매도 맺지 못했다는 사실을 보아왔다. 그리고 우리 중 많은 사람들이 설거지를 통해 이루어져야 하는 일, 더러운 빨래가 환기시키는 일, 또는 하나님 나라가 추구하는 것들을 결코 얻어내지 못하는 "자발적" 의도적인 그리스도인 공동체의 문화 속에서 살아왔다. 그렇다면 우리가 해야 할 것은 무엇인가?

나는 이 긴장 상태에서 웃어야 한다는 것을 배웠을 뿐이다. 그렇다. 우리는 오히려 이 긴장 상태 속에서 웃어야 한다, 왜냐하면 그 공동체는 내가 곧 떠날 것이라고 생각하지 않는 곳이기 때문이다. 이 줄다리기 싸움의 양 끝 모두는 내가 자주 공감하게 되는 위대한 가치와 희망을 가지고 있다. 그리고 나는 성령이 종종 그 양 끝에서 공동체를 이끌고 있다는 사실을 발견했다.

내가 이 두 가지 모두에 공감하기에 내 경험상 이 둘은 희망보다는 두려움 때문에 더 많이 행동하는 경향이 있다. 우리는 아무것도 하지 못하거나 실망할까 두려워 일정과 구조 속에서 안전을 찾는다. 그리고 영적으로 성장하지 못하는 것에 대한 두려움, 무엇을 해야 하는지 듣지 못하는 것에 대한 두려움, 우리와 함께 자라난 신앙심을 상기시키는 것에 대한 두려움, 또는 우리 자신의 자유를 포기하는 것에 대한 두려움 탓에, 우리 중 많은 사람들은 무엇이든 많은 것에 대해 결코 약속하지 않는 것에서 안전을 발견한다.

앞으로 나아가는 길은 분열을 초래하는 두려움 대신에 우리의 공통된 희망에 근거해야 한다. 예를 들어, 스프링워터에서, 우리는 선교 진술서를 작성함과 동시에 공동의 소명 안으로 우리의 희망들을 초안했다.

> 우리는 예수 그리스도를 따라 하나님의 가족이 되기 위해 소박하게 살고 희생적으로 우리의 이웃을 사랑할 것이다.

조직화와 자발성 모두에서 우리가 우리의 길을 분별할 수 있도록 우리를 해방함으로써 이러한 공통된 희망들은 방향과 기준을 제공한다. 이것은 우리가 두려움을 직면하고 사람들을 앞으로 나아가도록 두려움을 토로할 수 있는 여유를 만드는 데 도움이 된다. 그러나 이것은 그러한 두려움이 우리의 공통된 희망들로부터 벗어나지 않게 하고 신뢰와 안전을 구축하기 위해 행해진다.

고려 사항: 나의 친구 짐이 말했듯이, 유기적인 공동체를 구축하는 것의 매력적인 역설은 저절로 "유기적"이 되는 것이 아니라는 사실이다. 유기농법은 수년간의 의도적인 토양 준비, 영양 수준의 세심한 관찰, 각 특정 분야에 대한 인내심 있는 훈련된 육성을 요구한다.

등고선 7: 우리는 무(無)당파다. 우리들 중 점점 더 적은 사람들만이 전통적인 좌파 대 우파 범주에 들어맞는다. 확실히, 많은 그리스도인들이 한 정당이나 다른 정당에 꼭 들어맞는다. 그러나 생명을 지지할 뿐만 아니라 생명의 순환을 지지하고 평화를 지지할 새로운 그리스도인 종種이 등장하고 있다. 우리는 순결을 실천하고 채식주의 식단을 먹을 것이다. 우리는 월마트를 거부하고 아이들을 홈스쿨링 할 수 있다. 우리는 매춘을 반대할 것이지만 그 배후에서 성매매에 묶여있는 여성들과 친구가 됨으로써 그렇게 할 것이다. 우리가 자랐던 양극화된 그리스도교와 기성세대를 자극하는 미디어 전쟁이 빠르게 사라지고 있다. 우리는 그것을 뒤에 남겨두고 떠났다.

나는 우파에서 좌파로 이동하는 것 이상으로, 투표를 통한 정치에서 삶을 통한 정치로 바뀐, 세대를 초월한 입장의 변화에 주목하게 되었다. 우리는 인간의 권력 투쟁에서 하나님의 권위를 주장하는 선거에서의 거만한 허튼 소리에 질려 점점 더 무당파적이 되고 있다. 우리는 구체화된 정치에 더 관심이 있는데, 예컨대 전쟁을 반대하는 것은 우리가 투표하는 방법 그 이상의 것을 의미한다. 그것은 또한 자동차를 덜 타고, 비폭력을 가르치고 연습하고, 군대에 가고 싶어 하는 십대들을 상담하는 것 등을 의미한다. 그런 우리 중 많은 사람들이 공동체의 삶에 관심이 있다는 것은 의심할 여지가 없다.

우리 세대의 많은 사람들이 게이와 레즈비언들과 우정을 쌓았고 그들이 우리가 교회에서 배웠던 것과 달리 도덕적으로 위협적이 아니라는 사실을 알게 되었다. 그것은 우리가 그와 관련된 성서의 구절들을 잘못 알고 있었다는 것을 의미한다. 나는 이러한 문제들에 대한 전통적인 성서 해석에 대해 풀리지 않는 의구심을 가지고 있고, 이에 대한 결정을 내리기 전에 LGBTQ 사람들그들이 선호하는 "레즈비언, 게이, 양성애자, 트랜스젠더, 퀴어"의 약자과 더 많은 대화를 원하는 수십 명의 이삼십 대 그리스도인들을 만났다.

이 세대가 의도적인 그리스도인 공동체를 향해 나아가고 우익 정치적 감금 상태에서 벗어난다면, 그들의 가족을 포함하는 LGBTQ인 사람들의 문제가 언젠가는 표면화될 것이다. 내가 이 문제에 대해 올바른 길을 모색하고 있는 것은 아니지만, 이 문제는 제기될 것이고, 의도적인 그리스도인 공동체들은 이 대화를 진행하는 데 있어 독특한 역할을 하게 될 것이다.

고려 사항: 의도적인 그리스도인 공동체는 우리가 정치의 모든 것에 대해 어떻게 이야기할 것인지 다시 상상할 수 있는 설득력 있는 상황을 제공하고, 유행어를 양극화함으로써 우리가 스스로를 속박하는 것에서 벗어날 수 있도록 도울 수 있다. 공동체는 우리로 하여금 문제에 대한 이념적 입장 대신 사람과 장소에 반응할 수 있게 해준다.

등고선 8: 우리는 배타주의를 두려워한다. LGBTQ인 사람들에 대한 우리 세대의 여정은 부분적으로 사회적 배타주의에 대한 우리의 불안감에서 나온 것이다. "특정한 집단 안에 있다는 것"과 "특정한 집단 밖에 있다는 것" 만큼 우리를 긴장시키는 것은 없다

예를 들어, 명확한 구성원 자격 구조는 그것들이 가지는 잠재적인 권력 역학 때문에 많은 사람들을 불안하게 만든다. 즉, 우리에 대한 구성원 자격은 그리스도교의 다른 곳에서 혐오스럽게 여기는 "누가 권력을 가지고 있고, 누가 가지고 있지 않은가"하는 패러다임을 불러일으킨다. 그것이 예수님이 바리새파 사람들에게 맞선 이유이고, 그래서 우린 그걸 원하지 않는다!

일부 유명하고 뛰어난 작가들은 "경계가 있는" 대안보다 "중심을 가진" 구성원 자격 비전을 선호하는 사고로 이러한 우려를 정당화했다. 즉, 구성원 자격에 대한 지침으로 예수중심에 가까이 다가가는 것이, 울타리를 세우는

구성원 자격 헌장을 이야기하는 것보다 공동체에 소속된다는 것의 의미를 사람들에게 더 잘 설명할 수 있는 좋은 방법이다.

이러한 두려움들에 대응하여 의도적인 그리스도인 공동체의 구성원 자격 모델은 헌신의 깊이나 지속 기간과 같은 소속감의 중요한 차원들을 식별할 수 있다. 간단히 말해서, 구성원 자격은 권력이 아니라 공유하고 있는 기대와 책임들의 형식을 갖추는 데 도움이 될 수 있다.

스프링워터에서, 우리는 여전히 구성원 자격에 대해 건강하게 대화하는 법을 배우고 있다. 우리는 "구성원 자격 시험"이라는 한 가지 형태로 시작했는데, 여기서 우리는 첫 해에 모두 탈락 했고, 그것은 다음에 무슨 일이 일어날지에 대한 공동의 분별력으로 이어졌다. 결국 우리는 수련 단계, 실천 단계, 그리고 언약 단계라는 세 가지 구성원 자격 모드를 결정했다. 이 단계들은 대략 "실험적 탐구", "지금 이곳으로의 부르심", "더 이상 다른 곳을 찾지 않음"에 해당한다. 그러나 그 전환기 동안 일부 회원들은 "당신이 여기에 오래 있을 것이라는 것을 분별하지 못했다면, 당신은 여기서 무엇을 하고 있는가?" 또는 "언약 단계의 구성원 자격은 모든 회원의 목표다."라는 생각을 가지고 있었다. 놀랄 것도 없이, 30세 미만의 대부분의 사람들그리고 일부는 이상은 그런 생각에 기분이 상했다. 그것은 참을 수 없을 정도로 매우 배타적이고 자신이 아직 그곳 소속이 아니라는 말로 들렸다!

오늘날 우리는 모든 것에 대해 더 건강한 문화처럼 느껴지는 것을 가지고 있다. 배타주의에 대해 자연스럽게 거부반응을 보이는 사람들 편에 서는 것을 좋아하는 이유는, 내가 그것을 구성원 자격에 대해 더 다정하고 세심하게 이야기하는 법을 배운 언약 단계에 있는 회원들이라고 생각하고 싶기 때문이다. 하지만 그것이 전부가 아니다. 진실로, 우리가 서로에 대한 신뢰를 키워가면서양쪽의 입장에서 해석하는 데 도움을 준 사려 깊은 그리스도의 대사인 몇 명의 도움으로, 우리 젊은이들은 서로의 말을 듣는 방법과 서로의 말을 믿어 주는 방법을 마음 깊이 배웠다. 우리가 그들의 목적을 인정하는 동안 구성원 자격 구조의 매개 효과를 넘어 서로를 마주 대하는 법을 배우고 있다. 나는 아직도 우리의 구성원 자격 모델에 전적으로 동의하지는 않지만, 적어도 괜찮다고 생각한다. 우리가 다루었던 많은 감정적 상처들에 대한 모든 과정에서 중요한 것은 성령께서 우리를 신뢰, 협력, 사명 안에서 더 가까워지도록 그것을 사용하셨다는 것이다.

　　고려 사항: 우리들 대부분은 대체로 구성원 자격에 대해 거부반응을 지니고 있다. 그렇지 않으려면, 구성원 자격의 긍정적인 역할에 대한 좋은 논쟁이 필요하고 구성원 자격이 권력 관계를 유발하는 것에 대한 두려움을 심각하게 받아들여야 한다.

　　등고선 9: 우리는 개인주의를 물려받았지만 또한 일치를 원한다. 모호한 수준에서 우리 중 많은 사람들은 모든 것이 연결되어 있고 일치가 모든 것의 의도된 경향이라고 확신한다. 그럼에도 불구하고 우리는 개인에 저항하는 공동체로서 기능한다. 일치라는 하나님의 꿈의 광휘 속에서 사는 방법에 대한 경험이나 예가 거의 없기 때문에, 우리는 관용이라는 전적으로 미국적인 미덕에 안주한다. "살고 살게 하라", "자신의 가치를 다른 사람에게 강요하지 말라"와 같은 속담은 우리에게 그것의 미덕을 가르쳐준다. 그러나 관용은 다양성이 공유된 창의성의 기회를 제공하기보다는 미지근한 따뜻함을 제공한다. 그것은 일치 대신 불협화음, 샬롬 대신 교착상태를 제공한다. 관용은 개인주의의 초월이 아니라 가장 자연스러운 확장이다.

　　그렇다면 관용은 우리에게 정말 필요한 것일까? 원무의 은유로 돌아가 보

자. 춤은 관용이 산출할 수 없는 것인 무용수들 사이의 조화를 포함하고 있다. 춤을 추는 무대에서의 관용은 각자 고유의 일을 하는 불협화음의 흔적이다. 관용은 우리가 모두 춤을 추고 있기 때문에, 우리가 일치를 이루었다고 주장할 것이다. 하지만 공동체와 성서에서 말하는 일치의 요점은 우리가 함께 춤을 춘다는 것이다. 결국 관용은 민주주의의 시민의 미덕이지 하나님 나라의 그리스도교적 미덕이 아니다.

사도 바울은 일치에 대해 하나님 나라나 새로운 피조물의 약칭으로 쓰고 있다. 그리고 그 이미지들처럼 일치가 우주가 지향하는 것으로, 예수 그리스도에 의해 결정적으로 시작되었지만 아직 온전한 모습으로 존재하는 것은 아니다. 화해, 섬김, 희생적 사랑, 상호 복종이라는 그리스도교의 규율은 일치에 대한 희망을 현재의 현실로 만든다.

그 마지막 규율인 사랑의 복종은 그리스도의 십자가에서 이루신 일의 특징이다. 그것은 그리스도인의 일치를 현재로 드러나게 하는 문이다. 무용수들이 서로와 음악에서 신호를 받는 것처럼 공동체 안에서 우리도 그리스도에 대한 경외심을 가지고 서로에게 복종함으로써 일치를 향해 나아간다. 우리는 그리스도와 함께 조화를 이루는 더 큰 이야기에 우리 자신을 바침으로써 개인주의와 관용을 초월한다.

고려 사항: 관용과 상호 복종은 둘 다 일치를 약속한다. 그러나 그 둘 사이의 차이점은 평화를 사랑하는 것과 평화를 이루는 것의 차이이다. 관용은 희생 없이 갈등을 극복할 수 있다고 믿는다. 상호 복종은 조화와 화해의 현존으로 정의되는 진정한 평화 이루기를 제공한다. 이렇게 우리는 개인주의의 영향권에서 벗어난다.

| 작정하고 시작하는 그리스도인 공동체

등고선 10: 우리는 온라인 상태에 있다. 내가 관찰한 바로는, 의도적인 그리스도인 공동체는 기술에 대해 호감을 가지지 않은 사람들을 선호하는 경향이 있다. 단순함과 창의성의 가치를 강조하고 있는 웬델 베리의 글에 대한 열정과 페이스북에 중독된 동료들에 대한 좌절 가운데 우리는 가상보다 현실을 더 선호하는 것 같다. 그래서 우리 중 일부는 디지털 기술에 대해 노골적인 반감은 아니더라도 정당한 회의론을 품는다.

그러나 그것은 어디에나 있는 디지털 세상에 대한 연결에 전적으로 몰두한 세대의 소수 보고서이다. 스마트폰, 소셜 네트워킹, 클라우드 컴퓨팅은 인간이 서로 관계를 맺는 방식에 혁명을 일으키고 있으며, 그 혁명의 규모는 대화 상대가 젊을수록 더욱 분명해진다. 그것은 명백한 장점과 가능성과 함께 몇 가지 현실적인 우려를 가진 미지의 사회적 영역이다. 진행 중인 혁명은 인류의 번영을 도울 수도 있고, 인류를 함정에 빠뜨릴 수도 있다.

가장 우려되는 것은 기술의 한계에 대해 교회가 공유하고 있는 분별력이 부족하다는 것이다. 그리고 교회가 가진 분별력은 이상하게 양극화되어 깊이는 있지만 그다지 치밀하지는 못하다. 일부 기술 기업가들은 교회를 위한 전진의 길이자 복음을 발전시키기 위한 짜릿한 도구로서 어디에서나 가능한 이 고도의 기술이 가져다줄 수 있는 용기 있는 신세계를 약속한다. 다른 이들은 기술을 죄의 증상으로 회피하며, 그것을 진정한 그리스도교 공동체에 대한 영원한 약점으로 간주한다.

이 세대의 저항의 윤곽으로서의 등고선을 탐구하는 보다 건전한 방법은 우리가 공동체 내외에서 사용하는 기술에 관한 특정한 분별력을 실천하는 것이다. 분별력은 우리의 디지털 존재가 우리의 삶을 공유하는 데 어떻게 방해가 되거나 도움이 될 수 있는가 하는 것을 가정에서 나누는 대화를 통해 시작할 수 있다. 스프링워터에서 그랬듯이 구글 캘린더와 같은 도구가 트위터

나 스카이프보다 훨씬 더 편리하다는 것을 알게 될 것이다. 또는 가정에서 특정 방을 인터넷이 없는 공간으로 지정하거나 한 달에 일주일은 인터넷 연결이 완전히 끊기는 데 동의할 것이다. 문자 메시지가 얼마나 쉽게 사람들을 현재로부터 멀어지게 할 수 있는지 논의한 후 공동체들은 대면하여 말로 하는 대화를 전화 통화나 충동적 문자 메시지보다 더 예의바른 것으로 여기는 전통적 방식을 시작할 수 있다. 또 다른 사람들은 우리 장비들의 소모적인 성향과 음악과 요리의 창의적인 규율의 균형을 맞출 것이다.

중요한 것은 분별력이 각 공동체와 이웃에 따라 다를 것이라는 점이다. 아이들로 가득 찬 공동체는 아이들이 없는 공동체와 다르게 분별할 것이다. 어떤 사람들은 기술이 대화와 가족 관계에 어떻게 영향을 미치는지를 헤아려 그것을 제한하는 것을 우선시할 것이고, 또 어떤 사람들은 청빈과 금욕주의가 그들의 분별력을 인도하도록 할 것이다. 우리는 통조림 장비와 아이폰을 모두 사용하는 공동체들을 찾을 수 있을 것이다. 그리고 우리의 분별력이 제대로 작동하지 않을 때 우리의 건강을 유지할 수 있는 것은 다른 공동체들과 연약함과 책임감을 나누는 우정이다.

고려 사항: 우리가 인내심을 갖고 함께 의문을 제기하지 않을 때 기술은 인간관계에 대한 우리의 이해를 단단히 장악할 수 있다. 공동체에 미치는 영향에 따라 기술에 의문을 제기하는 것은 일부 의도적인 그리스도인 공동체에게 놀라운 반문화적 아이디어가 될 것이다.

등고선 11: 우리는 이력서가 아니라 여권을 만든다. 커피숍이나 식당에 도착할 때마다 아이폰으로 고왈라 앱위치 기반 소셜 네트워킹 서비스에 로그인해 해당 업소에 '체크인'한다. 이를 통해 친구들이 자주 찾는 술집, 공원, 카페

등을 파악할 수 있고, 내가 어디에 있든 다른 사람들이 제안한 것을 확인할 수 있으며, 가끔은 '단골'이 될 정도로 체크인을 하면 거래가 성사되기도 한다. 확실히 어리석은 일이지만, 나는 그것에 푹 빠져 있다. 어쩌면 내가 속한 공동체에서 이 기술에 대한 분별력을 갖도록 도와줄 필요가 있을 것이다!

고왈라의 여권은 요즘 많은 젊은 그리스도인들 사이에서 발견되는 성향과 유사하다. 성년 연기에 휘말려 들면서, 우리는 성취가 아닌 경험을 바탕으로 지금까지 우리의 삶을 정의하게 된다. 아프리카에서 자원봉사를 하며 몇 달을 보내고, 몇 년 동안 그래픽 디자인에 몰두하고, 혼자 살기를 시도하고, 공동체 생활을 시도하고, 다른 교회들을 순례하고, 한동안 비폭력에 대해 열정적인 후 성차별에 항의하기 위해 나아가라.

이제 나는 그런 것들을 얕잡아 볼 생각이 없다. 그러나 이 끈질긴 방황과 시험 삼아 해보게 되는 일들은 지속적인 성년 연기의 확장이며 그것은 우리가 누구인지 알아내려고 노력하는 삶에서 계속되고 있다.

더 우려되는 것은 이것이 실제로 소비주의의 또 다른 버전일 가능성이다. 소비자주의가 개인의 선택에 뿌리를 둔 정체성 형성의 문화적 힘이라면, 우리는 선택에 따라 선택되는 삶의 전체 단계인 고왈라 시대에 살고 있다. 사람들은 의도적인 공동체를 시도하고, 그렇게 여권 도장을 받고, 여행을 하지 않으면 좀이 쑤셔서, 떠나게 된다.

성 베네딕트는 자신들이 발견한 것에 결코 만족하지 않는 수도원에서 수도원으로 여행하는 수도사들을 일컫는 "자이로바그원을 떠도는 방랑자"라는 용어를 만들어냈다. 그는 이것이 피해야 할 방랑벽이라며 수도사들에게 그런 시간을 주지 말라고 했다. 자, 나는 그들에게 그렇게 가혹하지는 않겠지만, 그는 대단히 현명한 지적을 했다. 이 고왈라 시기의 자이로바게리 문화는 의도적인 그리스도인 공동체에 해롭기 때문에 연민으로 대해야 하지만 직설적이고 정직하게 그들에게 치유를 권유해야 한다. 항상 "다른 곳을 보고 싶은" 그 유혹은 사랑 안에서 조심스럽게 다루어져야 할 필요가 있다.

> **고려 사항:** 공동체 생활의 평범함은 몇몇 탐험가들을 괴롭힐 것이다. 유혹은 다른 곳에서 더 짜릿한 경험을 찾거나 하나님이 그들을 다른 것으로 부르시고 있다고 판단하는 것일 것이다. 후자가 사실일 수도 있지만, 고왈라의 자극은 공개적으로 논의될 필요가 있다.

아, 정말 힘들었다!

고백은 우리가 자신의 약점에 대해 정직하고 공개적으로 말하도록 훈련시킨다. 그리고 그것이 의도적인 그리스도인 공동체에서 건강하게 사는 현재의 주요 장애물과 관련하여 내가 하려고 노력해온 것들이다.

의도적인 그리스도인 공동체에서의 내 경험들이 나에게 걱정을 잠시 멈추게 하지만, 그 경험들은 성령께서 그러한 연약함 속에서 하나님의 능력을 얼마나 놀랍도록 드러내시는지에 대해 계속해서 더 기뻐할 이유를 주었다. 하나님은 참 좋으신 하나님이시다!

2부

의도적 공동체는 당신의 소명인가?

제4장

부르심 받은 공동체 찾기

공동체를 구하는 사람으로서 우리는 여러 곳을 찾아볼 수 있
지만, 그 부르심은 지역적이고 소수인 특정 그룹의 사람들
에게 있으며, 그곳에서 함께 사는 공동의 여정 속에서 삶의 가장 깊은 교훈을
배우게 될 것이다. 우리는 자신의 아픈 영혼을 알리고 신뢰할 수 있고 열매를
맺을 수 있는 관계를 위한 역량을 키울 수 있는 공동체를 찾는 조리 있는 젊은
대학생의 이야기로 시작한다. 두 번째 유형의 공동체를 구하는 사람은 모험
가로서 평생을 바칠 가치가 있는 도전을 추구하는 작가의 어린 시절 이야기
로 제시된다. 그는 공동체 안에서 평화를 이루고 제자가 되라는 예수님의 부
르심에서 이것을 발견한다. 얼마 지나지 않아 사랑의 필요성과 섬김에 대한
도전이라는 이 두 가지 추진력은 공동체로 부르심을 받은 대부분의 사람들
에게 나타나고 합쳐진다.

나는 가족과 치유를 찾아 왔다

카리마 워커의 이야기

고등학교 때 나는 예수님께 헌신했습니다. 예수님과의 관계는 개인적인
것이었지만 여러 가지 방법으로 나에게 다가와 공동체를 처음 맛보게 해준
청소년 그룹에 가입했습니다. 대학 첫 2년 동안 나는 공동체에 대해 많은 의

문을 품었습니다. 혼자서 하나님을 찾으려다 한계에 부딪혔지만, 내 이야기를 다른 사람들을 통한 하나님의 계시로 이해할 수 있는 방법이 없었습니다. 여러모로 나는 길을 잃었다고 느꼈습니다.

시카고에 있는 노스 파크 대학 3학년 때, 나는 그렉 클라크의 의도적인 그리스도인 공동체 수업을 들었습니다. 우리는 레바 플레이스 펠로우십 월요일 밤 포틀럭각자 음식을 조금씩 마련해 가지고 오는 파티에 참여했고 소그룹 모임과 세미나가 이어졌습니다. 이것은 여러 세대가 모이는 소그룹 모임의 첫 경험이었습니다. 나는 고통스러운 가족 경험에 대해 이야기하고 신앙 문제에 대한 의심도 나눌 수 있었습니다. 내 삶의 어려움에 대한 나의 연약함을 솔직하게 드러낼 수 있게 해주는 가슴이 후련해지는 교회의 모범으로 공동체는 내게 다가왔습니다. 나는 나의 소그룹 경험을 공동체와, 공동체와 어울리는 교회의 신학과 통합하려는 시도로 그 수업을 위한 보고서를 작성했습니다. 나는 내가 가족과 치유를 찾아 공동체에 왔다는 것을 이제야 알게 되었습니다.

그 수업이 끝난 후에도 나는 계속해서 그 포틀럭에 참석했습니다. 사실 나는 다른 노스 파크 학생들을 밴에 태우고 그곳엘 갔습니다. 나는 나에게 강력했던 관계들을 형성했습니다. 동시에 레바의 신학적 도전도 나를 주눅 들게 만들었습니다. 좀 더 전통적인 교회에서 온 나는 사람들이 예수님을 그토록 진지하게 받아들이는 믿음의 표현에 충격을 받았습니다. 그것은 일종의 문화적 충격이었습니다. 하지만 나는 나에게 매우 친절했던 이분들과 함께 있고 싶었고, 그런 관계들을 추구하고 싶었습니다. 나는 클라크 가족이 자신들과 함께 살도록 나를 초대하고 싶어 하는지를 아주 조심스럽게 물어보았던 그렉 클라크와의 대화를 기억합니다. 그들은 나를 초대했고, 졸업 후 나는 그곳으로 이사했습니다.

나는 오랫동안 그들 주위에서 정말 수줍어했습니다. 하지만 그들은 강력하게 치유하는 방식으로 나를 가족으로 초대했습니다. 그렉과 그의 아내 헤더가 서로 어떻게 소통하는지, 그리고 헤더와 그들의 아들들이 서로에게 어떻게 영향을 미치는지를 보면서 나는 깊은 감동을 받았고 건강한 가정에서 어떤 일들이 일어나야 하는지를 알 수 있게 되었습니다. 2008년 1월, 나는 6개월 동안의 레바 견습생 프로그램에 합류했습니다. 결국 프로그램이 끝난 6월에 나는 우리가 클라크 가족의 아파트에 이웃해 있는 아파트에서 어떻게 살 것인지 친구와 함께 지혜를 모았습니다. 그 실험은 실패했고 룸메이트였던 친구는 떠나야 했습니다. 하지만 그 실패 덕분에 비폭력적비 위협적이지만 직접적인 의사소통을 할 수 있는 능력이 내 안에 뿌리를 내리기 시작했습니다. 이상하게도, 이 고립의 부정적인 경험은 몇 가지 중요한 방식으로 나를 클라크 가정과 공동체에 더 가깝게 만들었습니다. 그래서 언약 회원을 향한 첫걸음으로 레바의 실천 회원이 되었습니다.

나는 또한 샬롯 리먼이라는 상담사와 함께 일종의 치유기도 사역을 했는데, 그것은 동료들과의 고통스럽고 어려운 관계들을 다루는 데 도움이 되었습니다. 현재의 이러한 갈등과 좌절이 어떻게 오래된 가족 문제를 소환하여 내가 그것들을 다루고 처리할 수밖에 없도록 만들었는지 정말 놀랍기 그지없습니다. 그러나 나는 과거에 가족들에게 했던 것처럼 도망치지 않고 더 안전하게 문을 열 수 있는 도구들과 더 안전한 장소를 가질 수 있게 되었습니다.

이제 나는 어느 정도 관계적이고 감정적인 자유를 발견했기 때문에, "내 인생에서 무엇을 하고 싶은가?"라고 나 자신에게 물을 수 있게 되었습니다. 아마도 나는 소명과 일에 대해 정리해야 할 비현실적인 기대를 가지고 있을지도 모릅니다. 하지만 그것이 바로 내가 긴장감을 느끼는 부분입니다.

진정으로 성장하려면 사람들과 함께 무언가에, 그리고 어딘가에 뿌리를 내려야 할 필요가 있습니다. 내가 그걸 알기 위해 웬델 베리를 읽을 필요는 없습니다. 그 메시지는 이 벽들 사이 곳곳에서 스며 나오고 있습니다. 동시에, 나는 창의성과 흥미를 가지고 특정 영역들을 시연해 봐야 한다는 절박함을 느낍니다. 나는 기타와 밴조 레슨을 받고 취미 삼아 포크송을 부르고 있습니다. 때때로 나는 내가 여기에서 성장할 수 있다는 것을 알고, 다른 때에는 그것이 다른 곳에서 어떻게 일어날 수 있는지에 매료됩니다. 이 참을 수 없는 욕망은 우리 세대의 과잉 반응을 불러일으키는 병일까요, 아니면 다른 일이 일어나고 있는 것일까요?

나는 소그룹과 나의 멘토인 그렉과 헤더와 이 증상에 대해 이야기를 나눕니다. 나를 매료시키는 학업 프로그램들이나 실습회원에 지원하려면 마감일이 얼마 남지 않았습니다. 나는 다음 달까지 몇몇 사람들에게 분별하는 그룹이 되어 줄 것을 요청하고 내 말을 끝까지 듣고 이 모든 것에 대해 나와 함께 기도하기를 바랍니다.

지난 1년 동안 우리 가족 안에서 나와 관련되었던 사람들이 더 성숙하고 수용하는 마음으로 돌아오는, 내가 전혀 예상하지 못했던 일들이 일어났습니다. 그런 일이 일어나는 동안 그 일이 진행되도록 다른 사람들과 함께 여기에 있었다는 사실이 너무 좋았습니다. 이제 며칠 후 가족들을 방문하기 위해 돌아가는 일은 매우 흥분되는 동시에 겁이 나기도 합니다.

✤ ✤ ✤

카리마는 있는 그대로 자신의 이야기를 노출하는 큰 용기를 보여준다. 그녀는 치유를 향해 나아가는 상처 입은 영혼과 그 고통스러운 여정에서 정직함과 통찰력을 반영할 수 있는 마음을 결합하는 드문 경우를 구현해냈다. 카리마는 자신에게 필요한 도움과 치유를 요청하면서 자신의 감정적, 영적 상태에 대한 책임을 받아들이는 매우 어른스러운 조치를 취했다. 그녀가 공동체에 머무는 것은 학생이 되어 자신의 가족에게서 이루지 못했던 "불완전했던 부분"을 완성하는 것과 같았다.

예수님은 "슬퍼하는 사람은 복이 있다. 하나님이 그들을 위로하실 것이다."라고 말씀하셨다. 학대나 상실을 경험한 사람들이 종종 취하는 다른 선택들, 즉 피해 의식, 가시 돋친 방어, 우울증, 중독, 일련의 비참한 관계, 방치, 또는 다른 세대로 전이되는 악습 등을 고려할 때 이 팔복의 지혜는 명백하다. 그러나 우리가 상처 받은 것과 입었던 손실을 슬퍼할 때, 우리는 다른 사람들과 하나님께 우리를 위로하고, 사랑하고, 상처 입혔던 사람이 **빼앗아간** 것을 채울 수 있는 기회를 준다. 그리고 우리는 치유된다. 한 번에 모두 치유되는 것은 아니지만, 우리의 치유 경로는 우리 자신을 돌보고, "상처 입은 치유자"로서 고통스러운 삶의 여정에서 다른 사람을 돌보는데 필요한 도구들을 제공한다. 24장 "공동체를 가로막는 상처 치유하기"에서는 구성원들과 하나님이 보내신 사람들에게 치유의 장소가 되는 공동체의 자원들을 더 깊이 살펴본다.

그러나 카리마의 이야기는 그녀가 클라크 가족에게 자신을 드려 헌신하고, 공동체 안팎의 다른 사람들에게 우정을 제공하고, 아이들을 돌보고, 음악을 만들고, 다양한 작업 팀을 지원하고, 레바 플레이스 펠로우십 리더 팀에서 일했던 모든 방식들을 다 설명해주지는 않는다. 몇 년간의 공동체 생활을 통해 그녀는 필요하다면 두 번째 가족으로부터 자유로워질 수 있다는 자신감을 얻었다. 그리고 공동체를 통해 "성숙해졌기" 때문에 그녀는 이제 그것이 그녀가 되돌아갈 임시처소이건 그녀의 집이 될 새로운 공동체이건 간에 그녀만의 무언가를 시도해야 할 필요를 느끼게 되었다.

과도하게 이동하고 미친 듯이 정신이 산만해지는 우리 시대에, 젊은 사람들이 자신의 재산을 추구하는 소비자가 아니라 다른 사람에게 생명을 주는 사람이 되기 위해 결혼과 공동체에 헌신하게 되기까지는 더 오랜 시간이 걸린다. 그것은 현대의 병이다. 그러나 하나님과 공동체와의 지속적인 연결을 통해 다른 사람들이 의지할 수 있는 성인으로 성장하고, 새 생명의 씨앗이 싹을 틔울 수 있는 토양이 되기 위한 인간의 노력은 언제나 있었다.

일생을 바칠만한 가치

데이비드 잰슨의 이야기

어린 시절 나는 우리 가족이 큰 천막 안에서 한 전도자가 큰 목소리로 전하는 설교를 듣던 모습을 기억합니다. 그 전도자는 자신들이 지옥으로 향하고 있다는 두려움을 가진 사람들에게 지옥의 고통을 생생하게 묘사하면서 예수님을 거기에서 벗어나게 해주시는 길로 제시했습니다. 어린 시절 나는 나를 겁주는 사람의 손에 내 영혼을 맡기는 것을 신뢰하지 않았습니다. 비록 부모님이 우리를 이런 복음을 전하는 행사에 데려갔지만, 나는 이미 부모님으로부터 두려움에 굴복하지 않을 정도의 인격적 확신을 얻었다고 생각합니다.

나는 내 은사들이 가치가 있다는 확신을 준 성실한 사람들 가운데서 기본적인 기능을 배우기에 적절한 환경을 지닌 견실한 메노나이트 농가에서 자랐습니다. 나는 이것이 모두의 유산이라고 생각했습니다. 그리고 20대가 되어서야 내 또래들이 얼마나 망가졌는지, 나중에는 나 자신 역시 얼마나 망가졌는지를 알게 되었습니다.

나는 그리스도인으로 자랐지만 지역 교회라는 환경 속에서 엄격한 권위에 대한 충분한 경험이 있었기 때문에 대학에 간 후에는 다른 길을 모색해야 한다고 느꼈습니다. 나는 "우리는 왜 여기에 있는가?"라는 실존적 질문을 피할 수 없었습니다. 많은 답변들이 나를 유혹했습니다.

과학적 지식을 얻기 위해서 일까요? 그것은 나쁘지 않았습니다. 그러나 과학은 그 "왜"라는 질문에 대한 답을 전혀 가지고 있지 않았습니다. 내가 철학자 데이비드 흄에게서 읽었던 것처럼, 있는 것에 대한 천 번의 관찰도 우리가 무엇이 되어야 하는지에 대해 말해주지 않을 것입니다. 자신의 기술을 종교로 삼은 일부 과학자들은 삶의 목적이 지식을 확장하는 것이라고 말하지만 이것은 방향을 확인하지 않고 속도를 두 배로 높이는 것만큼 어리석은 일입니다.

"일생을 바칠 가치가 있는 것은 무엇인가?"라는 질문은 계속해서 나를 괴롭혔습니다. 무슨 일이 일어나도 될 만큼 충분한 보험에 가입하고, 큰 집과 다른 굉장한 물건들을 사고, 은퇴 후 여유 있게 사는 삶을 바랄 수 있을 정도로 정말 열심히 일하면 될까요? 그 방향도 마음에 들지 않았습니다. 내 사촌, 도리스 잰슨 롱가크레가 『덜 소유함으로써 더 잘 사는 삶』*Living More with Less*이라는 책을 쓰기 훨씬 전에 나는 하향 이동의 길에 있었습니다.

우리는 다원주의 시대에 살고 있습니다. 많은 종교와 이데올로기는 "왜 이 생명의 선물인가?"에 대한 답을 제시합니다. 대학 3학년 때 나는 여자 이외의 다른 전공을 해야 한다는 깨달음에 눈을 뜨고 철학을 선택했습니다. 나는 지식을 연구하는 일생이 모든 선택들을 알기에는 충분하지 않으며, 어느 것이 옳은가를 결정하고 거기에 따른다는 것에는 더욱 부족하다는 것을 알 수 있었습니다.

그렇게 아무것도 중요하지 않다면 어떻게 해야 할까요? 2500년 전 이사야 선지자는 이미 "내일 죽을 것이니, 오늘은 먹고 마시자"사22:13라는 비꼬는 격언으로 그런 분위기를 희화화한 적이 있습니다.

그러던 스무 살 때 하나님이 나를 찾으셨습니다. 1961년에 나는 대기 중 핵실험에 항의하여 백악관 앞에서 단식하고 피켓 시위를 벌이는 대학생들과 함께 있었습니다. 말로 표현할 수 없는 그 경험을 말로 표현할 수 있다면 하나님은 내게 이렇게 말씀하실 것입니다. "데이빗, 나는 전쟁을 주장하는 세상에서 평화의 증인이 되어 이런 일을 하도록 너를 예비하였다. 너는 혼자가 아니다." 그러므로 우리는 항상 이렇게 말할 수 있습니다. 나는 같은 부르심 안에서 다른 사람들과 함께 여러분을 공동체로 인도할 것입니다.

내 여정의 이 중요한 시점에서 우연히 『진실과 함께 하는 나의 실험 이야기 The Story of My Experiments with Truth』라는 제목의 간디의 자서전을 읽게 되었습니다. 그의 탐구는 매우 실용적인 경로를 모델로 삼았습니다. 우리 각자는 반드시 자신의 특정한 전통과 하나님의 경험 안에서 우리가 알고 있는 것으로 시작해야 합니다. 중요한 것은 여러분의 삶을 일련의 실험으로 만드는 것입니다. "이미 알고 있는 진리를 행하십시오. 그러면 여러분을 더 많은 진리로 이끌 것입니다." 나는 사람들의 하는 일을 통해 드러나는 진리를 본 적이 없었습니다. 간디에게 힌두 경전의 요체와 산상수훈에서의 예수의 가르침은 비폭력 방식의 유용함과 참됨에 대한 심오한 이해로 이어졌습니다. 힌두교도인 간디는 힘없는 나라들을 식민지화 하는 것에 경도된 제국주의 그리스도교보다 예수님을 더 잘 이해했습니다. 그는 "그리스도인들을 제외하고는 온 세상이 예수가 평화주의자라는 것을 알고 있다"라고 썼습니다.

그래서 간디의 충고에 따라 산상수훈을 다시 읽었습니다.마 5 - 7장 그리고 마치 처음인 것처럼 예수님을 새롭게 발견했습니다. 그래서 나는 예수님을 닮은 공동체가 되는 것에 관심이 있는 다른 사람들을 찾기 시작했습니다. 그것은 하나의 실험이 갈수록 더 많은 통찰력과 경이로움의 원인을 가진 다른 실험으로 이어지는 삶에 대한 가설과 같았습니다.

캠퍼스로 돌아와서 나는 조앤 저거를 찾아냈습니다. 왜냐하면 그녀는 캠퍼스에서 아나밥티스트 공동체 소모임에 의해 만들어진 평화 사역에 나와 유사한 소명을 느꼈기 때문입니다. 하나님의 은혜로 우리의 구애와 결혼은 우리를 두 사람의 공동체로 만들었습니다. 대학원을 마치고 콩고민주공화국에서 2년 동안 가르친 후 우리는 가정을 꾸렸고 평화를 위해 보다 급진적인 삶의 방식을 모색하는 반전 운동에 참여하는 공동체의 다른 사람들을 찾았습니다. 우리는 캔자스 주 뉴턴에서 다른 공동체를 추구하는 사람들과 함께 모여 예수님에 대해 공부했고, 우리의 삶을 실험할 준비를 마쳤습니다.

지금까지 본 것처럼, 나는 관념의 세계에서 주로 살았습니다. 나는 세상을 새롭게 만드는 것만큼 봉사에 도전하고 싶었습니다. 그러나 하나님께서 뉴크리에이션 펠로우십에서 우리에게 주신 것은 먼저 서로 평화롭게 사는 법을 배우기 위해 평화 운동 운동에 대한 우리의 비전 중 일부를 내려놓아야 하는 겸손한 공동체였습니다. 이 자매들과 형제들은 많은 은혜와 용서가 필요했던 완고하고 비판적인 다윗의 이미지를 떠올려줄 만큼 충분히 저를 사랑해주었습니다. 우리 가족은 무너지고 있었고, 다른 곳에서 뉴스거리가 될 만한 사역을 마치고 집으로 돌아와 다른 사람들의 필요가 내 삶을 정의하도록 하고, 나 자신의 치유를 찾고, 어른이 되는 방법을 배워야 했습니다.

그래서 놀랍게도 공동체로의 나의 여정은 카리마의 이야기가 시작된 곳에서 끝납니다. 나는 사랑과 치유를 찾고 하나님의 가족 안에서 봉사하기 위해 해방되었습니다. 그 보잘것없는 땅에서 새로운 씨앗이 자랄 수 있습니다. 하지만 그것은 또 다른 장을 위한 이야기입니다.

내가 바라는 것은 이 두 이야기가 여러분이 여러분의 인생을 실험하도록 초청하는 것입니다. 어쩌면 여러분도 그 안전대책으로 종교 이상의 것을 찾고 있을 것입니다. 아마도 여러분은 더 깊은 공동체가 "하늘에서와 같이 땅에서도" 임하는 하나님 나라를 미리 맛보는 것인지 알아보기 위해 예수와 그의 추종자들과 함께 여행할 가능성에 흥미를 느꼈을 것입니다.

제5장

공동체에서 제자가 되라는 복음의 부름

복음이 우리 문화의 개인주의에 의해 어떻게 제재를 당했는지 관찰하는 한 가지 방법은 현대 그리스도교 음악 모음집을 선택하여 얼마나 많은 노래가 하나님의 사랑의 대상이 "우리"에 관한 것이 아니라 "나"에 관한 것인지 세어보는 것이다. "내 것, 내 것, 내 것, 예수님은 내 것일세." 당신은 대다수의 사람들이 그리스도인이 되는 것이 단체 경기라는 사실을 알지 못한 채 세상에서 복음을 하나님의 일에 대한 사적인 이해로 환원하는 사실상의 반공동체적인 특성을 지니고 있다는 사실을 발견하게 될 것이다. 때때로 시적 감흥을 따지지 않는 실험으로, 인칭 대명사를 "우리", "우리에게", "우리의 것"으로 바꾸면 이 노래들의 대부분이 얼마나 더 강력하고 고무적이며 성서적이 되는지 헤아려보라. "살아계신 하나님의 영이시여, 우리에게 새롭게 내리소서." "우리는 예수님을 따르기로 결정했습니다." 1인칭 방식의 현대 예배 역시 예수가 관심을 가졌던 것들을 돌아보기 위해 공동의 삶으로 통합된 그리스도의 몸의 공유된 경험보다는 같은 장소에 우연히 있는 분리된 개인들의 경험으로 축소된다. -하나님 나라가 하늘에서 이룬 것 같이 땅에서도 이루어지이다.

서점에 있는 "그리스도인의 삶"이나 "그리스도교 영성"에 관한 대부분의 책들도 마찬가지이다. 그 책들 역시 마치 그리스도인의 삶이 옛 세상과 같은 상황에서 더 나은 삶을 살 수 있도록 예수님이 그들을 돕는 분인 것처럼 개인적인 조언으로 가득 차 있습니다.

복음을 개인적이고 사적인 것으로 축소하는 것은 개인이 생명, 자유, 행복 추구의 "개인적인" 권리를 주장하는 계몽주의 이후 사회에서 기대할 수 있는 것이다. 우리는 후기 산업 자본주의에 이끌려 소비자의 사고방식을 가지게 되었고, 미디어가 주장하는 요구에 민감하게 즉각적으로 반응하게 되었다. 내가 원하는 것은 무엇인가? 무엇이 나의 요구를 충족시킬 것인가? 우리는 공격적인 반공동체 사회에 살고 있고, 교회는 대부분 그런 사회의 통념을 따르고 있다. 우리가 어떻게 여기까지 오게 되었는가?

200년 전 미국그리고 세계의 다른 지역에서는 여전히 대부분의 사람들이 생존을 위한 지원과 공유의 방식으로 확장된 대가족 제도에 뿌리를 두고 있었다. 즉, 공동 작업과 공유 물자에 대한 대부분의 필요를 제공하는 땅 가까이에 살고 있었다. 그 시절이 모두 좋았던 것은 아니었고, 그 이후의 일들이 모두 나쁜 것도 아니다. 하지만 이 흐름이 어디로 가는지, 예수님의 부르심과 어떻게 비교되는지 알아보자.

1950년대에는 자신들의 집과 자가용을 가진 핵가족과, 경제적으로 더 나은 일자리를 제공하는 곳이라면 어디든 이동할 수 있는 자유가 규범이 되었다. 브랜든 로즈는 이러한 현상을 "자동차 문화"라고 부른다. 이제 21세기 들어 양부모를 둔 핵가족은 점점 줄어들고 있으며, 가구의 대다수는 독신 또는 자녀를 둔 한 부모가 차지하고 있다. 그리고 온 가족이 한 지붕 아래 사는 곳에서도, 각자가 자신의 미디어 센터, 휴대폰, 차량을 소유하고 누구도 공유할 필요가 없도록 그것들을 간직해야 한다. 모두가 따로 일정을 잡고 있어 가족이 한 식탁에서 함께 식사하는 경우는 드물다.

우리는 인간에게 결코 계획된 적이 없는 반 공동체적 사회에 익숙해졌다. 우리는 개인적인 치료와 스스로 찾아낸 처방을 통해 치유되기를 바라는 증가하는 스트레스와 사회적, 정서적 질병에 시달리고 있다. 인류 역사에서 물질적인 소비를 가속화하고 공동체를 붕괴시키는 사회를 건설하려는 시도는 지속 불가능하고 실패할 것이라는 많은 징후들을 가진 최근의 변화이다.

그러한 사회에서 우리는 "개인적으로 해석하게 만드는 렌즈"로 신약 성서를 보게 될 것이고 예수님이 가르치시는 많은 부분이 이상하게 초점이 맞지 않는다는 사실을 발견하게 될 것이다. 예를 들어 "그러므로 이와 같이, 너희 가운데서 누구라도, 자기 소유를 다 버리지 않으면, 내 제자가 될 수 없다."눅 14:33는 말씀을 읽을 때, 우리는 예수님께서 실제로 그렇게 하라는 뜻이 아니었음을 이미 "알고" 있다. 이것은 제자들이 더 큰 헌신을 하도록 충격을 주기 위한 그분의 전형적인 과장된 표현 중 하나에 불과했다. 아니면, 아마도 이 말씀은 소작농 사회를 위한 것이지 21세기 도시 전문가들의 사회를 위한 것은 아닐 것이다. 또는 공동체 속에서 제자가 되라는 복음의 요구를 받은 사람으로서 우리가 소유물에 대해 초연한 태도를 갖고 자선에 더 많은 것을 바치라는 뜻이었다. 또는 우리 목사님이 그 본문에 대해 설교할 용기가 없었기 때문에 우리는 이 구절이 복음에 들어있는지조차도 모른다고 하는 것이 옳을 것이다.

예수님이 선포하신 복음과 그분이 제자로 삼으신 사람들의 사회적 정황을 새롭게 살펴보자. 먼저 우리는 고대의 생산, 소비, 생존의 기본 단위가 대가족, 즉 그리스어로 오이코스oikos라고 불렸던 가정이었다는 것을 이해할 필요가 있다. 가계 관리를 뜻하는 그리스어는 오이코노미아oikonomia인데, 이 단어에서 경제economy라는 단어가 파생되었다.

고대에 그리고 오늘날 대부분의 가난한 사회에서 대가족인 오이코스는 궁핍한 혈족을 돌보고, 먹이고, 생계를 제공할 의무가 있었다. 오이코스의 모든 사람들은 서로에게 가족으로서의 충성심과 기본적인 지원이라는 연대의 의무가 있었다. 그리고 그들의 아버지와 마찬가지로 아들들은, 이민자들이 여전히 성실하게 본국으로 송금하는 것에서 보듯이, 대가족의 짐을 짊어져야 할 의무가 있었다. 이상적으로, 모든 사람들은 오이코스에 속했는데, 그 이유는 당시의 기대 수명이 매우 짧았기 때문이다. 이것은 탕자의 이야기눅 15:11-32에서 그 의무의 한계가 없음을 우리가 확인할 수 있는 정상적인 사회적 그물망이었다.

그러나 팔레스타인에 대한 로마의 군사적 점령은 이 오이코스 지원 체제에 압박을 가했다. 제국이 식민지 관리를 위해 통상적인 세금을 요구했을 뿐만 아니라, 로마인들도 공물을 요구했는데, 이는 유대인들이 자신들의 정복 비용을 감당하기 위해 지도록 한 굴욕적인 추가 부담이었다. 여기에 매년 내야하는 성전세를 더하면 그 부담은 하층민들을 짓눌러 감당할 수 없는 상태가 되도록 만들었다. 이 모든 돈은 권력과 부의 중심지인 예루살렘과 로마로 계획된 체계에 따라 보내지기만 했다. 한편 점점 더 많은 가족들이 빚더미에 빠졌고, 가난한 사람들이 늘어남에 따라 재산을 늘린 채권자들종종 세리들에게 토지, 존엄, 생존 수단을 몰수당했다. 이러한 압력 하에서 가족 연대라는 오이코스 체계가 붕괴되고 있었다. 땅이 없는 가난한 사람들에게 가장 큰 희망은 굶주리는 것보다 아무런 권리도 없는 종으로 받아들여지기를 간청한 탕자와 같이 은혜를 베푸는 보호자를 찾는 것이었다.

더욱이 예수 시대에 바리새인들은 거룩함에 대한 열망으로, 하나님이 의로운 사람들을 보시고 그들을 인도해 주시기를 간절히 바라는 마음에서 신실한 유대인들에게 "죄인들"인 가난한 사람들을 피하라고 압력을 가했다. 성전 제물을 바칠 여유도 없고 유대인들이 삶에서 엄수해야 하는 모든 요구 사항을 지킬 수도 없는 이 가난한 하층민들은 신실한 유대인들을 부정하게 만드는 근원으로 간주되었다. 당연히 어떤 점잖은 사람도 이 집단의 친구가 되거나 그들과 한 상에서 먹고 마시려 하지 않았다.

공동체의 지원을 받지 못한 자포자기의 불가촉 천민 무리들이 그 땅을 배회했다. 이들은 대부분 아무도 돌보는 이가 없는 과부와 고아, 만성 질환을 지닌 환자, 일용직 노동자, 거지, 창녀, 도둑들이었고, 비참한 삶을 살다 단명했기 때문에 그들은 혁명을 꿈꾸는 사람들이 될 수밖에 없었다. 예수님이 제자들에게 가장 먼저 가라고 하신 사람들이 바로 이들이었다. "오히려 이스라엘의 잃어버린 양에게로 가라." 이스라엘의 집oikos이 보살핌을 받는 확장된 가족이 아니라는 것, 가난한 사람들이 공동선에서 제외된다는 것은 예수님에게 추문이었다. 오히려 길 잃은 양 떼인 이스라엘 백성에게로 가거라. 다니면서 '하늘 나라가 가까이 왔다'고 선포하여라."마 10:6-7

예수님의 사명 선언문은 변두리에 있는 사람들의 절망적인 상태에 대해 분명하게 말했다. "주님의 영이 내게 내리셨다. 주님께서 내게 기름을 부으셔서, 가난한 사람에게 기쁜 소식을 전하게 하셨다. 주님께서 나를 보내셔서, 포로 된 사람들에게 해방을 선포하고, 눈먼 사람들에게 눈 뜸을 선포하고, 억눌린 사람들을 풀어 주고, 주님의 은혜의 해를 선포하게 하셨다."눅 4:18~19

"주님의 은혜의 해"?! 가난한 사람들의 귀에 이것은 오직 나팔 소리와 환희의 해인 레위기에서 약속된 희년레 25:10을 의미할 수 있었는데, 희년에는 빚이 탕감되고 죄수들이 풀려나고 원래의 가족들에게 땅이 회복되었다. 예수의 추종자들 중 어느 누구도 로마인들과 성전 건물을 전복시킬 수 있는 군대 없이 어떻게 예수가 이 일을 해낼 수 있을지 상상할 수 없었다. 물론 힘을 가진 그의 적들도 그럴 수 없었다!

그분의 작전은 권력의 중심에서 멀리 떨어진 갈릴레이에서 시작된 은밀한 작전이었다. 예수님은 병든 자들을 고치시고 귀신을 쫓아내시며 제자들을 부르셔서 집을 떠나 이동하며 새로운 사회를 이루시고 하나님의 나라가 가까이 왔다고 선포하여 소망을 일으키셨다. 그분의 혁명 운동의 수단은 군대가 아니라 새로운 종류의 오이코스였으며, 혈통으로 뭉친 것이 아니라 공동체의 제자 훈련으로 뭉친 오이코스였다. 이 드라마가 어떻게 전개되는지 알아보기 위해 잘 아는 이야기를 살펴보자.

> 예수께서 아직도 무리에게 말씀하고 계실 때에, 예수의 어머니와 형제들이 예수와 말을 하겠다고 바깥에 서 있었다. 어떤 사람이 예수께 와서 말하였다. "보십시오, 선생님의 어머니와 형제들이 선생님과 말을 하겠다고 바깥에 서 있습니다." 그 말을 전해 준 사람에게 예수께서 말씀하셨다. "누가 나의 어머니이며, 누가 나의 형제들이냐?" 그리고 손을 내밀어 제자들을 가리키고서 말씀하셨다. "보아라, 나의 어머니와 나의 형제들이다. 하늘에 계신 내 아버지의 뜻을 따라 사는 사람이 곧 내 형제요 자매요 어머니이다." 마 12:46 - 50

예수님은 새로운 가족 제도를 창조하심으로써 낡은 껍데기가 된 오이코스 안에 새로운 사회가 되도록 제자들을 부르셨다. "누구든 하늘에 계신 내 아버지의 뜻을 따라 사는 사람이 곧 내 형제요 자매요 어머니이다." 혈족에 속했던 서로를 돌봐야 할 의무는 예수님을 따르려는 사람이라면 누구나 사랑하고 공유해야 하는 제자들의 공동체가 떠맡게 되었다. 이것은 가난한 자들, "죄인들", "이스라엘 집의 잃어버린 양들"에게 좋은 소식이었다. 그들은 이제 그들이 소속되고, 공유하고, 하나님의 일에서 그들의 목적을 찾을 수 있는 가족 그물망을 갖게 되었다.

이 새로운 오이코스인 이 가족에게 예수님은 우리가 산상수훈마 5-7장에서 볼 수 있는 것과 같은 함께 사는 삶에 대한 지침을 주셨다. 교회가 천국을 위해 구원받은 개인들의 집합체라고 생각하는 동시에 개인적으로 출세하려고 하는 사람들에게는 말이 안 되는 윤리이다. 그것은 매우 힘든 윤리이지만 예수님께 속한 "우리"로 변화된 사람들이라면 살아낼 수 있는 윤리이다.

예수님이 제자들에게 가르친 기도에서 사용된 대명사에 주목하라. "우리 아버지"로 시작하여 "우리의 일용할 양식"을 말하는데 그것은 음식을 나누는 것을 전제로 한다. "우리가 우리에게 죄 지은 자_{빚진 자}를 사랑감하여 준 것 같이 우리 죄빚를 사하여 주옵시고"라고 기도함으로써 그분은 빚 탕감과 죄 사함을 공동의 관습으로 삼는다. "우리를 시험에 들게 하지 마옵시고 다만 악에서 구하옵소서"마태복음 6:9-13는 우리의 영적 싸움이 얼마나 함께 이기고 지는 것인지를 알려준다. 예수님은 고립된 개인들이 되어 기도하게 된다면 많은 것들을 잃어버리게 되는 제자들의 공동체를 위해 우리에게 공통된 기도를 주셨다.

그렇다면 서기관과 바리새인의 의를 능가하는 예수님의 이 높은 공동체 윤리는 어떻게 "이스라엘 집의 잃어버린 양들"을 포함할 수 있을까? 예수님은 규범을 유지하면서도 가장 약하고 가난한 사람들이 공동체에 속할 수 있도록 두 가지 관습을 제정하셨다. 첫째, 철저한 제자 훈련이다. 둘째, 실패한 후에도 다시 시도할 수 있도록 사람들을 회복하기기 위해 실천해야 하는"일흔 번씩 일곱 번"까지 해야 하는 용서이다. 예수님은 구원의 문제로서 제자들의 코이노니아"동료애, 나눔"가 가난하고 소외된 사람들에게까지 확장되어야 한다고 주장하셨다. "내가 진정으로 너희에게 말한다. 너희가 여기 내 형제자매 가운데, 지극히 보잘 것 없는 사람 하나에게 한 것이 곧 내게 한 것이다"마 25:40 예수님의 제자 공동체에는 길에서 서로를 나누고 돌보았던 남녀 모두가 포함되었다.

그 후에 예수님은 이 동네와 마을에 두루 다니시며 하나님 나라의 복음을 전파하셨다. 열두 제자가 예수님과 함께 있었고 또 악령과 질병에서 고침을 받은 몇몇 여자들도 있었는데 일곱 귀신이 나간 막달라 마리아와 헤롯의 집안 관리인 구사의 아내 요안나, 수잔나와 같은 이들이다. 그리고 많은 다른 사람들이 있었다. 이 여성들은 자신들의 것으로 그들을 지원하는 것을 돕고 있었다. 눅 8:1-3

곧 다른 세대의 제자들을 만들고 가르치게 될 측근인 12사도들에게 예수님은 자신의 윤리를 이렇게 요약하셨다. "이제 나는 너희에게 새 계명을 준다. 서로 사랑하여라. 내가 너희를 사랑한 것 같이, 너희도 서로 사랑하여라."요 13:34 그분의 가르침과 실천, 임박한 십자가의 죽음에서 예수님 자신이 계속될 그분의 공동체를 위한 사랑의 정의가 되셨다. 그리고 하나님께서 죽은 자 가운데서 부활하게 하심으로 그분의 아들의 비폭력적 고난으로서의 사랑의 사역을 입증하신 후에 예수님은 혼란에 빠진 그의 제자들을 용서하고 회복시키기 위해 돌아오셨고, 성령을 약속하고 그들에게 그분이 하셨던 것처럼 "모든 족속으로 제자를 삼으라"는 사명을 주셨다.

예루살렘 초기 교회는 성령의 능력으로 모든 것을 공동으로 소유하는 오천 명의 긴급한 오이코스로 예수님의 삶을 구현했다. 그들은 음식과 친교를 나누는 더 작은 여러 가정들을 통해 이 일을 했고, 더 많은 재원을 가진 사람들은 가장 가난한 사람들과 나눌 수 있도록 매일 음식을 나누어 주는 데 드는 자금을 사도들의 손에 있는 공동 지갑에 넣었다. 행 2:44-44-44 47 예루살렘 공동체의 오이코스oikos 모토는 지중해 전역에 흩어져 있던 교회에도 여전히 적절했다. "아무도 자기 소유를 자기 것이라고 하지 않고", "그들 가운데는 가난한 사람이 한 사람도 없었다." 한 세대 후, 사도 바울은 "그러므로 기회가 있는 동안에, 모든 사람에게 선한 일을 합시다. 특히 믿음의 식구들에게는 더욱 그렇게 합시다."갈 6:10라고 함으로써 그의 제자들과 그들의 가정 교회들에게도 동일한 것을 기대했다.

그러므로 초기 교회는 "누구든지 내 제자가 되려 하는 사람은 자기 소유를 다 버려야 한다."는 예수님의 말씀을 개인이 행한 영웅적인 행동이 아니라 가난한 사람들과 나누는 방법으로 이해하고 실천했던 것이며 그것은 예수님의 오이코스에서 제자들과 이미 경험했던 연대의 확장이었다. "모든 것을 공유"하는 이 공동체는 새로운 제자들을 훈련하기 위한 맥락과 가난한 사람들에게 좋은 소식인 삶을 공유하기 위한 수단이자 목표이다.

우리는 어떻게 이 "신앙의 집오이코스"을 잃었는가?

그 과정에서 그리스도교는 초기 그리스도인들의 규범지침이자 정상적인 삶의 방식이었던 "공동체의 제자도"라는 소명을 잃어버렸다. 반 장의 공간으로는 "소명"과 "천직"이라는 쌍둥이 개념에서 20세기에 걸친 변천을 추적하기에 충분하지 않다. 대신, 우리는 몇 가지 결론적인 관찰을 통해 몇 가지 주요 변경 사항에 주목할 것이다.

이야기는 하나님께서 모세와 사무엘과 같은 예언자들을 하나님이 지시하신 대언자와 행위자로 부르셔서 이스라엘의 자손을 구하고 인도하시는 것으로 시작한다. 하나님의 소명은 그들의 천직이 된다. 예수님은 세례 때에 같은 소명을 받으셨고, 다른 제자들, 즉 새로운 소명에 대한 도제들을 부르셔서 이미 하늘에서 이루어진 것처럼 지상에 오는 하나님의 나라를 선포하고 보여 주셨다.

예수님의 죽음과 부활에 이어 사도들은 땅 끝까지 이르러 예수님이 하신 일과 그 일 이상을 함께 할 공동체의 제자를 삼으라는 소명을 받았다. 초기 교회에서 예수님의 산상수훈마태복음 5-7장과 이와 유사한 누가복음의 가르침눅 6:20-49은 그 길에 새로 부름 받은 제자들의 제자도에 대한 교리 교육의 핵심 교과과정이었다. 이 소명에 대한 몇 가지 일반적인 신약성서 표현에는 "성도"롬 12:13, "그리스도 안에서"빌 2:1, "새로운 피조물"고후 5:17, "하나의 새 사람엡 2:15"이 포함된다. 이러한 은유적 정체성 표시들은 공유 경제와 구원의 "그리스도 안에서"의 일치를 표현하는 개인적이면서 동시에 공동체적인 것이었다.

300년 후, 이집트의 안토니오는 방종한 도시 그리스도교를 뒤로 하고 복음서에서 예수님이 부자 청년에게 "다 팔아 나누어주고 나를 따르라"고 하신 대로 부르심에 응답하여 사막으로 들어갔다. 안토니우스의 생애 동안 콘스탄티누스 황제는 그리스도교를 제국의 총애를 받고 유행하는 종교로 만들었으며 수많은 시민들은 명목상의 그리스도인들이 되었다. 개인의 구원에 초점을 맞추고 성례전 참여와 공식적으로 승인된 교리에 대한 믿음으로 구원이 보장되는 최소한으로 축소된 그리스도교의 변형이 등장했다. 동시에 수천 명의 열정을 가진 영적 구도자들이 예수님을 따르는 더 엄격한 길을 되찾기 위해 안토니우스를 모방하여 사막으로 모여 들었다. 이 시간 이후로 우리는 공동체 안에서 보다 신실한 제자도의 삶을 살고자 하는 충동이 국가와의 혼인, 지배적인 문화, 그리고 그리스도교 제국주의라고 불리는 교회에 대한 끈질긴 소수의 비판으로 나타나는 것을 보게 될 것이다.

6세기에 누르시아의 베네딕트는 신흥 수도원 운동의 몇 가지 모범 사례를 모아서 베네딕트회를 인도하고 다른 수도원 전통에 영감을 주었던 일과 기도에 초점을 맞춘 규칙으로 만들었다. 중세에 이르러 금욕적인 성직자들과 수도회들남녀 모두은 공동체의 지원을 받아 예수의 삶을 살도록 교회에서 승인한 "소명"을 가졌던 반면, 나머지 그리스도교 제국주의제국교회에서는 예수의 "완전하라는 가르침"이 선택 사항 또는 불가능한 것으로 간주되었다.

16세기에 마틴 루터는 "종교적 소명"으로써의 수녀원과 수도원을 폐지할 것을 촉구했으며, 그 대신 그들의 자리에서 모든 사람들이 자신에게 주어진 일을 잘 수행함으로써 "이웃을 사랑하라"는 하나님의 소명을 가진다고 가르쳤다. 이제 모든 사람들이 접근할 수 있는 이 직업들은 예수의 제자도에 기초한 것이 아니라 "정육점 주인, 제빵사, 촛대 제조자" 등과 같은 직업과 거래에 있어 무엇이 되었든 세상의 방식에 기초하게 되었다. 그리고 국가가 군인, 판사, 사형집행인을 필요로 했기 때문에 루터는 예수께서 금지하셨음에도 불구하고 그들의 일을 "이상한 사랑"이라고 명명함으로써 그들의 역할까지 "침례"소명으로 인정 했다.

18세기와 19세기에 근대 자본주의의 부상과 산업혁명에 힘입어 씨족과 교회의 연대에서 "자유"한 이동 노동자 계급이 등장했다. 그들은 경제에서 일자리가 그들을 기다리고 있는 곳이면 소외된 개인들로서 어디든 갈 수 있었다.

오늘날, 직업 상담사와 대학 프로그램의 손아귀에서, 대부분의 젊은이들은 가질만한 가치가 있는 모든 직업이 나오는 맘몬 경제에서의 역할로 방향을 잡고 있다. 따라서 새로운 사람을 만날 때 가장 자주 묻는 두 가지 질문에 대한 대답은 다음과 같다. 즉 "누구세요?" 또는 "무슨 일을 하세요?"라는 질문에 "시장의 여건에 따라 달라집니다."라는 대답을 한다. 그것이 바로 당신이 당신의 정체성, 타당성, 그리고 삶의 의미를 찾아야 하는 곳이다. 그러나 자본을 가진 사람들을 위한 경제 성장과 부의 추출이 탁월한 가치를 지닌 오늘날의 세계 경제에서, 그 체제는 사람들의 직업을 유지하는 것에 무관심하다. 대학 졸업 후의 직업에 대한 약속은 종종 이행되지 않는다. 실제로 그들이 훈련을 받는 직업에서 장기적으로 일할 수 있는 직업을 가진 사람은 더 이상 거의 없다.

실망스러운 일주일의 일이 끝난 후, 점점 더 많은 청년들이 "이게 다야? 사다리 꼭대기에 있는 사람들을 위해 부를 창출하고, 이 사회에서 지위가 정말로 중요한 것처럼 돈을 벌고 소비하는 것이 정말 내가 창조된 목적인가?"라고 묻게 된다. 우리 시대에 웬델 베리, 새로운 농업주의, 그리고 많은 공동체적 실험은 지역 공동체 규모의 경제가 어떻게 재창조될 수 있는지 상상하는 데 도움을 주고 있다. 지역 경제에 대한 더 깊은 성찰은 20장, "창조 돌봄, 식량 정의 및 공동 식탁"과 25장, "공동의 일과 사역 개발"에서 찾을 수 있다.

이 "소명"에 대한 간략한 재고에서 일반적으로 얻을 수 있는 소견은 무엇인가?

모든 시대에는 지배적인 국가, 문화 및 교회에 대한 살아있는 대안인 예언적 공동체 생활의 소명을 구현하려는 지속적인 소수 집단들의 갱신 운동이 있었다.

"산 위에 세운 마을" 공동체에서 직업, 거래 또는 직장에 초점을 맞추는 것으로의 변화가 초래한 최종적인 결과는 "소명"에서 제자도의 내용을 상당 부분 잃어버리는 것이었다. 이 작업의 맥락은 점점 더 세속화되고, 개인주의적이고, 물질주의적이고, 사회적으로 파편화되고, 정보와 기술이 주도하는 시스템을 따라잡기 위해 더 빨라졌다.

본질적으로 불안정하고 생태학적으로 지속 불가능한 것으로 입증되고 있는 세계 경제에서 전례 없는 경제적 번영을 인류의 절반이 누리게 되었다.

| 작정하고 시작하는 그리스도인 공동체

동시에 일단 기본적인 필요가 충족되고 난 후에는 소비가 늘어나는 만큼 행복이 커지지는 않는다.

경제는 더 이상 많은 사람들의 빈곤 문제를 해결하는 것을 목표로 하는 인간의 척도가정 또는 이웃가 아니다. 로마 제국과 같은 공격적으로 확장하는 체제또는 제국주의 식민지 시대와 동등한 체제는 자본 투자 수익률을 극대화하기 위해 설계된 공격적으로 확장하는 자유 시장 세계 경제로 대체되었다. 이 체제에 대한 마르크스주의적 비판은 히브리 예언자들, 예수, 그리고 많은 그리스도교 성인들이 이미 탄식하던 비탄의 최근유물론적 버전일 뿐이다.

웬델 베리는 "만약 당신이 가정과 공동체의 경제를 파괴한다면, 당신은 상호 유용성과 실질적인 의존성의 유대를 파괴할 것이며, 그것 없이는 [온순한 존경, 결혼, 그리고 가족의] 다른 유대가 유지되지 않을 것이다"라는 임박한 경고로 이 고대의 지혜를 요약한다.

사람들이 새로운 것을 찾는 것은 놀랄 일이 아니다. 그것은 사실 오래된 것이다! 모든 세대에서 성령은 그리스도인들에게 새로운 세상을 추구하는 데 있어 "공동체의 지지를 받는 예수의 제자도" 만들기를 그들의 소명으로 삼을 것을 요구한다. 예수를 따르는 사람들의 이 핵심 소명은 세상에서 우리의 직업을 적절하게 부차적인 위치로 격하시킨다. 이 실제적인 방법으로 우리는 "너희는 먼저 하나님의 나라와 하나님의 의를 구하여라. 그리하면 이 모든 것을 너희에게 더하여 주실 것이다."마 6:33라고 우리를 부르시는 예수님과 함께 우리의 삶을 투자하도록 초대받았다.

오순절에 사도 베드로가 청중들에게 회심하라고 요구할 때 그는 지옥으로 그들을 겁주지 않았다. 성서는 베드로의 권면과 그 결과를 다음과 같이 요약한다. "베드로는 이 밖에도 많은 말로 증언하고, 비뚤어진 세대에서 구원을 받으라고 그들에게 권하였다. 그의 말을 받아들인 사람들은 세례를 받았다. 이렇게 해서, 그 날에 신도의 수가 약 삼천 명이나 늘어났다. 그들은 사도들의 가르침에 몰두하며, 서로 사귀는 일과 빵을 떼는 일과 기도에 힘썼다."

사도 바울은 같은 부름을 받아 이렇게 반향 한다. "여러분은 이 시대의 풍조를 본받지 말고, 마음을 새롭게 함으로 변화를 받아서, 하나님의 선하시고 기뻐하시고 완전하신 뜻이 무엇인지를 분별하도록 하십시오."롬 12:2하나님 나라에서 일하기 위한 공동체를 형성하라는 성령의 부르심은 우리 모두의 소명이며 모든 시대에 신뢰할 수 있다.

현대 그리스도인들은 이와 같은 부르심에 직면할 때마다 곧바로 "모든 그리스도인들이 공동체 안에서 살아야 합니까?"라는 질문을 하게 된다. 우리는 그 질문이 청소년들이 성장과정에서 부모에게 던지는 "꼭 해야만 하나요?"라는 질문과 같다는 사실에 주목하면서 그 질문을 경멸하지 말고 그것이 삶의 특정 단계를 나타낸다는 점에 유의해야 할 것이다. 그 질문은 이미 그 요구를 거절하고 떠나고 싶은 마음을 가지고 성직자와 같은 권위 있는 사람 뒤에 숨기 위해 합법적인 답을 간청하는 것이다. 그 질문은 정해진 답을 요구하는 잘못된 질문이다. 그러나 한 발 물러서서 좀 더 성숙한 단계나 제자도의 관점에서 그 질문을 생각해보자. 저주에 대한 두려움에서 하나님에 대한 사랑으로 질문을 옮겨보자.

성부, 성자, 성령이 중심 도시 광장에서 수천 명의 원무를 이끌고 있는 고대 도시를 상상해 보라. 이는 모든 선한 것을 공유하는 다양성 안에서의 통일을 흥겹게 표현한 하나님의 통치이다. 어딘가에 적대적인 영토로 둘러싸인 이 땅의 외부 경계가 있지만 인간으로서 우리는 그것이 정확히 어디에 있는지 알 수 없다. 예수님의 치유와 용서와 사랑을 받아들이고 예수님께 '예'라고 대답함으로써 우리는 그 선을 넘어 이 새로운 땅에 들어간다. 이것은 니고데모가 예수께서 그에게 "네가 거듭나야 하겠다."고 촉구하셨을 때 넘어

가기를 주저했던 바로 그 선이다. 우리는 그 경계선이 정확히 어디에 있는지, 그 경계선 안쪽에서 안전하다는 확신을 얻기 위해 무엇을 해야 하는지에 대한 많은 논쟁들을 듣게 된다. 우리는 종종 "꼭 해야만 하나요?"라는 청소년의 정당한 질문과 같은 유형의 질문들을 듣게 된다. "나의 소유물들을 포기해야 하나요?" "공동체에 가입해야 하나요?" "가난한 사람들을 자매와 형제로 받아들여야 하나요?" "원수를 용서해야 하나요?" 때때로 사람들은 소비자의 관점에서 이러한 질문을 한다. "영원한 생명을 갖기 위해 내가 포기해야 할 최소한의 것은 무엇인가?"

대신에 예수님은 그 경계선에서 우리를 만나셔서 그분의 제자가 되어 그분과 함께 그 땅을 여행하는 긴 여정의 훈련을 받도록 우리를 초대하신다. 이 여정에서 우리는 더 이상 경계선에 대해 걱정할 필요가 없지만, 예수님과 함께 도심으로 여행할 때 예수님의 명령은 우리 훈련의 일부가 된다. 예수님을 배반하고 비참하게 실패한 제자들에게도 예수님은 돌아오셔서 제자와 섬김의 관계를 회복시켜 주셨다. 경계선 문제 대신 그들이 따르고 있는 분의 성품을 닮을 수 있도록 초대받았다. "내가 너희를 사랑한 것 같이 너희도 서로 사랑하라" 예수님과 그의 추종자들과 함께하는 이 공동체는 다양한 형태를 취할 수 있지만, 이러한 형태들은 그리스도를 닮은 두 번째 성품이 이루어질 때까지 예수님이 가르쳐주신 것들을 실천할 수 있도록 돕기 위해서 선택되었다.

마지막으로 우리는 자기 자신에 대해 죽고 하나님 안에서 새 생명의 자유 속에서 들어 올려짐으로써 그 원무에 온전히 참여하게 된다. 이 원무는 그리스도의 십자가인 동시에 그분의 새로운 창조물이다. 그리스도와 함께 죽고 새 생명으로 부활하는 이 일은 우리의 인생 여정에서 반복해서 일어날 수 있다. 우리는 자매와 형제들과 함께 예배할 때마다 이 영생의 약속을 체험한다.

이 여정은 예수님이 우리 죄를 위해 죽으셨을 뿐만 아니라 그분의 십자가를 나눔으로써 우리가 그분과 함께 영원한 생명의 새로운 것으로 일으켜질 수 있다는 것을 신뢰하도록 우리를 인도한다.

물론 도시 광장의 중심에서 원을 그리며 춤추는 하나님의 이미지는 현실을 모두 설명하기에는 너무 단순하다. 예수님은 죄인들을 집으로 부르시고, 용서하시고, 치유하시고, 해방시키시고, 환영하시면서 중심에 계실 뿐만 아니라 원의 가장자리와 그 너머에도 계신다. 하나의 비유가 하나님 나라에 대해 말해야 할 모든 것을 전달할 수는 없다.

그러나 이 단순화된 그리스도인 여정의 설명에서 우리는 세 단계를 분별할 수 있다. 1 율법주의적으로 "해야만 하는" 질문들로 이 경계를 넘고 2 예수님의 명령이 심판의 위협이 아니라 과정 중에 훈련이 이루어지는 제자도의 여정에 다른 사람들과 합류하는 것이며 3 성부, 성자, 성령의 연합 안에서 그리스도와 함께 부활할 수 있도록 그리스도와 함께 죽는 것이다. 이전 장에서 설명한 두 번째 단계의 테오시스우리가 하나님처럼 될 수 있도록 하나님이 우리처럼 되심와 세 번째 단계인 페리코레시스원을 그리며 춤추는 하나님과 합류라는 개념을 인식할 수 있을 것이다. 그리고 그것은 지금부터 영원까지 우리의 오직 유일한 소명이다.

우리는 우리의 성품이 하나님의 형상으로 변화되는테오시스 제자 공동체를 통해 원을 그리며 춤추는 하나님의 자유페리코레시스 속으로 들어간다. 이것이 우리의 여정, 우리의 집, 새로운 세상을 위한 우리의 희망의 모습이다.

제6장

당신의 공동체 찾기: 방문, 인턴십, 멘토

수천 명의 젊은이들이 의도적인 그리스도인 공동체에 대한 열망과 부르심에 눈을 뜨고 있다. 그들의 관심은 선교 여행, 코너스톤 또는 와일드 구스와 같은 축제의 참석, 교회를 공동체로 이야기하는 청소년 연사들과의 여름 캠프 경험과 같은 짧지만 강렬한 공동체 경험에 의해 촉발되었다. 그들은 대학에서 다양한 공유 그룹과 생활 방식에서 공동체를 시도하고 있다. 아마도 그들은 셰인 클레어본의 『거부할 수 없는 혁명이』나 루트바 하우스의 『회심을 위한 학교』를 읽었을 것이다. 다시 말해 이들은 새로운 수도원주의의 12개의 표지를 읽었을 것이고, 공동체를 방문하거나 이미 설립된 의도적인 그리스도인 공동체들이 주최하는 회심을 위한 학교 주말 수련회에 참석함으로써 이러한 소명을 탐구하고 있다. 대부분의 그리스도인 공동체들은 입주하여 전적으로 삶을 나누도록 초대하기 전에 잠시 방문하는 구도자들을 환영한다. 젊은이들은 공동체에 대한 이 부르심을 어떻게 시험하고, 그들의 경험은 무엇이며, 그들의 탐구에서 우리는 어떤 조언을 제공할 수 있는가?

이번 장은 조지아주 아메리쿠스에 있는 코이노니아 파트너스의 인턴 프로그램 진행자인 아만다 무어의 이야기로 시작한다. 비록 어린 시절의 상실감에 대한 그녀의 경험은 극단적이었지만, 우리가 이전에 발견한 두 가지 주제가 그녀의 탐구 안에 존재한다. 즉, 치유하는 가족 사랑에 대한 갈망과 다른 사람들을 위한 공동체를 만들기 위해 그녀 안에서 꽃피는 하나님의 선물에 대한 인식이다.

아만다 무어의 이야기

나는 가난하고 역기능적인 가정에서 자랐습니다. 부모님은 별거 중이었고, 아버지는 내가 열 살 때 돌아가셨습니다. 엄마, 누나, 남동생과 나는 친구나 친척들과 함께 지역 보호소에서 살았으며 많은 밤을 차 안에서 지냈습니다. 일찍이 나는 내가 아는 모든 사람들이 배운 것을 배웠습니다. 살아남는 유일한 방법은 우리의 삶을 공유하고 어떤 일이 닥치더라도 서로 돕고 지원하는 것이었습니다.

우리 엄마는 11명의 대가족 출신이었고, 그들 중 누구의 삶도 그다지 안정되지 않았습니다. 우리는 그 당시에 집이 있는 친척과 함께 살았는데, 식구가 두 배로 늘어나니 마치 부족 생활을 하는 것 같았습니다.

엄마는 조울증이 있고 우울증에 시달렸습니다. 내가 중학교 1학년이었을 때, 우리는 엄마와 함께 정신병원에서 가장 힘든 시간을 보냈습니다. 아이들이었던 우리는 삼촌이 우릴 쫓아낼 때까지 삼촌 집에 머물렀습니다. 내 어린 시절의 유일한 피난처는 산간벽지에 위치한 애팔래치아 독립 선교 침례 교회였습니다. 나는 평범했던 설교를 이해할 수 없었지만 사람들을 통해 하나님과의 교제를 경험했습니다. 엄마가 자존심을 버리고 도움을 요청했을 때, 그들은 우리를 돌보았고 결코 우리를 가망 없는 사람처럼 대하지 않았습니다. 이것이 교회와 그리스도에 대한 나의 이해를 형성했습니다. 이 교회는 내 인생에서 유일한 피난처였습니다. 다른 모든 것들은 엉망진창으로 돌아가고 있었습니다.

저는 막내였지만 어떤 면에서는 항상 "책임감 있는 사람"이었습니다. 열 살이 되었을 때 나는 우리 가족의 재정 상태를 파악할 수 있었습니다. 이미 초등학생 때 나는 "가난한 나, 불쌍한 나"에 초점을 맞추지 않고 다른 사람들의 말을 듣고 그들에게 다가가려고 노력했습니다.

내 형제들은 우리 같은 아이들에게 매우 위험한 곳인 파티 현장에서 마약을 하고 술을 마시는 사람들의 도움을 구하려고 노력했습니다. 나는 자해하기 시작했고, 선생님들과 교회 사람들에게 간절한 편지를 쓰고, 나를 구해줄 사람을 찾았습니다.

내 외침을 실제로 들어주는 분이 있었습니다. 중학교 1학년 때 아주 친한 친구가 되어주신 선생님이 있었습니다. 나는 똑똑한 학생이었지만 누구도 내 공부에 더 이상 신경 쓰지 않았습니다. 나는 어느 날 방과 후에 분장 시험을 마치기 위해 학교에 있었는데 엄마가 지금 당장 집으로 가야 한다면서 오셨던 것을 기억합니다. 하지만 선생님은 엄마에 아무도 해본 적이 없는 일 맞서 오히려 엄마가 내 교육을 지원함으로써 상황을 바꿀 수 있다는 사실을 보여주었습니다. 엄마는 이해하지 못했지만, 나는 이해할 수 있었습니다. 나는 선생님의 눈으로 내 상태를 보았고 그분을 나의 멘토로 삼았습니다.

그 다음 해, 우리 가족의 상황은 훨씬 더 나빠졌습니다. 나는 잠시 교장 선생님의 집으로 살러 들어가야 했습니다. 나는 엄마를 법정으로 데려갔지만 법원은 엄마가 건강한 엄마라고 판단해서 나는 다시 집으로 돌아가야 했습니다. 하지만 나는 집에 머물기를 거부하고 정신병원에 입원해서 그곳에서 양육되었습니다. 그 정신병원에서 고통으로 가득한 사람들과 함께 성서공부도 하고 기도도 하면서 정말 서로를 돌보아 주었습니다. 비록 그 정신병원은 그리스도교 기관은 아니었지만 우리는 서로를 위한 교회였습니다.

고등학교 3학년 때 나는 선생님과 함께 지냈습니다. 밥을 먹고 어떻게 돈을 내야할지 걱정할 필요 없이 살 수 있는 편안한 시간이었습니다. 지금도 나는 여전히 돌아가서 나를 입양했던 가족을 방문합니다.

나는 결국 테네시 북동부에 있는 밀리건 대학에 가게 되었고, 학비의 절반은 장학금으로 나머지 절반은 재정 지원 및 학자금 대출로 충당했습니다. 그리스도교 학교였지만 물질적으로 부족함이 없는 부유한 아이들에게 둘러싸여 있는 것은 힘든 일이었습니다. 나에게 믿음이란 공급하시는 하나님에 대한 명확한 이해였습니다. 그러나 직장을 구하고 수입을 얻게 되었을 때 그리스도인이 된다는 것이 무엇을 의미하는지를 더 깊이 깨달아야만 했습니다.

밀리건에서, 나는 캠퍼스에 있는 홉우드 그리스도교 교회의 놀라운 공동체를 소개받았습니다. 성도의 교제와 기도 안에서 날마다 새로워질 수 있도록 우리는 공동생활을 하고 계획에 따라 일찍 일어나 함께 기도하고 아침과 점심을 함께 먹었습니다. 한동안 나는 나에게 대리 부모 같았던 팀 로스 목사와 그의 아내 마샤와 함께 살았습니다. 나에게 필요한 이 모든 것들을 주관하신 분은 하나님이셨습니다.

나는 내 인생에서 놓친 것에 대해 슬펐지만, 자기 연민에 빠져본 적은 없었습니다. 나는 희생자처럼 느껴지지 않았습니다. 어쩌면 그것은 몇몇 사람들이 나와 함께 진심으로 슬퍼해주었기 때문일 것입니다. 앤디 로스목사의 아들는 어떤 것을 주장하거나 강요하지 않고 부족 사회에서 슬픔에 잠긴 부족원을 대하듯이 내 곁에 있어주었습니다. 그는 그 고통의 자리에 나와 함께 머물렀습니다. 나는 또한 밀리건 대학에서 있었던 몇 번의 철야 예배를 기억합니다. 그 중 한 예배에서 필 케네슨 교수는 깊은 슬픔의 시간에 내 손을 잡고 가장 최악이며 가장 연약한 상태에 있는 그 고뇌를 어루만지는 긴 침묵의 시간 뒤에 이렇게 말했습니다. "나는 당신의 고통을 보았고 그 고통 가운데 당신과 함께 있을 수 있는 공동체를 찾아보기로 했습니다." 그것은 서로의 짐을 지고 겸손한 태도를 취하는 가장 진실한 예입니다. 그 시절을 돌이켜보면 주변 사람들과 함께 이런 일을 해결할 수 있는 창의성이 어떻게 나에게 주어 졌는지 알 수 있습니다.

내가 4학년이던 시절 앤디 로스와 다른 대학 친구들은 주말 회심의 학교에 다니기 위해 코이노니아 파트너스로 여행을 계획하고 있었습니다. 필 케네슨은 코이노니아에 관한 다큐멘터리인 코튼 패치의 브라이어즈를 보여주었고, 나는 내가 그곳으로 반드시 가야 한다고 생각했습니다. 코이노니아를 나누는 것은 사랑에 빠지는 경험이었습니다. 20대에 들어서면서 나는 영적으로 흔들리지 않는 곳에서 다른 그리스도인들과 함께 하나님의 뜻을 찾고, 안전한 곳에서 나의 길을 인도함 받을 수 있는 결정을 내리고 싶었습니다.

그래서 대학 졸업 후 3개월간의 실습회원이 되기 위해 코이노니아에 왔고 그 후 레바로 갈 계획을 세웠습니다. 대신 내 친구 앤디 로스가 레바에 갔고 나는 이곳 코이노니아에 머물렀습니다. 실습회원 초기에 나는 소명에의 육체적 전율을 경험했습니다. 땅의 무언가가 내 발바닥으로 스며들어 내 영혼을 가득 채웠습니다. 나는 내가 이곳을 위해 하나님께 소환되었다고 느꼈습니다.

✛ ✛ ✛

아만다의 이야기는 어떤 면에서 극단적이지만, 젊은 방문객을 환영하는 의도적인 공동체는 더 이상 가족과 공동체 사업에 헌신하는 방법을 알지 못하는 사회에서 온 난민을 받아들일 준비가 되어 있어야 한다. 아만다는 여러 멘토들과 그녀가 하나님의 사랑을 받고 친구들에게 둘러싸여 있다는 사실을 일깨워준 우연히 마주친 그리스도인 공동체에 의해 양육되었다. 단호하게, 아만다는 사랑을 받는 것과 주는 것 모두에서, 공동체를 위한 기회로 뛰어들었다.

그녀는 조언이나 격려를 강요하는 사람들이 아니라 그녀가 잃어버린 것에 대한 애도에 공감하는 이들에 의해 피해자 의식에서 벗어날 수 있었다. 콩고의 애도 모임에 참석했던 나에게도, 예방하거나 복구할 수 있는 능력을 훨씬 넘어서는 재난을 애도해야만 하는 자원이 거의 없는 사람들에게서 이 아프리카의 치유 전통이 나온다는 사실은 매우 흥미롭다. 그것은 일반인들이 온전히 접근할 수 있는 관상 기도의 전통이며, 인간이 치유할 수 없는 것을 하나님께서 치유해 주시기를 기다리는 방식이며, 죽음보다 강한 연대와 신앙의 유대를 발견하는 방식이다.

아만다의 절박한 상황은 그녀에게 똑같이 절박한 방식으로 기도하도록 가르쳤고, 하나님은 그녀가 겪은 상황보다 더 큰 믿음과 사랑을 그녀에게 주셨다. 코이노니아에서 아만다의 공식 직함은 실습회원 프로그램 코디네이터이지만, 그녀는 자신의 소명을 "영혼의 산파"로 묘사한다. 우리는 아만다로부터 그녀와 같은 구도자 세대와 그녀가 목양하는 실습회원들의 희망과 필요와 갈망들에 대해 더 많은 것을 들을 수 있다.

이어지는 아만다 무어의 이야기

나는 우리 세대를 잘 묘사한 몇 개의 기사를 읽었습니다. 우리 사회에서 20대는 청소년기의 연장선상에 있습니다. 우리는 인생의 중요한 결정들을 서른 살이 될 때까지 미루고 있습니다. 이것은 시간이 지남에 따라 역사적인 추세가 되었습니다. 한때 젊은이들은 고등학교에 다녔고 인생의 결정을 고등학교를 졸업할 때까지 미뤘습니다. 이어 그것은 대학을 졸업할 때까지가 되었습니다. 젊은이들은 다음 단계를 가리키는 학문적 화살표가 없는 시기에 그들이 어디로 가고 있는지 볼 수 있는 공간이 필요합니다. 우리는 선교 여행, 아메리코어스, 해외에서 다른 언어를 배우는 시간, 의도적인 공동체에서의 실습회원 등의 우리를 시험하는 경험들을 찾고 있습니다.

코이노니아에 오는 젊은이들은 그들이 흔히 보는 것보다 더 도전적인 라이프스타일을 찾고 있습니다. 그들 대부분은 자신이 1순위가 아니고, "모든 것이 나에 관한 것"이라고 간주하지 않는 곳에서 되갚고, 봉사하고 싶다고 말합니다. 광고가 작동하는 방식은 모든 것이 세상에서 가장 중요한 사람인 나에 관한 것입니다. 우리는 무의식적으로 이것이 사실이 아님을 알고 있지만 인생을 어떻게 다르게 살 수 있을지 상상하지 못합니다. 그것은 코이노니아에 오는 젊은이들이 소명과 공동체를 구하는 사람으로서 자신들을 구도자로 부를 수 있게 돕습니다.

✥ ✥ ✥

셀리나 바렐라는 2006년에 레바에 견습생레바의 9개월 봉사 프로그램으로 왔고, 남아서 동료 견습생과 결혼했고, 현재는 견습 프로그램 코디네이터이다. 다음은 공동체 생활에 대한 소명을 시험하기 위해 오는 사람들에 대해 그녀가 대응하는 방식이다.

셀리나 바렐라의 이야기

레바에 오는 젊은이들 중 일부는 교회가 전통적인 방식으로 존속할 수 있다는 것에 대해 절망적입니다. 그들은 더 단순하게 살기를 원하고 그들이 받은 문화에 대해 비판적입니다. 모든 사람이 세대 간 경험을 원하는 것은 아니지만 남아 있는 사람들은 더 많은 삶의 경험과 지혜를 가진 사람들로부터 조언을 받고 싶어 합니다.

쉐인 클레어본의 책 『거부할 수 없는 혁명』은 매우 매력적이고 통찰을 주는 이야기들입니다. 하지만 그것은 어려운 현실을 일부 생략하는 경향이 있기 때문에 일부 젊은이들은 공동체 생활이 모든 사회적 질병에 대한 빠른 해결책이 될 것이라는 큰 희망을 가지고 옵니다. 그것이 내가 장 바니에의 책 『공동체와 성장』을 좋아하는 이유이기도 합니다. 왜냐하면 그는 단지 사람들과 함께 있는 실재들에 대해 이야기하기 때문입니다. 그것은 아름답게 쓰였고, 현실적이고, 냉소적이지 않고 희망적입니다.

작년에 훈련기간이 끝나 공동체를 떠나기 전에, 몇몇 견습생들이 웬델베리의 『섹스, 경제, 자유, 공동체』를 읽었습니다. 그는 우리의 얼마나 많은 것들이 소비주의를 따르고 있는지를 설명합니다. 그것은 왜 어떤 사람들이 자신의 진정한 요구가 무엇인지에 대한 관계적인 비전을 형성하는 것보다 "내 필요를 충족시키는 것"으로서의 공동체를 찾는지에 대한 이유입니다.

어떤 젊은이들은 치유의 장소를 찾기 위해 공동체에 옵니다. 가족에게서 받은 상처의 고통을 이겨내고자 하는 사람들에게는 이곳이 든든한 버팀목이 될 것입니다. 젊은 성인들로 구성된 레바의 가정인 패치에서 우리 중 몇몇은 전문 치료, 임마누엘 치유기도, 멘토와의 만남24장, "공동체를 가로막는 상처 치유" 참조과 같은 다양한 종류의 상담을 받고 있었습니다. 지지하는 공동체는 치유 과정을 돕습니다. 이 안전한 곳에서 내 안에 나 자신과 하나님께서 함께 있는 것처럼 내 밖에서 다른 사람들과 하나인 것처럼 함께 있을 수 있습니다.

셀리나는 자신의 여정에서 장 바니에의 글이 중요했던 것을 회상합니다. 『공동체와 성장』에서 바니에는 부모의 가정과, 젊은이들이 부름을 받아 자신들의 삶을 어른으로서 헌신할 수 있도록 만들어준 공동체 사이에 치유와 자기 발견의 장소로서의 "중간 공동체"가 필요하다는 사실을 지적했습니다. 그는 그것을 다음과 같이 쓰고 있습니다.

우리가 사는 세상은 젊은이들이 결정을 내리기 전에 머물며 어떤 내면의 자유를 찾을 수 있는 장소가 점점 더 필요해지고 있습니다. 그들은 관계와 우정의 네트워크를 통해 내면의 해방을 찾을 수 있는 곳이 필요합니다. 그곳에서 그들은 자신이 아닌 다른 것을 시도하거나 가장하지 않고 진정한 자신이 될 수 있습니다. 자신이 하나님과 다른 사람들에게 사랑받고 있고 다른 사람들을 위해 아름다운 일을 할 수 있다는 것을 발견할 때에야 그들은 그들 내면의 가장 깊은 것과 접촉하기 시작합니다.

공동체가 이 중간 역할을 수행하려면 공동체에 실제로 뿌리를 둔 사람들의 핵심적인 역할이 있어야 합니다. 많은 사람들이 더 이상 만족스럽지 않은 학교, 대학 또는 직장을 그만두고 바니에의 공동체인 라르쉬를 찾아옵니다. 그들은 구도자들입니다. 몇 년 후에 그들은 자신이 진정으로 누구이고 자신이 진정으로 무엇을 원하는지 알게 됩니다. 그런 다음 그들은 더 구체적인 종교 공동체로 갈 수 있고, 결혼하고, 직장으로 돌아가거나 지금 그들이 정말로 관심을 갖고 있는 공부를 할 수 있게 됩니다.

또 그곳에 남기로 한 사람들도 있는 공동체는 더 이상 단순히 그들의 치유의 장소, 기분 좋고 행복한 곳이 아니라 하나님의 부르심을 발견했기 때문에 뿌리를 내리기로 한 곳이 됩니다. 공동체에 머물기로 한 사람들 역시 자신들의 계획을 가지게 됩니다.

부모의 가정과 학교에서 어른으로서 헌신하게 되기까지의 여정에서, 많은 젊은이들은 마침내 머물 자유를 느끼거나 사회에서 그들의 경험을 새로운 삶의 방식과 봉사에 적용할 수 있을 때까지 여러 공동체에서 봉사의 단계를 보냅니다. 이러한 이유로 많은 공동체들은 다양한 이름의 실습회원과 자원봉사 프로그램을 추가했습니다. 샌프란시스코에 있는 소저너스 교회는 한 번에 1년 간 "실습하는 회원"을 받아들입니다. 코이노니 아파트너스는 그들을 "분별하는 회원"이라고 부릅니다. 이러한 추구의 단계는 결혼 가능성의 여지를 살펴보고, 분별력을 얻고, 약속을 할 수 있을 때까지 성장하는 것에 해당한다고 볼 수 있습니다.

지금까지 우리는 종종 공동체로 이어지는 두 가지 길, 즉 치유하는 가족을 찾는 것과 봉사에 도전하는 것을 살펴보았습니다. 그러나 이 두 가지가 혼합된 세 번째 경로는 좀처럼 헌신으로 이어지지 않습니다. 6세기에 누르시아의 베네딕트는 베네딕트회가 된 그의 규정에서 '자이로바그'라고 불리는 수도원 방문객들에 대해 경고한 바 있습니다. 이 방문객들은 오늘날의 맥락에서 다음과 같이 보일 수 있는 비현실적인 기대 목록들을 가지고 이렇게 말합니다. "나는 정원을 가꾸고, 노숙자들과 연결시켜주며, 인종적 다양성을 가지고 있으며, 아버지를 떠올리게 하는 권위 있는 인물이 없는 공동체를 찾고 있습니다. 내가 좋아하는 노래를 부르고, 대기업을 망하게 하는 것이 멋지다고 생각하고, 스트레스를 받을 때마다 하루나 한 달 정도 쉴 수 있는 공동체를 찾고 있습니다."

이런 공동체 방문객들은 그들이 만나는 모든 집단에서 뭔가 잘못된 것을 발견하고, 하나님이 우리를 사랑하고 불완전한 공동체에서 봉사하라고 부르신다는 것을 발견하는 것이 전부입니다. 그런 그들은 나 자신에 대해 너무 많이 집착했던 나를 생각나게 합니다. 그들은 제자가 되기를 원하지만, 오직 자신들이 그 과정을 통제할 수 있는 경우에만 그렇습니다. 우리가 그들을 비웃지 않도록 '자이로바그'는 "선택의 여지를 열어두라"는 현대 사회의 최고의 미덕을 떠올리게 합니다.

그들이 가져오는 문제 중 일부는 "우리는 당신이 찾고 있는 공동체가 아닙니다."라고 말하는 것이 가장 좋은 해결책입니다. 어떤 행동은 발생하는 즉시 대처해야 하지만 어떤 행동은 관계가 강해질 때까지 참아야 합니다. 그리고 이 불안한 영혼들이 충분히 오래 머무른다면 이들은 자신들의 삶에 대한 하나님의 뜻을 분별하는 진지한 시간을 맞을 준비가 될 수도 있을 것입니다. 그들은 "공동체의 삶을 살기 위해 내 삶에 어떤 변화가 필요한가?" 그리고, "내가 여기서 느끼는 사랑은 내가 초보 회원으로 남아 있으라는 것을 의미하는가?"라고 물을 준비가 되어 있을지도 모릅니다. 이와 같은 질문들은 다음 장의 주제가 될 것입니다.

이제, 공동체에 대한 소명을 찾는 구도자들과 탐험가들을 위한 조언 몇 마디를 합니다.

- 존경할 수 있는 삶의 선택을 한 멘토, 당신의 공동체 경험이 펼쳐질 때 당신의 말을 듣고 함께 기도할 수 있는 사람을 찾으십시오.

- 여러 공동체들을 방문하거나 자원 봉사자로 등록하십시오. 이러한 경험에 온전히 몰두하면 공동체와 자신에 대해 가장 많이 배울 수 있습니다.

- 공동체가 여러분을 실망시키거나 여러분의 이상과 일치하지 않더라도 놀라지 마십시오. 이런 일은 당신이 가는 곳 어디에서나 일어날 것입니다. 실망에 대해 험담하지 말고 여러분의 봉사를 완료하기 위해 최선을 다하십시오. 오히려 프로그램을 담당하는 사람이나 우려 사항에 대해 조치를 취할 수 있는 위치에 있는 사람과 직접 대화를 나누십시오.

- 공동체가 여러분에게 적합하지 않을 수 있는 이유들의 목록을 가지고 있는 것은 괜찮습니다. 그러나 아직 공동체에 참여할 준비가 되지 않은 이유들의 목록도 간직하십시오. 그것이 멘토, 나눔 그룹 또는 기도 파트너와 함께 작업해야 하는 목록이 될 것입니다.

- 친한 사람들과만 어울리지 마십시오. 많이 사랑했고, 많이 잃었고, 어쨌든 사랑했던 사람들과 이야기를 나눠보십시오. 왜 그런지를 생각해보십시오.

마지막으로, 당신이 자이로바그인지 알 수 있게 해주는 몇 가지 질문들이 있습니다.

- 당신은 참여자가 아닌 관찰자로 그곳에 있습니까?

- 누군가가 여러분의 결점을 말하고 "우리 관계에 관심을 가져 주셔서 감사합니다. 당신이 말한 것에 대해 생각하겠습니다."라고 반응하는 말을 들을 수 있습니까?

- 2년 넘게 가능한 공동체들을 다 확인해 보았는데 모두 부족하다는 것을 발견했습니까?

- 당신의 참여는 공동체의 자원 봉사자로 유용합니까, 아니면 주로 손님으로 거기에 있습니까? 손님이라면 기부금을 내고 있습니까?

제7장

초보 회원 자격: 공동체를 향한 질문과 자신의 질문을 통해 거꾸로 자신의 소명을 점검해보기

한초보자가 방문하는 친구들에게 공동체를 안내하고 있다. 함께 걸으며 그녀는 "우리에게", "우리", "우리 것"이라는 단어들로 공동체에 대해 이야기하고 있다. 일 년 전만 해도 그녀는 방문객이었다. 그동안 무슨 일이 일어난 것인가? 사용하는 인칭대명사의 변화는 물론 그 이상을 포함하는 신비로운 정체성의 변화가 그녀에게 일어났다.

이전 장인 6장은 구도자들이 공동체에 관해 자세히 읽고, 방문하고, 다른 그룹과 친해지고, 실습회원이나 자원봉사자로 서명하는 것에 관한 것이었다. 그 과정에서 그들은 헌신하는데 필요한 경험을 하고 성숙하여 자신의 소명의식을 이해하게 된다.

각 구도자들에게 소명은 부수적인 개인적인 질문들과 함께 온다. 카리마는 "나는 나를 너무나 사랑해 준 사람들을 사랑하는 법을 배웠습니다."라고 인정한다. 졸린은 "나는 계속해서 이동하는 사람들과 교제하는 것에 지쳤습니다. 이제 뿌리를 내리고 깊은 교제를 나누고 싶습니다."라고 말한다. 존 마크는 "나는 창조적인 에너지와 음악적 재능을 가지고 있습니다. 이곳이 하나님께서 제가 그들과 함께 봉사하고 결실을 맺기를 원하시는 곳이라고 생각합니다."라고 말한다. 케이티와 에릭은 "이곳이 우리가 소중히 여기는 가치를 구현하는 존경하는 사람들과 함께 우리가 가족을 키우고 싶은 곳입니다."

라고 말한다. 조쉬와 캔디스는 "우리는 언젠가 공동체를 시작해야 한다는 소명감을 느끼지만, 우리는 우리가 살아온 것들을 나눌 수 있도록 먼저 필요한 지혜를 배우기를 원합니다."라고 말한다. 그들 모두는 "이것이 우리가 합류해야 한다는 것을 의미하는가?"라고 궁금해 한다.

수련자novitiate는 수도원 경험에서 차용한 용어로 지원자가 공동체 회원으로 부름을 받았는지 여부를 테스트하는 마지막 단계이다. 수련자는 이렇게 말한다. "생각은 끝났습니다. 하나님께서 내가 이 공동체에 참여하기를 원하신다고 생각하지만 아직 해결해야 할 몇 가지 문제가 있습니다." 때때로 그것은 기쁨에 들떠 성급한 결혼을 하지 않기 위해 조심하면서 올바른 질문을 하려고 노력하는 "사랑에 빠진" 커플과 같다.

이 테스트 과정을 더 잘 이해하기 위해, 우리가 사랑하는 사람들의 친교라고 부를 상상의 공동체의 수련자들을 위한 일련의 질문들의 예를 살펴보자. 서론과 질문들은 다른 공동체 경험에서 얻은 내 해설 사이에 이탤릭체로 삽입될 것이다. 이번 장이 공동체 회원을 탐구하는 수련자, 그들을 지도해주는 멘토, 공동체가 수련기간을 위한 프로그램을 개설하는데 유용하게 쓰이기를 바란다.

사랑하는 사람들의 친교: 수련자를 위한 질문

나는 임의 것, 임은 나의 것."아가서 6:3

이는 내 사랑하는 아들이다. 너희는 그의 말을 들어라."막 9:7

도입 : 예수님께서 우리를 위해 모든 것을 주신 것처럼 사랑하는 사람들의 친교와 더불어 그리스도의 몸에 참여하는 것은 우리 자신의 모든 것

을 주는 실제적인 방법이며 예수님께 드려야만 하는 것입니다. 죄의 용
서로 해방되고 성령으로 능력을 얻은 우리는 지금 임한 하나님 나라를
보여주고 다가올 시대의 전조로서 다른 사람들과 복음 안에서 변화된
삶을 살라는 하나님의 부르심을 받았습니다.

젊은 세대는 논쟁의 승자들에 의해 만들어진 길고 오래 된 믿음의 진술들
을 거의 사용하지 않는다. 오히려 그들은 예수님에 대한 단순한 응답에 초점
을 맞춘 공동체에의 도전과 "와서 나를 따르라"는 그분의 부르심에 초점을
맞추고 있다. 우리는 이 시대에 어떻게 예수의 제자가 될 수 있는가? 많은 수
련자들은 초기 교회의 세례지원자들이 그랬던 것처럼, 예수님의 산상수훈
을 공부하는 것으로 시작한다. 그럴 때 우리는 "내가 땅에서 들려서 올라갈
때에, 나는 모든 사람을 내게로 이끌어 올 것이다."요 12:32라는 예수님이 하
신 말씀의 진리를 발견한다. 수련자로서의 기간은 우리를 한 세계에서 다른
세계로 옮기기 위한 것이다. 우리는 하나님 나라의 시민권을 가지기 위해 창
조된 세상에 거주하는 외계인들이다.

다음 질문들은 하나님께서 여러분을 사랑하는 사람들과의 친교에서
우리와 함께 언약의 일원으로 부르시는지를 분별하기 위해 우리가 수
련자 개인들과 나누고 싶은 대화를 가리킵니다.

수련 기간은 예수의 제자도가 수련자의 삶의 각 영역에 어떻게 관여하는
지를 알아보기 위해 개인적으로 심도 있게 검토하는 시간이다. 예수님은 그
의 제자들에게 소유, 가족, 원한, 자신의 삶에 대한 통제와 그 이상의 많은 좋
은 것들을 포기하라고 요구했다. 이러한 포기는 우리 삶에 하나님 나라를 위

한 공간을 만드는 방법인 좋은 소식의 일부이다. 수련자 질문들은 회심에서 비롯된 헌신, 행위, 정체성의 이러한 이전들을 실천하는 방법이다. 이러한 "질문"들 중 일부는 문제를 제기하지 않을 수도 있다. 그것들은 이미 수련자로서의 영적인 여행에서 "극복되었다". 그러나 다른 질문들은 긴장의 원천이 될 수 있고 더 많은 대화와 기도를 요구하게 된다. 베네딕트는 수련자에 관한 회칙에서 "그것들이 하나님으로부터 온 것인지 확인하기 위해 영들을 시험하라."고 말한다.

> 공동의 기도, 주님의 말씀 듣기, 공동의 예배, 성경 공부, 묵상의 시간으로 양성된 하나님과의 규칙적인 대화로 영적인 삶을 발전시키고 있습니까? 어떤 개인적인 영적 훈련에서 격려와 의무를 원하십니까?

뉴에이지 영성은 특정한 명상 수련이 삶의 질을 높여준다고 이해하지만, 새로운 경험의 선택적 소비자인 자아는 여전히 그 중심에 있다. 대신 그리스도인의 방식은 하나님과 대화하는 중심에서 모든 삶이 정돈된다. 영적 훈련에서 많은 사람들은 늘 처음부터 다시 시작하고, 지금 막 기도하는 법을 배우는 것처럼 느끼기도 하고, 때로는 안절부절못하고 때로는 깊이 배우기도 한다.

우리는 성령이 이끄는 공동의 여정에서 다른 사람들을 이끌고 우리 또한 이끌릴 때 개인적인 훈련들을 훨씬 더 잘 수행할 수 있는 사회적인 존재다. 서로에게 "침묵의 시간에 주님으로부터 무엇을 듣고 있습니까?" 혹은 "이번 주 당신의 황량함과 위로는 무엇이었습니까?"라고 묻는 것이 자연스러운 환경이 됨으로써 우리는 그리스도 안에서 성장한다. 이런 질문들을 하고 잘 들어줌으로써 우리는 서로를 위한 생수를 퍼 올려 목마른 영혼들을 되살린다.

대부분의 수련자들에게 심오한 변화가 일어나고 있다. 예수님은 그것을 반죽 덩어리를 소리 없이 발효시키는 누룩과 하룻밤 사이에 자라는 곡식밭에 비유하셨다. 이러한 이미지들은 어떤 사람이 어느 날 아침에 일어나서 이 형제 자매들과 함께 예수님을 따르는 일에 헌신하는 삶이 평화롭다는 것을 발견하고 그것이 어떻게 이루어지는지를 상상할 수 있게 해준다.

당신의 삶에서 죄의 고백과 용서와 관계의 회복이 이루어지고 있습니까? 원수 사랑을 포함한 평화와 비폭력에 대한 예수님의 부르심을 이해하십니까?

수련 기간은 부서진 것들과 화해하기 위해 과거의 관계를 목록으로 만드는 매우 힘든 시간이다. "여러분 쪽에서 할 수 있는 대로 모든 사람과 더불어 화평하게 지내십시오."롬 12:18 이것은 특히 수련자로 하여금 자신이 공동체 생활에 원한을 품고 있는지, 혹은 자신에게 상처를 준 사람들을 용서했는지를 검토하는 시간이다. 누군가가 자신을 화나게 할 때도 친절하게 대하는 습관이 있는가? 수련자는 이 세상에서 평화를 이루는 사람으로서 어떻게 용기와 주도권을 키우도록 부르심을 받았는가?

기본적인 삶의 결정들을 당신의 소그룹이나 친교 관계에 있는 사람들의 영적인 분별력에 의지하고 있습니까? 사랑받는 자들의 친교에서 그리스도의 몸 안에서 분별되는 성령의 인도에 따라 기꺼이 머물거나 보냄을 받을 것입니까?

우리는 "두 세 사람이 모인 곳에" 예수님께서 우리 가운데 계시다는 것을 믿는다. 함께 결정을 내리는 것은 연대라는 유대감을 만든다.

만약 가장 깊은 소망이 하나님의 뜻을 알고 행하는 것이라면, 우리가 가장 중요한 결정을 내릴 때 다른 사람들과 함께 기도하고 상의하는 것이 좋은 결정을 내릴 가능성뿐만 아니라, 그것을 살아낼 수 있도록 우리를 도와줄 자매와 형제들과의 결속력을 강화할 가능성도 높여줄 것이다.

우리 사회의 이동 거리의 제한을 없앤 자동차 문화와 "우리의 선택을 열어두는 것"에 부여하는 높은 미덕을 고려할 때, 의도적인 그리스도인 공동체에 가입하기 위한 조건으로 제한 없는 헌신을 설정하는 것은 친구, 가족, 자신의 것인 개인화된 영혼에 경종을 울린다. 많은 젊은이들에게 대학 4년은 한 곳에서 살아본 것 중 가장 긴 기간이다. "상황이 어려워지면 힘든 일이 시작됩니다. 바로 여기서 나가세요!"라고 주장하는 가부장적 모토는 우리 사회가 책임감에 대해 어떻게 느끼는지를 잘 말해준다.

어려운 관계에서 도망치지 않는 것은 확실히 반문화적이다. 우리는 그것을 정당화해야 하는데, 그것이 조나단 윌슨 하트그로브가 그의 책 『안정의 지혜』에서 절묘하게 해낸 것이다. 그는 "영적으로 집이라고 부를 곳을 찾는 사람들은 혼자가 아닙니다. 현대의 소작농들뿐만 아니라 베네딕트회, 아미시, 교모와 교부들과 같은 사람들은 안정을 위해 헌신하는 것이 무엇을 의미하는지에 대한 깊은 통찰을 제공합니다."라고 썼다. 관계의 안정은 하나님의 인도하심에 따라 자신의 남은 생애 동안 기꺼이 공동체에 머물거나 공동체에 의해 선교지로 파송되겠다는 열의를 포함한다. 이 언약은 하나님의 일이 지역 공동체보다 크다는 것을 인정한다.

개인적인 소유의 포기에 관한 예수님의 가르침을 받아들이며, 이것이 소유물에 대한 당신의 태도입니까? 공동의 소유에 참여하고, 검소하게 살며 가진 것에 만족하고, 관대하게 다른 사람들과 나누며, 미래의 필요에 대해 하나님을 신뢰하고, 모든 것을 감사함으로 받을 준비가 되었습니까? 하나님께서 당신의 영적 은사와 물질적 자원을 자유롭게 나누도록 당신을 부르고 있다고 믿으며 이것이 사랑하는 이들의 친교에서 어떻게 작용하는지 이해하십니까?

누가는 초기 예루살렘 교회에 대해 "아무도 자기 소유를 자기 것이라고 하지 않고, 모든 것을 공동으로 사용하였다." 그리고 "그들 가운데는 가난한 사람이 한 사람도 없었다."행 4:32와 34라고 기록했다. 이러한 상호 사랑과 보살핌의 헌신들을 이행하는 많은 다른 방법들이 있다. 조지아 주 코머에 있는 쥬빌리 파트너스에서는 언약 회원들이 매달 용돈을 받고, 다른 필요한 물품들의 대금은 공동 금고에서 지불된다. 샌프란시스코에 있는 소저너스 교회에서는 소득이 있는 사람들이 자신의 월급에서 합의된 만큼의 돈만을 가지고 나머지는 공동체 안팎에서의 선행을 위한 공동 기금으로 전환한다. 다른 그룹들은 동일한 서약을 준수하는 더 비공식적인 공유 방식을 가지고 있다.

수련 기간에 다른 사람들이 어떻게 하고 있는지 관찰하는 동안 그들이 질문할 수 있고 공동체의 경제적 규칙들을 시도해볼 수 있도록 도울 수 있는 사람을 둔다. 경험을 통해 우리는 우리가 어려울 때 다른 사람들이 우리를 돌봐줄 것임을 믿는 법을 배우고 그것은 우리로 하여금 지금 무언가를 필요로 하는 다른 사람들을 자유롭게 돌볼 수 있게 해준다.

사랑하는 이들의 친교가 실제적이고 조직적인 수준에서 어떻게 작용하는지 이해하고 있습니까? 주거나 받기 위해 공유된 자원들에 접근하는 방법을 알고 있습니까?

나는 어느 날, "나는 여기에 속해 있다고 느낀다. 나는 그 작전의 일부이다."라고 했던 에릭과의 대화를 기억한다. 그는 공동체 팀의 일부인 의미 있는 봉사의 틈새를 찾았다. 그는 회원이 되기도 전에 자신과 다른 수련자들이 시작하던 자전거 수리 협동조합에 친구들을 자유롭게 초대하고 자원봉사자로 포함시킬 수 있다고 느꼈다. 종종 공동체에 새로 도착한 사람들은 방문자들이나 자원봉사자들과 연결되고 환영하기에 가장 좋은 위치에 있다. 일어나고 있는 일을 그들이 소유할 수 있도록 모든 것을 그들에게 설명하는 것이 중요하다. 그리고 일이 특정한 방식으로 수행되는 이유에 대해 비판적인 질문이 있는 경우, 수련자가 해법의 일부가 되도록 초대되어 공동체와 방어적이지 않은 대화를 나누는 것이 중요하다. 물론 공동체가 수련자를 기쁘게 하기 위해 사명을 변경해서는 안 되지만, 수련자들은 사명을 추구하는 데 새로운 통찰력과 에너지를 가져올 수 있다. 그러나 수련자도, 공동체도 모두 완성된 것은 아니다.

아만다 무어는 회원이 되기 위한 여정에서 이 중요한 변화에 대해 설명해 준다. "가장 최근에 나는 기도 중에 내가 코이노니아에서 원하는 바로 그것을 하나님께서 가져오라고 하신다는 것을 발견했습니다. 코이노니아는 여전히 공동체에 속한 기업이 아닌 기업을 운영하는 공동체가 되는 방법을 배우고 있습니다. 하나님은 내가 결정하기 전에 모든 것이 하나로 합쳐지기를 기다리지 말고 우리를 거기에 이르게 하는 열린 계획의 일부가 되라고 요구하고 계십니다."

예수님의 가르침대로 공동체의 지원을 받아 독신이든 결혼이든 생각
과 행동에서 성적인 순결을 유지하려고 노력하고 있습니까?

성에 대한 우리 사회의 혼란은 파탄난 가정과 흩어진 아이들의 확산으로 이어져 우리 모두에게 상처를 주었다. 이러한 혼란의 중심에는 내가 어떻게 성적으로 살아가느냐가 나 자신의 일이라는 개인주의적인 생각이 있다. 그 문장 속의 모든 "내 것"들은 내가 나를 창조하거나 나를 키우지 않았다는 현실을 무시하고, 나를 행복하게 만들 능력도 없다. 내 기준이 나 자신의 욕구를 충족시키는 한, 나는 다른 사람을 착취하고 감정적으로 혼자라는 생각을 하게 될 것이다.

라르쉬 공동체정신적, 정서적 장애를 가진 사람들을 핵심으로 하는 공동체의 설립자인 장 바니에는 다른 사람들을 축복하기 위한 하나님의 독특한 은사에 덧붙여 우리 각자가 안고 있는 외로움이라는 상처에 대해 심오하지만 단순한 글을 썼다. 우리는 우리의 은사와 외로움을 우리 스스로 연결할 수 없다. 어떻게 하면 예수님의 방식 안에서 고결함과 함께 친밀하고, 생명을 주는 관계를 맺을 수 있는 성품이 형성될 수 있을까? 우리는 진정한 우정과 하나님의 임재를 축하하면서 서로의 외로움을 치유하기 위해 우리의 은사를 나누는 어떤 형태의 공동체 안에서만 완전한 인간이 될 수 있다.

헨리 나우웬은 "공동체의 미덕인 순결"에 대해 썼다. 이것은 우리를 분리하기 위한 어떤 외적인 규칙이 아니라, 상호 존중과 자유 속에서 함께 친밀하게 살 수 있는 유일한 방법이다. 공동체에서 우리의 행동과 생각은 서로에게 영향을 미친다. 진정한 관계를 위한 싸움은 우리의 상상 속에서 치러질 필요가 있고, 거기에 우리의 행동이 뒤따를 것이라는 예수님의 말씀은 옳다.

"일부일처제 부부 및 그 자녀와 함께 금욕 생활을 하는 독신자를 지원하는 것"은 예수의 가르침과 초기 교회에 보낸 사도의 서한을 요약한 새 수도원주의의 여덟 번째 표지이다. 이것은 새로운 율법주의가 아니라 형제자매의 사랑의 결속이 자라서 삶의 모든 단계와 조건에 있는 사람들, 특히 어린이들을 위한 사랑의 가정을 만들 수 있는 특정한 삶의 방식에 대한 지원을 제공하는 것이다.

다른 사랑하는 사람들의 친교 사이에 신뢰의 공감대가 형성되었습니까? 섬기고 섬김을 받으며 훈계를 주고받는 이 사람들에게 소속감을 느낍니까? 사랑하는 사람들의 친교에 대해 일인칭 복수형으로 '우리가', '우리에게', '우리의'라고 말하는 것이 자연스럽습니까?

신뢰는 어떻게 자라는가? 새로 온 사람은 공동체의 누군가와 갈등을 겪지만, 서로의 말을 잘 들어주는 시간을 통해 화해하게 된다. 신뢰는 시험을 받고 시험을 통과함으로써 성장한다. 물론 우리 모두가 건강한 영혼을 가지고 공동체에 오는 것이 아니라 오히려 치유된 상처와 그렇지 않은 상처가 뒤섞인 역사를 가지고 온다. 이 질문은 수련자와 공동체가 분명하게 존재하고 있는 신뢰의 장벽들을 검토하고 시기적절하게 그것을 직면할 수 있도록 용기를 북돋운다. 이 주제에 대한 더 깊은 논의는 24장, "공동체를 가로막는 상처의 치유"를 참조하라.

당신은 개인적으로 멘토링 관계에 있고, 예수님의 방법으로 다른 사람들을 멘토링하고 있습니까?

베네딕트는 그의 회칙에서 "영혼을 구원하는 기술을 가진 선임자를 임명하여 새로 온 사람을 주의 깊게 돌보도록 임명해야 합니다."라고 썼다. 젊은 이들은 다양한 하위문화에서 얻은 자신만의 아이디어와 경험의 세계를 가치관의 중심으로 가지고 온다. 영성 형성에는 광범위한 대화가 포함될 것이다.

세뇌하기 위해서가 아니라, 새로 온 사람들이 그들이 걸었던 잘못된 길에서 하나님에 대한 진정한 체험들을 발견하도록 성령이 도우실 때 동행할 수 있도록 하기 위함이다.

영적인 지도는 그러나 수련자들만을 위한 것이 아니다. 공동체의 모든 사람들이 돌봄 네트워크에 포함된다면 이 관행은 수련자들에게 납득이 갈 것이다. 멘토들은 영적인 지도가 필요하며, 수련자 역시 자신보다 어리거나 지원을 받지 못하는 다른 사람들을 위해 기도하고 그들을 돌볼 수 있도록 격려를 받아야 한다. 우리는 다른 사람을 돌볼 때 종종 자신의 영혼의 곤고함을 발견하고 영적인 지도를 바라게 된다.

우리는 사명을 가진 사람들입니다. 친교의 사명을 확신할 수 있습니까? 하나님께서 은혜를 베푸시는 것처럼 가난한 사람들에게 특별한 관심을 가지고 하나님께서 가꾸시는 이 공동체 사람들의 행복을 위해 은사와 열정을 바칠 준비가 되어 있습니까?

어떤 공동체들은 다양한 영역의 구도자들을 환영하고 그들의 삶의 단계에 관계없이 그들을 유익한 참여로 이끌 수 있다. 그러나 다른 공동체들은 공동생활의 중심에 보다 구체적인 카리스마, 은사 또는 사역을 가지고 있다. 라르쉬의 경우는 정신적, 정서적 장애를 가진 사람들과 삶을 나누는 것이다. 쥬빌리 파트너스의 경우는 이민자들과 평화를 위한 환영 센터를 운영하는 것이다. 어떤 공동체의 경우는 그들의 사역에 기여할 수 있는 회원만을 받아들이고 다른 구도자들의 경우는 그들에게 더 적합한 공동체를 추천해주는 것이 더 좋을 것이다.

우리가 우정과 의미 있는 일로 연결 될 때, 지체가 되고, 회원 서약을 하기가 더 쉬워지지만 궁극적으로 오직 하나님만이 우리를 위해 항상 그곳에 계시다는 사실을 신뢰할 수 있다. 레바의 수련자 중 한 사람인 졸린 로드만은 회원이 되기 전에 공동체의 모든 구성원들을 잘 알아야 하는지 궁금해 했다. "내향적인 사람으로서 저는 이런 일이 결코 일어나지 않을 것이라는 것을 깨달았습니다. 그러나 저는 그들 모두가 저처럼 예수님을 따르기를 원하고 우리가 함께 결정을 내릴 때 하나님께서 그들을 통해서도 말씀하실 것이라는 것을 믿게 되었습니다." 예수님을 따르는 공동체의 일원이 되는 것은 우리를 함께 불러주신 하나님을 신뢰하는 행위이며, 그 여정의 어떤 것도 우리를 하나님의 사랑에서 끊을 수 없다.

졸린의 회원 가입 축하 행사에서, 신선하고 향긋한 사람으로 드러나기 위해 공동체 생활의 풍부하고 영양가 있는 스튜에 그녀의 은사를 자유롭게 섞어야 하는 건조하고 딱딱한 자아의 껍질들에 대해 이야기하면서 그녀는 많은 눈물을 흘리며 양파 껍질을 벗겼다. 촉촉한 뺨 위에 있는 그녀의 두 눈과 말로 표현할 수 없는 것을 보여주는 흐느껴 우는 목소리에는 기쁨이 빛나고 있었다. 그런 다음 멘토들은 수련자들의 발을 씻겨 주었고, 수련자들이 다시 멘토들의 발을 씻겨 주었다. 이는 우리가 예수님을 기억할 수 있도록 하기 위해 예수님이 우리에게 부탁하신 일이다. 의식을 마치며, 우리의 오랜 멤버 중 한 사람인 앤 가빗은 지금 우리 눈앞에서 일어나고 있는 인간과 하늘의 것, 현재와 영원이라는 관계의 전환을 조용히 상기시키는 새로운 시를 읽었다.

공동체의 대열

우리는 승선을 환영할 수 없어요
이미 우리 사이를 항해해 왔기에

꽤 오랫동안

그리고 우리는 문을 열어줄 수도 없지요

이미 그곳에 살고 있기에

하느님의 집에

가족으로 삼지도 못하지요

이미 둘러싸여 있기에

예수님께 처음으로 "예"한 이후 하나님의 품에

그러나 지금 하는 "예"라는 대답은

이 특별한 것으로 끌어들이지요

기묘한

원무로

오늘밤 할 수 있지요

가방을 침대 위에 내려놓고

짐을 풀고

새 침대에 앉는 일

서로를 둘러보며

희망에 넘쳐-너무도 확실한-

다음 항구에 있는 그것

그때도 여전히 우리와 함께

우리도 여전히 당신과 함께

3부

함께 이사하기 전에

제8장

새로운 공동체의 첫걸음을 꿈꾸며

마리즈케와 그녀의 친구 카라는 새로운 공동체를 시작하기 위한 준비와 그와 연관된 상담을 위해 나와 만나고 싶어 했다. 마리즈케는 고등학교 때 사도행전의 2장과 4장을 읽고 언젠가는 자신도 그러한 공동체에서 살기로 결심했다고 말했다. 시카고에 있는 노스파크 대학에 도착했을 때, 그녀는 같은 꿈을 공유했을 뿐만 아니라 몇몇 그런 공동체들에 대해서도 알고 있던 카라에게 자신의 열망을 털어놓았다. 마리즈케는 그런 공동체들이 실제로 있다는 사실을 전혀 알지 못했다. 둘 모두는 월요일 레바 플레이스 펠로우십 저녁 식사 후 이어지는 그렉 클라크 철학 교수의 수업인 "의도적인 그리스도인 공동체"에 등록하기를 바랐고, 우리는 그곳에서 만나 그들의 이야기를 들을 수 있었다.

그리스도인 공동체의 꿈은 일찍 시작될 수 있다.

그렇다면, 이런 꿈은 어떻게 실현될 수 있는가? 중요한 개발 과제들과 그들이 직면해야 하는 상황은, 이전 공동체 경험, 되고 싶어 하는 공동체 내의 은사들, 그들의 사명을 살아내도록 부르심을 받은 상황에 따라 달라진다. 그러나 명확성과 단순성을 위해, 나는 이 주제들을 3부 "함께 이사하기 전에"와 4부 "공동체에서의 첫 해"의 후속 장의 제목으로 모았다. 그리고 5부 "젊은 공동체를 위한 성장 과제"와 6부 "성숙한 공동체가 하나님의 새 씨앗을 위한 토양이 되는 방법"에서는 앞으로 배워야 할 것들이 많을 것이다.

하지만 여러분이 새로운 공동체를 시작하기 전에, 루크 힐리1장에서 시작된의 이야기와 캔자스 주립 대학의 한 그룹이 살인자의 수가 가장 많은 미주리 교도소에서 온 편지들을 통해 캔자스 시티에 자신들이 정착해야 한다는 요청을 듣는 이야기를 계속해서 보는 것으로 앞으로 어떤 일이 일어날지를 살펴보자.

루크 힐리의 이야기

대학 교목과 그 지역에 대해 이야기를 나누었을 때 그는 몇 년 전 그가 그 지역에서 자원 봉사자로 일했던 사역을 기억했습니다. 그는 아프리카계 미국인 신도들인 뉴 라이징 스타 선교 침례 교회의 담임목사인 하워드 목사를 만나기 위해 우리를 이 거대한 대리석 교회 건물로 데려갔습니다. 우리가 몇 분 동안 머물러 있는 동안 그 목사님은 이렇게 말했습니다. "여기 3만 평방피트가 있는데, 대부분 우리가 사용하지 않고 있습니다. 그러니까 목사님이 사역을 할 수 있는 장소를 찾으시거나 이곳에 살고 싶으시다면 무조건 환영합니다."

그 공간을 본 후 우리는 매우 흥분되었지만 우리 모두가 확신을 느낄 때까지 한동안 그것에 대해 기도해야 한다는 생각이 들었습니다. 우리는 그 건물의 3층사무실, 교실, 회의 공간을 받았지만, 이전에는 아무도 살지 않았던 곳이었습니다. 우리는 욕실과 주방을 짓고, 지하실에서 배관 공사를 하고, 전기 공사를 추가하고, 침실 벽을 설치해야 했습니다. 그것은 큰 작업이었지만, 3개월 후인 2008년 6월에 우리는 마침내 그곳으로 이사할 수 있었습니다.

처음 한 달 동안은 뜨거운 물이 나오지 않아 조금은 더러운 접시를 사용해야 했고 샤워도 빨리 마쳐야 했습니다. 처음 6개월은 난로도 없었고, 지하 주방까지 삼 층의 계단을 끝없이 오르내리며 9인분의 음식을 날라야 했습니다. 주방과 욕실을 포함한 공간의 절반에 난로와 냉방 장치 배관을 설치한 것은 혹독한 겨울인 2월 중순이었습니다. 여러분은 변기가 얼마나 차가워질 수 있는지 결코 알지 못할 것입니다!

이주 과정을 통해 우리는 도시에 대한 생각과 공동체 생활에 대한 열망을 가진 다른 사람들과 이야기를 나눌 수 있었습니다. 이로 인해 우리가 이사하기 전에 다른 세 사람이 우리와 합류하게 되었고, 살기 시작한 첫 해에 몇 사람이 더 합류했습니다. 반면에 기대와 현실의 차이, 상황의 변화 등으로 인해 캔자스 주 출신의 원래 공동체의 절반이 결국 떠나게 되었습니다. 두 번의 결혼식이 있었고, 등장인물은 계속해서 바뀌었습니다.

"우리가 "탄생과 준비"라고 명명한 처음 2년은 많은 인내와 은혜가 요구되었습니다. 그것은 성공과 완성을 의미하는 것이 아니라 겸손하게 이사해야 했던 이 동네의 탄생이었습니다. 그것은 완전히 다른 인종적, 사회적 환경에 있는 소수자인 아웃사이더가 되는 것이었으며, 독립적인 생활방식을 바라는 우리 몸에 배어있는 강력한 성향을 부인하고, 자아에 대해 죽어야 하는 새로운 방식의 공동체의 삶에 적응하는 것이었습니다. 우리에게 그것은 우리의 공간을 살기 좋은 곳으로 만들기 위한 준비의 시간이기도 했습니다. 다시 말해 그것은 이웃을 위해, 우리가 할 일에 대해, 우리의 삶이 그리스도와의 친밀함에서 흘러나올 수 있도록 성령의 인도를 받기 위한 기도에 대해, 그리고 우리의 이웃과 공동체에 대해 더 많은 것, 즉 위험과 기회들에 대해 배우는 준비의 시간이었습니다.

우리는 여전히 이 동네에서 해야 할 구체적인 일들을 찾고 있습니다. 우리는 이곳이 평화의 장소가 되어야 함을 잘 알고 있습니다. 우리는 오래된 아스팔트 주차장에서 생명과 영양분을 길러내는 작은 도시 농장을 시작했습니다. 그리고 우리 모두에게 유용한 생명을 부여하는 주기적인 예배와 기도뿐만 아니라 서로에게 은혜가 되는 삶의 방식을 계속해서 찾고 있습니다.

✥ ✥ ✥

이 새로 탄생한 공동체의 이야기는 그들이 처음 직면하기 시작한 일부를 포함하는 많은 문제들에 대해 새로운 그룹이 단결해야 할 필요성을 보여준다. 선교, 위치, 다양성, 함께 기도하고 예배하는 법 배우기, 갈등 후의 관계의 회복, 리더십 은사들을 분별하는 것 등이 그것이다. 삶의 규칙을 정착시키는 것, 장기적인 결정을 내릴 그룹의 내부와 외부에 동의하는 것, 신입 회원을 양성하고 교육하는 것, 이 동네 지도자들의 협력 강화와 같은 많은 다른 문제들이 여전히 그들 앞에 남아 있다.

공동체에 대한 꿈은 곧바로 공동체의 삶을 향한 '진리의 실험'을 요구하기 때문에 단순하게 공동체를 꿈꾸기란 불가능하다. 마크 스칸드렛은 공동체 발전의 이 단계를 위해 『예수의 길을 실천하라: 사랑의 왕국에서 함께하는 삶』이라는 책을 썼다. 스칸드렛은 우리가 새로운 삶의 방식으로 우리의 길을 읽거나 생각하는 것이 아니라, 예수님이 가르치신 것을 다른 사람들과 함께 실천하는 우리의 삶에 대한 일련의 실험을 하면서, 우리 또한 새로운 삶과 생각의 방식으로 변형된다는 사실에 주목한다. 스칸드렛과 더 넓은 범위의 친구들은 10년 동안 그와 같은 하나님 나라 실험을 수행했다. 그의 책은 다른 사람들이 그들의 친구들, 시간, 소유물을 가지고 비슷한 실험을 할 수 있는 지침과 함께 그 결과를 알려준다. 이러한 실험은 "공동체 사역" 설립을 위한 도구를 모으는 방법이 될 수 있다. 그러나 헌신적인 믿음의 여정에서 다른 사람들과 함께 삶을 내려놓음으로써 뒤돌아보지 않고 실제로 변화되지 않은 채 공동체와 같은 경험들을 계속해서 수집하고 싶은 유혹도 크다.

새로운 공동체를 아무런 사전 준비 없이 시작하는 것은 보트를 만드는 동안 바다를 건너는 것과 매우 유사하며, 실제로 대부분의 그룹이 실패하는 위험한 일이다. 그러나 지금까지 하나님의 은혜로 "성공한" 다른 공동체의 경험에서 오는 지침도 큰 차이를 만들 수 있다. 그들의 경험에서 얻은 지혜를 바탕으로 처음부터 공동체를 시작하는 것이 불가능한 세 가지 이유와 맨 처음부터 시작할 필요가 없는 9가지 방법을 제시한다.

불가능한 이유

동의해야 할 문제가 너무 많다. 서로에게 중요한 사회적인 그룹이 되는 동안 새로운 그룹은 예배와 기도를 하는 방식, 영적 은사들을 인식하고 신뢰하는 방식, 재정적 지원을 하는 방식, 이러한 일들을 누가 결정할 것인가에 대해 생각해야 할 뿐만 아니라 선교, 다양성, 위치, 갈등을 해결하는 일반적인 방법, 정책결정을 내리는 방식, 성별 은사와 그 차이들과 같은 수많은 문제들에 대해 일치를 이뤄내야 할 필요가 있다. 더 경험이 많은 공동체의 본보기와 도움 없이 이 모든 것을 하려는 시도는 아기가 산파의 역할을 하려는 것과 같다.

실용적 지혜의 부족. 우리 대부분은 깊은 공동체에 대한 이전 경험이 거의 없기 때문에 공동생활에 대해 올바른 판단을 내릴 수 있도록 준비시키는 수련제도, 도구 상자, "숙련된 장인"과의 공유 경험이 부족하다. 이러한 습관과 기술들은 대부분 책에서 배울 수 없고 공유된 삶의 경험을 통해 배워야 할 필요가 있다.

공동체 시작하기를 열망하는 사람들은 일반적으로 동기가 높고 공동체의 이상에 부합하지만 아리스토텔레스가 윤리학에서 "실용적 지혜"phronesis라고 불렀던 것이 부족하다. 지침과 비법은 유용하며, 이 책은 그 중 몇 가지를 제공하지만 우리는 언제나 이전 경험과 같지만 다른 상황 속에서 그것을 다루게 된다. 그것들은 특정한 규칙에 부합하지만, 정확하게 그렇지는 않다. 실용적 지혜는 일반적인 원칙, 삶의 경험에 대한 성찰, 공감, 그리고 시간이 지남에 따라 우리에게 제2의 천성이 되는 방식으로 현재의 사람들과 순간과 관련하여 독특한 것이 무엇인지에 대한 예리한 인식을 결합한다.

우리 대부분은 실용적 지혜를 발휘할 수 있지만 당장 그럴 수 있는 것은 아니다. 다양한 종류의 공동체에 참여하고 폭넓은 독서를 하는 것이 유용하며, 멘토 관계와 헌신적인 관계를 맺는 것도 마찬가지다. 그리스도인들의 경우 지혜는 궁극적으로 성령의 영감과 인도를 받는 기도에 의해 풍성해진 개인적인 관계 안에 있는 예수님을 따르는 제자도에서 비롯된다. 우리의 지혜는 우리의 영적인 은사를 분별하고 행사함으로써, 예수님이 가르치신 것을 실천하고, 우리가 다른 예수님을 따르는 사람들과 함께 성숙해지면서 서로 사랑하게 되고 용서의 삶을 나누게 됨으로써 자라난다.

개인적인 변화가 필요하다. 의도적인 공동체에 대해 들었던 것과는 반대로, 다른 사람들은 보통 문제가 되지 않는다. 우리는 세상의 많은 가치와 악덕들을 내면화한 상태로 공동체에 들어온다. 그것들이 그룹 내에서 갈등과 긴장을 야기할 때 점차적으로 그것을 인식하게 된다. 우리는 독립된 삶에서 상호 의존하는 삶으로 재사회화될 필요가 있다. 통상적으로 새로운 공동체 회원으로 성장하려면 몇 년 동안 방문하고, 실습회원을 하고 초보회원으로서의 자격을 갖추는 것이 필요한 이유이다.

초기 레바의 지도자였던 존 밀러는 전에 마르스로마 전쟁의 신, 맘몬돈, 그리고 나개인주의를 우상으로 이름 지었다. 그것들은 외부로부터, 그리고 우리가 그것들을 내부로 가져온 것으로, 공동체를 반대하는 것들이다. 이러한 우상들에 우리는 성차별주의, 인종차별주의, 계급주의를 포함하여 과거의 단절된 관계 경험으로 인한 방어적 태도를 포함한 몇 가지 다른 장벽들을 추가할 수 있다. 우리가 그런 문제들에서 서로를 관대하게 대하고 용서하는 법을 배우면서 치유와 삶의 전환이 일어날 수 있는 공간이 열린다. 초기 그리스도교 수도승이 한때 공동체를 구성원들이 빛나는 보석이 될 때까지 함께 흔들던 '거친 돌 주머니'에 비유한 것도 이러한 생각에서였다.

맨 처음부터 다시 할 필요는 없다

새로운 공동체는 성숙한 기존 공동체가 낳았을 때 번성할 가능성이 가장 높다.28장 참조 그러나 하나님은 다른 방법으로도 일하신다. 여기서 우리는 새롭게 형성된 그룹이 지속 가능성에 대한 전망을 높일 수 있는 방법을 간략하게 나열할 것이다. 그런 공동체는 다음과 같은 특징을 지닌다.

1. 공동체의 삶의 주된 목적이 예수의 제자가 되는 것임을 알고, 그들이 함께 따르는 분의 성품과 사명을 묵묵히 받아들이는 새로운 삶의 방식으로 자라날 수 있도록 자아에 대해 죽는다. 다시 말해, 그들은 이미 지도자를 가지고 있다.

2. 공동생활을 시작하기 전에 관계와 사명과 영적인 연합을 위해 충분한 시간최소 1년을 가진다.

3. 구성원들 가운데 의미 있는 공동체 경험을 가진 사람이 있다.

4. 더 성숙한 공동체 출신의 목사나 지도자와 멘토링 관계를 맺고 있

다.

5. 다른 의도적인 그리스도인 공동체를 정기적으로 방문하는 기회를 가지고 있어서 구성원들이 자신의 방식이 아닌 다른 방식을 상상할 수 있다. 16장 참조

6. 예수 그리스도의 더 큰 교회공교회와 관계적으로 연결되어 있다.17장 참조

7. 구성원들의 은사, 위치, 분별력 있는 성령의 인도하심에 적절한, 즉 겸손하지만 명확한 사명을 가지고 있다. 18장 참조

8. 장기 또는 종신 서약을 한 핵심 구성원이 있다.

9. 상호 보살핌과 지원을 약속하는 더 큰 공동체 연합과 친분을 맺고 있다. 27장 참조

그러므로 당신이 새로운 공동체를 시작하라는 하나님의 부르심을 받았다면, 집중적인 교육, 개인적 변화, 많은 기도로 이루어진 관계적으로 이어지는 삶의 계절을 준비하라. 사람에게 불가능한 것이 하나님께는 가능하다.

제9장

갈등을 연대로 전환하기

좌절감을 주는 많은 공동체 모임들은 구성원들 사이의 해결되지 않은 갈등에서 비롯된다. 우리는 갈등에 직면하고 그것을 연대로 바꾸는 법을 배울 필요가 있다. 우리가 의도적으로 죄를 고백하고 용서하려고 할 때, 서로를 반대하도록 만드는 것이 무엇이든 간에, 일치에 대한 열망이 뒤따르며, 공동체 모임을 기쁨으로 만들고, 모두가 느낄 수 있는 하나님의 임재를 넘치게 한다.

예수님은 산상수훈에서 "그러므로 네가 제단에 제물을 드리려고 하다가, 네 형제나 자매가 네게 어떤 원한을 품고 있다는 생각이 나거든, 너는 그 제물을 제단 앞에 놓아두고, 먼저 가서 네 형제나 자매와 화해하여라. 그런 다음에 돌아와서 제물을 드려라."라고 말씀하셨다.

갈등이 있을 때-그리고 갈등이 항상 나쁜 것은 아니라는 점에 유의하는 것이 중요하다. 우리의 초기 반응은 대부분 성격 유형에 따라 싸우거나 도망치는 것이다. 우리 중 일부의 경우, 첫 번째 유혹은 복수를 하고, 친한 사람들과 험담을 함으로써 갈등이 닥쳤을 때 이길 수 있는 지지의 기반을 마련하는 것이다. 그 반대의 유혹은 고통을 주는 관계에 거리를 둠으로써 자신을 보호하거나, "마음속으로만 용서"하면서 거기에서 나아가 "의를 위하여 고난" 받는 것이라는 영적으로 우월한 태도를 취하는 것이다. 하지만 예수님은 우리에게 세 번째 방법을 주셨고, 미니애폴리스의 써드 웨이 공동체는 그것을 자극적인 대화의 시작이라고 주장했다.

마태복음 18장 15~20절에서 예수님은 교회 공동체에서 갈등이 발생할 때마다 제자들이 따라야 할 3단계 속죄의 과정을 개략적으로 설명하신다. 이 "그리스도의 규칙"을 실천함으로써 공동체는 곧 더 많이 실천할 수 있게 해주는 실용적인 지혜와 화해된 관계에 대한 기억을 축적하게 된다.

첫 번째 단계는 간단하고 수월하다. "네 형제가 [너에게] 죄를 짓거든, 가서, 단 둘이 있는 자리에서 그에게 충고하여라. 그가 너의 말을 들으면, 너는 그 형제를 얻은 것이다."마태복음 18:15 우리 모두는 누군가가 엉뚱한 것을 가지고 와서 우리가 어떤 식으로든 그들을 다치게 하거나 화나게 했다고 알려준 경험이 있다. 우리는 역학 관계 속에서 자신의 역할을 보지 못하고 공격적인 분노로 이렇게 하는 사람들과 마주친 적이 있을 것이다. 그리고 우리는 다음과 같이 관계에 대한 보다 겸손한 배려에서 우리에게 오는 사람들을 알고 있다. "데이비드, 나는 당신이 어제 한 말 때문에 괴로웠고 상처받았으며 그것에 대해 당신과 좀 더 이야기하고 싶습니다. 제가 관찰한 내용은 이렇습니다. 무슨 일이 있었는지 당신이 어떻게 생각하는지 궁금합니다. 우리가 일을 바로잡을 수 있는 방법을 이해할 수 있도록 도와주십시오. 나는 당신과 더 나은 관계를 원합니다." 판단과 수치심을 피하는 이런 대화의 시작과 함께 대부분의 경우 서로의 고백과 용서와 화해가 뒤따르게 된다. 성령은 그러한 순간에 활동하셔서 우리의 결점을 보고 일치를 갈망하도록 우리를 감동시키신다. 우리가 마태복음 18장에서 예수님의 가르침을 배웠고 우리 사이에 일어나는 피할 수 없는 갈등을 그렇게 처리하고 싶다고 생각했다면 이 과정이 공동체에서는 더 쉬울 것이다.

나는 누군가가 자신의 상처를 공유하는데 분노하고 욕설을 할 때 다른 사람들이 잘 듣는 법의 본보기를 내게 보여주고 있다는 것을 알 수 있을 만큼 충분히 오랫동안 공동체에서 살아왔다. 이곳 라바에서는 율리우스 벨서가 밖에 있는 경찰에게 총을 휘두르며 위협을 가하던 히스테리 상태의 이웃의 집으로 들어갔던 것을 기억한다. 30분 후, 두 사람이 함께 걸어 나왔는데 율리우스의 손에는 총이 들려있었다. 얼핏 보면 대치상태가 확산된 것처럼 보였다. 여기 내가 배울 수 있는 사람이 있다. 그는 나의 멘토이다.

율리우스는 "첫 번째 도전은 그저 듣기만 하는 것입니다. 모든 감정이 다 전달될 때까지, 말하는 사람이 자신의 걱정과 감정을 다 내려놓을 수 있을 때까지 비난하지 않고 계속 듣는 것입니다. 그런 후에 그가 만족할 만큼 주된 우려와 불쾌감을 반복할 수 있을 때까지 겸손한 질문을 하십시오."라고 설명했다." 일부 화해 전문가들은 이 단계를 "정확한 공감에 도달하는 것"으로 묘사했다

율리우스는 계속해서 "말하는 사람의 우려를 확인했다면 내가 경험한 사건들에 대해 이야기하고 잘못된 것을 어떻게 고칠 수 있는지에 대해 제안을 할 수 있습니다. 그런 순간에 하나님이 우리를 하나로 묶어 용서와 평화롭게 사는 새로운 비전으로 이끌어주신다는 것은 놀라운 일입니다. 그러나 최선을 다한 후에도 우리 중 한 명이 여전히 우리가 충분히 듣지 못했다고 느끼고 있다면, 우리가 신뢰하는 한 두 명의 다른 사람을 데려와 갈등을 중재해야 할 때도 있습니다."라고 말했다.

이것은 예수님이 관계를 화해시키는 과정의 두 번째 단계로 우리를 이끈다. "그러나 듣지 않거든, 한두 사람을 더 데리고 가거라. 그가 하는 모든 말을, 두세 증인의 입을 빌어서 확정지으려는 것이다."마 18:16 때로는 이 두 번째 단계에서 화해의 과정을 시작하는 것이 허용된다는 것을 우리는 배웠다. 아마도 갈등의 당사자들 중 한 사람은 옆에 지지자가 없는 상태에서 대화하는 것을 매우 두려워할 것이다. 아니면 갈등이 너무 복잡해 보여서 뒤에 나오는

이야기처럼 모든 사람들이 중재자로부터 시작하는 것에 동의하기도 한다.

　신뢰에 대한 긴장이 고조되어 모두에게 공동체 계획 회의를 점점 더 좌절감을 주는 경험으로 만들었다. 그들이 내 앞에서 이야기를 할 때 에릭과 베티 부부는 옆집에 살았던 루스를 자주 만났다는 것을 알게 되었다. 이러한 자발적인 대화에서 그들은 커피를 마시거나 야식을 함께 먹으며 친밀한 우정을 쌓고 그들의 신생 공동체가 취할 수 있는 방향에 대해 합의를 보곤 했다. 마틴지명된 공동체 지도자과 엘로이즈그의 아내는 이러한 자발적인 관계 형성과 신념을 형성하는 대화에 결코 포함되지 않았다.

　이러한 분열의 원동력과 그들 주변에서 자라난 이질감에 대해 이야기를 나누면서 대화는 조금 더 깊어졌다. 에릭, 베티, 루스는 모두 마틴과 엘로이즈가 신혼부부였기 때문에 따로 있고 싶어 한다고 생각했다. 마틴과 엘로이즈는 처음에는 그것이 그들의 바람이었음을 인정했지만, 이제 그들은 적극적인 우정의 범위를 넓힐 준비가 되었다고 느꼈다. 더욱이 루스와 이 두 부부는 이 신생 공동체에 장기적인 헌신을 한 유일한 사람들인 반면, 모임에 온 다른 사람들은 그렇지 않았다.

　그 다섯 명은 더 큰 그룹에 대한 자신들의 고유한 리더십 책임을 알게 되었다. 그들의 단결력 부족이 모두에게 영향을 미치고 있었다.

　소원해진 것에 대해 서로 사과하고 용서한 후, 그들은 갑자기 서로에게 애정 어린 영적 친밀감을 느끼게 된 것에 놀랐다. 그들은 아직 서약을 하지 않은 사람들과 손님들이 참석하지 않는 시간인 금요일 밤에 모여서 함께 공동체의 미래를 꿈꾸며 이 화해의 순간을 구축하는데 열심이었다. 그들은 또한 이 모임과 모임의 필요성에 대해 그룹의 나머지 사람들을 참석시키는 것에 동의했다.

이 이야기에서 얼마나 많은 일들이 동시에 일어나고 있는지에 주목하라. 누군가 고의적으로 잘못을 저지르고 있다는 것은 분명하지 않았지만, 소외 감은 커지고 있었다. 누가 먼저 느끼든 긴장이나 갈등의 원인은 화해하려는 의도를 가지고 대화를 시작해야 하는 이유가 된다. 더욱이 우리는 이야기하기 전에는 누가 잘못했는지, 무엇을 고쳐야 하는지 알 수 없다. 이것은 우리가 험담을 하거나 판단을 내리지 말아야 하는 좋은 이유이다. 함께 이야기함으로써 새로운 정보가 밝혀지고, 이 특정한 순간에 이들을 위한 올바른 행동에 대한 윤리적 분별이 가능해진다. 서로 직접 대화함으로써, 공동체는 미래의 상처를 어떻게 조화시킬 것인가에 대한 실질적인 지혜를 키워간다. 진실을 밝히고 죄를 용서하며 상처를 치유하고 사랑을 회복하며 인간에게 하나님의 이름으로 행동할 수 있는 권한을 부여함으로써 하나님 나라를 건설하는 현장에서 하나님은 정말로 일하신다. 우리는 예수님의 가르침을 실천할 때 공동체의 피할 수 없는 갈등이 어떻게 사회적으로 유용할 수 있는지를 알게 된다.

우리 중 일부는 그리스도의 규정에서 화해 과정의 세 번째 단계를 읽을 때 위축된다. "그러나 그 형제가 그들의 말도 듣지 않거든, 교회에 말하여라. 교회의 말조차 듣지 않거든, 그를 이방 사람이나 세리와 같이 여겨라."마 18:17 이것은 "삼진 아웃" 정책이 아니라 문제아들을 빠르게 쫓아내는 방법이다. 오히려, 공동체 구성원이 기꺼이 말하고 경청하는 한, 그 과정은 공동체가 고안할 수 있는 모든 창의적인 방법으로 진행된다.

40년간의 공동체 경험에서, 나는 공동체의 단합된 투표로 떠나라는 요청을 받은 사람을 본 적이 없다. 오히려, 누군가가 더 이상 말을 듣지 않을 때, 그들은 보통 그들이 소속되기를 원하지 않는다고 결정했고, 관련된 모든 사람들이 이것을 인정하는 것이 도움이 된다. 때때로, 오랜 관계의 역사를 가진

보다 확립된 공동체에서 떠나고 싶어 하는 사람들은 떠날 수 있는 재정적 수단이나 정서적 지원이 없기 때문에 갇혔다는 느낌을 받는다. 그러한 상황에서는 그들이 돌아가는 데 필요한 지원을 친절하게 제공하고 그들이 돌아오고 싶을 때는 언제든지 더 많은 대화를 할 수 있도록 문을 열어 두는 것이 가장 좋다. 그리스도인의 의도적 공동체가 모든 사람이 자발적으로 참여하는 자유의 장소가 되는 것은 필수적이다.

그렇긴 하지만, 공동체가 구성원들을 위한 경계를 설정하고 구성원들이 이러한 가치를 유지해야 한다고 주장하는 방법들이 여전히 있다. 예를 들어, 급진적인 환대에 헌신하는 가정은 예수의 삶과 가르침에 대한 완전한 적응 지도를 받지 못한 사람들을 임시 공동체로 받아들일 때 몇 가지 특별한 도전을 받게 된다. 그들은 종종 다음과 같이 거주자들에게 조언하는 규칙에 따라 생활한다. "약물이나 알코올, 폭력 또는 폭력의 위협에 노출되는 것은 배제의 사유가 될 것이다." 레바 공동체는 최근 조울증 정신 장애가 있는 사람이 약물 복용을 거부하자 떠나달라고 요청했고, 이로 인해 그는 자신의 학대 행위에 대해 다른 사람들의 말을 들을 수 없게 되었다. 조언 듣기를 거부하는 파괴적인 개인이 자신이 속하고 싶다고 말하는 공동체를 파괴하도록 허용해서는 안 된다. 공동체의 핵심 인물들은 자신들이 취할 접근 방식과, 문제 행동이 시작될 때 이를 실행할 사람에 대해 단합하는 것이 중요하다. 몇몇 공동체들은 노숙자들과 함께 살 수 있는 시설을 갖추고 있지만, 대부분은 그렇지 않다. 상관없다. 우리는 메시아가 아니다.

예수님은 갈등 해결의 세 번째 단계에 대한 가르침을 다음과 같이 요약하여 마무리하신다. "내가 진정으로 너희에게 말한다. 무엇이든지, 너희가 땅에서 매는 것은 하늘에서도 매일 것이요, 땅에서 푸는 것은 하늘에서도 풀릴 것이다. 내가 [진정으로] 거듭 너희에게 말한다. 땅에서 너희 가운데 두 사람이 합심하여 무슨 일이든지 구하면, 하늘에 계신 내 아버지께서 그들에게 이루어 주실 것이다. 두세 사람이 내 이름으로 모여 있는 자리, 거기에 내가 그들 가운데 있다."마 18:18 - 20

내가 발견한 이러한 구체적 갈등 해결 방법에 대한 최고의 간략한 설명은 갈등을 연대로 변화시키는 존 하워드 요더의 『몸의 정치학Body Politics』의 첫 번째 장, "감시하는 세상 앞에서 행하는 그리스도인 공동체의 다섯 가지 실천"에 있다. 그는 그곳에서 이렇게 쓰고 있다.

> 여기서 우리는 갈등과 연대의 관계에 대한 근본적인 인류학적 통찰을 갖게 됩니다. 인간이 된다는 것은 차이를 가지게 된다는 것입니다. 즉, 건전한 인간이 된다는 것은 상충되는 권력을 쌓아가는 것이 아니라 화해하는 대화를 통해 이러한 차이들을 정리하는 것입니다. 갈등은 사회적으로 유용합니다. 즉, 그것은 우리에게 새로운 관점으로 새로운 데이터에 주의를 기울일 것을 요구합니다. 갈등은 대인관계의 과정에서 유용합니다. 즉, 갈등을 처리함으로써 노련함, 깨달음, 신뢰, 희망을 배웁니다. 갈등은 죄책감과 수용에 대한 우리의 우려가 우리 자신의 감정으로만 향하지 않도록 보호하기 때문에 개인의 정신 역학에 유용합니다. 죄책감에 대한 치료는 용서입니다. 즉, 자존감의 원천은 공동체를 향한 나의 회복을 진지하게 받아들이는 또 다른 사람입니다.

요더는 마태복음 18장 15~20절의 그리스도의 규정을 성례전으로 간주해야 한다고 주장한다. 그것은 참으로 하나님께서 그 안에 임재하시고 활동하시겠다고 약속하신 것이다. 우리가 땅에서 묶는 것은 하늘에서도 묶일 것이다. 우리가 땅에서 풀면 하늘에서도 풀릴 것이다.

전통적인 수도원 공동체의 주요 영적 훈련은 공동 작업, 공동 기도, 수도원장 또는 수녀원장에 대한 복종이다. 그러나 가족과 독신자가 함께 있는 폐쇄되지 않은 공동체의 경우, 그 규정은 상호 봉사 측면에서 더 관계적이고 상호 지원 측면에서 경제적이다. 규정은 시간이 지남에 따라 우리를 예수님의 성품으로 변화시키기 위한 것이다. 우리의 성품은 그리스도의 평화를 유지하면서, 우리 사이의 모든 죄들을 화해하고 용서하기 위해, 우리의 모든 존재와 소유를 다해 서로 사랑하고 섬기는 우리의 헌신에 의해 그리스도를 향한 방향으로 형성된다. 그와 같은 헌신은 우리 자신과 서로를 더 잘 알게 하고 하나님의 자비를 점점 더 많이 경험하게 할 것이다.

하나님은 우리가 이 용서를 남용할 것이라는 끔찍한 위험을 감수하셨다. 그리고 우리는 그것을 계속해서 남용하고 또 남용한다. 그럼에도 불구하고 하나님은 예수 안에서 우리의 수준까지 낮아지셔서 우리가 그를 상처 입히도록 허락하셨고, 결국 이 모든 용서가 우리를 변화시킬 것이며, 우리가 이 놀라운 은혜를 다른 사람들에게 전하여 그들도 변화될 것임을 믿는다. 하나님은 우리가 얼마나 사랑을 받는지 알 수 있도록 우리를 통제하려는 시도를 포기하셨다. 그리고 이 사랑을 받음으로써, 우리는 다른 사람들을 같은 방식으로 사랑할 수 있는 힘을 얻는다. 공동체가 이 일을 행할 때 그곳은 땅 위의 하나님 나라가 된다.

제10장

헌신, 회원 자격 및 임무

수십 년 동안 존재해온 많은 의도적인 공동체들은 헌신, 구성원 자격, 그리고 사명과 관련된 몇 가지 교훈적인 실패로 시작되었다. 우리는 이번 장을 성공하지 못한, 장래가 촉망되었던 공동체에 대해 듣는 것으로 시작한다.

우리는 실제로 공동체가 된 적이 없다

"조쉬"는 자신의 공동체의 결말에 대해 이야기한다. 익명성을 유지하기 위해 이름을 바꾼 이야기들이 하나로 합쳐졌다.

로이스모어 공동체에 대해 문의해 주셔서 감사합니다. 실망시켜서 죄송하지만, 내가 떠나기로 결정했음을 미리 알려야겠습니다. 우리가 그 도시에서 사명을 수행하려고 했던 모든 좋은 일들에 대해 많은 광고가 나갔지만, 2년이 지난 후 거의 흐지부지되고 말았습니다.

아시는 것처럼, 우리 대학에서 온 십여 명의 학생들이 시내로 이사를 가서 로이스모어 거리에 두 채의 집을 세웠는데, 하나는 남자들을 위한 집이고 다른 하나는 여자들을 위한 집이었습니다. 우리는 새 수도원주의, 그리스도교 무정부주의, 웬델 베리, 쉐인 클레어본에 대해 많이 읽고 이야기했으며, 여러 공동체들을 방문했기 때문에 우리가 무엇을 하고 있는지 알고 있다고 생각했습니다.

대학 시절을 회상해보면 우리는 비전이 굳어질 만큼 서로 충분한 시간을 가질 수 없었기 때문에 항상 좌절했습니다. 우리는 함께 이사를 가면 공동체를 만들고, 삶의 규칙에 대해 이야기하고, 합의하고, 서로와 이웃에게 장기적인 헌신을 할 수 있는 시간이 더 많아질 것이라고 생각했습니다. 우리는 그리스도인의 의도적 공동체로 자연스럽게 성장하기를 원했습니다. 하지만 그렇게 되지 않았습니다.

처음에 우리 모두는 매주 만났고, 이웃들을 위해 번갈아가며 포틀럭을 주최했습니다. 그리고 한 달에 한 번 우리는 가톨릭 일꾼 하우스가 하는 것처럼 "사고의 정화clarification of thought"라고 부르는 저녁 모임을 열어 외부 연사를 초청하거나 우리 회원 중 한 명이 특정한 지역 사회 정의 문제에 대해 이야기하곤 했습니다. 각 집에서는 아침에 공동 기도를 드리고 매주 가사 업무 모임을 가졌습니다. 우리 중 일부는 사역에 리더십을 제공하기 위해 비공식 운영 위원회로 모였지만 실제로 공동체 리더로 확인된 적은 없었습니다. 우리는 단순히 헌신적이라고 느꼈기 때문에 그 일을 멈출 때까지 그것을 했습니다. 초기에, 몇몇 사람들은 다른 사람들보다 덜 헌신적이라는 것이 분명했습니다. 어떤 사람들은 그들의 바쁜 일정이 허락하거나 원할 때만 나타났습니다.

우리는 도시 전역에서 많은 흥미로운 일들을 하고 있었습니다. 우리들 대부분은 어떤 식으로든 가난한 사람들이나 노숙자들을 지원하는 사회 복지 사업에 자원했습니다. 그 첫해 여름에 우리는 도시 정원 가꾸기와 그 주변의 공동체 조직을 할 수 있는 보조금을 받았습니다. 그러나 아무도 우리가 지역 이웃에게 투자할 수 있는 방법을 알아내지 못했습니다. 그리고 그것은 우리가 이곳으로 이사했을 때 우리 모두가 그렇게 하겠다고 동의했던 것입니다.

우리의 모든 다른 직업, 학교 교육 및 프로젝트로 인해 일정을 조정하기가 정말 어려웠습니다. 얼마 후에 포틀럭을 주최할 수 있는 사람이 아무도 없었기 때문에, 그것은 중단되었습니다. 우리는 가정 기도를 다른 시간과 형식으로 땜질 하듯 메웠습니다. 다른 사람들은 일하러 일찍 나가기 때문에 이제 아침에 커피 한 잔을 들고 만나는 것은 우리 중 두세 명뿐입니다.

처음에는 합의에 의해 집안의 모든 결정을 내리는 것이 잘 이루어졌고, 회의의 의장 역할은 기꺼이 그것을 하려는 소수의 사람들 사이에서 돌아가며 이루어졌습니다. 하지만, 이 2년 동안, 몇몇 사람들은 떠났고 다른 사람들은 원래 예정되었던 회의에 참여하지 않은 채 이사를 갔습니다. 그래서 지금 우리는 좀처럼 나타나지 않는 사람들의 합의와 동참에 대한 기대를 할 뿐이고, 그들이 기대대로 나타날 때 우리는 회의에 그들을 포함해야 했습니다. 우리는 실제로 기록으로 남긴 적이 없는 규칙을 어떻게 바꿀 것인지에 대해 동의할 수 없었습니다. 그래서 사람들은 규칙을 저마다 다르게 기억합니다. 내가 아나키스트 논쟁의 어느 편에 서 있는지 알 수 있을 것입니다.

내 생각에 우리의 사회생활은 엉망진창이었습니다. 남자들과 여자들 중 몇몇은 그룹 밖의 사람들과 연애 중이었습니다. 그들의 상대자가 의도적인 공동체에 대한 부름을 공유하지 않는다는 사실은 매우 분명했습니다. 그래서 우리의 공동체는 마음이 더 이상 "공동체와 함께" 있지 않은 사람들과 함께 머무는 어색한 장소가 되었습니다. 하지만 그들은 우리의 오랜 친구이고 우리는 그들을 쫓아내고 싶지 않습니다. 게다가 우리는 임대료를 지불하기 위해 그들의 도움이 필요했습니다. 우리는 성 윤리에 대해 이야기하는 것을 포기했는데, 그것은 정말 나를 괴롭히지만 다른 사람들 중 일부는 그렇지 않았습니다. 이것은 성 윤리를 문제 삼지 않는 사람들뿐만 아니라 우리 모두에게 영향을 미칩니다.

우리는 가족 구성원들 때문이 아니라 우리 중 일부가 초대한 "사역"과 연관된 친구들 때문에 통제할 수 없는 파티를 주최하기도 했습니다. 소음 때문에 한 이웃이 자정 이후에 경찰에 신고하기도 했습니다. 경찰은 냉정했습니다. 그들은 정중하게 우리에게 파티를 마무리하고 사람들을 집으로 보내라고 명령했습니다. 우리는 한계를 어떻게 설정하고 이를 무시하는 사람들을 누가 다룰 것인지에 대한 합의에 도달하지 못했습니다. 어떤 사람들은 우리를 "로이스모어 거리에 있는 그리스도인 사교 클럽"이라고 불렀는데, 마음이 아프지만 그것은 사실이었습니다. 급진적인 것에 대해 많은 이야기를 하지만 실제로 그런 헌신은 많지 않았습니다. 우리는 막연한 그리스도인들의 동거 형태가 되었습니다.

집을 떠나야 하는 지금, 남자들과의 관계가 큰 의미가 있는 내가 지역 보호소의 자원 봉사 책임자로서의 일을 계속할 것인지, 아니면 여기서 우리가 할 수 없는 것들을 이미 해결해낸 멀리 떨어져 있는 공동체에 참여할 것인지를 결정해야만 합니다. 나는 또한 우리 중 일부가 참석하는 교회의 목사님과도 이야기를 나누고 있습니다. 그는 우리 그룹과 도시에 있는 우리와 같은 다른 사람들을 염려했습니다. 어쩌면 그는 이 공동체 실험의 남은 자들을 모아서 교회가 사려고 하는 낡은 집에서 새로운 시작을 할 수 있도록 도울 수 있을지도 모릅니다. 그런 일이 일어날 수 있다면 나는 가지 않고 있을 것입니다.

✢ ✢ ✢

나는 이 그룹이 명확한 약속에 집중하기에는 너무 바쁘고 분열된 대학에서의 방식과 대학 이후에도 공동체의 핵심 회원들이 연합하는 것을 막는 동일한 패턴이 지속되는 것에 충격을 받았다. 마치 여러 방면에서 바쁜 것이 악이 아니라 미덕인 것처럼 우리 대부분에게 내면화되어 있는 우리 사회의 분열 세력에 대한 속박을 끊기 위해서는 많은 좋은 것들을 포기하는 것이 필요하다. 공동체는 야심 찬 출세제일주의와 개인주의와 같은 사회적 흐름에 대항한다고 해서 자연스럽게 발생하지 않는다. 이러한 환경에서 공동체가 존재하기 위해서는 의도적이고 반문화적이어야 하며 하나님의 부르심에 응답하는 언약을 맺어야 한다. 실질적으로 말하면, 예수님은 우리가 근본적인 사회 그룹인 제자 공동체가 되는 것을 가로막는 모든 것을 포기하라고 우리를 부르신다.

로이스모어에서 리더십에 대한 무정부주의 비판은 종으로서의 리더십이 나타나지 않았다는 것을 의미했다. 도로시 데이와 그녀의 가톨릭 일꾼 동료들은 효과가 없는 경우를 제외하고 효과가 있었던 그리스도교 무정부주의 버전을 지지했다. 1930년대 대공황 기간 동안, 가톨릭 일꾼 운동은 가난한 노숙자들을 환대하고 섬기기 위해 여러 환대의 집들을 시작했다. 그들의 개인주의자로서의 철학에 따르면, 집에 있는 개인들은 해야 할 일과 개인적으로 책임져야 하는 것들을 알아야만 한다. 그렇지 않으면 그 과업은 이루어지지 않을 것이며 매우 비교육적인 결과를 초래할 것이다. 환대의 집이 필요한 지지와 그것이 없으면 기능이 정지되는 지지를 받지 못했다면, 또는 그러한 성숙함이 없었다면, 그렇게 되도록 해야 한다. 그러나 실제로 도로시 데이는 위기의 순간에 종종 나서서 지휘를 맡았다. "가톨릭 일꾼은 무정부주의 운동이고 도로시 데이는 그 운동의 주요 무정부주의자입니다."라고 그녀의 동시대인들은 즐겨 말했다. 사도 바울은 성령께서 각 성도에게 교회의 몸을 축복하는 영적인 은사들을 주시고, 이러한 은사들이 분별되고 확인되고 작동할 때 몸이 번성할 것이라고 가르친다.고전 12장 이 각본에서 모든 사람은 리더 역할을 하며 동시에 모든 사람은 특정 삶의 영역에서 따라야 하는 방법을 배운다.

지정된 리더십이 없는 경우, 그룹은 장기적인 서약을 하지 않은 사람들과 합의된 의사 결정에 휘말리게 된다. 그럼에도 불구하고 로이스모어 공동체는 믿음과 소명의식을 가진 사람들에 의해 이끌리기보다는 가장 낮은 수준으로 합의된 공통 요소에 의해 이끌렸다.

성서에서의 분리와 모음

구약성서에서 우리는 반복해서 분리와 모음이 하나님이 일하시는 특징적인 방식임을 본다. 창조는 태초의 혼돈에서 질서를 창조하기 위해 아래와 위의 물에서 메마른 땅을 분리하는 것이었다. 시간 자체가 분리되었다. 공동의 거룩함이 드러날 수 있도록 안식일은 다른 모든 날들로부터 분리되었다. 아브라함은 자신과 그의 후손을 다른 모든 민족으로부터 분리하여, 세상을 대표하는 거룩한 제사장들의 나라가 되게 하라는 말씀을 들었다. 율법은 이방인과 분리된 백성을 만들었다. 이러한 분리는 혼돈을 억제하고 구별되고 거룩한 백성이 존재할 수 있게 한다.

예수님도 비슷한 유형을 따르셨다. 이것을 볼 수 있는 한 가지 방법은 예수님에게 몇 명의 제자가 있었는지 묻는 것이다. 순회 사역에서 예수님을 자발적으로 따랐던 사람들의 수는 여성과 남성 모두를 포함하여 변화하고 있었다.눅 8:1-3 예수님은 열두 명을 선택하여 사도로 부르시고 섬기는 지도자의 책임을 위해 훈련하셨다.마 3:14 둘씩 짝지어 선교여행을 보내신 칠십인이 있었다.눅 10:1 그리고 그분이 가장 친밀하게 사랑하시던 세 명의 제자로 이루어진 작은 그룹이 있었다.마태복음 17:1 약 120명의 갈릴리 사람들이 예수님의 마지막 여정에 함께 했고 부활하신 후에 예루살렘에 함께 머물렀다.행전 1:15 이들 제자들의 모임 너머에는 오가는 무리들이 있었고, 예수님도 그들과 함께 시간을 보내시며 병을 고치고 가르치셨다. 이 모임들은 각각 예수님의 관심을 받았는데, 그분의 사명의 초점으로 독특하게 구분되었다.

우리는 제자도에 대한 헌신에서 이러한 차이점을 어떻게 보아야 하는가? 제자들은 그들을 지위와 권력의 차이로 판단하였다. 그들은 "하나님의 나라에서 누가 큰 자인가"를 두고 다투었고, 예수님은 그런 그들을 꾸짖으셨다. 소명의 특권이 우리를 더 나은 사람으로 만드는 것은 아니지만, 그것은 우리의 주된 사회 집단, 우리의 책임, 성령의 도움에 대한 우리의 필요를 변화시킨다.

로이스모어 이야기는 여러 면에서 명확한 경계와 헌신적인 핵심이 없는 그룹이 어떻게 마비되는지를 보여준다. 공동체의 가치에 대한 교육을 받지 못한 사람들이 그 사명을 신봉하지 않는 상태에서 의사 결정 과정에 참여했다. 장기적인 서약이 없다면, 그룹은 장기적인 결정을 내릴 수 없고 세상을 위한 좋은 소식을 구현하는 독특한 윤리적 삶의 방식을 유지할 수 없다.

물론, 우리는 우리 자신만을 위해 산다는 비난을 받는 종파, 즉 집단 내의 종파로 분류되는 것을 좋아하지 않는다. 다시 말해 우리는 포용적이고, 다양하고, 선교적이고, 세상을 변화시키기를 원한다. 포용과 다양성은 정말 미덕이다. 포함된다는 것은 많은 사람들이 예수님을 따르는 길을 찾는 방법이다. 심지어 모든 연령대의 아이들도 행동과 소속을 통해 배우도록 허용될 때 에너지가 샘솟는 것을 느낀다. 포용은 미덕이지만 숭배해야 할 우상은 아니다. 극단으로 치닫는 것은 핵심을 메마르게 하여 공동체를 파괴할 것이다. 장기적인 결정은 장기적인 서약을 한 사람들에 의해 이루어져야 한다. 그러한 서약을 하지 않은 사람들은 자신의 방식으로 언제 떠날 것인지에 대해 여전히 생각하고 있다. 이것은 공동체라는 집을 모래 위에 지으려는 것이다.마 7:26-27

일부 공동체는 문제의 논의 단계에 모든 사람을 포함시키지만 장기적인 구성원또는 서약 구성원만이 장기적인 결과를 가진 공동체 정책이나 의제에 투표할 수 있도록 함으로써 헌신과 포용이라는 두 가지 세계의 이점을 모두 얻는 법을 배웠다. 어쩌면 이것은 공동체의 내적 삶에 영양을 공급하고 집중하는 미덕을 왼발로, 사명감을 가진 다른 이들에게 오른발로 뻗는 미덕을 그려내는 데 도움이 될지도 모른다. 이 두 가지 덕목 중 하나가 다른 덕목을 능가한다면, 우리는 곧 제자리를 맴돌게 된다.

로이스모어 공동체가 진정으로 자발적이 되기 위해서, 그들은 예수님께서 가르치신 것을 구체화하는 규율을 지키는 삶의 방식을 위해 함께 서약을 할 준비가 되어 있는 사람들과 부름을 받지 않고 경험을 위해 그 안에 있는 사람들을 구별할 필요가 있었다. 그런 다음 서약을 한 핵심 구성원들은 공동체의 목적, 위치 및 초기 삶의 규칙을 해결하고, 되고자 하는 바를 실천하기 시작할 수 있다. 이 핵심 그룹은 다른 사람들을 참여하도록 초대할 수 있는 비전을 명확히 하기 위해 그들만의 시간이 필요하다.

최근의 의도적인 공동체 역사에서 다른 예들을 고려하라. 뉴저지 주 캠든에 있는 캠든 하우스 공동체는 핵심 그룹이 5년 동안 하나님이 그들에게 원하시는 것을 함께 추구하기로 약속했기 때문에 처음부터 크게 강화되었다. 비록 이 약속이 모든 문제를 해결하지는 못했지만, 그것은 더 짧고 더 긴 약속을 위해 다른 사람들을 끌어들이는 밝은 깃발을 올렸다.

시카고의 케징데일 공동체는 13명의 회원이 있는 3층 아파트 건물에 살고 있다. 2009년 말 방문 당시 그들 중 한 명인 트리샤 파틀로우는 나에게 "사역"에서 안식년을 가졌던 이유를 설명했다.

우리는 지난여름에 이직률이 높았습니다. 우리는 좋은 일을 해왔지만 그들이 더 잘 뭉치기를 바랐습니다. 우리는 야외 공동체 식사를 잠시 중단하고, 기도하는 시간을 갖고 공동체의 목표와 목적에 집중하기 위해 외부 활동의 대부분을 중단하기로 결정했습니다. 아직도 무상 급식 프로젝트인 '폭탄이 아니라 음식을[Food Not Bombs]' 이어가겠다는 다짐이 남아 있습니다.

예전에는 매주 집에서 집회를 가졌지만 지금은 기도만 하고 있습니다. 하나님의 사랑 안에서 서로 더 가까워지기를 바라며 일을 하지 않고 있습니다. 그리고 우리는 앞으로 나아갈 길에 외부의 지혜가 필요함을 느낍니다.

일상적인 사업에서 장기간 기도 피정을 하기로 한 공동체의 결정은 그들이 집으로 돌아가는 길을 찾을 수 없을 정도로 멀리 흩어지기 전에 새로운 구성원들을 재편성하고 통합할 시간을 가질 수 있는 지혜로운 선택이었다. 그룹 외부의 공동체 경험이 있는 사람은 내적 삶과 외적 삶의 균형을 유지하는 데 필요한 것이 무엇인지 평가하는 데 매우 도움이 될 수 있다. 나는 그들의 미래를 낙관하고, 그들도 자신들의 미래를 낙관한다.

분리가 없는 사회적 참여는, 중심이 없고, 유일한 증인도 없고, 다른 사람들을 가입하도록 초대할 진지한 것이 없을 때까지 로이스모어 공동체를 몰아간 그들의 특징이었다. 예수님이 경고하신 대로, "소금은 좋은 것이다. 그러나 소금이 짠 맛을 잃으면, 무엇으로 그것을 짜게 하겠느냐? 그것은 땅에도 거름에도 쓸 데가 없어서 밖에 내버린다. 들을 귀가 있는 사람은 들어라."눅 14:34 - 35 로이스모어 공동체에서, 소금을 소금병에 다시 넣기에는 아마도 너무 늦었다. 이야기의 마지막에서 조쉬는 공동체의 남은 자들을 새롭게 시작할 수 있도록 지도할 수 있는 목사를 이용한다. 처음부터 전체 공동체에서 멘토를 인정하고 환영했다면 이 공동체의 이야기가 어떻게 전개되었을지가 궁금해진다.

1972년에 조앤과 나는 로이스모어 공동체 이야기와 매우 흡사한 이유로 18개월 만에 문을 닫은 캔사스주 뉴튼에 있는 브리지 공동체에 속해 있었다.

그 공동체의 일부 사람들은 더 틀에 박힌 존재로 되돌아갔고, 나머지 사람들은 이번에는 더 명확하게 예수님을 중심으로 한 깊은 공유된 삶에 대한 갈증과 함께 남겨졌다. 성령은 그런 흐리멍덩한 두 무리의 남은 자들을 모아 우리를 하나로 모으셨다. 샬롬 공동체 협회의 지도와 우리의 경험에서 얻은 지혜의 덕에 우리는 조금 더 현명하게, 반석 위에 더 내구성 있는 "집"을 짓게 되었고마태복음 7:24 - 25 우리 공동체의 이름을 뉴 크리에이션 펠로우십이라고 지었다.

내가 아는 대부분의 공동체는 헌신과 회원 자격을 명확히 하는 지점에 도달하지 못한 초기 공동체 실험에서 "난민"으로 온 소수의 현명한 사람들을 축복으로 받았다. 그러나 우리의 실패는 속담에서 말하듯이 종종 "비뚤어진 선으로 곧게 쓰시는모든 일이 서로 협력해서 선을 이루게 하시는" 하나님을 막지는 못한다.

제11장

어디에 뿌리를 내릴 것인가?

"**맥**락과 소명은 엄청나다. 당신은 그것들을 다루어야만 한다." 이것은 내가 어느 날 사우스 미니애폴리스에 있는 미시오 데이 공동체의 마크 반 스틴윅으로부터 새로운 의도적인 공동체를 세우려는 사람들을 위한 상담 책에 어떤 주제의 장이 있어야 하는지 물었을 때 받은 조언이다. 우리가 뿌리를 내린 곳은 이미 우리에게 적이 된 세상의 평화에 대한 우리의 희망을 크게 말해준다. 반 스틴윅이 이 장의 후반부에서 그의 공동체 이야기에서 말하는 것처럼 우리는 화해의 대리인이 되기를 바랄 수도 있지만, 우리가 선택한 장소는 분명히 우리와 우리의 임무를 바꿀 것이다.

"뿌리를 내린다는 것"은 장기적인 관계와 이웃에의 헌신이라는 이중적인 의미를 지니고 있다. 우리가 예수님을 바라볼 때 그분은 공동체 관계의 충실함에 대해 많은 말씀을 하셨지만 얼핏 보기에는 우리가 어디에 살아야 하는지에 대한 지침은 없는 것처럼 보일 수 있다. 실제로, 예수님의 사역은 끊임없이 떠돌아다니는 것이었다. 조상들의 집에서 제자들의 뿌리를 끊어내고 공동의 무리로 움직이면서 하나님 나라의 도래를 선포하고 보여주었다. 그러나 이것은 자기중심적인 움직임, 모험 추구, 경력 발전 또는 더 고급스러운 이웃에 관한 것이 아니었다. 예수님의 사역은 특히 그분과 그분의 제자들이 깊이 뿌리내리고 있는 백성인 "이스라엘 집의 잃어버린 양"을 향한 것이었다. 그분의 사명은 화해와 복음의 사명이었으며, 제국의 압제와 기득권 종교 체제의 위기 속에서 모든 것을 잃은 사람들에게 먼저 다가가는 것이었다.

어느 날 한 율법학자가 예수님께 뿌리에 대한 결정적인 질문을 했다. "누가 내 이웃인가?" 예수님은 결코 이웃이 될 수 없는 두 사람인 유대인과 사마리아인에 대한 이야기로 대답하셨다.눅 10:25-37 사회는 이미 증오는 아니더라도 서로를 의심하도록 그들을 조직하고 사회화했다. 유대인과 사마리아인이 이웃이 되는 "문제"는 그들이 결국 서로를 좋아하게 될 수도 있고, 서로에게서 하나님의 형상을 보게 될 수도 있고, 국가 정체성에 매우 중요한 역사적 신화, 즉 자신들이 다른 사람들이방인보다 낫다는 사실을 밝히기 시작할 수도 있다는 것이다. 예수님의 비유에서 사마리아 사람은 지리적인 이유가 아니라 길가에서 상처 입은 무력한 사람을 보고 연민을 느꼈기 때문에 이웃처럼 행동했다. 이 이야기는 우리가 어디에 살아야 하는지에 대해 말해주는 것인가? 제자들은 그것을 어떻게 생각했는가? 그들은 어디서 어떻게 이웃이 되었는가?

열두 사도는 예수님의 부르심으로 먼저 핍박 받는 예루살렘 교회의 목자로 뿌리를 내리게 되었다. 그러나 역사와 전설은 베드로가 결국 로마의 주교가 되어 그곳에서 처형당했다고 말해준다. 도마는 인도에 교회를 세우고 목숨을 바쳤다. 다른 사도들은 그들이 머물다가 순교한 먼 땅에 교회를 세웠다. 그들이 심은 생명과 달아나기를 거부했던 죽음의 위협으로 사도들은 예수님의 말씀을 우리에게 해석해 주었다. "내가 진정으로 진정으로 너희에게 말한다. 밀알 하나가 땅에 떨어져서 죽지 않으면 한 알 그대로 있고, 죽으면 열매를 많이 맺는다."요12:24 이것이 뿌리를 내린다는 것의 의미이다.

사도 바울은 "오랜 세월 동안 감추어 두었다가 이제 나타내신 비밀"롬 16:25~26에 대해 종종 곰곰이 생각했다. 그가 이 신비를 숙고할 때마다 그것은 하나님의 화해의 사명에 유대인과 함께 이방인을 포함시키는 것과 관련이 있다.롬 1:9-14; 엡 3:1-6; 골 1:27; 딤전. 3:16 이러한 인종적, 민족적 화해는 하늘과 땅의 모든 것이 그리스도 안에서 함께 통일되는 전조이다.엡 3:1-6 참조 하나님의 사명이 모든 인종과 민족과의 화해라면, 하나님이 우리에게 뿌리를 내리라고 부르시는 곳은 항상 밑바닥으로 부터 시작하여 어떤 식으로든 이 세상에서 인간을 분리하는 선의 반대편에 있을 것이다.

이 부르심은 마치 한 곳이 다른 곳과 똑같은 것처럼 "한 우물을 파라"라는 낙관적인 개인을 향한 충고를 훨씬 뛰어 넘는다. 민족, 계급, 인종, 역사가 만든 경계선 너머에 뿌리를 내리라는 이 부르심은 우리에게 예수님의 복음을 체화하여 우리 자신의 것이 아닌 곳의 토착민이 될 것을 요구한다. 우리 시대에 자아에 대해 죽으라는 예수님의 부르심은 영웅적인 순교처럼 보이지 않을 수도 있지만, 그 부르심은 우리의 씨앗이 다른 개인적인 미래와 가능성에 대해 죽어가는 곳에서 하나님 나라가 꽃필 수 있도록 많은 사람들에게 알려지지 않은 장소와 사람들에게 투자할 것을 요구하고 있다.

가족과 씨족에 대한 지원과 충성에 대한 기대가 강하고 더 좋든 더 나쁘든 대부분의 사람들이 뿌리로 부족이나 조상의 집을 지목할 수 있었던 예수 시대 이후로 많은 것들이 변했다. 우리는 계몽주의 개인주의, 자동차 문화, 아무도 그들을 사랑하지 않기 때문에 대부분의 장소가 무관심하게 착취당하고, 아무도 이웃이 되기 위해 돌보거나 다가가지 않는 뿌리 없는 사회의 누적된 영향들을 보고 있다. 우리는 독성이 있고 폭력적이 될 때까지 장소를 소모하고, 그 다음에 이동한다. 아프리카계 미국인 목회자 친구가 계속해서 말하는 것처럼 "우리는 '이웃'을 다시 '주머니'에 넣어야 한다.그만큼 가까워져야 한다"

새로운 공동체들에는 종종 하나님께서 그들을 위해 그들의 이웃을 선택하신 이야기가 있다. 1장에서 루크 힐리는 "살인 공장: 64130"이라는 제목의 캔사스 시티 스타 신문 기사에 대해 이야기했다. 이 기사는 미주리 교도소에서 살인자를 가장 많이 배출한 우편 번호가 적힌 장소로 하나님이 자신들을 부르셨다고 그의 공동체에게 확신시켰다. 1973년, 캔자스 주 뉴튼에서 조앤과 나는 우리가 바라는 공동체가 어디에 세워져야 할지를 분별하기 위한 주말 기도회로 몇몇 가족과 독신자들이 함께 모였다. 성령은 우리에게 서로에 대한 사랑을 주셨고, 날마다 평화를 위해 헌신하고, 특히 베트남 전쟁에 저항하는 교회가 되라는 소명을 주셨다. 우리는 소그룹 모임을 위해 시내를 가로질러 운전하는 데 지쳤다. 우리는 하나님께서 우리가 서로 가까이 걸어갈 수 있는 거리, 우리 아이들이 공동체를 공유할 수 있는 곳, 매일의 일과 기도를 위한 중심이 되는 곳, 이방인을 환영하기 위한 지지 기반에서 살도록 의도하셨다고 믿었다.

우리는 주말 피정을 위해 한 가족의 집에서 만났다. 휴식 시간에 우리는 짧은 산책을 했는데 반 블록 떨어진 곳에서 그날 막 게시 된 매물이라는 글이 적힌 표지판이 있는 큰 집을 보았다. 이 '모퉁이 집'은 우리 중 목수들이 3층 다락방을 짓는다면 두 식구가 살기에 충분한 크기였다. 몇 달 안에 우리는 걸어서 매일의 식사와 모임에 갈 수 있었고, 우리의 아이들은 스스로 놀이 친구를 찾을 수 있었다. 공동 작업, 즉각적인 도움, 정원 가꾸기, 평화 운동 기반 조성, 공동 지갑, 새 교회의 씨앗을 통해 공유라는 새로운 차원의 공동체가 우리에게 현실이 되었다. 우리가 함께 이사하지 않았다면 이런 일은 일어나지 않았을 것이다. 우리의 경우, 우리는 어떤 민족적 경계를 넘어 이동하지 않았지만, 성령이 이끄는 이 모든 변화로 인해 우리 자신은 고향에서 이방인이 되었다.

15년 전, 레바의 한 그룹은 로저스 파크의 북부 시카고 지역에 교회 공동체를 개척하라는 부름을 받았다. 여러 해 동안 그들은 다른 회중 교회에서 집회 장소를 빌렸다. 어느 날 '프랫과 애쉬랜드'라는 모퉁이에서 한 청년이 총격으로 사망했다. 모두가 앞마당과 같은 곳에서 일어난 또 다른 무의미한 폭력 행위를 한탄했다. 그러나 몇 명의 십대들이 그 모퉁이에서 매주 촛불 기도회를 시작하여 이웃과 친구들을 초대했다. 한 달 후, 어른들은 젊은이들과 함께 모이기 시작했고 "하나님이 우리를 그 모퉁이로 부르셨다"는 확신이 커졌다. 많은 어려운 협상 끝에, 몇몇 파트너 단체의 지원으로, 리빙 워터 공동체 교회는 "그 모퉁이에 있는" 여러 상점들을 구입했고, 예배 공간과 사역 센터를 건설하여 활력 있는 공동체와 다민족으로 구성된 회중들의 모임장소가 되었다.

다음은 자신들의 장소를 찾는 그룹을 위한 조언이다. "조사를 하고, 기도를 위한 산책을 하고, 문을 두드리고, 임대 및 판매 표지판을 확인하고, 지도 위에 여러분을 위해 원을 그려 주실 하나님을 확신하십시오."

일단 공동체가 세워지면, 당신이 구하거나 상상할 수 있는 것 이상으로 이 위치에 대한 새로운 이유를 계속 알게 해주시는 하나님을 만나게 될 것이다. 마크 반 스틴윅은 그들의 교회 공동체와 이웃에 대한 몇 가지 결과와 함께 미시오 데이가 남부 미니애폴리스로 부름 받은 것에 대해 이야기한다.

마크 반 스틴윅의 이야기

우리를 견인하는 카리스마는 남부 미니애폴리스에서의 환대입니다. 이 것은 우리가 동아프리카 무슬림 이웃들에게 문화적으로 주의를 기울여야 함을 의미합니다. 예를 들어, 집 안에 있는 개들은 문제가 됩니다. 그래서 우리는 이웃을 공개적으로 초대하여 토요일 야외 식사를 하기로 결정했습니다.

우리 동네에는 많은 진보주의자와 이민자들이 있습니다. 우리는 이웃들이 우리를 급진적으로 그리고 활동가로 만들도록 허용했습니다. 그들의 문제는 우리의 문제가 되었습니다. 때때로 우리는 이웃에게 중요한 일들에 앞장섰습니다. 사람들은 시위에서 우리를 만났기 때문에 이제 우리 식사에 옵니다. 그렇게 우리의 상황이 우리를 빚어갔습니다.

우리는 또한 우리의 내적 삶을 진지하게 받아들이는 반문화적 공동체가 되려는 아나밥티스트 충동을 가지고 있습니다. 우리는 아나키스트 집단이나 우연히 그리스도인이 된 활동가로서의 공동체가 되고 싶지 않습니다. 이것이 가톨릭 일꾼 그룹들이 종종 직면하게 되는 갈등입니다.

행동주의에서 그들은 때때로 영적 지주를 잃게 됩니다. 다른 공동체들은 공동의 삶에 대한 소명 의식이 높지만 그들의 상황으로 인해 바쁘지는 않습니다. 둘 모두 우리에게는 문제가 있습니다.

우리는 전문 활동가들에 둘러싸여 있습니다. 우리는 그들을 능가할 수 없습니다. 우리가 어떻게 변화를 만들어내는 그리스도와 같은 방식으로 공동체를 조직할 수 있을까요? 우리는 많은 시위에 참석하지만, 평화를 만드는 사람으로서 종종 참석하지 않는 사람처럼 사랑스러운 목소리가 되려고 노력합니다. 우리가 환대를 행한다는 사실은 진실성을 더해 주고 어느 정도 존경심을 얻게 합니다.

우리는 몇몇 사람들을 크리스천 피스메이커 팀CPT 대표단에 참여하도록 했습니다. 우리는 지역 CPT 지원 그룹이 될 수 있도록 모든 구성원이 CPT 교육을 받기를 희망합니다. CPT를 통해 우리는 온타리오의 원주민 정의 문제에 참여하고 있으며 여기 미니애폴리스의 원주민 권리문제에도 관심을 갖게 되었습니다. 이것은 우리의 상황과 소명이 만나는 지점입니다. 우리는 포트 스넬링의 시위를 위해 라코타및 다른 사람들과 합류했습니다. 라코타족의 정원이었던 땅은 백인들의 전쟁기념관이 되었습니다. 우리는 미네소타주가 포트 스넬링에 있는 1860년대 인디언 강제 수용소에 대해 진실을 말하기를 원합니다. 이것은 라코타 사람들이 원하는 대로 그것을 다른 종류의 기념관으로 바꾸거나 철거하는 것을 의미할 것입니다.

우리가 모든 지역 정의 문제에 참여할 수는 없습니다. 그러나 멀리서 비판하기보다는 우리 공동체의 몇몇 사람들이 참여하여 무슨 일이 일어나고 있는지 느낄 것을 권장합니다. 결국, 우리 모두가 공동체로서 하나가 된다면, 우리는 어떤 입장을 취하게 됩니다. 그런 종류의 수렴에는 많은 문제가 발생하지 않습니다. 그러나 원주민 투쟁은 우리에게 꽤 분명한 투쟁이었습니다.

우리는 대학 그리스도인 연합회 학생들과 다른 대학 그룹들과 함께 리얼리티 투어를 제공합니다. 우리는 이 투어를 안내하기 위해 라코타 이야기를 들려주는 사운드트랙과 함께 경전철에 올라탔습니다. 견습생들이 우리와 함께 시간을 보낼 때 우리는 우리의 핵심 가치들을 들려주고, "저항"에 대한 공감이 이루어지면 라코타 사람들에 대해 이야기하고 그들의 투어를 시작합니다. 그것은 우리의 상황과 억압의 역사를 현실로 만드는 빠른 방법입니다. 주류 그리스도교는 라코타족의 간청을 무시하거나 그들을 통해 그들의 방식을 사과하려고 노력했습니다. 사과는 좋은 시작이지만, 우리는 그리스도교 단체들이 그들이 소유하고 있는 땅을 반환하고 비용을 지불해야 하는 의미 있는 일을 하는 것에 대해 지역 부족들과 대화를 시작하도록 격려하고 있습니다.

라코타 대변인은 한 민족이 전멸 당할 때 승리자들보다 패배자인 그들 안에 예수님이 더 많이 계신다는 사실을 우리에게 상기시켜주었습니다. 이 압도적으로 고정적인 죄의식을 가지고 우리는 무엇을 해야 할까요? 그것은 정말 대책이 없는 깊은 감정을 불러일으킵니다. 그러나 이것은 또한 하나님께서 새로운 일을 행하실 기회이기도 합니다.

❖ ❖ ❖

미시오 데이처럼, 많은 공동체들이 자신들의 연구를 수행하고 방문객들과 이웃의 인종 구성, 착취 및 저항 노력의 역사, 지역 자산 및 정의 이니셔티브에 대한 인식을 공유하는 "리얼리티 투어"를 개발했다. 그들은 파괴적이고 장기적인 구조적 힘은 장기적인 헌신에 의해서만 해결될 수 있다고 지적한다. "제국의 버려진 장소들"은 충분한 선교 여행을 통해 방문한 후 버려진 원주민들이 의심하는 것을 정당화한다. 많은 아이들과 친구가 된 다음 개인적인 성취가 요구할 때마다 더 나은 곳으로 이동하려는 프로그램으로 시작하는 것은 옳지 않다. 우리는 착취적이지 않은 관계를 형성하기 위해 한 장소에 토착화되어야만 한다. 새로운 공동체가 이웃들에게 진지하게 받아들여지기를 원한다면 일단의 사람들이 뿌리를 내리고 그곳에서 "하나님이 하시는 일"을 찾고 머물 계획을 세워야 한다.

나는 여가 시간에 성서 몇 권을 번역할 수 있도록 조금은 동떨어진 언어 그룹의 사전을 보내달라고 성서 번역 협회에 요청한 관대한 영혼의 이야기를 들은 적이 있다. 그러나 이 이야기는 공동체에서 예수님을 친밀하게 알지 못하거나 그들이 가게 된 곳에서 어느 정도 이상으로 토착화 되지 않고도 예수님의 복음을 번역할 수 있다고 상상하는 사람들과 크게 다르지 않다.

뿌리에 관한 이번 장은 특히 신수도원주의의 두 가지 특징에 대해 이야기한다. "제국의 버려진 장소로의 재배치" 및 "공동체 구성원과의 지리적 근접성"이 그것이다. 지리적 근접성에 대해 몇 마디를 덧붙이고 싶다.

많은 회중들이 그들의 구성원들 사이에 "공동체"를 장려하고 있는데, 보통 작은 공유 그룹이나 선교 팀을 의미한다. 이것은 둘 다 좋은 일이다. 그러나 얕은 관계인 공동체와 깊은 관계인 공동체 사이에는 본질적인 차이가 있다. 얕은 관계의 공동체는 이웃들과의 관계에서 구체적으로 교회가 되기보다는 교회에 다니는 것이다. 지금은 당신이 다른 곳으로 선교하러 갈 때이다. 만일 공동체가 차를 타고 운전해서 가야 하는 곳에 있다면, 당신은 개인주의, 자동차 문화, 소비자에 기반한 선택의 세상에 교회보다 더 많은 힘을 부여하고 있을지도 모른다. 깊은 관계인 공동체는 다른 구성원들이 쉽게 걸어갈 수 있는 거리 안에 살고 있으며 이는 일상적인 공유의 삶을 유지하는 데 필수적이다. 우리가 사는 곳을 기꺼이 제단에 올려놓지 않는다면, 이 빈약한 "공동체 의식"은 우리의 삶이나 세상을 변화시키는 데 거의 아무런 힘도 발휘하지 못할 것이다. 모닥불을 피우기 위해 통나무를 쌓는 것처럼, 의도적인 공동체는 자발적인 일이 일어날 수 있도록 우리를 하나로 모아 성령이 지속적인 불꽃을 피울 수 있게 한다.

단서: 아이들이 추가된 신수도원주의

"제국의 버려진 장소로 이사하는 것"은 자녀가 있는 가족에게는 비용이 더 많이 들지만 적응을 통해 충분히 가능하다. 필라델피아에 있는 심플 웨이 공동체의 몇몇 초기 구성원들이 그들이 가족을 키우고 싶어 하는 삶의 단계에 도착했을 때, 그들은 결국 의도적인 공동체를 떠나 1-2마일이나 떨어진 곳, 또는 밤에 총소리가 들리지 않는 다음 마을로 이동하게 되었다. 쉐인 클레어본이 몇몇 다른 사람들과 함께 포터 스트리트에 거주하겠다는 지속적인 노력으로 확장된 공동체는, 포틀럭 저녁 식사, 어린이를 위한 여름 프로그램, 무료 음식 배포, 일부 대학 장학금 및 이러한 더 넓은 연결에서 오는 지역적인 혜택들을 통해 그들의 이웃관계를 생생하게 유지할 수 있었다.

캠든 하우스 현재는 여러 곳의 캠든 하우스가 된의 두 가족은 이제 젖먹이 아이들, 유아들, 그리고 그곳에 거주하는 자원봉사자들을 가지고 있다. 6년 전,

이 공동체는 매춘부들, 중독자들, 거의 노숙자와 같은 처지에 놓여있는 다른 이웃들 사이의 우정에 초점을 맞추는 것으로 시작되었다. 그곳은 이 주에서 가장 지독한 산업물 폐기 지역이라는 특징을 지닌 지역이었는데, 이는 대항할 힘이 거의 없는 소수의 이웃들을 짓밟는 일종의 생태학적 인종차별이었다. 이제 가정에 유아들이 있는 캠든 공동체는 많은 어린 손들이 참여하는 여름 정원을 통해 희망과 좋은 음식을 나누면서 그들 주변의 학교, 어린이 및 가족을 지원하는 데 창의적인 에너지를 집중해 오고 있다. 삶의 단계의 변화는 공동체가 복음의 좋은 소식으로 그들의 이웃을 참여시킬 수 있는 방법을 바꿀 것이다.

가톨릭 일꾼의 환대의 집들은 보통 가족과 아이들이나 길에서 사는 습관을 가진 사람들의 때로는 변덕스러운 행동을 섞지 않으려고 노력했다. 이러한 환대의 집들은 종종 젊은 자원봉사자들과 모든 연령대의 독신자들을 집중적인 사역에 불러 모아 삶의 새로운 출발을 원하는 사람들과 그렇지 않은 사람들과 삶을 공유해왔다. 이 젊은이들이 결혼을 하고 가정을 꾸리면서, 그들은 종종 근처의 덜 폭력적인 환경에 있는 집에 모이고 가톨릭 일꾼 확장 공동체의 일부로 남아있다. 그곳에서 그들은 정기적으로 자녀들과 함께 식사를 제공하는 자원봉사를 한다. 그리고 자녀들은 그러한 자비의 일에 참여함으로써 보다 급진적인 삶의 방식을 배운다. 확장된 공동체는 기금을 모으고, "사고의 명료화Clarification of Thought" 저녁을 유지하며, 오래된 성도들과 새로운 성도들의 이야기를 살아있게 해주는 뉴스레터를 발행하는 일에서 중요한 역할을 하고 있다. 가톨릭 일꾼 농장들은 아이들이 있는 가족들에게 더 안정적인 환경이 되어왔고, 종종 도시에 있는 자매 집들과 긴밀한 파트너십을 맺고 있다.

마지막 만찬에서, 예수님은 그분의 모든 가르침을 하나의 새 계명으로 요약했다. "서로 사랑하여라. 내가 너희를 사랑한 것 같이, 너희도 서로 사랑하여라. 너희가 서로 사랑하면, 모든 사람이 그것으로써 너희가 내 제자인 줄을 알게 될 것이다." 요 13:34 - 35

교회들에게 보내는 서신서들도 마찬가지로 그리스도인들이 이미 이런 종류의 "서로"인 관계의 공동체로 연결되어 있다고 가정한다. 다음은 바울, 베드로, 야고보의 서신서에 있는 약 40개의 그러한 말에서 나온 몇 가지 예들이다. "서로 뜻을 같이하며, 서로 권면하며, 서로 돌보며, 서로 종이 되며, 서로 짐을 지고, 서로 위로하며, 서로 화평케 하며, 사랑으로 서로 참으며, 서로 친절하고 동정하며, 서로 복종하며, 죄를 서로 고백하고, 서로를 받으십시오." 그리스도인들에게 심각한 질문은 "어떤 생활 수칙과 헌신이 이러한 '서로'의 관계를 실현 가능하게 만들 것인가?"가 되어야 할 것이다.

함께 산다고 해서 우리가 자동적으로 거룩하고 자비로운 사람이 되는 것은 아니다. 성서를 읽는 것이 우리를 선하게 만들지도 않는다. 그러나 우리의 가장 깊은 소망이 예수님의 방식대로 사랑을 주고받는 법을 배우는 것이라면, 공유하는 삶이 아니라면 어떻게 이런 일이 일어날 수 있겠는가? 구체적으로 말하면, 우리 주변 사회의 흩어진 힘 가운데서 예수님은 우리에게 "통나무들"을 함께 옮기고 다른 사람들을 그 변화하는 불꽃 속으로 초대하여 세상이 자신의 미래가 어떤 모습일지 볼 수 있게 하라고 우리를 부르신다.

제12장

인종적 화해 듣기, 복종, 협동

　　그리스도인의 의도적 공동체 운동은 우리가 이 장에서 주목하고자 하는 몇 가지 탐구적 예외를 제외하면 대체로 백인들의 사건이다. 특권을 경험한 백인으로서 나는 지혜로 이끄는 어려운 사회적 현실로부터 보호를 받아왔다. 그러나 이번 장에서 길게 인용하고 싶은 현명한 친구들이 있다. 그럼, 1장에서 시작되었던 르로이와 도나 바버의 이야기로 돌아가 보자.

　　20년 전 필라델피아의 아프리카계 미국인인 바버 부부는 고군분투하는 이웃들과 친구들을 제자들의 공동생활로 맞이해 온 방식이 하향 이동의 길에서 백인들이 채택한 그리스도인의 의도적 공동체 운동과 많은 공통점이 있다는 것을 발견했다. 바버 가족 이야기는 아틀란타로 이동하는데, 그곳에서 르로이와 도나는 다른 사람들을 초대하여 사역에 참여하는 가정의 수를 늘려 삶의 모든 단계에 걸쳐 인종 화해와 이웃으로 발전할 수 있도록 일할 수 있는 지속 가능하고 다양한 의도적인 공동체의 기반을 마련했다. 르로이의 이야기를 들어보자.

르로이 바버의 이야기

　　나는 애틀란타에서 선교의 해로 일하기 시작했습니다. 그리고 몇 년 후,

나는 전국적으로 이 프로그램의 감독으로 임명되었습니다. 사우스 애틀랜타에서 우리는 지역 경제 발전을 위한 전략적 계획으로 선교의 해 자원봉사자들을 이웃 중심의 가정으로 초대함으로써 새로운 방식으로 공동체를 시작했습니다. 우리의 비영리 단체는 커뮤니티 펠로우십이라고 불렸습니다. 이것은 우리와 같은 한 가족이 할 수 있는 것 이상의 어떤 새로운 차원들을 열어주었습니다. 그것은 존 퍼킨스와 다른 사람들이 개발한 CCDA Christian Community Development Association 모델을 어느 정도 본떠서 만들어졌습니다. 나는 CCDA 위원회의 일원이었고 그것은 우리가 하는 일의 많은 것을 알려주었습니다. 그러나 우리 공동체의 접근 방식에는 많은 차이가 있습니다. 나는 관계적인 요소에 대해 훨씬 더 많은 노력을 기울였고, 우리는 모든 사람들에게 그 사실을 미리 알려주었습니다.

선교의 해는 젊은이들이 우리들 사이에서 새로운 삶의 방식으로 형성되는 길에서 핵심입니다. 도입부는 인종적 오해가 의도적으로 허물어지고 개인들이 자신의 민족 그룹을 넘어서는 관계로 들어가게 하는 곳입니다. 이러한 개인적인 상호 작용을 통해 새로운 의식이 형성됩니다. 우리는 구조적 인종차별에 대해 이야기하지만 해결책은 공동체 안에서 함께하는 다른 인종의 관계로 통합됩니다. 이 강력한 의도적인 섬김의 해는 통과 의례, 새로운 삶의 방식으로 형성되는 해로써 우리가 살아가면서 관계들을 화해시키는 법을 배우는 것과 같습니다.

최근 몇 년 동안 여기 애틀랜타에서 우리는 사람들이 전략적 이웃이 되도록 돕기 위해 교회가 할 수 있는 일을 모색하고 있습니다. 우리가 함께하는 삶에는 세 단계가 있습니다. 시작점은 선교의 해입니다. 청년들이 동네 자원봉사자로 의도적으로 1년 동안 함께 살기 위해 옵니다. 그 후 선교의 해 졸업생들은 지역 교회와 연계하여 독신자들의 서약한 가정에서 살면서 그들의 삶을 헌신합니다. 이것은 신수도원주의 모델의 12가지 특징과 거의 일치합니다. 세 번째 단계는 가족들이 삶의 모든 단계에 걸쳐 더 오랜 기간 동안 믿음과 정의에 연관된 삶을 살아내는 것입니다. 이 가족들은 기도 시간과 식사를 함께 하고 이웃, 학군, 도시 등의 정치적 필요와 서비스에 참여하면서 서로에게 책임감을 가집니다.

세 번째 단계에 이르면 아이들을 키우고, 삶의 모든 방식이 서로 다른 사람들의 이러한 관계에 근거하게 됩니다. 수년 동안 이것을 해오면서, 나는 가족들에게 그들을 위한 서약한 그리스도인의 의도적인 공동체가 없다면 그들이 아이를 가질 때 종종 그들의 급진적인 약속으로부터 멀어지는 것을 보았습니다. 나는 샌프란시스코의 소저너스교회와 같은 다른 대부분의 백인 공동체들도 비슷한 일들을 해왔다는 것을 알고 있습니다. 우리는 보다 다양한 환경에서 인종 간 공동체를 실현할 방법을 모색하고 있습니다.

우리 교회는 약 15가정과 일부 독신자들로 구성된 작은 교회로 절반은 백인이고 절반은 유색인종입니다. 우리는 주일에 함께 예배를 드립니다. 하지만 우리는 다른 많은 연결고리들을 가지고 있습니다. 한 가족은 중고품 가게를 운영하고, 다른 가족은 기업가를 양성하고, 다른 한 가족은 컴퓨터 디자이너로 자전거 가게에서 아이들과 일하고, 또 다른 가족은 야구 연맹에서 일합니다. 청소년 그룹, 스포츠 그룹과 여름 캠프가 있는 공동체 하우스가 있습니다. 이 가족 그룹들이 하는 뚜렷한 일들은 모두 교회에서 모아집니다. 물론, 이러한 사역에 참여하는 모든 사람들이 우리 교회의 일부는 아니지만, 그것들이 일어나는 전체 공동체의 일부입니다. 우리는 크게 성장하려는 계획은 없지만, 관계와 헌신의 깊이에서 성장하기를 원합니다.

✤ ✤ ✤

나는 르로이에게 아프리카계 미국인들이 참여하고 지도력이 집중되어 있는 다른 비슷한 장기적인 의도적인 공동체를 알고 있는지 물어보았다. 그는 이렇게 대답했다, "모릅니다. 우리는 희귀한 새 같습니다."

회심을 위한 학교에서 신수도원주의의 12가지 표지 중 네 번째 표지는 "정의로운 화해를 위한 적극적인 추구와 결합된 교회와 우리 공동체 내의 인종적 분열에 대한 탄식"이다. 내가 아는 신수도원 공동체에는 소수의 유색 인종이 있지만, 일반적으로 다른 사람들을 매료시킬 수 있는 지도자들은 아니다. 그들 사이의 인종적 다양성은 혼혈 결혼, 입양, 최근의 이민, 또는 그들이 삶의 힘든 시기를 겪으면서 이용할 수 있는 지원 네트워크에 이끌린 개인적인 산물이다. 그러나 실질적인 다양성에 도달하기 위해 대부분의 공동체들이 극복할 수 없는 장애물이 있다. 나는 르로이에게 "의도적인 공동체가 어떻게 인종적으로 더 다양해질 수 있을까요?"라는 질문을 했다.

르로이 바버의 계속되는 이야기

그것은 꽤 큰 질문입니다. 조직들이 기꺼이 실질적인 구조적 변화를 꾀하지 않는다면 그런 일은 일어나지 않을 것입니다. 형성되고 있는 공동체의 사람들과 여러분이 맺게 되는 관계의 깊이는 친숙한 문화, 공통된 교육 수준, 때로는 친숙한 예배 스타일을 가정합니다. 이것들은 사람들에게 매우 강한 정체성의 차원들입니다. 만약 조직이 이러한 것들을 검토하고 재 작업할 수 없다면, 공동체는 그리 오래 가지 못할 것입니다. 유색 인종은 일반적으로 그들의 문화와 미국에서 유색 인종이 대우받은 방식의 역사에 대한 높은 독자성을 가지고 있습니다.

유색 인종이 백인이 다수인 의도적 공동체에 가입한 곳에서는 일반적으로 유색 인종이 낮은 정체성 표지를 가진 사람들입니다. 정체성이 높은 유색

인종은 대개 흑인 학교, 흑인 교회에 다녔으며, 주로 그런 곳들에서 그들의 세계관이 나옵니다. 그러한 개인들, 특히 리더십 역량을 갖춘 개인을 끌어들이는 것은 높은 정체성을 가진 사람들이 집에 있을 수 있도록 하는 방식으로 공동체가 조직되는 방식에 큰 변화를 가져올 것입니다.

아프리카계 미국인 젊은이들을 선교의 해로 이끌기 위한 우리의 전략에는 유서 깊은 흑인 대학 방문과 젊은이들이 선교의 해를 고려하도록 격려하는 1년에 한 번 열리는 아프리카계 미국인 목사들과의 탁상 토론이 포함됩니다. 우리는 그리스도교 대학 캠퍼스를 방문할 때 그들의 다문화 사무국과 연결됩니다. 또한 나는 일 년 내내 여러 아프리카계 미국인 교회들에서 설교를 합니다. 선교의 해는 약 75%의 백인 신입회원들과 25%의 유색인종들로 막을 내립니다. 이것은 모든 지역 선교의 해 공동체 하우스에서 인종적 다양성을 허용합니다.

시간이 지남에 따라 정체성이 높은 사람들을 끌어들이는 것이 가능해집니다. 압도적인 것은 아닙니다. 그러나 조직이 이를 실현하기 위해 필요한 모든 변화를 겪는 것은 힘든 일입니다.

처음부터 다양한 의도적인 공동체를 시작하려는 사람은 초기 관계의 다양성에서 시작해야만 합니다. 그 다양성을 더 깊이 들여다봐야만 합니다. 그 안에 있는 모든 유색인종들이 정체성이 높은 사람입니까, 낮은 사람입니까? 그것들은 모두 아나밥티스트 배경에서 나온 것입니까, 아니면 다른 관점에서 나온 것입니까? 단순함을 향해 강력한 발걸음을 내딛기로 결정한 유색인종 젊은이들이 있습니까? 자신의 다양성이 실제로 얼마나 다양한지, 누구를 매료시킬 수 있는지 알아보려면 자신의 다양성을 더 깊이 들여다봐야 합니다.

때때로 신수도원주의 운동을 하는 젊은이들은 그들의 사회적 맥락과 그들의 관계에 깊은 다양성이 부족하다는 것을 인정하는 데 어려움을 겪습니다. 이것에 대해 배울 수 있는 창이 항상 열려 있어야 하는 만큼 열려 있는 것은 아닙니다. 경청이 그 첫걸음입니다.

✤ ✤ ✤

그리스도인의 의도적인 공동체가 다양성을 위해 일하는 방법은 많다. 안톤 플로레스 메소넷과 그의 아내 샬롯은 조지아주 라그랑주에 느슨한 의도적인 공동체를 핵심으로 하는 비영리 단체인 알터나를 설립했다. 라그랑주는 약 2,000명의 최근 히스패닉계 이민자들이 살고 있는 작은 도시이다. 안톤은 푸에르토리코 출신으로 뉴욕시에서 태어났지만 애틀랜타에서 자랐으며 수년간의 사회복지학 교수 및 지역 사회 조직가로서의 경험을 가지고 있다. 그는 영국 문화와 히스패닉 문화 사이를 쉽게 오간다. 알터나의 사명은 이 지역의 라틴계 이민자들 가운데서 예수님을 섬기는 것이다. 이민자들 중 다수는 서류 미비자이다.

2011년 봄 내가 방문했을 때, 핵심 알터나 공동체에는 플로레스 가족, 4명의 이민자 가족, 그리고 서로 걸어갈 수 있는 거리에 있는 알터나 소유의 집에 사는 두 명의 선교의 해 커플이 포함되었다. 안톤의 일주일은 지역 감옥에서의 스페인어 성서 공부, 이민자 권리를 위한 성주간 순례를 조직하기 위한 애틀랜타 여행, 알터나 회원 및 친구들을 위한 포틀럭 파티, 선교의 해 자원봉사자들을 위한 공동체 봉사 과제 배치와 고용주나 법과 관련된 다양한 종류의 문제에 있는 십여 명의 이민자들과 함께 상담하고 기도하는 일이 포함된다. 다양성과 정의를 위한 행동에 관심이 있는 공동체를 새롭게 형성하는 것에 대한 안톤의 조언은 르로이 바버의 조언과 비슷하다.

안톤 플로레스의 이야기

다양성으로 마무리하고 싶다면, 이미 꿈꾸는 단계에서부터 다양한 관계들로 시작할 필요가 있다고 말하고 싶습니다. 우리 중 많은 사람들이 품고 있는 그리스도인의 의도적 공동체라는 이상은 특권의 위치에서 비롯됩니다. 우리에게는 재산과 권력이 있고 자원들에 접근할 수 있는 능력이 있습니다. 하지만 예수님은 가난한 이들과의 연대와 하느님께 대한 의존을 추구하기 위해 우리에게 그것들을 내려놓으라고 요구하십니다. 가난한 사람들과 함께 공동체를 건설할 때 우리는 공동체에 대한 우리의 생각을 도입하기 전에 먼저 진정한 관계에 도달해야 합니다. 우리에게 주어진 공동체는 아마도 우리의 이상처럼 보이지 않을 것입니다. 그것은 함께 하나님을 경험하는 것으로부터 자라나야 할 필요가 있습니다.

마틴 루터 킹은 인종차별주의, 군국주의, 물질주의를 미국을 뒤덮고 있는 죄들이라고 불렀습니다. 이것은 성서에서 나온 비평으로 백인과 유색 인종 모두에게 해당합니다. 그분이 말씀하신 사랑하는 공동체는 흑인과 백인 모두에게, 모든 인종의 사람들에게 좋은 소식이 될 것입니다. 그러나 우리는 공동체의 모델과 그것이 어떤 모습일지에 대해 이미 마음을 정한 상태로 대화에 나서기보다는 그것을 함께 탐구할 필요가 있습니다. 우리는 함께 예수님과 우리 자신과 이웃의 필요 사항을 연구하고 인도하심을 받은 대로 행동할 수 있습니다.

❖ ❖ ❖

교회를 더욱 다양하게 만들고 화해하도록 이끄는 근원적인 신학이 있다. 예수님은 우리의 상황을 공유하고, 우리와 함께 고통 받고, 우리를 아버지와 아들과 성령의 삶, 즉 다양성 속 공동체로 초대하기 위해 하늘에서 오셨다.

예수님은 많은 사회적 경계들을 넘어 그분의 운동을 시작하셨다. 최초의 열두 제자는 비록 모두 남자였지만 이스라엘 열두 지파의 갱신을 상징했다. 그들은 또한 열심당과 로마의 협력자, 몇 명의 어부, 도시와 농민 배경을 가진 사람들을 포함하는 다양성을 염두에 두고 선택된 것으로 보인다. 누가복음은 특히 예수가 여성, 가난한 자, 이방인, 병자, 그리고 종종 죄인이라고 불리는 사회적으로 부정한 자들과 관계를 맺는 방식을 강조한다. 그들 모두는 그분의 확장된 제자 무리로 환영을 받았다.

사도행전에서 우리는 처음으로 그리스어를 사용하는 유대인들을 새로 설립된 교회의 지도자로 통합하는 운동에서 제정된 심오한 구조적 변화를 목격한다. 행 6:5에 나오는 모든 집사의 헬라어 이름에 주목하라. 후에 성령의 역사 속에서 사도들은 유대인들과 이방인들이 새롭고 화해한 인류 안에서 그들의 모든 차이점을 불문하고 식탁 교제와 유무상통하는 공동체를 가질 수 있도록 새로운 지침과 관행을 승인했다. 행 15:28-29 그리고 다양성에 대해 생각할 때, 우리 이방인 그리스도인들을 유대교 신앙의 가계도에 받아들이기 위해 이루어진 모든 변화를 기억하자. 민족적 차이는 인류, 특히 교회에 대한 하나님의 선물을 구현한다. 우리가 이 은사들을 발견하고 서로 겸손히 섬기는 일로 가져갈 때, 그리스도 안에서 모든 민족을 화해시키려는 오랜 세월 동안 감추어져 있던 신비인 하나님의 경륜이 역사적 현실이 된다. 골 1:26 참조

애널리 개틀린은 호프 펠로우십텍사스 주 와코을 대표하여 이 소명을 그리스도 안에서 새로운 인류가 되라는 것이라고 설명한다. "우리 모두가 똑같이 보고 똑같이 생각한다면 복음이 온전하게 살아나지 않는다는 사실을 우리는 특히 잘 알고 있습니다. 좋은 소식으로서의 복음은 다양한 이야기와 배경으로부터 나옵니다. 모든 차원에서 복음을 얻는다는 것은 다양성에서 비롯됩니다. 우리가 만드는 구조들은 환영받는 사람과 일어날 수 있는 다양성을 제

한할 것입니다. 어떻게 우리가 이것에 대해 의도적일 수 있을까요? 호프 펠로우십에서는 모든 회의에서 모든 것을 스페인어와 영어로 번역하기 위해 두 언어를 동시에 사용하기로 결정했습니다. 우리 회원들 중 일부는 멕시코에 있는 가족에게 송금을 하고 있었고, 이것에 책임을 느끼는 가족들은 공동 지갑의 일부가 되는 방법을 생각할 수 없었기 때문에 공동 지갑의 실천을 시작하기에는 좋은 장소처럼 보이지 않았습니다. 그러나 지금은 그러한 일에서 더 많은 공유가 이루어지고 있습니다. 우리는 먼저 인종적, 문화적 차이로 인한 신뢰의 장벽을 극복해야 했습니다."

크리스와 라라 라르는 인종 화해 작업에서 또 다른 전략을 설명한다. 그들은 필라델피아의 심플 웨이라고 불리는 "친구들의 모략conspiracy of friends"에 소속되어 있습니다. 그들은 최근에 나를 하루 지난 빵과 고급 보석 가게 뒷문에서 우리를 기다리고 있는 먹을 수 있는 농산물을 밴에 싣고 나르는 음식 배달 활동에 포함시켰습니다. 우리가 차를 몰고 시내를 가로질러 배달을 하러 가면서, 나는 크리스에게 지난 10년 동안 그들의 가족이 참여했던 히스패닉 회중에 대해 물었다.

"많은 백인들은 그들의 교회가 더 다양해지기를 원합니다. 그런데 그것은 일반적으로 동일한 구조를 유지하면서 유색인종들이 와서 교회에 합류하기를 바라는 것을 의미합니다. 그러나 대부분의 유색인종들은 백인들이 책임지고 있는 곳으로 가고 싶어 하지 않습니다. 만약 여러분이 다양한 회중들의 일원이 되고 싶다면, 아프리카계 미국인 회중이나 히스패닉계 회중에게 가서 여러분의 권력을 내려놓고 그들로부터 배워야 합니다. 여러분이 한 민족이 된다면 그것은 자연스럽게 이루어질 것입니다."라고 크리스는 대답했다. 그 말에는 복종과 성육신에 대한 모든 이론이 들어있지만, 신학을 말하는 대신 우리는 크리스가 관여하고 있는 축구 리그로부터 온 어머니들과 젊은이들이 "이웃 교회Iglesia del Barrio"라는 이름 그대로 교회로 모이고 있는 집 건너편에 물품들을 펼쳐 놓을 수 있도록 식료품들을 꺼내기 시작했다.

오크 파크 공동체루크 힐리가 1장에서 말한 형성 이야기는 복종과 변화의 유사한 패턴을 보여준다. 이 공동체는 캔자스 주 맨해튼의 캔자스 주립 캠퍼스에 있는 백인 학생들 사이에서 우편 번호가 61430인 미주리 주 캔자스 시티의 "살인 공장살인자가 가장 많은 교도소"에 백인과 유색 인종이라는 장벽을 넘어 세워져야 한다는 소명과 더불어 시작되었다. 회원들은 아프리카계 미국인 회중들의 교회인 침례교회 건물의 공간을 제공받았고, 그들은 그곳을 생활 및 공동체의 공간으로 개조했다.

루크 힐리의 이야기

나는 캔자스 시티에서 자랐지만 한낮에도 나를 두렵게 하는 그 동네에서 차를 몰고 돌아다닌 적은 거의 없었습니다. 처음에는 주님의 부르심에 대한 확신이 우리에게 용기를 주었지만 실제 경험은 우리의 많은 두려움을 연기와 거울처럼 드러냈습니다. 이 동네는 항상 총성이 울리는가끔 들리기는 하지만 곳은 아니었지만, 누군가가 너무 오래 쳐다본다고 상대방에게 총을 겨누는 동네였습니다. 위험은 실제로 존재했고 범죄는 종종 우리 근처에서 일어났습니다. 그러나 나는 예수님을 따르는 사람으로서 우리의 "평안"에 대한 신학을 검토할 필요가 있다고 믿습니다. 하나님께서 우리를 원하시는 곳이 바로 우리가 있을 수 있는 가장 안전한 장소가 아닐까요?

활동적인 교회를 능가하는 삶을 살면서 그 예배의 삶에 참여하는 것도 어려움이 있습니다. 73세의 아프리카계 미국인 목사에게 신수도원주의적인 의도적 공동체를 설명하려고 하는 것은 무리가 있습니다. 그들이 우리가 무엇을 하고 있는지 정확히 알지 못하고 그들이 무엇을 하고 있는지도 이해하지 못한다는 것을 우리는 분명하게 알고 있지만, 우리에 대한 교인들의 은혜와 환영은 놀라웠습니다. 화해는 예배와 교회 생활에 대한 매우 다른 표현일 뿐만 아니라 나이 차이가 클 때 더 큰 어려움을 겪게 됩니다. 우리는 함께 잘 일하는 법, 서로를 축복하는 법, 서로를 이해하는 법을 배우려고 노력하고 있지만 결코 쉽지 않습니다. 어떤 경우에는 우리의 이웃인 사람들보다 공통된 믿음을 가진 사람들과 친밀한 관계를 맺기가 더 어려워 보입니다! 나는 화해가 그저 겸손과 용서를 필요로 한다고 생각했지만, 거기에는 해야 할 훨씬 더 많은 것들이 있습니다. 우리는 우리의 독특한 상황 속에서 계속해서 추구하고, 다루고, 몸부림을 치고 있습니다.

공동체들의 인종 화해를 위해 일하는 단체들

인종 화해를 위해 일하는 미국 최대의 공동체, 교회 및 비영리 단체 사역 네트워크가 존 퍼킨스가 이끄는 그리스도인 공동체 개발 협회Christian Community Development Association-이하 CCDA 아래 모였다. 폭력적인 인종 차별주의적 환경에서 태어난 아프리카계 미국인 퍼킨스는 캘리포니아에서 성공하기 위해 미시시피를 떠났고 실제로 성공했다. 그곳에서 그는 예수님을 발견했고, 아내 베라와 성장하는 가족과 함께 미시시피로 돌아가라는 부르심을 받았다. 그곳에서 그는 모든 인종 그룹의 사람들이 신뢰하게 된 은혜와 지도력의 통합으로 복음 전도와 공동체 개발을 할 수 있는 총체적 방법을 개발했다. 사역의 잠재적 파트너에 대한 그의 비전은 "재배치, 화해 및 재분배"라는 부르심에 요약되어 있다.

연례 CCDA 회의에는 소수의 지도력 아래 또는 이 장에서 이야기한 것처럼 백인과 유색인종의 창의적인 협력 관계에서 함께 일하는 수천 명의 "재배치, 화해 및 재분배" 실천가들이 모인다. 많은 신수도원주의 공동체들은 CCDA에서 자원, 나이든 코치, 그리고 동료 여행자들을 발견했다. 2010 시카고 CCDA 컨퍼런스 기조연설에서 이제 80대가 된 존 퍼킨스는 CCDA의 초점을 우리의 화해자이신 예수 그리스도에게 거듭, 거듭 되돌렸다. "나는 견고한 땅이신 그리스도 위에 서 있습니다. 우리는 백인의 죄책감, 희생자, 정치적 권력 투쟁이 아닌 반인종주의에만 우리 운동의 기반을 둘 수 없습니다." 교독은 계속 이어졌고 후렴구는 "나의 희망과 CCDA의 희망은 다름 아닌 예수님의 피와 의로움 위에 세워졌습니다. 다른 모든 땅은 가라앉는 모래입니다."로 결론을 맺었다.

10년 이상 동안, 나는 CCDA 산하의 교회에 기반을 둔 저렴한 주택 공급 사업으로, 몇몇 아프리카계 미국인 회중들이 이끄는 에반스턴 공동체 개발 협회ECDA라고 불리는 행사에 참여할 수 있는 특권을 누려왔다. 나는 정의와 화해를 위한 공동 작업의 이러한 환경에서 여러 방식으로 환영받고 변화해 왔다. 아마도 나를 가장 많이 변화시켰던 것은 고 W.D.C. 윌리엄스 주니어 주교로부터 긴 ECDA 이사회 회의 후에 받은 여러 번의 곰의 포옹환영의 방식으로서의 포옹이었을 것이다. 윌리엄스 주교는 계속해서 "예수님의 사랑으로 당신을 사랑하고, 그것에 대해 당신이 할 수 있는 것은 아무것도 없다"고 단언했다. 미국에는 인종의 심각한 상처와 함께, 그가 나를 사랑하지 않을 수 있는 많은 이유가 있다. 그러나 예수님의 신실하심으로 인해 저렴한 주택을 개발하고 우리 민족을 갈라놓는 장벽에 맞서 협력하면서 우리는 이미 하나가 되었다.

제13장

공동체 안에서의 성 역할 – 갈등과 상승효과
샐리 슈라이너 영퀴스트와 함께하는 데이비드 잰슨

어느 날 오후 차를 마시며 루트바 공동체노스캐롤라이나 더럼의 사라 조브는 자신이 속한 공동체의 성 역할과 기대를 돌아보았다. "그리스도인의 의도적인 공동체는 여성, 특히 어머니들에게 희소식이라는 걸 알게 되었습니다."라고 그녀는 말을 시작했다. "우리 집은 다른 사람들이 돌아가면서 식사를 만들기 때문에 공동체 행사를 주최할 수 있고, 아침 기도를 하러 오는 사람들을 위해 거실이 준비되어 있는지 살피는 동안 매트집에 혼자 있는 남자가 우리 딸들과 놀아주기 때문입니다. 어제는 다른 사람들이 우리 집에서 공동 식사를 준비하고 식탁을 차리고 있었기 때문에 나는 우리 딸들을 오후 4시부터 6시까지 수영하게 할 수 있었습니다. 우리 딸들은 요나단과 레아의 집에 일주일에 두어 번 아침에 놀러 가고, 나는 이곳 더럼에 있는 가장 자율적인 여성 교도소에 목사로서 일을 하러 갑니다. 공동체는 하나님이 부르신 일을 할 수 있도록 여러 가지 방법으로 나를 자유롭게 해줍니다," 라고 말했다.

의도적인 그리스도인 공동체 운동의 여성들이 자신의 재능을 충분히 발휘함에 있어 더 미묘한 장벽에 직면하게 되는 것이 사실인 것 같다. 여성들, 특히 어머니들은 여전히 가족과 공동체를 하나로 묶는 "사회적 접착제"로서의 역할을 대부분 담당하게 된다. 그들에게는 일반적으로 아내가 있는 남자들보다 시간에 대한 요구가 더 많다. 조브는 계속해서 말했다. "공동체가 여성들에게는 좋은 소식이긴 하지만, 아직 전적으로 좋은 소식은 아닙니다. 나는 여성으로서 다른 사람들, 특히 남성들이 보지 못하는 많은 것들, 예를 들어 아침 모임 후에 쿠션을 다시 소파에 올려놓고 기도서를 정리하고, 가끔 유리창을 닦거나, 화장실을 청소하는 것들을 보고 그것이 여성들의 일이라고 생각하도록 사회화되었기 때문에 좌절합니다. 나는 '지저분해도 좋다'는 말을 듣습니다. 그러나 여전히 우리 사이에는 간격이 있고, 계속해서 꺼내는 것이 내 부담이 되어서는 안 되는 끝나지 않은 대화입니다. 또한 누군가가 이런 일을 한다면 우리 모두를 위한 공동체 활동을 위해 필요한 일이기 때문에 하는 것이 아니라 내 집이기 때문에 나를 위해 하는 것이라는 억측도 있습니다."

나는 레바 플레이스 펠로우십에서 대규모 가구가 어떻게 "가사 관리자"를 임명하는지 관찰했는데, 가사 관리자는 공동 일정에 따라 식사 준비와 청소의 순번을 도표로 작성하고, 토요일 아침에 모두가 체크아웃 하는 목록에 오르기 위해 해야 할 다른 작업들을 "보고" "듣는" 사람이다. 전통적인 "여성의 일"을 공동의 일로 조직하는 것은 삶을 변화시키는 결과를 가져올 수 있다. 공동체는 남성과 여성이 서로의 짐을 지고 공동선을 추구하는 구체적인 경험에서 정직한 대화를 할 수 있을 만큼 충분히 가까워지는 재사회화의 친밀한 공간이 된다.

레바에서 우리는 종종 "가사를 완료하는 것"이 "결혼 준비 과정"이라는 농담을 한다. 그곳에서 길게 늘어선 젊은 독신 남자들은 "해야 할 일을 파악하여 다른 사람이 만족하도록 그 일을 해내는" 종의 리더십 기술을 배웠다. 그런 '집살이'를 1~2년 하다가 이 청년들이 공동체의 여자들에게 흥미를 끌게 되고, 멋진 것은 말할 것도 없고 심지어 매력적으로 변해가는 과정은 신비롭고도 경이롭다! 이 전통의 문제는 결혼식 후에 우리가, "마무리 학교"에서 새롭게 가사를 완벽하게 해결하는 법을 배워서 다른 사람이 그가 하는 것을 보고 "어떻게 마음에 들지 않을 수가 있겠어요?"라고 생각할 정도로 종의 리더십 기술을 배워야 하는 다른 결혼 후보자들과 계속해서 다시 시작해야 한다는 것이다.

한편, 그날 사라 조브와의 대화는 새로운 공동체와 그들이 직면하고 있는 문제로 돌아왔다. 사라와 그룹의 일치된 의견은 리더십 역할이 여성에게 열려 있다는 것에 모두가 동의하더라도 공동체가 다른 방식을 적극적으로 모델로 삼는 것에 동의하지 않는 다면 남성 중심의 사고와 주장의 관행은 바뀌지 않는다는 것이었다. 이것은 남성과 여성 모두에게 몇 가지 새로운 반사 작용을 요구한다. 다시 말해 여성이 리더십 역할에 자원하고 남성이 새로운 패턴이 확립될 때까지 적극적인 지원을 하는 것이다.

이러한 전환의 구조적 및 개인적 차원을 더 자세히 살펴보기 위해, 나는 현 펠로우십 리더인 샐리 슈라이너 영퀴스트에게 레바에서 수년간 본 성 역학의 변화에 대해 성찰해 줄 것을 요청했다. 21세부터 51세까지 샐리는 크고 작은 가정에서 룸메이트와 함께 독신으로 살았고, 8년 전에 어윈 영퀴스트와 결혼하여 3명의 의붓딸이 생겼고 지금은 7명의 손자를 가지게 되었다.

샐리 슈라이너 영퀴스트의 이야기

내가 1970년대 초에 레바에 도착했을 때, 나는 전통적인 업무 영역에서 그들의 노동을 나눔과 동시에 가정 교회와 공동체 모임의 권한에 있어 분명하게 동등한 관계에 있는 남성과 여성들을 보았습니다. 여성들은 가사, 요리, 환대, 그리고 창의적이고 유능한 아이들을 키우는 데 있어 이 단순하지만 아름다운 미학을 확립하는 데 창의력을 발휘했습니다. 몇몇 여성들은 또한 예배, 음악, 보육원을 이끌고 있었습니다. 독신 여성들은 주로 교사와 간호

사로 일하면서 돈을 기부했습니다. 남자들은 레바 내에서 신학적 성찰, 설교 및 상담 분야와 다른 외부 직업에서 더 많이 일했습니다.

70년대 초 카리스마 운동이 시작되었을 때, 남성의 머리됨과 여성의 복종을 포함한 남성과 여성의 구별되는 역할에 대해 가르치려는 더 의도적인 노력이 있었습니다. 우리는 우리 가운데 활동하는 장로들을 알아보고 지명했으며 그들에게 인도할 권한을 주었습니다. 가장은 대부분 남성이었지만, 일부는 여성이었고, 그들은 결국 모두 노인이 되었습니다. 그러나 장로들의 무리가 너무 커지자 우리는 모두 남자들인 원로 장로들로 핵심 그룹을 만들었습니다. 젊은 남자들은 지도자가 되기 위해 정해진 복장을 입었고, 일부는 신학교로 보냈습니다. 젊은 부부는 가장으로 양육되었습니다. 결혼은 성숙의 표시처럼 보였습니다. 결혼식은 주요 축하 행사의 초점이었습니다. 이 문화는 우리 주변의 더 큰 문화에서 증가하는 세속적인 여성 운동과 어느 정도 불협화음을 일으켰습니다. 더 전문적으로 훈련된 여성들이 레바에 오면서, 레바 공동체는 교회 리더십에서 남성과 여성의 역할에 대한 해결되지 않고, 때로는 분열을 일으키는 많은 대화들을 통해 어려움을 겪었습니다.

개인적으로, 나는 "만약 결혼과 육아가 정점이라면, 나에게 어떤 자리가 있을 수 있는가? 하나님은 나를 어떻게 사용하기를 원하시는가?"라는 질문과 싸워야 했습니다. 나는 독신 그룹, 소그룹, 이웃 아이들을 위한 여름 예술 프로그램에서 리더십 역할을 공유했지만 내 존재를 확인하기 위해 결혼을 기다리는 것보다 내가 배울 것이 더 많고 제공할 것이 더 많다고 느꼈습니다. 나는 고등학교에서 가르치는 것 이외의 직업을 탐구를 할 준비가 되어 있었습니다. 멘토의 지원과 조언으로 나는 메노나이트 중앙 위원회의 자원 봉사 프로그램과 그 후 신학교에 가는 것으로 내 은사를 더 온전히 활용할 수 있는 외부 경로를 찾았습니다. 이 모든 것은 공동체에서 "파송" 회원으로 분별되고 확정되었습니다.

✢ ✢ ✢

"당신은 왜 공동체를 떠나지 않았지요?" 나는 샐리에게 물었다. "당신은 분명히 당신의 은사를 환영하고 당신의 감정적 고통을 덜어줄 다른 장소를 찾을 수 있었을 것입니다." 계속해서 샐리가 대답했다.

✢ ✢ ✢

떠나 있는 동안, 나는 레바 회원 탈퇴를 고려하지 않았습니다. 왜냐하면 급진적인 제자도, 희생적인 봉사, 정신적 충격을 받은 배경을 가지고 오는 사람들의 치유에 대한 레바의 깊이 있는 모범적인 실천을 소중히 여겼기 때문입니다. 여성 리더십에 대한 시각이 약간 다르다는 이유로 탈퇴해야 한다는 하나님의 부르심을 나는 듣지 못했습니다. 나는 공동체를 혼자 사는 나에게 좋은 삶의 방식이자 장기적인 관계 기반의 장소로 보았습니다.

신학교에 갔을 때 나는 성역할에 관한 중요한 성서 구절들을 공부할 수 있는 도구를 얻었고 귀중한 많은 것들을 발견했습니다. 나는 창세기에 두 개의 창조 이야기가 있다는 것을 깨달았습니다. 창세기 1장 27절에서 남성성과 여성성은 함께 하나님의 형상의 충만함을 반영합니다. 이것은 교회 안의 리더십에 대해 시사하는 바가 큽니다. 창세기 2장은 남자 다음에 여자가 창조된 것이 부차적인 보완이 아니라는 것을 설명해줍니다. 이 이야기에서 창조 순서를 본다면 그 정점은 여자의 창조입니다. 그 여자를 "돕는 사람"으로 명명하는 데 사용된 단어는 때때로 종이 아니라 매우 존경 받는 동반자이신 하나님께 사용되는 단어입니다. 이것은 내게 깨달음의 순간이었습니다.

신약성서의 제한적인 구절들에서 우리는 바울이 그가 활동하고 있는 선교적 맥락에 대한 지침들을 가르쳐주는 것을 봅니다. 그 당시 여성들은 일반적으로 읽고 쓸 줄 몰랐고 신학적 훈련도 받지 않았습니다. 바울은 또한 훈련

받지 않은 여성들이 유대인-이방인으로 구성된 회중의 평판을 떨어뜨리는 원인이 되지 않을까 염려했습니다. 여성의 제한된 역할에 대한 그의 교회에 대한 지시가 모두 시대를 초월한 원칙은 아니었습니다. 다른 바울 교회에서는 여자들이 예언을 하고 가정교회를 인도했는데, 한 예로 유니아라는 여자가 사도들 가운데 이름을 올렸습니다. 나에게 있어 여성의 목회적 리더십 역할이 성서에 불복종하는 것인지를 이해하는 것이 중요했고, 나는 그것이 아니라고 결론지었습니다.

우리 공동체는 이제 성별에 관계없이 사람들이 봉사할 수 있는 다양한 은사와 잠재력을 좀 더 편안하게 인정하는 곳이 되었습니다. 우리 공동체 구성원들이 참여하는 두 교회리빙워터공동체교회와 레바플레이스교회에는 이제 모두 여성 목회자가 있습니다. 우리는 여성이 남성보다 좀 더 실제적으로 조금은 다른 여러 방식으로 신학을 수행할 수 있다는 사실을 알게 되었습니다. 나는 실제로 임신한 한 젊은 어머니가 남자라면 결코 할 수 없는 마리아에 대한 강림 설교를 했던 것을 기억합니다. 여성은 남성보다 역설을 더 쉽게 받아들이는 것 같습니다. 남자와 여자 모두가 성서를 해석하는 것을 듣는 것은 참신한 일이었습니다. 여성이나 다른 인종과 문화권의 사람들이 성서를 읽고 해석할 때 우리는 백인 남성에게서만 들을 때보다 하나님의 충만함과 온전함을 더 많이 받을 수 있었습니다. 그러나 나는 여성들의 이러한 역할이 거의 없었을 때 공동체와 신학교에서 나의 제자도 여정을 인도해 준 남성 신학자들과 교사들에게 감사의 큰 빛을 지고 있음을 인정합니다.

나의 교회 개척과 12년간의 리빙워터공동체교회의 목회적 리더십을 되돌아보면, 나는 불안정함과 여성 역할 모델의 부족함 가운데서 그것이 운영되었음을 인정합니다. 나는 공동체에서 성 역할을 수행했습니다. 갈등과 상승효과는 강력한 의견을 가진 자신감 있는 남성을 다루는 것이 언제나 쉬운 것은 아니었지만, 사람들이 내가 권력 투쟁을 하고 있는 것이 아니라는 것을 알았기 때문에 내가 얻을 수 있었던 어떤 긍정적인 효과도 있었습니다. 공동체의 비전에 이끌리는 사람들은 강력한 지시적 리더십에 대한 불신과 함께 많은 아이디어와 이상적인 사고를 가지는 경향이 있습니다. 나는 강력한 비전을 가진 사람이 아니지만 하나님 나라가 우리 도시 환경에 반영될 수 있도록 많은 사람들의 은사들과 비전들의 협력을 요청했습니다. 나는 모든 것을 통일하지 않고 다양성이 발휘될 수 있도록 노력했습니다. 나는 주님의 말씀이 우리의 함께 하는 삶 가운데 임하기를 바랍니다. 우리는 다른 사람들이 제시한 비전이나 하나님께서 우리의 문 앞에 가져다주신 필요에 대한 응답으로 인해 놀라운 방향으로 나아갈 수 있었습니다.

초기 세대에 여성 수도회는 여성이 강력한 지도자가 될 수 있고 자녀 양육 이상의 은사들을 개발할 수 있는 장소를 제공했습니다. 모든 여성 공동체는 재능을 키우고 독신 생활을 지원하는 데 좋은 일이 될 수 있습니다. 나는 교회에서 장기 봉사 역할특히 해외 선교을 하도록 부름 받은 독신 여성에게 안정성을 제공하기 시작한 초지역적인 메노나이트 여성 지원 서클의 일원이었습니다. 한 회원은 독신에 대한 영구적인 서약을 했지만, 우리 대부분은 그 소명에 대해 명확하지 않았습니다. 세월이 흐르면서 몇몇 회원들은 결혼을 하고 떠났고, 결혼한 몇몇 회원들은 그룹의 일원으로 남았습니다. 이 그룹은 현재 미국 전역과 캐나다에 살고 있는 십여 명 정도의 회원들에게 우정과 분별력의 중요한 원천으로 계속 활동하고 있습니다.

현 세대의 젊은 여성들은 그룹 앞에 서고, 은사를 나누고, 리더십을 발휘하는 나이든 여성을 역할 모델로 삼는 일에 더 익숙합니다. 나는 내 의붓딸들이 긍정적인 공동체에서 자라면서 얻은 자신감을 봅니다. 이처럼 권한을 부여받은 여성들에게 리더십이란 그다지 어려운 일이 아닙니다. 나는 그들이

"내가 하는 일을 잘 못해서 이런 문제가 있는 건가요, 제가 여자라서 그런 건가요, 아니면 이끄는 모든 사람에게 일어나는 건가요?"라는 자조적인 생각으로 불안하지 않기를 바랍니다.

그런 다음 샐리는 자신이 배운 내용과 그것이 새로운 공동체를 시작하도록 부름 받았다고 느끼는 오늘날의 젊은 여성과 남성에게 어떤 관련이 있는지를 계속해서 이야기했다.

✤ ✤ ✤

나는 그들이 남성과 여성의 은사들이 함께 상승효과를 낼 수 있도록 팀을 구성할 수 있는 좋은 방법을 찾도록 격려하고 싶습니다. 종종 여성들은 더 실용적이고 목회적이며 조직화하는 데 더 능숙한 반면 남성은 윤리적, 철학적, 신학적 문제에 대해 심사숙고할 가능성이 더 큽니다. 이런 역할을 하는 음과 양은 어수선해 보이지만 풍성할 수 있습니다. 나는 이것을 결혼생활과 공동체 내에서 완전히 해결하기 위해서는 에너지가 필요하다는 것을 알고 있습니다.

나는 남성과 여성이 목회적 돌봄에서 함께 일하는 것이 매우 유익하다는 것을 알게 되었습니다. 어떤 남자들은 여자에게 더 많은 나약함을 고백하겠지만, 남자는 동정심을 유혹으로 착각해서는 안 됩니다. 어떤 녀석들에게는 그들에게 책임을 물을 남자가 필요합니다. 어떤 여성들은 깊이 나누기 위해 다른 여성들의 안전이 필요합니다. 노숙자와 소외된 사람들을 환대하는 것이 사명인 공동체에서는 한계를 정하기가 어려울 수도 있습니다. 공동체에 오는 많은 사람들은 좋은 양육이 부족했습니다. 남성과 여성이 함께 일함으로써 친절과 은혜로 함께 문제에 직면하고 치유와 도전의 길을 함께 합니다. 친절한 역할을 하는 것이 언제나 여성인 것은 아닙니다. 가사를 완결하는 일에서 힐다는 직설적인 사람이고 율리우스는 너무 동정심이 많은 사람입니다. 어려운 상황에서 그들은 함께 더 잘 일합니다. 남편과 나는 모두 레바에서 경건한 남성과 여성의 역할 모델로부터 받은 영적 양육으로 유익을 얻었습니다.

내가 처음부터 레바에 대해 감사하게 생각했던 것은 내가 살면서 본 그 어떤 때보다 훨씬 더 많은 남자들이 아기를 안고 기저귀를 갈아주고 가족들과 관계를 맺는 것을 봤다는 것입니다. 공동체는 직업을 공유하고 두 부모가 가족에 적극적으로 참여하는 것을 가능하게 합니다. 데이브와 네타 잭슨은 이것을 『따로 떨어진 세상에서 함께 살기Living Together in a World Falling Apart』에 썼습니다. 이 협력적인 접근법은 주부가 되는 것과 아이를 키우는 것이 가장 큰 열망이 아닐 수 있는 여성들에게 중요합니다.

다른 삶의 단계는 다르게 보일 것입니다. 베이비 붐 세대와 젊은 여성들은 이제 더 많은 교육을 받고 파트타임으로 부모를 돌보고 다른 종류의 일도 기꺼이 할 마음을 가지고 공동체로 옵니다. 일단 아이들이 학교에 가고 여러분이 자유로운 시간을 갖게 되면, 더 많은 유연성이 생기게 됩니다. 공동체의 여성들은 더 많은 삶을 함께하고, 아이들을 함께 키우고, 다른 사람들과 함께하는 프로젝트를 수행하는 데 더 많은 에너지를 가질 수 있는 그곳에서 아이를 키우며 고립감을 덜 느꼈습니다.

공동체는 삶의 상처가 치유될 수 있는 곳이다. 왜냐하면 우리가 의견과 경험의 차이를 발견하고 일을 하면서도 굳건히 유지되는 충실한 관계 속에서 성역할과 그 이면의 신학을 시험해볼 수 있는 곳이기 때문이다. 우리가 하나님께서 원하시는 사람이 될 때 우리는 우리 자신을 알 수 있게 된다. 그리고 우리가 그리스도 안에서 우리의 정체성을 찾을 때, 우리는 단지 말로만이 아니라 함께 나누는 의미 있는 삶에서 자녀들과 나눌 좋은 소식을 갖게 된다.

| 작정하고 시작하는 그리스도인 공동체

4부

공동체에서의 첫 해

제14장

의사 결정, 리더십 및 일치로 가는 길

모든 신자들은 한 마음과 한 뜻이 되었다.

- 사도행전 4:32

많은 사람들이 우리가 공동체에서 회의를 많이 한다는 말을 들으면 진저리를 치며 "나는 회의, 특히 사람들이 함께 결정을 내리기 위해 머리를 맞대는 회의를 싫어합니다."라고 말한다. 이에 대해, 나는 40년 동안 공동체에서 가졌던 가장 좋은 기억들 중 많은 것들이 우리가 모든 종류의 어려운 결정에 직면하고, 할 말이 있는 그룹 내의 모든 사람들의 말을 경청하고, 그런 후에 하나님께서 우리에게 무엇을 원하실 지를 침묵 속에서 기다렸던 회의들이라고 대답할 수밖에 없다. 한 사람 혹은 다른 사람이 그들이 성령으로부터 들은 것을 말할 것이고, 나머지 모든 사람들이 같은 말을 들었거나, 그것으로 평화롭게 되었다는 것을 결과적으로 인정하게 되는 것에 놀랐다. 일치, 평화, 함께 나아가는 공동의 길, 일치의 기적 안에 있는 하나님께서 임재하시는 성찬, 그것은 반짝이는 눈에서 드러나고, 하나가 되는 기쁨의 실재였다. 우리에게서 노래와 찬양이 터져 나왔다. 그렇다. 나는 회의가 좋다!

신약성서의 증언에서 우리는 공동체의 의사결정과 리더십에 대한 단일한 규범적 유형에 도달할 수 없다. 하지만, 지도자들과 추종자들 모두에게 겸손함을 가질 것을 촉구하는데, 이것은 웅변이나 정치적인 조작에 의존하기보다는 모든 사람들의 말을 주의 깊게 경청하는 것을 의미한다.

많은 의도적인 공동체가 예배하고 일을 수행하는 방식은 퀘이커 교도 전통의 영향을 많이 받았는데, 이들의 모임은 "모든 사람 안에 있는 하나님의 말씀"에 귀를 기울이고, 그룹을 일치로 인도하는 성령을 신뢰하는 대본 없는 침묵을 특징으로 한다. 퀘이커 교도들과 다른 세속적인 합의 형성 훈련자들은 이 전통의 지혜와 경험을 모았고 그것들은 배울만한 가치가 있다. 예를 들어, 다이아나 립 크리스티앙, 『함께 삶을 창조하기Creating a Life Together: 에코 빌리지와 의도적인 공동체를 성장시키는 실용적인 도구』를 참조하라. 그러나 퀘이커 교도들이 이러한 합의 의사 결정 방식을 발명하지는 않았다.

성령이 이끄는 합의 모델은 사도행전 15:1-29에서 실행된다. 그때 예루살렘 교회 지도자들은 그들의 선교 운동에서 일어나고 있는 위기에 대처하기 위해 공의회로 모였다. 깊이 상충되는 전통에서 온 유대인 신자와 이방인 개종자들이 만났을 때 그들은 어떻게 교제할 수 있었을까? 바울과 바나바로부터 이방인들을 믿음으로 인도하기 위해 하나님께서 하고 계신 일에 대해 들은 후, 공의회는 그들이 이방인들에게 "정결 예식코셔"을 요구하지 않기로 했다. 대신, 그들은 유대인의 민감성과 신념을 존중하기 위해 이방인 그리스도인들에게 유대인들의 율법 가운데 몇 가지 필수 사항을 준수할 것을 요청했다. 그들의 보고서는 "그것은 성령님과 우리에게 좋게 보였습니다."로 시작한다.

바울이 고린도 교회에 보낸 편지고전 14장에서 그는 "함께 모일 때" 어떤 일이 일어나야 하는지에 대해 상세한 가르침을 제시한다. 존 하워드 요더는 『교회, 그 몸의 정치학Body Politics』대장간 역간에서 내가 본 "바울의 규칙"에 관해 간략하지만 최고의 해설을 제시한다. 그는 지켜보는 세상 앞에 그리스도인 공동체의 다섯 가지 실천 사항을 제시하면서 "바울은 할 말이 있는 사람, 곧 성령께서 말씀을 주신 사람은 누구나 발언권을 가질 수 있습니다"라고 독자들에게 말한다. 이것은 바울이 고린도전 12장에서 "공동체의 모든 구성원들은 – 확실히 남자들뿐만 아니라 – 은사들을 가지고 있으며, 그가 열거한 많은 은사들은 모임에서 구두로 발표되어야 합니다."고 가르친 것과 일치한다.

공동체 모임에서 일치를 지향하는 것만으로는 충분하지 않지만 성령의 일치는 항상 추구해야 할 삶의 방식이다. 바울은 에베소 교회에 보내는 편지에서 이 소명의 핵심 덕목들에 대해 언급한다. "그러므로 주님 안에서 갇힌 몸이 된 내가 여러분에게 권합니다. 여러분은 부르심을 받았으니, 그 부르심에 합당하게 살아가십시오. 겸손함과 온유함으로 깍듯이 대하십시오. 오래 참음으로써 사랑으로 서로 용납하십시오. 성령이 여러분을 평화의 띠로 묶어서, 하나가 되게 해 주신 것을 힘써 지키십시오. 그리스도의 몸도 하나요, 성령도 하나입니다. 이와 같이 여러분도 부르심을 받았을 때에 그 부르심의 목표인 소망도 하나였습니다."4:1~3 일치를 위한 이러한 전제조건은 무엇이며, 당면한 의제만을 건설적으로 다루기 위해 자유롭게 공동체 회의에 참석할 수 있도록 이를 유지하는 방법은 무엇인가?

일치를 위한 다음 전제 조건들은 체계적이지도 완전하지도 않다. 오히려, 그것들은 내가 공동체 방문과 내 자신의 공동체 경험에서 가장 자주 발생하는 문제들을 언급한다. 당신과 당신의 공동체는 여기에 확실히 다른 예들을 추가할 수 있을 것이다.

한 몸과 한 영이 되도록 힘쓰라

일치를 위한 기본적인 전제 조건은 에베소서 4장 4~6절에 명시되어 있다. "그리스도의 몸도 하나요, 성령도 하나입니다. 이와 같이 여러분도 부르심을 받았을 때에 그 부르심의 목표인 소망도 하나였습니다. 주님도 한 분이시요, 믿음도 하나요, 세례도 하나요, 하나님도 한 분이십니다. 하나님은 모든 것의 아버지시요, 모든 것 위에 계시고 모든 것을 통하여 계시고 모든 것 안에 계시는 분이십니다." 우리가 10장에서 보았듯이, 서약과 회원 자격에 있어서, 공동체의 수련기간은 이 소명과 목적의 기본적인 일치를 회원들의 회의에 참석한 모든 사람들이 공유해야 한다는 사실을 확신하게 하는 데 필수적이다. 이러한 소명과 헌신의 기반이 없다면, 그룹 구성원들이 상충되는 목적을 추구할 가능성이 높다. 경우에 따라서 공동체는 멤버십을 탐색하여 그들이 어떤 모임에 들어와 있는지를 알 수도 있는 단기 참가자들을 의사결정 과정에 포함하고 싶어 할 수도 있지만 오직 그들이 결정한 결과대로 살기로 서약을 한 사람들만을 그 과정에 참여시켜야 한다.

반대로, 구성원들이 실제로 참석하는 것은 중요하다. "메일로 투표하는 것"은 효과가 없다. 왜냐하면 성령님이 토론 중에 무언가를 하셔서 그 자리에서 참석자들과 일치를 이루시기 때문이다. 그것을 경험하기 위해서는 그곳에 있어야 한다. 공동체 구성원이 질병이나 기타 이유로 참석할 수 없는 경우, 그곳에 있는 사람들이 성령의 인도에 따라 모두를 대표해 행동할 것이라고 믿어야 한다.

"당신은 정말 모든 회의에 다 참석하고 있습니까?"라고 어떤 방문객들은 묻는다. 아프거나 공동체를 위한 일로 그곳에서 떠나있지 않는 한 참석한다. 회의 참석은 외적인 의무의 문제가 아니며 단지 "내가 참석하고 싶을 때"에만 참석하는 것도 아니다. 공동체 회의에 참석하는 것은 그리스도의 몸 안에 있는 지체로서의 나를 표현한다.

권위에 의해 학대받은 기억을 치유하라

우리 중 많은 사람들은 거리를 두거나, 경청하는 방법을 모르거나 제도적 질서와 자신의 통제에 대한 욕구를 유지하기 위해 독단적인 방식으로 행동한 지도자들에게 상처 받은 적이 있다. 그래서 우리는 "경계"하게 되었다. 우리는 감정으로, 때로는 좌파 아나키스트 또는 우파 자유주의로부터 온 이데올로기를 가지고 모든 리더십으로부터 스스로를 방어하겠다고 맹세했다. 집단 과정의 기술적 전문성이나 성서가 말하는 순종에 관한 논쟁으로 이 매듭을 풀 방법은 없다. 이것이 당신의 그룹이 처해 있는 상황이라면, 앞으로 나아갈 수 있는 가장 좋은 방법은 겸손과 깨어짐을 통해 만나고, 선하고 악한 모든 권위에 대한 각자의 경험을 듣고, 하나님의 인도와 치유를 구하는 것이다.

10대 때 나는 우리 교회의 주일학교 수업을 가르치는 일을 맡은 교회 청년 그룹의 일원이었다. 우리는 주어진 커리큘럼에서 벗어나 세상의 종교에 익숙해지기로 했다. 그 당시 우리 교회에는 목사가 없었는데 장로님이 우리가 하는 일에 대해 듣고 우리의 수업을 중단시키고 직접 교사직을 맡았다. 그 이후로 나는 이 장로님과 다른 많은 가정교회 현장에서 정말 숨이 막힐 것 같았다. 몇 년 후, 나는 공동체의 형제자매들의 도움으로 내가 좋은 사람과 나쁜 사람 모두를 괴롭히고 우리 그룹을 방해하는 방식으로 권위에 저항하고 있다는 것을 깨달았다. 나는 데니스 린과 매튜 린이 쓴 『기억의 치유』라는 책을 읽었다. 그 책의 내용대로 내적 치유를 위한 기도와 고백 단계, 그리고 그것을 실천하면서 나는 과거의 이 교회 장로님을 용서하고 싶은 마음이 들었다. 그렇게 함으로써 나는 하나님이 나를 강한 지도력 앞에서 일어나는 숨 막히는 감정으로부터 해방시켜 주셨고, 내 과거의 다른 사람들을 용서하고 갈등에서 내 자신의 역할을 인정할 자유를 주셨다는 것을 발견했다.

이러한 개인적인 변화가 때때로 지도자가 자신의 한계를 넘어서는 것에 대해 내가 해야 할 일을 하지 못하도록 막은 것은 아니지만, 나는 더 이상 모든 권위에 대해 "경계"하지 않게 되었다. 나는 신뢰할 수 있는 곳을 더 신뢰할 수 있게 되었고, 나의 반응을 더 겸손하게 결정할 수 있게 되었다. 그 무렵 나는 또한 가족과 직장에서 어느 정도 리더십 책임을 지고 있었기 때문에 나 자신에게도 용서가 필요함을 더 절실히 깨달았다.

켄터키 주 렉싱턴에 있는 공동체를 방문했을 때 나는 내가 가졌던 것과 유사한 그룹 내 지도자들에 대한 그들의 두려움과 불신의 흐름을 목격했다. 나는 나 자신의 경험과 비교하여 이 이야기를 나누고 싶은 마음이 들었다. 공동체는 그들 자신의 리더십 상처를 반성하고 그리스도를 위해 그들의 과거와 서로의 상처를 용서하기 위해 사순절을 선택했다.

종종 의사 결정의 합의 모델을 가지고 있고, 지도자에게 자유롭게 접근할 수 있는 일상의 공유된 삶을 가진 의도적인 그리스도인 공동체는 권위의 계층적 모델 아래서 고통을 겪은 사람들에게 안전한 피난처처럼 느껴진다. 그러나 이러한 상처가 치유되지 않으면 현재의 경험보다는 과거에 근거한 리더십에 대한 두려움과 불신을 동반하는 경우가 많다. 소그룹으로 우리의 이야기를 나누고, 우리의 경험과 태도에서 깨진 것을 어떻게 고칠 수 있을지 서로 의논하는 것은 회개와 용서, 서로에 대한 새로운 신뢰라는 하나님의 해방의 역사를 위한 공간을 열어줄 수 있다.

어떤 경우에는 학대의 경험으로부터 치유되는 보다 심오하고 신중한 과정이 필요한 경우도 있는데, 이에 대해서는 24장에서 더 깊이 논의할 것이다.

현재 관계에서 화해하라

여기서 우리는 9장 '갈등을 연대로 전환하기'를 떠올리게 된다. 기억에 남는 말로 예수님은 권면하신다. "그러므로 네가 제단에 제물을 드리려고 하다가, 네 형제나 자매가 네게 어떤 원한을 품고 있다는 생각이 나거든, 너는 그 제물을 제단 앞에 놓아두고, 먼저 가서 네 형제나 자매와 화해하여라. 그런 다음에 돌아와서 제물을 드려라"마 5:23-24 이 조언은 예배 시간뿐만 아니라 공동체 모임에도 적용되어야 한다. 그렇지 않으면 우리는 우리와 화해하지 않는 사람이 제안하는 것을 반대하게 된다.

지도자들이 그룹을 어떻게 섬길 것인지를 결정하라

일단 그룹이 함께 입주하기로 결정하면 의사 결정 속도가 빨라진다. 합의 모델로 시작하는 많은 공동체들은 이 시점에서 교착 상태에 빠지며, 지도자, 진행 팀 및 다양한 공동체 생활 영역의 감독자에게 일부 책임을 위임할 수 없는 한 주간 회의에서 처리할 수 있는 것보다 더 많은 문제에 직면하게 된다.

1970년대에 캔자스에 공동체를 설립하려는 시도에서, 우리는 당면한 의제를 다룰 시간이 거의 없었다. 정원의 계절이 다가오고 있었다. 육아 일정도 무너졌다. 비싼 수리비를 지불하고 자동차 수리를 할 것인가 아니면 밴을 사는 것이 나은가? 그리고 지난 주 예배를 방해한 방문객과 누가 이야기를 나눌 것인가? 끊임없이 발생하는 이런 일들 때문에 우리의 서약을 작성하고, 이름을 결정하고, 법인을 설립하는 것과 같은 장기적인 문제들은 계속 미뤄졌다.

하나님의 은혜로 우리는 모든 사람이 수렁에 빠진 우리의 의사 결정 과정에 좌절감을 느낄 만큼 충분히 고군분투했다. 우리는 좀 더 경험이 많은 공동체를 방문하여 우리의 문제를 생각하고 이야기할 수 있도록 도움을 요청했다. 우리는 다양한 사람들이 다양한 은사를 행사하는 예배 시간에 종종 있었던 것처럼 우리를 인도하시는 성령의 능력을 이미 생생하게 느끼고 있었다.

공동체 방문은 우리가 원하는 것이 무엇이든 간에 그룹의 리더십이 삶의 현실이라는 것을 알게 해주었다. 승인되지 않은 경우, 그럼에도 불구하고 그룹의 리더십은 작동하고 있다. 우리는 스티브가 회의를 이끌 때 회의가 평화롭고 생산적이라는 점에 주목했다. 하지만 내가 회의를 이끌었을 때는 그렇지 않았다. 우리에게는 강력한 아이디어를 가진 재능 있는 음악가들이 있었지만 겸손한 재능을 가진 음악가인 린은 음악 그룹과 우리 모두를 조화로운 예배로 이끄는 데 특별한 은사를 발휘했다. 아이린은 우리 사이에 무슨 일이 일어나고 있는지 알려주는 열정적인 기도의 은사가 있었고, 몇몇 사람에게는 회의록을 잘 작성하는 은사가 있었다. 리더십 팀은 그룹 결정을 수행하고, 의제를 수집하고, 전체 그룹이 재구성하고 결정해야 할 제안들의 해결을 위해 일치된 의견들을 도출해낼 수 있는 주간 회의에서 만나기 시작했다. 누구나 역할이 있었고, 누구나 다른 사람의 주도에 따라야 하는 상황이 있었다. 이 한 단락이 표현할 수 있는 것보다 더 오랜 시간이 걸렸지만, 우리는 가는 길에 대해 서로를 설득하려는 십여 명의 머리가 아니라 성령 안에서 서로에게 복종하는 기능적인 몸이 되었다.

존 하워드 요더John Howard Yoder는 『교회, 그 몸의 정치학』의 "그리스도의 충만함"이라는 장에서 다음과 같은 작업 방식에 대한 성서적 배경과 이해를 탐구한다.

> 에베소서의 바울은 "그리스도의 충만함"이라는 용어를 사용하여 신체의 모든 구성원이 명확하게 식별 가능하고, 신성하게 검증되고, 권한을 부여받은 역할을 가진 집단 관계의 새로운 방식을 묘사합니다. "그분이 어떤 사람은 사도로, 어떤 사람은 예언자로, 어떤 사람은 복음 전도자로, 또 어떤 사람은 목사와 교사로 삼으셨습니다. 그것은 성도들

을 준비시켜서, 봉사의 일을 하게하고, 그리스도의 몸을 세우게 하려고 하는 것입니다. 그리하여 우리 모두가 하나님의 아들을 믿는 일과 아는 일에 하나가 되고, 온전한 사람이 되어서, 그리스도의 충만하심의 경지에까지 다다르게 됩니다." 엡 4:11 - 13

고린도전서의 바울은 모든 지체가 "각 사람에게 성령을 나타내 주시는 것은 공동 이익을 위한 것입니다."고전 12:7라는 말씀을 대변하는 사람들이라고 문자적으로 말한다. 그는 유기체의 모든 부분은 그의 독자들이 덜 존경 받는 구성원에게 더 큰 가치를 부여하도록 유도해야 한다는 우리의 직관과 습관에 반하는 꽤 상세한 지침을 규정한다.

공동체의 모든 사람이 기도하고 생각할 책임이 있는 반면, 공동선에 관해서는 한 사람이 부름을 받고 감독하도록 위임 받는 경우에 가장 잘 작동한다.

줄리우스 벨서는 레바의 클리어링 하우스에서의 그의 역할을 다음과 같은 방식으로 설명한다.

"나는 가족 한 사람 한 사람을 위해 기도하며 그리스도의 사랑 안에서 우리의 삶과 일을 강화할 방법을 찾습니다." 인간으로서 우리의 유혹은 그러한 역할에서 우리 자신에게 지위와 권력을 끌어들이는 것이므로 겸손, 지혜, 종의 정신은 감독 역할에서 누군가를 판단할 때 우리가 찾는 미덕이다. 정기적인 공동체 검토 시간도 지도자 임명에 포함되어야 한다.

공동체는 어떻게 거리를 좁히고 종종 세상의 리더십을 특징짓는 소외감을 막을 수 있을까? "완전한 사랑은 두려움을 내쫓습니다." 지도자에 대한 우리의 두려움은 매일의 사랑과 상호 봉사를 통해 그룹의 특별한 책임을 지고 있는 사람들과 가까워지는 친밀한 공동생활을 통해 어느 정도 완화될 수 있다. 우리는 또한 우리 각자가 다른 사람들이 그들의 역할을 어떻게 하고 있는지에 대해 초조해 하기보다는 공동의 이익을 위해 우리의 역할을 잘 하는 것에 대부분의 에너지를 집중할 때 공동체 생활이 더 나아진다는 것을 배우게 된다. 그레그가 모든 공동체 구성원들과 개인적으로 만나면서 전체 공동체 지도자로서의 3년 임기를 시작했을 때, 처음부터 각자의 우려가 잘 들리게 된 새로운 전통이 레바에서 시작되었다.

공동체 회의 전에 과제를 마치라

사명 선언문이나 리더십 구조의 변화와 같이 공동체에 큰 영향을 미치는 제안은 여러 번의 회의를 거쳐야 하며 어쩌면 주말 피정을 해야 할 수도 있다. 첫 번째 회의에서 리더십 팀은 문제를 설명하고 설명에 대한 질문과 제안에 대한 개선을 요청한다. 의제 추진보다는 공감대 형성 과정에서 종의 역할을 수용하고 회의를 이끌어갈 사람을 찾는 것이 중요하다. 외부 조력자가 때때로 도움이 될 수 있다. 어떤 사람들은 훨씬 더 많은 정보와 참여를 원하는 반면, 다른 사람들은 그 과정을 신뢰하거나 더 시급한 우려를 가질 수도 있다. 추가 정보 공유 회의 및 작업 회의는 사람들이 원하는 만큼 깊이 있는 주제를 추구할 수 있도록 공동체 회의 외부에서 마련할 수 있다. 공통된 방향이 떠오르는 것 같으면 공동체 리더가 제안이 확정되기를 바라는 날짜를 정하는 것이 도움이 된다. 이것은 기도와 성찰의 시간이며 회의 전에 리더십 팀과 이야기할 의사가 있는 사람은 누구나 마지막으로 요청해야 한다. 일치가 이루어지면 멈추고 축하하며 하나님과 공동의 이익을 위해 수고한 사람들에게 감사를 드리는 것이 중요하다.

서로와 성령에게 귀를 기울이라

제안에 대해 말하고 싶어 하는 모든 사람의 의견을 듣고 최상의 아이디어로 함께 받아드릴 수 있을 때까지 제안을 구체화한 다음 잠시 침묵을 갖고 성령의 음성에 귀를 기울이는 것은 훌륭한 영적 훈련이다.

나는 뉴 크리에이션 펠로우십에서 우리가 더 큰 모임이 되어 더 많은 사람들이 삶을 공유할 수 있는 우리 동네의 집을 사는 것에 대해 토론하던 때를 기억한다. 성령이 우리에게 기다리라고 하신다고 느낀 한 사람을 제외한 우리모두는 그것을 사기로 동의했다. 하지만 우리는 더 이상 합의하지 않고 기다렸다. 몇 주 후 한 무리의 의사들이 공동체에 다가와서 만약 우리가 그들이 병원을 지을 예정인 곳으로 이사만 해준다면 우리에게 큰 집을 주고 싶다고 말했다. 반년 후 "프리 하우스"는 우리 동네의 새로운 토대 위에 지리를 잡았다. 지하실에는 모든 공동체와 손님을 수용할 수 있을 만큼 충분히 큰 예배모임과 식사를 위한 공간이 있었다. 우리는 신실한 경청과 기도 없이는 결코 합의를 막아서는 안 된다. 그러나 때로는 한 사람이 다른 모든 사람들보다 주님의 말씀을 더 잘 들었고, 그렇게 이루어진 합의는 지금까지도 축복이다.

경청하는 것은 내 마음과 양심을 외면하는 것이 아니라 다른 사람의 경험과 지혜를 나 자신의 말처럼 진지하게 받아들이는 상호 복종의 행위이다. 이런 식으로 아무도 옆으로 밀려나 소외되지 않고, 우리 각자는 이제 우리 모두를 감동시키는 관심과 희망에 참여하게 된다. 우리는 서로를 설득할 필요가 없다. 자유로운 개인들을 온전히 참여시켜 목적과 사랑의 일치로 옮기는 것이 성령의 일이다.

일치의 열매를 인식하는 법을 배우라

성령이 주도하는 합의의 과정은 때때로 조금 더 오래 걸릴 수 있지만, 이행은 훨씬 빠르고 결정은 영속성 있는 방식으로 일치한다. 우리 자신들이 반복해서 그런 경험을 하지 않는다면, 초기 예루살렘 교회의 오천 명의 성도가

"한 마음과 한 뜻"이 되었다는 사실을 믿기 어려울 것이다. 그러나 우리가 반복해서 그런 경험을 했다면, 그것은 우리들 가운데 이루어지는 하나님의 임재와 역사의 대사건으로 두드러지는 그런 모임들을 더 기대하게 만든다.

제15장

작업 일정 잡기 및 직업의 유혹

새로운 공동체는 종종 상충되는 작업 일정과 전문적인 경력을 개발해야 한다는 요구로 인해 분열된다. 이 분열적인 힘의 작용과 그 회복을 관찰하는 한 가지 방법은 두 곳의 다른 가정에서 아침 식사를 하는 것이다.

가정 A: 오전 6시에 제프는 이미 직장에 가서 베이글 가게를 열었는데, 이 것은 한 달간의 노력 끝에 찾을 수 있었던 유일한 일이었다. 6시 30분에 쉐리는 사람들을 위해 커피포트를 올려놓고, 도시락을 싸고 도시를 가로질러 출근하기 위해 커피를 보온병 담아 그것을 문 밖으로 가져간다. 쉐리는 최근에 취득한 사회 복지학 석사 졸업장으로 자신을 증명하고 사회사업 경력에 대해 인증을 받을 수 있기를 열망하고 있다. 7시에 헨리와 몰리 부부가 계단을 내려와 함께 아침을 만들고 기도하고 식사를 한다. 헨리는 교구 학교에서 가르치는 긴 하루 동안 책들을 수집하고, 보통 저녁에는 시험지 채점을 한다. 헨리는 몰리에게 키스한 후에 그녀가 제공한 점심을 들고 문밖으로 나가고, 몰리는 잠시 후 병원에서 접수원으로 일하기 위해 떠난다. 몰리는 임신 중인데 아기가 태어나면 일정과 재정을 어떻게 맞추어나갈지 걱정하고 있다. 정책 연구 대학원생인 칼은 어젯밤 늦게까지 논문 작업을 했고 이제 커피 한 잔을 들고 몽롱한 정신을 차려보려고 한다. 실업자인 조나단은 9시 30분까지 잠을 자고 우울하게 일어나 새로운 일자리를 찾기 위해 웹을 검색한다. 가정

A에서는 아침으로 시리얼을 먹는다.

공동체 회원들은 일주일에 세 번 저녁을 함께 먹고, 이웃과 친구들을 위해 금요일 밤에는 포틀럭 파티를 열기로 하였다. 그러나 이러한 최소한의 공동 생활조차도 업무 요구와 잦은 일정 변경 때문에 유지하기가 어렵다. 공동생활을 위해 공동주택에 입주한 탓에 공동체가 답답해하고 있지만 실질적으로 서로를 돕고 이웃으로서 서로를 알아갈 시간은 거의 없다.

가정 B: 6시 30분에 거스는 가정을 위해 반숙 달걀과 건포도 오트밀을 만들고 있다. 척은 전날 밤에 이미 식탁을 준비했다. 조셉은 근육이영양증을 앓고 있는 밥이 샤워를 하고 7시 아침식사 시간에 맞춰 휠체어에 앉는 것을 도와주는 데 한 시간이 걸렸다. 이 가정은 외부에 직업을 가진 모든 사람들이 참석할 수 있도록 아침 일찍 식사를 한다. 열두 명의 사람들이 인사말을 전하며 테이블 주위에 모인다. 페기는 공동기도에서 이번 주 읽기를 인도한다. 평범한 급진주의자들을 위한 전례. "타인을 위한 기도"라고 표시된 전례의 지점에서 가족 구성원들은 그들이 올린 감사와 염려에 따라 서로의 일과 사역, 세상을 위해 기도한다. 식사를 하면서, 한 번에 한 사람씩 말을 해서, 모든 사람들이 하나의 대화를 들을 수 있도록 하고, 종종 공동으로 읽은 책 이야기를 나눈다. 아침 식사가 끝나면 각자 접시나 남은 음식을 부엌으로 가져다 놓는다. 그들은 누가 설거지를 하고 있는지 보기 위해 가사 관리자인 차씨가 작성한 일정표를 확인한다. 외부 직업을 가진 사람들은 물건을 챙겨 문으로 이동하여 그날의 축복을 받은 후 떠나고, 모든 사람이 동일한 한 성인의 이야기와 성서의 말씀을 읽고 만남을 준비한다.

이 두 공동체 사이에 어떤 차이점이 있다고 보는가? 그리고 어떻게 이런 차이가 생겼을까?A형 공동체를 방문했을 때, 나는 그들이 자신의 경력에 대한 기대치, 학자금 부채, 화폐 경제의 요구에 갇혀 있다고 느낀다는 것을 알 수 있었다. 많은 사람들이 서로에게 봉사하는 역할에서 의미를 찾고, 일, 기도, 그리스도교 공동체 봉사가 각각 삶의 리듬을 찾게 해주는, 보다 통합된 삶을 유지하는 B 유형의 공동체가 되기를 원할 것이다. 하지만 그들은 어떻게 "문 앞의 이리"마 10:16 참조를 길들이고 그들이 공동의 이익을 위해 봉사하도록 만들 수 있었을까? 복음서가 맘몬이라고 부르는 화폐 경제는 외부적으로는 제도 속에서의 경제적 생존에 대한 압력을 통해, 내부적으로는 우리가 흡수하고 그에 따라 살아가는 개인주의적이고 물질적인 가치를 통해 우리 중 너무도 많은 이들을 사로잡고 있다. 물론 한 그룹이 A에서 B로 한 걸음에 갈 수 있는 방법은 없지만 인내와 분별력을 가지고 이번 장에서 탐구하고 싶은 길이 있다.

대부분의 그리스도인의 의도적인 공동체들은 화폐 경제에 대한 의존을 최소화하고, 식사, 기도 시간, 공동체 회의, 이웃을 섬기는 일 및 기타 그들의 사명의 표현들에 대한 공동체 일정을 자유롭게 설정할 수 있는 공동의 작업 또는 사역을 가질 수 있기기를 원한다. 그러나 공동의 일은 일반적으로 공동의 훈련과 많은 자본이 투자되어야 한다. 공동 사역은 확장된 공동체에 포함된 후원자들의 부터 돈을 모으는 것을 의미한다. "공동의 일과 사역의 발전"은 25장의 주제이다. 한편, 대부분의 공동체 구성원들은 "세상에 있으나 세상에 속하지 않은" 혼합된 경제 속에서 일자리를 찾고 일해야 한다.

좋은 일 – 그것은 어떻게 보이는가?

공동체를 방문할 때, 우리는 종종 "좋은 일은 어떻게 보이는가? 그리고 일자리를 구할 때, 어떤 지침을 따라야 하는가?"라는 질문에 대해 토론한다. 여기에 몇 가지 답변과 내가 선택한 몇 가지 이야기가 있다.

좋은 일은 하나님의 형상으로 만들어진 공동 창조자로서 우리의 은사를

사용하고 발전시킨다.

성서 이야기 초반에서 우리는 "주 하나님이 사람을 데려다가 에덴동산에 두시고, 그 곳을 맡아서 돌보게 하셨다."창 2:15라는 말씀을 읽는다. 우리 안에 있는 어떤 것이 동산에서의 자유를 기억하고 그때의 온전함을 회복하기를 갈망한다. 즉, 인간은 자유롭게 탐험하고, 함께 일하고, "보시기에 참 좋았다."라고 인정하신 하나님의 창조를 기뻐한다. 실업자라면 누구나 말하듯이 일은 축복이다. 그것은 우리가 생존하는 것을 도울 뿐만 아니라, 우리의 능력을 확장시키는 동시에 우리가 노동에 의해 충족되는 다른 사람들과 우리를 연결함으로써 우리의 존재에 존엄성과 의미를 부여한다.

나는 하절기 노동자들이 플라우 크릭 농장에서 일하며 검게 그을린 건강해진 몸과 진짜 음식을 기르고 수확하는 것에 대해 말하며 눈을 반짝이며 자신들의 도시에 있는 공동체로 돌아오는 것을 보았다. 그들은 그렇게 한 것을 기쁘게 생각하지만, 또한 오랜 시간의 수고로 인해 대부분의 사람들은 자신이 농부가 되도록 부름 받지 않았다는 결론을 내리게 된다.

일은 좋은 것이지만, 세상의 많은 사람들이 그렇듯이 생존을 위한 고군분투는 죽음을 향한 길고도 끈질긴 행진처럼 느껴질 수 있다. "이제, 땅이 너 때문에 저주를 받을 것이다. 너는, 죽는 날까지 수고를 하여야만, 땅에서 나는 것을 먹을 수 있을 것이다. … 너는 흙에서 나왔으니, 흙으로 돌아갈 것이다. …"창 3:17-19 죄는 다수의 빈곤 문제를 해결하기보다 소수의 부를 추출하도록 조직함으로써 우리의 글로벌 경제 시스템을 타락시켰다. 무한한 기대라는 이 지속 불가능한 경제는 창조물을 약탈하고 오염시켰고 다음 세대를 위한 산더미 같은 빚을 쌓았다.

나는 캔자스에서의 공동체 초기에 이상주의만으로는 집세를 해결할 수 없었기 때문에 레저용 차량 공장에 나가 일하면서 집중해서 테이블 톱에 합판을 밀어 넣고, 설치된 것을 본 적이 없는 캠핑객들을 위한 문을 조립해야 했던 경험을 기억한다. 역사학 석사였음에도 불구하고 4개월 동안 나는 한 번도 만난 적이 없는 상사들과 함께 더 큰 기계에서 소외된 톱니바퀴 역할을 해야 했다. 주급 외에도, 이 직업에서 내가 얻은 주요 혜택은 노동자 계급의 억압에 대한 매우 개인적인 경험과 그 해법의 목록이었다. 그것은 내가 상사나 고용주가 된다면 절대 하지 말아야 할 일이었다. 나는 노동자들이 그들의 고통을 완화시켜주는 주말의 기분 전환을 가능하게 해주는 것들을 살 수 있는 돈을 벌기 위해, 일주일 내내 그들이 끔찍하게 생각하는 일들을 하며 땀 흘리는 것을 보았다. 노동은 정말 저주 아래 있다.

　그러나 그것은 마지막 단어가 아니다. 사도 바울은 "피조물은 하나님의 자녀들이 나타나기를 간절히 기다리고 있습니다. 그것은 곧 피조물도 썩어짐의 종살이에서 해방되어서, 하나님의 자녀가 누릴 영광된 자유를 얻으리라는 것입니다."라고 적었다. 롬 8:19~22 우리가 하나님에 의해 구속됨으로써 우리는 또한 피조물의 구속, 지역 경제 및 우리의 일에 하나님과 함께 참여하게 된다. 톱으로 합판을 밀어 넣는 일을 하던 몇 달 후, 나는 피해자-범죄자 화해 프로그램을 옹호하고 교도소 방문을 위한 자원봉사자를 모집하는 더 나은 일을 찾았다. 나는 이 유형이 젊은 공동체 구성원들의 삶에서 자주 반복되는 것을 본다. 중요한 삶에 대한 배움이 있는 일련의 어려운 직업들은 결국 어떤 식으로든 하나님 나라가 어떤 나라인지를 세상에 드러내는 그들의 재능과 소명에 더 부합되는 일로 이어진다.

　우리가 좋은 일의 원칙을 찾을 때, 다음 세 가지 성서가 주는 진리의 통찰들을 계속해서 발견하게 될 것이다. 일은 축복이다. 일은 저주다. 그리고 하나님은 만물을 구속하고 새롭게 하기 위해 우리와 함께 일하고 계신다.

좋은 일은 실제적이고 기본적인 필요를 충족시킨다.

나는 그의 아내 줄리사와 함께 자신들의 소명이 공동체에서 환대를 제공하는 것이라는 것을 알고 있는 캘리포니아 치코 출신의 젊고 불행한 사회복지사인 제이슨 윈튼과 이야기를 나눴던 것을 기억한다. 그의 직업은 가계를 부양하기에 충분한 수입을 제공하지만 자신이 그 일을 더 오래 할 수 있을지 의심하고 있다. 그의 상담 기관의 자금을 댄 기관이 그들에게 가장 필요한 사람들과 시간을 보내기보다는 가장 많은 돈을 낼 수 있는 고객과만 만나도록 강요하기 때문이다. 제이슨은 진정한 도움이 필요한 사람들에게 다가가기 위해서 사회사업에 뛰어들었기 때문에 부패한 시스템에 봉사하는 것을 한탄했다.

샌프란시스코의 소저너스교회에서 온 팀 오토는 반 일급half-time 가정 의료 간호사이자 공동체 지도자이다. 2011년 봄 콘스파이어지 기사에서 오토는 대안적인 공동체의 급진적인 제자들에게 요구되는 직업 경력을 피하고 대신 그들이 실제 인간의 필요에 더 봉사할 가능성이 높고, 사역을 위해 필요한 시간적 여유를 가질 수 있게 해주는 시간제로 일할 수 있는 직업에 종사할 것을 권한다. 오토는 천막을 만드는 노동으로 교회 개척을 지원했던 사도 바울처럼 "돈을 위해 일하고 대가 없이 교회를 섬기라"고 조언한다.

좋은 일은 일상적이고 주간적인 공동체 리듬의 일부이다.

이것이 하나님께서 창조 때에 명하신 안식일의 지혜이며, 전통적인 수도원 공동체가 수세기에 걸쳐 배양해왔고, 이 장의 앞부분에서 읽은 가정 B와 같은 신수도원주의 그룹을 축복하는 통찰이다. 인간은 그들의 정신이 집중과 묵상, 참여와 후퇴를 위한 시간을 가질 때 완전히 살아난다. 그런 기반 위에서 사람들은 이미 영원한 삶에 참여하면서, 소진되지 않는 이 세상에서의 평생의 희생적 섬김에 도달할 수 있다.

좋은 일은 잉여를 낳는다.

더그 셀프는 우리 공동체에서 가장 높은 수입을 올리는 레바의 재능 있는 컴퓨터 프로그래머이다. 그러나 그는 예수의 제자이기 때문에 집 근처에서 할 수 있는 일만을 하고 우리 공동체의 공동 지갑에 온전히 참여하고 있다. 그는 사역을 위해 자신의 은사를 표현할 수 있는 다른 사람들을 기꺼이 지원한다. 공동체의 지원을 통해, 그는 개인적인 부, 생활 방식, 그리고 그의 직업 동료들을 유혹하는 경력 이동에 대해 거절하는 법을 배웠다. 대신에 그는 잉여를 창출하는 좋은 일을 하여 가족, 공동체 및 전 세계의 도움이 필요한 사람들을 관대하게 지원할 수 있다.

좋은 일은 건강하고 사랑이 넘치는 영적 환경에서 이루어진다.

그런 환경에서 우리는 하나님 나라의 좋은 소식에 대한 증인으로서 우리의 진짜 자아를 표현하는 관계를 구축할 수 있다. 공동체 소유의 기업이나 사업에서는 이런 종류의 환경을 유지하기가 더 쉽지만 시장 경제에서는 때때로 창의성이 가능하다.

수년간 아내 조앤은 노스웨스턴 대학 도서관의 한 분야에서 보조원들의 관리자로 일했다. 이 보조원들 중 다수는 외로운 외국인 학생들이었는데, 그들의 고민을 들어주고 그들을 공동체의 친구들의 모임에 함께 하도록 초대하는 "엄마 같은 사람"을 발견하고 기뻐했다. 이라크에서든, 콩고에서든, 전쟁으로 폐허가 된 레바논에서든 "우리는 당신과 당신의 가족을 위해 기도하겠습니다."라고 말하는 것이 자연스러워졌다. 우리는 이러한 직장에서의 연결 덕분에 다른 사람들과 공유할 수 있는 공동체 생활을 했다.

좋은 일은 부서진 세상을 고치는 일에 하나님과 함께 참여함으로써 사회 정의와 생태적 회복을 촉진한다.

모든 사람이 꿈에 그리던 일을 할 수 있는 것은 아니지만, 몇 년 후 미주리 주 캔자스시티 오크 파크 공동체의 바비 라이트는 생존 형 임금 노동과 정원 가꾸기 사업을 통해 광대하고 오래된 교회 주차장에서 화단 농업의 생존 가능성을 테스트하기 위한 보조금을 받았다. 이러한 의미 있고 창의적이며 희망적인 일은 몇 년 동안의 평범한 임금 노동, 단순한 생활, 진지한 최첨단 학습에 대한 투자 후에 종종 발생한다. 인내와 소명감은 몇 년 동안 함께 뭉친 사람들에 대해 대부분의 공동체가 말할 수 있는 하나님 나라의 약진에 선행한다.

좋은 일은 공동체의 지도와 분별력으로 선택된다.

마이카 워터스는 캔자스시티 북부 지역의 노숙자들을 위한 우정, 환대, 옹호의 사역을 하는 가톨릭 일꾼 공동체인 셰리스 브룩의 회원이다. 워터스는 "우리 모두는 여기 셰리스 브룩에서 다음 해의 서약을 위한 우리의 소명을 분별 중에 있습니다. 작년에 우리는 각자 스스로 결정을 내리고 그것을 공동체에 제시했습니다. 올해 우리는 공동체와 대화 속에서 각자의 일과 소명을 진정으로 분별하기를 희망하고 있습니다. 저희에게 어떤 말씀이라도 조언해 주실 수 있다면 대단히 감사하겠습니다."라고 썼다.

나는 공동 지갑을 통해 수입과 지출을 공유하기로 선택했기 때문에 셰리스 브룩에서 이러한 공동체의 심화가 가능해 졌다는 것을 안다. 공동 지갑이라는 공유 재정을 통해 공동체는 개인에게 다음과 같이 말할 수 있다. "우리는 당신이 이렇게 긴 통근으로 자신을 억압하는 일을 그만두고 공통된 일정에 맞는 집에서 더 가까운 일을 찾을 때까지 하나님과 공동체를 믿어야 한다고 생각합니다." 공동체의 지도와 분별력으로 선택한 일은 공동체의 필요, 개인의 은사, 그 일이 공동체의 사명에 어떻게 참여할 수 있을지를 고려할 수 있다. 이것은 신뢰와 상호 복종을 키우는 과정이다. 개인이 업무 결정을 제출할 때, 공동체도 공동체의 사명에 대한 상호 봉사에서 모두가 성장할 수 있도록 각자의 필요와 은사를 살펴야 한다. 우리가 함께 우리의 일을 분별할 때, 그것은 그리스도의 몸과 세상에서 그분의 사명을 표현하는 공동의 일이 된다.

좋은 일은 왜곡된 옛 세상에 침투한 하나님의 새로운 경제를 구현하라는 우리의 부르심을 표현한다.

『새벽으로 가는 길』에서, 헨리 나우엔은 학계를 떠나 라르쉬 공동체의 일원이 되라는 요청과 씨름하고 있는데, 이는 이 일기가 보여주는 연말까지 그가 취한 조치이다. 나우웬은 몇 년 동안 공동체에서 생활하고 봉사해 온 보조원들의 눈을 뜨게 하는 놀라운 서약 의식을 묘사한다. 그들은 새로운 서약이나 약속을 하는 것이 아니라, 시간이 지남에 따라 정신적, 정서적 장애를 가진 핵심 공동체 구성원들과 유대감을 갖게 되었고, 이것을 그들의 삶에 있는 하나님의 일로 받아들인다는 그들의 발견에 대한 공개적인 진술을 하고 있다.

> 예수님과 가난한 사람들과의 서약을 발표하는 남녀들을 보면서 예수님의 이런 하향으로 향하는 길이 얼마나 현실적인지, 그리고 내가 이 길을 간다면 나 혼자서가 아니라 '예수님의 몸'의 지체로서 가는 것임을 알게 되었다. 나는 개인의 영웅주의와 공동체의 복종 사이의 차이를 그렇게 직접적으로 경험한 적이 거의 없었다. 가난해지는 것을 내가 반드

시 성취해야 할 일이라고 생각할 때마다 나는 우울해진다. 그러나 형제 자매들이 예수님께 순종하여 자신들과 함께 이 길로 가자고 나를 부르고 있다는 것을 깨닫는 순간 나는 희망과 기쁨으로 가득 차게 된다.

우리 사회의 많은 사람들은 "더 많은" 것을 가진 사람들이 그들의 삶의 의미와 목적을 찾았다는 '매디슨 가살기 좋은 도시 1위인'의 비전에 이끌려 상승하는 삶의 수준을 유지하기 위해 더 열심히 그리고 더 오래 일하라는 소명으로서의 직업에 대한 왜곡된 생각에 도달했다. 거의 모든 부가 상위 계층에게 흘러가는 우리의 왜곡된 경제에서, "더 많은"이라는 소명은 "내려가고 있는 에스컬레이터"를 미친 듯이 올라가는 것과 같다. 우리가 이 장의 이야기에서 보았듯이, 우리의 욕구를 줄이고, 우리의 기본적인 욕구를 충족시키는 것에서 만족감을 찾고, 헨리 나우웬과 같은 다른 사람들과 협력하여 망가진 세상을 새롭게 만드는 살아있는 비유가 됨으로써 거꾸로 가고 있는 에스컬레이터에서 벗어날 수 있는 방법이 있다.

모든 세대에서 성령은 그리스도인들을 부르셔서 그들의 직업이 예수의 제자도가 되도록 부르신다. 이 실제적인 방법으로 우리는 우리의 생존을 위해 하나님과 제자 공동체를 신뢰하면서 믿음의 길을 걸을 수 있다. 이것은 우리가 "이 모든 [좋은 일을 포함한] 것들이 우리에게도 주어질 것"을 믿고 "먼저 그의 나라와 그의 의를 구하라"마 6:33고 부르시는 예수님께 우리의 삶을 드릴 수 있는 자유를 준다.

제16장

공동체들 간의 연결 만들기

의도적인 그리스도인 공동체는 그리스도교 자체 내에서 반문화적일 정도로 급진적인 복음의 비전에 사로잡혀 있다. 그들은 그들이 도망쳤던 "이집트"로 다시 동화될 것을 권하는 사람들의 권위를 받아들이지 않는다. 그러나 우리는 또한 진리로 가득 차서 다른 사람을 필요로 하지 않는 어떤 그룹이나 단체도 경계해야 한다. "홀로 존재하려는" 공동체는 실패할 가능성이 높은 반면, 함께 연결된 공동체는 성숙함에 이를 때까지 성장을 지속할 가능성을 크게 높인다.

초기 그리스도교 운동은 성령의 힘에 의해 추진되었고 논란이 많았으며 앞으로 보게 되겠지만 지중해 전역에서 새로 생겨난 공동체들 사이에는 긴밀한 네트워크가 형성되었다. 친구와 동역자들의 이 중요한 협력을 맛보기 위해 이 책에서 잠시 벗어나 로마 교회에 보낸 바울의 편지의 마지막 장을 읽어보기를 권한다.

로마서 16장에 있는 바울의 많은 인사말들을 통해 우리는 로마 시에 있는 가족, 가정 교회, 선교 동역자들을 빠르게 둘러볼 수 있다. 바울은 적어도 29명의 친구들, 친척들, 직장 동료들, 지인들에게 인사한다. 더욱이 이 인사말은 복음서에 있는 바울의 동료 여덟 명에 의해 확장된다. 그 중에는 받아쓰기를 하는 서기관이 포함되어 있는데, 그는 성서 안으로 들어와 "이 편지를 받아쓰는 나 더디오도 주님 안에서 여러분에게 문안합니다."라고 덧붙였다.

나는 바울이 아직 방문하지 않은 이 도시에 있는 이렇게 많은 "자매와 형제"들을 알고 있다는 것이 놀랍다. 당시의 그리스도교 공동체들은 확실히 연결되어 있었다!

초기 공동체의 연결은 여러 가지 형태를 취할 수 있으며, 그 중 세 가지 형태를 이번 장에서 살펴볼 것이다. 첫째, 젊은 공동체와 경험이 풍부한 공동체 간의 제휴. 둘째, 동일한 지역의 그룹들 가운데 나타나는 공동체인 비공식 공동체들. 셋째, 그룹 외부에서 관리하는 지도자들의 공동체 위원회가 그것이다.

의도적인 공동체가 서로 연결되는 이유는 개인들이 지역 공동체에 참여하는 이유들이 많고 유사하기 때문이다. 다시 말해 반문화적 소명에 대한 교제와 지원을 위해, 더 큰 웅덩이에서 지혜와 좋은 판단을 길어냄으로써 예수의 제자로서 자라기 위해, 조언과 리더십 개발을 위해, 위기의 시기에 비상사태를 극복하기 위해, 그리고 "하나님의 백성"인 다른 사람들과 친구가 됨으로써 활력을 얻으려는 것이다. 동시에, 이러한 연결 관계를 구하는 것은 보통 신중한 구애처럼 시작되며, 더 깊은 협력을 하기 전에 먼저 작은 일들로 신뢰를 쌓는다.

우리는 먼저 그러한 공동체와 공동체의 연결을 탐구하는 대화로 시작해 보자. 이와 같은 것을 시작하는 새로운 공동체와 경험이 풍부한 공동체 간의 파트너십을 상상해 보자.

데이비드: 안녕 트리샤. 나는 우리 전화로 당신의 메시지를 들었고 당신의 공동체에 대해 더 많이 알고 싶습니다. 당신은 어떻게 레바에 연락할 생각을 하게 되었나요?

트리샤: 당신의 이름은 셰인한테 들었습니다. 우리는 그에게 우리 공

동체에 가족을 데려오는 것에 대한 조언을 요청했고, 그는 레바가 멀지 않고 우리와 같은 새로운 그룹을 목회하는데 도움을 줄 수 있을 것이라고 말했습니다.

당신의 공동체에 대해 더 자세히 이야기하고 왜 더 많은 연결고리를 찾고 있는지 말해주십시오.

T: 저희는 시카고의 험볼트 공원 근처에 있는 3개의 아파트에 13명이 살고 있습니다. 우리는 지난여름에 약간의 재편성이 있었습니다. 우리는 좋은 일을 많이 해왔지만 그들이 더 잘 "함께"하기를 바랍니다. 우리는 공동체의 목표와 목적에 집중하고 기도하는 시간을 갖기 위해 열린 공동체 식사를 중단하고 대부분의 외부 활동을 중단하기로 결정했습니다. 우리는 외부의 지혜가 필요하다고 느낍니다. 전에는 매주 집에서 집회를 가졌지만 지금은 사역을 하지 않고 월요일 밤에만 기도하고 있습니다. 우리는 여전히 우리 동네에서 무료 식품 유통 프로젝트인 "폭탄이 아니라 음식을Food Not Bombs" 계속하기 위해 노력하고 있습니다.

D: 당신의 집은 어떻습니까? 누가 그곳에 삽니까?

T: 우리 가족은 남편과 10대 아들 두 명입니다. 약 4개월 전에 그곳으로 초대되었습니다. 우리는 아주 작은 아이들을 가진 또 다른 가족이 있습니다. 나머지는 20대 중반에서 30대 초반의 독신자들입니다. 우리 중 세 명은 2년 반 전인 처음부터 여기에 있었습니다. 우리는 사회 정의를 실천하고 예술가인 사회복지사들입니다. 우리는 내가 다니던 교회 모임을 통해 함께 왔습니다. 친구들은 공동체에 대해 이야기하기 위해 친구들을 초대했습니다. 약 1년 후에 우리는 장소를 찾았습니다. 우리는 그것에 대해 기도하며 그냥 만나기 시작

했습니다. 이야기할 것이 다 떨어졌을 때 우리는 누구든지 초대하는 공동체 저녁 식사를 시작했고 그룹이 형성되기 시작했습니다. 우리는 인도하심을 느꼈던 대로 성서 공부와 사회 정의에 초점을 맞췄습니다.

D: 당신의 삶에서 공유하는 교제의 영역으로는 어떤 것이 있나요? 공통점은 무엇인가요?

T: 우리는 지속 가능성과 창의성을 위해 음식, 공동의 식사, 집세 지불, 가끔 하는 아침 기도, 이웃에 대한 헌신을 공유합니다. 우리는 공동체 정원을 가꾸는 그룹이 있고, 다른 사람들은 함께 사업을 시작했습니다.

D: 여러분들은 서약을 합니까?

T: 주기적으로 우리는 "우리가 누구인가?"에 대해 이야기했지만, 그것을 문서화 한 적은 없습니다. 우리의 일상생활에서 그것이 적절하다고 느끼지 못했습니다.

D: 자신이 틀에 갇히는 것에 대한 거부감이 있기 때문인가요, 아니면 다른 이유가 있나요?

T: 특히 장기적으로 생각할 때 예전보다 더 많은 필요성이 있다고 생각하지만, 서약을 완성하는 것이 매일 시급한 것은 아닙니다.

D: 목사님들이나 다른 공동체들과 같은 여러분들의 삶을 들여다보는 외부 사람들이 있나요?

T: 우리는 에큐메니컬하고, 다른 교회에 다니기 때문에 우리가 이사할 때 모든 목사님들이 우리 집을 축복하기 위해 함께 와주었습니다. 한 목사님은 우리를 도울 수 있을 것이라고 말했지만 그 이후로 실제로 여기에 오지는 않았습니다. 그것이 우리가 당신에게 전화를

건 이유입니다. 우리는 이번에 레바 공동체가 우리를 도울 수 있을 지 궁금합니다.

D: 여러분들에 대해 더 잘 알기 위해 방문하고 싶습니다. 공동체가 지도와 상호 지원을 위한 연결을 만들 때 "디엔에이를 공유하는 것 "이 중요합니다. 즉, 당신의 소명을 취소하려고 하기보다 진정으로 당신의 소명을 긍정할 수 있는 공동체를 찾아야 합니다. 나는 당신이 말한 목사님이 당신들 모두를 걱정하고 있다고 생각하지만, 당신과 같은 공동체에서 살아본 적이 없어서, 그가 적절한 조언을 해줄 수 있을지 의심스럽습니다. 우리 그룹들은 우리가 어떻게 더 관계를 발전시켜나갈지를 결정하기 전에 서로에 대해 알아가야 합니다.

T: 좋은 말씀입니다. 우리는 외부 권위 아래로 들어가는 것에 대해 확신할 수 없지만 지원과 파트너십의 필요성을 느낍니다.

D: 맞는 말입니다. 내가 먼저 방문을 했다면 어떻게 이런 일이 일어날 수 있겠습니까?

T: 월요일 밤 회의 가운데 한 회의에 참석해 주시면 고맙겠습니다. 다음 주는 괜찮을까요?

2년 전 그 첫 대화 이후 시카고 북부 공동체는 인근에서 교차하는 케지Kedzie와 블루밍데일Bloomingdale의 거리 이름을 합쳐 스스로를 "케징데일Kedzingdale"이라고 이름 지었다.

이제 우리가 나눈 대화를 되돌아보면 동시에 여러 가지 일이 일어나고 있음을 알 수 있다. 그 공동체는 다른 새로운 그룹들처럼 그들이 할 수 있는 것보다 더 많은 좋은 일들을 하려고 노력하면서 지쳤다. 그들은 더 많이 기도하고 장기적인 여정에서 지원 파트너를 찾기 위해 과잉 행동주의에서 한 걸음 물러나기로 한 현명한 선택을 했다. "내가 한다"고 고집하는 아이처럼 그들은 중요한 성장 단계에 있었다. 그러나 동시에 그 아이는 더 많은 것을 배울 수 있는 역할 모델을 찾고 있다.

1970년대 우리 캔자스 공동체인 뉴 크리에이션 펠로우십이 막 길을 찾던 시절을 기억한다. 우리는 레바 플레이스에서 온 버질 보그트와 존 레먼의 방문을 환영했고, 때때로 그들의 배우자들에게도 와달라고 요청했다. 우리는 이러한 연결로부터 엄청난 격려를 받았고 그 대가로 우리는 레바를 방문했다. 더 많은 사람들이 들어갈 수 있도록 침실을 개조하고, 성령의 은사를 분별하고, 오줌을 싸는 아이들, 멤버십을 축하하거나 떠나는 것을 애도하는 것 등, 공동체에서 우리가 직면하는 모든 문제들에 대해 그들은 이미 어려움을 겪었다. 이러한 공동체 방문은 우리를 더 현명하게 만들었고, 우리가 혼자서는 결코 감당할 수 없었던 방식에 대한 자신감을 주었다. 우리의 지도자들은 다른 공동체의 멘토들과 정기적인 전화 상담을 시작했다. 더 경험이 많은 지도자들과 공동체 의제에 대해 이야기함으로써, 우리는 몇 가지 중요한 실수도 피할 수 있었다.

우리는 또한 우리의 현실이 다르기 때문에 우리가 받은 조언 중 일부를 무시했지만, 다른 공동체의 사람들은 그것 때문에 우리를 사랑하고 배려하는 것을 멈추지 않았다. 우리 그룹 내에서 더 많은 지도를 원하는 사람들과 외부 권위에 장악될 것을 우려하는 사람들 사이의 약간의 갈등이 있었지만, 이러한 "함께하는" 방식은 계층 구조 없이 지혜와 자신감을 부여했다. 돌이켜보면, 나는 공동체에 관한 모든 안내서이 책 포함들은 시간이 지남에 따라 신생 그룹과 더 경험이 많은 공동체 사이에 우정을 쌓는 좋은 멘토 관계와 방문 양식만큼 가치가 없다고 결론짓고 싶다.

이제 공동체 육성 프로젝트의 일환으로 역할이 바뀌어 나는 새로운 공동체를 방문하는 역할을 맡게 되었다. 나는 새로운 집단이 지혜를 요청함으로써 공동체 간의 연결을 만드는 것에서 조차도 그들이 가장 자주 원하는 것은 외부에서 온 누군가가 듣고, 좋은 질문을 하고, 하나님과의 독특한 여정을 알게 되고, 잘 진행되고 있는 모든 것을 긍정하는 것이라는 것을 깨달았다. 이러한 신뢰 구축을 시작으로 더 많은 사람들의 방문과 교류가 증가할 것이다. 젊은 공동체들은 일반적으로 환대, 평화 만들기, 게릴라식 정원 가꾸기, 우정 전도, 어린이를 위한 예술 또는 각 구성원의 작품을 통한 도시와의 관계 등, 하나님께서 그들에게 세상을 축복하기 위해 주신 특별한 은사인 그들의 카리스마를 식별하고 확인하는 데 도움을 원한다. 나는 계속해서 묻는다. 공동체가 함께 살면서 충실해야 할 하나님께서 주신 소명은 무엇이며, 이 여정에 동행할 수 있는 파트너의 네트워크는 어디에 있는가?

다른 공동체와 파트너십을 맺거나 그 언약을 실천하기로 한 결정18장, "이야기, 규칙, 헌신의 예식에서 언약 맺기" 참조은 공동체가 자신의 정체성과 미래를 진지하게 받아들이고 있다는 신호이다. 함께한다는 것은 그들이 통과하고 있는 젊은 단계일 뿐만 아니라 핵심 구성원을 위한 이 신성한 소명과 삶의 방식이 장기적이라는 것이다. 이러한 공동생활 단계의 전환은 성장하는 공동체가 성인이 되는 시점인 어린이를 위한 가정을 만들거나 공동체에 의존하여 존재할 수 있는 사람들을 환영하는 것과 종종 일치한다.

영역 네트워크

브라이언 고먼은 HIV에 감염되어 회복 중인 노숙자 남성들을 위한 임시 거처인 코너스톤 공동체의 "공동체 건설자"이다. 그는 또한 워싱턴 DC와 그 주변의 공동체 네트워크의 코디네이터이기도 하다. "우리는 한 달에 한 번

모여서 토론 모임을 열고 서로의 공동체를 위해 기도하는 시간을 가진다. 우리 모임에 있는 대부분의 공동체들은 '매우 새롭거나' '새로운 종류'이며, 그중 일부는 몇 개월에서 4세까지 나이가 다양합니다. 두 번째 해까지 지속되며 머무르는 모든 공동체의 경우 다섯 명이 사라지고 다른 캐릭터로 다른 곳에서 재편성됩니다." 고면이 제안한 것처럼, 지역 공동체 네트워크의 한 가지 가치는 여전히 다른 단계에서 꿈을 꾸고 찾고 있는 그룹을 위해 더 헌신적이고 지속적인 역할 모델을 제공하는 것이다.

이 지역 공동체들의 공동체들은 특별한 행사를 위해 함께 모인다. 각 공동체가 차례로 주최하는 방문과 투어, 공통 관심 주제에 대한 수련회, 더 많은 공동체 경험을 가진 외부 손님으로부터 배우거나, 모든 그룹에 생생한 관심사로 만들어진 책의 출판을 축하하는 일과 같은 것들을 위한 행사들이 그것이다. 고면은 그것을 이렇게 보고했다. "우리는 공동 기도회를 주최하고 공동 기도를 통해 여러 가지를 시작했습니다. 평범한 급진주의자들을 위한 전례는 이 공동체 자원을 다른 공동체와 심지어 이곳의 몇몇 교회들과 공유할 수 있어서 영광이었습니다. 저는 많은 사람들이 포기했던 방식으로 기도하기 위해 비전례주의자들이 떼 지어 나타나는 것을 보고 감격했습니다."

뉴욕시 또한 종종 제이슨 스토르바켄이 조정하는 분기별 모임의 전통을 가진 공동체들의 지역 공동체를 가지고 있다. 스토르바켄은 대학에서 주택 협동조합 운동, 27세 때의 영적 회심, 그리고 그의 평생 동안 이어진, 그리스도인 공동체에 삶을 헌신할 수 있게 해준 씨앗을 길러준 공동생활, 순교, 절대적인 평화주의, 급진적인 그리스도교에 대한 이야기들로 이루어진, 후터라이트 민족인 할아버지와의 긴 대화를 통해 브루클린에 있는 급진적인 생활공동체에 도착했다.

제이슨은 계속해서 말했다. "내가 진지한 믿음에 도달했을 때 나는 이미 의도적인 공동체 속에 포함되어 있었습니다. 보네타와 나는 결혼해서 집을 얻어 그것을 공동체에 개방했습니다. 그곳에는 4층이 있습니다. 사람들이 이사를 와서 그 구역에 다른 아파트들을 얻기 시작했습니다. 우리에게는 브루더호프에서 온 친구들이 있었는데, 그들은 우리가 시작할 때 큰 도움이 되었습니다. [2011년]은 우리의 4번째 해입니다. 사회복지사, 학교 선생님, 대학 교수, 초콜릿 제조업자, 데이케어를 가르치는 이전의 노숙자였던 여성 등 우리는 여러 가지 방법으로 생계를 유지하고 있습니다."

"우리는 매우 활동적인 약 10명의 핵심 집단과 총 24명 정도의 더 큰 집단으로 구성되어 있으며, 하나님과 서로 간의 관계에서 성장하는 방법을 찾으려고 노력하고 있습니다." 가장 최근에, 제이슨은 래디컬 리빙과 뉴욕 시 공동체들의 지역 공동체에서의 그의 사역을 지지하는 메노나이트 교회에 의해 안수를 받았다.

"에미 스타베노는 뉴욕 시 공동체들의 지역 공동체 모임에 대한 비전을 가진 최초의 사람이었습니다."라고 제이슨은 설명했다. "그녀는 나에게 도움을 요청했습니다. 우리는 원탁회의에서 대화를 나누고 기술을 공유했습니다. 우리의 마지막 모임에서 프란치스코회 수도사부터 자비의 수녀회, 가톨릭 일꾼, 그리고 신수도원주의 공동체에서 온 사람들까지 50명의 사람들이 모였습니다. 이 마지막 모임에서 우리는 크리스틴 사인과 내가 함께 쓴 텍스트인 『사랑받는 공동체의 전례』를 사용했습니다. 우리의 모임은 다른 사람들에게 복음을 전하려는 사람이 아무도 없는 그리스도교 일치의 아름다운 증언이었습니다."

캔자스시티와 미니애폴리스와 같은 다른 도시들은 의도적인 공동체들의 공식적인 연합이 덜 이루어지고 있다. 시카고에서 이 네트워크는 분기별로 모이고, 주택 협동조합뿐만 아니라 세속적이거나 종교적인 공동체들 모두를 포함한다. 서로를 찾고 알아가는 즉각적인 이점을 넘어, 이러한 지역 공동체들의 공동체는 공동체들이 짐승의 뱃속세상 속에서 소화되지 않고 매혹적이고 강력한 제국에서 그들의 정체성을 유지하도록 돕는다.

외부 감독을 위한 이사회 구성

주빌리 파트너스난민 정착 및 평화 만들기와 코이노니아 파트너스그리스도교 제자도, 인종 화해 및 지구 돌보기를 포함하여 핵심 사역을 중심으로 구축된 일부 의도적인 그리스도인 공동체는 국세청과 관련하여 면세 서비스 기관으로 501c3 지위를 가지고 있다. 따라서 이사회는 공동체와 그 사역을 감독해야 하며, 이 이사회의 과반수는 공동체 구성원"이해 당사자"이 아닌 외부 출신이어야 한다. 코이노니아 파트너스를 급진적인 제자와 공동체의 뿌리로 되돌리기 위해 헌신하고 있는 브렌 듀베이는 다른 세 개의 의도적인 공동체인 주빌리 파트너스, 오리건 주 유진의 서번트 킹 교회, 그리고 레바 플레이스 펠로우십을 코이노니아 이사회에 회원을 지명하도록 요청함으로써 이러한 법적 필요성을 미덕으로 삼았다.

나는 코이노니아 파트너스와 필라델피아의 심플 웨이 이사회에서 근무할 수 있는 특권을 누렸다. 정상적인 상황에서 1년에 몇 번만 만나는 이사회가 그곳에서 살고 일하는 사람들에게 떨어져 있는 방식으로 공동체 생활과 운영을 '책임질' 수는 없다고 본다. 그러나 재난이 발생하거나 중대한 결정에 직면했을 때, 책임감 있는 친구들의 더 넓은 범위의 지혜는 공동체의 생존과 깊은 위기로부터의 회복에 차이를 만들 수 있다. 모든 공동체에 이사회가 구성되어 있는 것은 아니지만, 이런 경우에 공동체의 일상생활에서 비슷한 경험과 소명에 대한 지혜를 제공하는 다른 사람들이 이사회에 참여하는 것은 큰 도움이 된다. 이것은 내부자의 경험과 함께 외부 관점을 제공한다.

공동체 집단 간의 신뢰가 증가함에 따라, 그들이 환대를 나누고, 함께 휴가를 보내고, 서로를 위해 기도하고, 교제가 잘 이루어지는 것을 보고, 특별한 행사와 회의를 위해 모일 때, 하나님 백성으로서의 부족 간의 유대는 더욱 깊어진다. 제27장, "책임지기—방문 및 공동체 협회"에서 우리는 공동체가 공통된 삶의 규칙으로 협회를 구성하는 보다 공식적인 방법을 탐구할 것이다. 새로운 부족과의 연결, 공유된 정체성, 저항의 역사가 없다면, 이 새로운 세대의 그리스도교 공동체는 지배적인 문화, 전통적인 기독교, 또는 "자기를 숭배하는 세대"의 유아적인 문화에 다시 동화될 것이다. 모든 공동체가 그들이 직면하고 있는 것을 깨닫는 것은 아니다. 그들이 살아남고 번영하기를 원한다면, 그들은 플래너리 오코너가 "진리를 알지니, 진리가 너희를 이상하게 만들 것이다"라고 썼을 때 지적했던 복음의 비순응적 현실과 맞닥뜨리게 될 것이다.

제17장

교회에 다니지 말고 교회가 되라

내가 아는 그 누구보다 공동체로서의 교회의 소명에 대해 더 심오하고 체계적이며 성서적으로 성찰해 온 샌프란시스코 소저너스교회의 영적 지도자인 존 알렉산더의 인터뷰로 이 장을 시작할 수 있기를 바랐다. 이 소원의 문제는 존이 2001년에 백혈병으로 사망했다는 것이다. 그러나 그는 수년 동안 소저너스교회가 주최한 "교회의 본질과 목적" 수련회에서 오랫동안 자세히 읽은 필생의 원고를 남기는 배려를 했다. 그러나 그의 미완성 책인 『교회에 다니지 말고 교회가 되라』는 제목이 이 장의 제목을 제공한다.

내 생각에 존 알렉산더는 예수와 사도인 바울, 베드로, 요한이 정상적인 그리스도인의 삶에서 기대했던 성품의 변화를 가능하게 하는 교회의 형태로서 의도적인 공동체에 대한 가장 강력한 성서적 논거를 한데 모았다. 그의 책은 또한 우리가 교회를 경험하기 위해 차를 타고 다른 곳으로 가야 한다면 그것은 우리의 주요 공동체가 아니라 아마도 다른 무언가가 있을 것이기 때문에 우리가 "가야"만 하는 모든 종류의 교회에 대한 비평이기도 하다. 예수께서 그의 사도들그리고 우리을 보내어 제자를 삼으라고 보내신 그 제자는 어떤 종류의 공동체가 아니라 공동체 안에서만 만들어질 수 있다. 그것은 일상적인 상호작용 속에서 서로를 섬기고 사랑하고 바로잡고 용서하는 삶이어야 할 것이고, 그런 일이 일어나는 곳에서 우리의 진정한 자아는 서로에게 드러날 수밖에 없다. 그것이 우리가 그리스도의 충만하신 경지와 성품에 이르기까지 성장할 수 있는 기회를 가질 수 있는 환경이다.

존 알렉산더의 주장을 요약하자면, 교회는 사람들이 있는 모든 곳에 존재한다.

- 두껍게 중첩되는 삶 속에서 있는 그대로의 모습으로 서로 사랑하라.
- 이 같은 방식으로 예수님의 사랑과 임재를 주고받음으로써 서로에게 성령의 은사들을 발휘하라.
- 대화의 정직함과 관계 속에서의 화해를 추구하는 예수님을 따르는 사람들의 엄청난 다양성을 경험하라.

교회의 주된 사명은 이런 사랑스럽고, 친밀하며, 희생적이고, 다양성과 섬김이 일치의 방식이 되는 그리스도의 몸이 되는 것이다. 그렇다면 봉사활동은 어떤가? 그리스도교 신앙은 다른 사람에게 다가가는 것이 아닌가? 물론 그렇다. 하지만 봉사활동의 주요 형태는 예수님의 사랑으로 사람들을 사랑하는 것이다. 값비싼 제자도의 교제에 그들을 초대하여 예수님이 가르치신 것처럼 서로 사랑하고, 섬기고, 자아에 대해 죽을 수 있는 사람으로 만드는 것이다.

레바 플레이스 펠로우십의 초기 리더인 존 밀러는 『사랑의 길』이라는 소책자에서 우리의 주요 공동체로서의 교회에 대한 이와 동일한 비전을 표현했다. "예수님은 여러 달 동안 가르치시면서 제자들에게 전달하고자 하신 모든 것을 그분이 그들을 사랑하신 것처럼 서로 사랑하라는 새 계명으로 요약하셨습니다. 그분이 자기희생적인 친구의 사랑에 비유하신 이 사랑은 제자들을 통해 세상에 알려지기를 바라신 유일한 표징입니다. 과장 없이 말하면, 예수님의 모든 사명은 자기를 내어주는 방식으로 서로 사랑하려는 사람들이 모이는 이 한 가지에 집중되어 있다고 말할 수 있습니다."

공동체를 방문하면서, 나는 자신들의 존재를 정당화하는 것이 "봉사활동"이라고 믿는 활동가 그룹을 만났다. 사역이 우선일 때, 공동체는 보통 부수적이 된다. 이런 초점으로 인해 서로의 삶은 종종 파편화되고 예수님이 제자들을 불러 살아가게 하신 사랑을 전달하지 못한다. 반면에 예수님의 가르침대로 지나칠 정도로 서로 사랑하는 공동체에는 함께 하는 기쁨이 있어 방문객들이 숨 막히는 문화충격을 받는 경우가 많다. 예수님의 사랑으로 사랑받는 것에 반대하는 주장은 거의 없다. 사도 바울이 이 경험을 기록한 바와 같이, "누구든지 그리스도 안에 있으면, 그는 새로운 피조물입니다. 옛 것은 지나갔습니다. 보십시오, 새 것이 되었습니다!"고후 5:17 방문객들은 예수님의 사랑으로 인해 모든 세상과 그들 자신이 어떻게 새롭게 만들어질 수 있는지에 대한 가시적인 경험을 하게 된다.

존 알렉산더의 교회론교회 신학에 대한 이 확장된 설명을 제공하는 나의 목적은 의도적인 공동체들이 스스로를 교회의 주요 세포로 보도록 장려하는 것이다. 사람들이 서로 사랑하고, 섬기고, 대립하고, 용서하면서 모여 사는 삶은 행동의 심장으로서 교회가 되는 것에 있어 가장 중요한 일이다. 비록 우리가 대부분의 경우 실패하더라도, 이것은 우리가 해야 할 경주이다. 이러한 신약성서의 이해에 따르면 대부분의 의도적인 그리스도인 공동체는 일요일 아침에 가는 장소보다 더 "진짜 교회"이다. 하지만 그들 중 많은 이들이 이것을 모른다.

물론 교회는 여러 수준에 존재한다. 예수님은 "내 이름으로 두세 사람이 모이는 곳에 내가 그들과 함께 있다"마 18:20고 말씀하셨다. 이것은 그리스도의 몸의 세포 수준에 있는 교회이다. 그러나 더 넓은 교회는 또한 회중, 교단, 많은 종류의 파라처치 조직을 포함하고 있으며, 이는 전 세계적인 신자들의 친교로 확장된다. 이 모든 수준은 교회이며 그 자체로 완전한 것은 없다.

그러면 다음과 같은 질문이 발생한다. 의도적인 그리스도인 공동체는 지금의 모습으로 하나님의 사랑을 받고 선택되었지만 종종 세상의 방식에 순응하여 끔찍한 난장판이 되어버린 더 넓은 교회와 어떤 관계를 맺어야 하는가?

가톨릭 일꾼 운동의 공동 창립자인 도로시 데이는 "교회는 창녀일지 모르지만 그녀는 나의 어머니입니다."라고 인정하면서 자신만의 신랄한 방식으로 사물의 핵심을 파고들었다. 이 이미지를 통해 도로시 데이는 군대와 같은 계층을 가진 가톨릭교회가 힘 있고 부유한 사람들과 "동침"하고 있으며, 그렇게 함으로써 가난한 사람들과 함께 당신의 집을 만드신 그녀의 배우자이신 예수님에게 충실하지 않은 방식에 주의를 환기시켰다. 교회를 향한 도로시 데이의 입장은 반역이 아니라 사랑과 슬픔이었다. 그녀의 발언은 "어머니 교회"와의 수십 년간 사랑스럽고 긴장감 넘치는 전복적 복종 관계에 대한 반성이다. 도로시 데이가 매일 미사에 참여하고 급진적 사제들에게 피정을 제공하고, 공동체 모임에서 성사를 말하고 베푸는 것을 환영하는 것은 그녀의 진정한 복종의 표시였다. 동시에 가난한 사람들과 노숙자들과 연대하는 그녀의 공동체, 그녀의 평화주의적 에세이, 평화와 정의를 위한 예언적 증언의 공개적 행위는 신실함이 더 넓은 교회에 어떤 모습이어야 하는 지에 대한 비판과 본보기를 모두 제시했다.

의도적인 그리스도인 공동체와 더 넓은 교회 사이의
파괴적인 복종의 유형

1960년대와 70년대의 공동체 운동에 만연한 반항 정신과는 반대로, 이 세대는 새로운 수도원주의의 다섯 번째 표지와 일치한다. "그리스도의 몸, 교회에 대한 겸손한 복종" 그러나 이 복종은 다양한 형태를 취했고, 각각 고유의 긴장감을 가지고 있으며, 우리는 이번 장의 나머지 부분에서 그것을 살펴볼 것이다. 이러한 긴장들은 모든 예언적인 갱신 운동에 내재되어 있다. 예수님은 "내가 율법이나 예언자들의 말을 폐하러 온 줄로 생각하지 말아라. 폐하러 온 것이 아니라, 완성하러 왔다."마5:17는 말씀으로 복종을 확인했다. 극적인 "거리 극장"을 통해 예수님은 성전의 동물 희생 제도를 정화하고, 그것을 "만민이 기도하는 집"으로 만들려는 아버지의 의도를 전복적으로 시작했다. 그러나 성전 당국이 신성하게 공인된 시민 불복종 행위로 자신을 체포하고 십자가에 못 박을 수 있도록 함으로써 그분의 복종을 보여주셨다. 모든 희생을 끝내는 희생이 됨으로써 예수님은 오래 전에 예언하신 하나님의 새로운 언약을 밝히신다. "나는 희생이 아니라 자비를 원한다."호6장6절과 마태 9장 13절 예수님은 인간의 자유로운 응답을 기다리는 새로운 언약인 하나님의 비폭력적인 정권을 보여주는 극적인 증인인 전복적 복종을 모델로 한다.

의도적인 그리스도인 공동체는 그 구성원이 개인주의적 문화를 따르는 회중의 명목상 구성원으로 관리할 수 있는 것보다 세상에서 제자들과 함께하는 예수님의 삶에 대한 보다 급진적인 공동체적 표현을 지원하도록 설계되었다. 더 훈련된 삶의 시범과 함께 우리 공동체를 더 넓은 교회와 비교하고 그 차이에서 자부심을 가지려는 유혹이 온다. 동시에 공동체주의자들은 교만을 두려워하여 말 아래에 빛을 숨길 수 있다. 관계적인 문제이자 영적인 문제인 이 딜레마에 대한 올바른 구조적 해답은 없다.

우리는 우리가 모든 것에 대해 옳지 않을 수 있음을 알고 교회와 겸손한 대화를 나누면서 우리에게 주어진 진리를 담대하게 살도록때로는 말하도록 부르심을 받았다. 의도적인 그리스도인 공동체는 우리를 다른 누구보다 더 거룩하게 만들지 않는다. 그것은 우리가 스스로 감당할 수 있는 것보다 더 강렬하고 헌신적으로 예수님의 삶을 살 수 있는 방법일 뿐이다. "무릇 많이 받은 자에게는 많이 찾을 것이요"눅 12:48

나는 종종 의도적인 그리스도인 공동체와 더 넓은 교회 사이의 가장 적절한 관계에 대해 숙고했고 하나의 올바른 모델이 없다는 결론에 도달했다. 우리의 맥락과 소명은 역동적이기 때문에 성령이 만들어내는 기회를 거듭 분별할 필요가 있다. 그것들은 신학적으로 추론될 수 있는 영원한 범주가 아니다. 그렇긴 하지만, 우리는 다양한 교회 공동체 경험의 장단점으로부터 여전히 배울 수 있다.

공동체인 교회. 여러 면에서 이것은 신약성서의 서신서들에서 언급된 교회들과 가장 유사한 본보기이다. 이 초기 교회들이 성장한 사회적 본보기는 최소 열 가족이 모일 수 있는 곳이면 어디든 형성될 수 있는 망명자들의 풀뿌리 공동체 기반인 유대인 회당의 경험이었다. 회당은 동시에 예배 센터, 공부하는 곳, 윤리적 문제에 대한 의사 결정을 포함하여 모든 종류의 모임을 위한 중심 장소, 상호 원조의 중심지였다. 유대교 회당은 외부의 어떠한 권위도 받지 않았지만, 빈번한 방문, 순회하는 학자들, 공동의 성서, 그리고 축하의 계절에 행해진 공동의 구원 역사에 의해 그러한 다른 그룹들과 관계적으로 연결되어 있었다. 초기 교회는 바울과 다른 사도들의 가르침을 따라 성령께서 유대인과 이방인의 영적 가족을 만드시는 곳이면 어디서나 이 공동체의 토대 위에 세워졌고 예수님을 따라 일심동체가 되었다.

그들 자신의 교회로서 기능하는 의도적인 공동체는 샌프란시스코의 소저너스교회, 오리건 주 유진과 포틀랜드의 서번트 킹교회, 브루더호프 공동체, 그리고 그들의 생애 첫 수십 년 동안의 레바 플레이스 펠로우십과 플로크릭 펠로우십을 포함한다. 공동체 일정이 다른 교회 기관과 조정될 필요가 없기 때문에 이 배치에는 단순성이 있다. 그러나 새롭게 나타난 공동체가 결과적으로 위기의 시기에 가르침, 침례, 결혼, 목회적 돌봄을 포함해야 하는 교회 생활의 필수 기능들을 감당하기도 어렵다. 최소한 열 가정의 유대교 회당은 건강한 교회생활에 필요한 은사들의 범위로써 현실적이다.

더 큰 회중들 안에 있는 의도적인 공동체. 레바 플레이스와 플라우 크릭 펠로우십에서는, 시간이 지남에 따라 공동의 교회는 친교의 삶에 속하기를 원하지만 부름을 받지 않았거나, 공동 지갑과 공동 가정생활과 관련된 모든 변화와 헌신에 따를 준비가 되어 있지 않다고 느꼈던 다른 사람들을 끌어들였다. 인디애나폴리스의 엥글우드 그리스도교 교회와 같은 다른 회중에서는 헌신적인 공동체 핵심이 더 많은 통근하는 회중의 지역 중심이 되어 자신들만의 모임 패턴과 이웃들을 위한 사역에 그들과 함께 모이게 되었다. 앞에서 읽은 것처럼, 백인 오크우드 공동체는 캔자스 시에 있는 흑인 뉴라이징 선교 침례교회에 자리를 잡고 가능한 한 회중 생활에 참여하도록 초대되었다.

이들과 다른 공동체들에서 나타난 것은 더 큰 회중 내의 선교 질서와 같은 것인데, 전체에 더 공동체적인 성격을 부여했지만 모든 그리스도인들은 공동체적이어야 한다거나 "당신이 우리 공동체 훈련에 합류하지 않으면, 당신은 이 교회의 일부가 될 수 없습니다."라고 주장하는 것과 같은 율법주의를 피해야 한다. 수년에 걸쳐 이 모델이 레바에서 발전함에 따라 회중과 의도적 공동체 모두에 별도의 리더를 임명하고 이러한 리더가 긴밀하고 상호 존중하는 관계를 계속 구축하는 것이 중요하다는 것이 입증되었다.

구성원들이 여러 회중에 참여하는 의도적인 공동체. 매사추세츠주 스프링필드에 있는 느헤미야 공동체에는 다른 교회에 참석하는 4가정과 독신자들이 세 개의 집에 살고 있다. 시카고의 험볼트 공원 인근에 있는 3개 아파트에 거주하는 케징데일 공동체는 회원들이 역사적으로 연결되어 있는 여러 교회에 참석한다. 많은 가톨릭 일꾼과 라르쉬 공동체들에는 종파적으로 편안하게 다양한 교회에 다니는 다양한 자원봉사자들과 핵심 구성원들이 있다. 그러한 배합은 보편적인 증인이 되도록 하지만 교회 경험이 공유되지 않고 교회에 다니는 것이 항상 맞지 않는 일정과 다른 방향으로 잡아당기는 힘을 생성하기 때문에 통합된 공동체 생활을 향한 도전을 야기한다.

그러나 서로 다른 교회에 참여하는 의도적인 공동체의 보편적인 증거는 중요할 수 있다. 스프링필드 느헤미야 공동체에서 공동체 리뷰를 하는 동안 느헤미야 공동체 회원들이 참석하는 교회의 두 목사 그레그와 트레이시를 만났다. 그들은 "우리는 느헤미야 공동체가 세상의 것이 아닌 하나님의 좋은 것으로 그들의 삶을 채우도록 돕는 것을 봅니다. 느헤미야 공동체는 다른 사람들이 의도적인 그리스도인의 삶이 어떤 것인지 볼 수 있도록 우리 교회에 본을 세웁니다. 그들은 우리 회중이 스테로이드를 복용한 것처럼 강력하고 신실한 그리스도인이 될 수 있기를 바라는 사람들입니다! 우리는 느헤미야 하우스에 많은 젊은이들을 벤에 태우고 와서 식사 하고 그리스도교 공동체 생활에 대한 깊은 대화를 나눌 수 있도록 환영을 받았습니다."라고 말했다. 그레그와 트레이시는 또한 "바울과 실라의 관계와 같은" 그들과 느헤미야 공동체의 영적 지도자인 패트릭 머레이와의 관계에 대해 큰 애정을 가지고 이야기했다. 공동체 지도자들 사이의 그러한 연결은 더 넓은 그리스도의 몸 안에서 교회와 공동체 사이의 상호 유익한 협력 관계를 위한 길을 원활하게 한다.

공동체는 더 큰 질서의 일부이다. 수도원 공동체는 공통된 삶의 규칙으로 모든 구성원을 위한 엄격한 형성 기간최대 7년을 특징으로 한다. 분명히, 새로운 베네딕트회, 예수회, 프란치스코회 공동체들은 자발적으로 생겨나는 것이 아니라 수도회의 감독 하에 파견된 노련한 구성원들에 의해 설립된다. 그 수도회들은 가톨릭교회나 다른 교회 구조에 대한 공식적인 책임을 갖는 그들 자신의 통치 기구이다. 전통적인 가톨릭 교단 외에도, 이러한 교회 방식의 다른 예로는 장애를 가진 핵심 구성원들을 중심으로 한 세계적인 라르슈 공동체와 펜실베이니아주 알리키파에 있는 성공회 기념 공동체가 있다.

수도회와 선교회의 강점은 교회에 대한 높은 수준의 봉사와 함께 공동체에서 예수의 산상수훈 가르침을 유지할 수 있는 훈련된 삶이었다. 수도회의 약점은 평범한 그리스도인들에게 기대되지 않는 삶을 위해 교회에서 특별한 소명을 영예롭게 받아들이는 데 있었다. 수도회는 일반적으로 그들의 특별한 소명에서 확인되고, 명예롭게 여겨지고, 재정적인 지원을 받음으로써 덜 헌신적인 교회와 평화를 이루었다.

많은 새로운 수도원 공동체들은 수도원과 선교회로부터 실천을 배우고 채택했다. 새로운 수도원주의의 12가지 표지는 질서 있는 삶의 규칙으로 작용할 가능성이 있지만, 신수도원주의와 동일시하는 공동체는 아직 성숙하지 않았고 그들만의 질서를 구성할 만큼 충분히 모이지 않았다. 관계의 일부 네트워크는 비공식적으로 성장하고 있으며 새로운 수도원 공동체와 이전 수도원주의 사이에 활발한 대화가 진행되고 있으며, 이는 더 넓은 교회에 대한 전복적 복종에서 예언적 공동체가 되는 새로운 방식을 초래할 수 있을 것이다.

5부

젊은 공동체를 위한 성장 과제

제18 장

이야기, 규칙, 헌신의 예식에서 서약 만들기

새로운 공동체가 탄생할 때, 그 구성원들은 그들을 하나로 모아주신 하나님이 주신 비전이 살아있는 것처럼 느껴질 때까지 그들의 비전에 대해 이야기하고, 기도하고, 발버둥 치며 노력했기 때문에 서면으로 된 서약의 필요성을 느끼지 않을 수도 있다. 그들은 습관과 마음으로 알고 있는 약속인 비공식적인 삶의 규칙을 가지고 있다. 그러나 다른 사람들이 공동체에 대한 관심을 표현하면서 "무엇을 하려 하십니까? 어떻게 참여합니까?"라고 물을 때, 그 질문에 명확하고 합의된 응답을 하는 것이 가장 도움이 된다. 그렇다면 공동체의 1세대는 뒤따를 사람들을 위해 그들의 서약을 명확하게 하기 위해 어떻게 해야 하는가?

시작하기에 좋은 곳은 간략한 사명 선언문이다. 이것은 그 자체로 여러 회의의 긴 과정이 될 수 있고 어쩌면 피정의 시간이 될 수도 있다. 그것이 공동체의 소명과 우선순위를 시적인 형태로 표현하는 것을 돕는다면 시간을 잘 보낸 것이다. 공동체에 내규가 필요한 법인인 경우에도 사명 선언문이 유용하다. 레바에서 우리는 우리의 소명을 "사랑과 제자도의 공동체가 되어 하나님이 우리에게 은혜를 베푸시는 것과 같은 다른 공동체를 육성함으로써 예수님의 사명을 확장하는 것"이라고 설명했다. 플라우 크릭 펠로우십은 스스로를 "예수님의 평화를 실천하는 지구촌"이라고 설명한다. 이러한 간결한 진술들은 공동체에 자신들이 누구인지 상기시켜주고 대화를 시작할 수 있을 만큼 충분히 다른 사람들에게 설명해준다.

그러나 그리스도교 공동체의 핵심은 하나님과 공동체와 그 안에 있는 각 구성원들 사이의 언약의 형태를 띤다. 많은 언약이 있는 성서에서 우리는 언약을 맺는 과정의 세 부분, 즉 이야기, 규칙, 헌신의 예식을 분별할 수 있다. 우리는 이 각각의 예를 성서에 입각하고 현대적인 예들을 통해 탐구할 것이다.

이야기

우리가 성서적 언약을 생각할 때, 우리의 마음은 마치 규칙을 알고 지키는 것이 가장 중요한 것처럼 익숙한 십계명으로 뛰어들 수 있다. 하지만, 그 도약은 처음부터 잘못 시작된 것이다. 출애굽기 20장은 계명으로 시작하는 것이 아니라 오히려 율법과 은혜, 율법주의와 감사하는 공동체 사이의 모든 차이를 만드는 생생하고 압축된 이야기로 시작한다. "나는 너희를 이집트 땅 종살이하던 집에서 이끌어 낸 주 너희의 하나님이다."출20:2 여기에서 우리는 하나님께서 그들을 축복하고 세상을 축복하기 위해, 다투는 많은 노예들로부터 자유로운 사람들을 창조하시고 해방시키는 구원으로 역사 속에서 행동하셨다는 것을 떠올리게 된다.

인간으로서 우리는 서로에게 들려주는 이야기에 의해 문화와 성격이 형성된다. 그리고 하나님의 백성으로서 우리는 성서 드라마의 외부가 아니라 성서 드라마에 참여하는 자가 되어 하나님께서 성령의 능력으로 계속해서 써나가시는 이야기에 의해 형성된다.

하나님이 함께 부르시는 각각의 공동체에는 거룩한 목적을 위해 민족을 창조하는 구원에 대한 이야기가 있다. 서약을 만드는 과정을 시작하는 곳은 여러분이 공동체에 머무는 동안 서로에게 이야기하고 하나님의 은혜롭고 해방된 행동의 관점에서 공동체의 이야기를 기록하는 것이다. 이것은 그룹이 현재 현실과 단절된 채 세상을 구원하기 위해 제안하는 장대한 비전보다는 실제 사람들과 하나님의 사랑에 대한 그들의 경험과 감사를 서약의 근거로 삼는다.

서약 맺기에 초점을 맞춘 회의에서 우리 방문 팀은 느헤미야 공동체매사추세츠 스프링필드 회원들에게 하나님의 구원에 대한 그들의 이야기를 들려달라고 요청했다. 알코올 중독, 직업에 대한 우상 숭배, 교회의 권위주의에 대한 경험, 실패하고 학대하는 관계, 가난한 사람들로부터 멀리 떨어진 부유한 은퇴에 대한 꿈, 노숙, 절망 등의 대답이 쏟아져 나왔다. 이 서약을 세우는 이야기는 많은 고립된 '나' 이야기들에서 '우리' 이야기로, 외로움에서 가족으로, 고독한 죽음의 골짜기에서 영적으로 살아있고 하나님의 뜻에 반응하는 사람으로 이동하는 것으로 밝혀졌다. 우리는 하나님이 어떻게 이 매우 가능성 없는 무리의 사람들을 불러 모아 결합시켰는지, 그리고 그 이유를 곰곰이 생각했다. 그것이 우리가 어떤 주말에 도달한 것이었다. 하지만 그 과정은 시작되었다. 열 달 그리고 많은 평범한 일들이 있은 후, 이 공동체는 하나님께서 주신 언약 속에 들어있는 헌신을 축하하고 자신들과 합류할 수 있도록 많은 친구들을 초대했다.

성서에는 시편, 전례, 즉흥 연설, 축하 등 언약을 세우거나 새롭게 하는 하나님의 행동에 대한 이야기를 전하는 많은 방법들이 있다. 그리고 우리가 보게 될 것처럼, 각 세대에 대한 이야기는 고대의 이야기가 그들의 이야기가 되고 우리의 이야기가 되기 위해 개정되어야 한다. 만약 여러분의 공동체가 그 언약을 연구하고 있거나 재작업하고 있다면, 그러한 이야기들이 성서에서 말하는 방식을 검토하는 것이 유용할 수 있다. 부분적인 목록은 다음과 같다.

출애굽기 20:2 이집트와 노예제도로부터의 구원에 관한 가장 짧은 이야기

신명기 6:20-24 약속된 땅의 점유로의 탈출

여호수아 24:2-13 아브라함이 그 땅을 점령함

시편 78편 다윗 왕으로의 출애굽기

시편 105편 이 땅을 점령한 아브라함

시편 135편 8절~12절 땅을 점령하기 위한 출애굽기

시편 136편 토지의 점유에 대한 창조

사도행전 7:2 - 50 아브라함에서 솔로몬까지, 그 시점에서 화자인 스데반은 돌에 맞아 죽었다.

사도행전 10:36절~43절 시대의 끝이신 예수님

사도행전 13:17-41 족장으로부터 예수의 부활까지 시대의 끝

이 이야기들이 진실인 것은 전체적으로 성서의 사실이다. "성서의 이야기는 언약 백성을 형성하기 위한 하나님의 설계에 초점을 맞추고 있습니다,"라고 신약학자 리처드 헤이스는 『신약의 윤리적 비전』에서 쓰고 있다.

그러므로 도덕적 관심의 주요 영역은 개인의 성품이 아니라 교회의 집단적인 순종이다. 이야기, 규칙, 전례에서 서약을 만드는 공동체는 공동의 삶에서 세상에 하나님의 구원의 목적의 표징으로 세워진 대안 질서를 구현하도록 부름을 받는다. 많은 신약성서의 본문들은 이 이미지의 다양한 측면을 표현한다. 교회는 그리스도의 몸, 산돌로 지어진 성전, 산 위에 세워진 동네, 광야의 이스라엘 등이 그것들이다. 신약성서의 윤리적 명령의 일관성은 우리가 그 명령을 교회적 용어로 이해할 때, 즉 "내가 무엇을 해야 할까?"가 아니라 "우리가 무엇을 해야 합니까?"

를 묻는 방식으로 하나님의 뜻을 구할 때 비로소 초점이 맞춰질 것이다.

신약성서는 "내가 어떻게 구원을 받을 수 있습니까?"라는 질문보다는 그리스도의 몸이 될 수 있는 "우리"인 백성으로 우리를 형성하는 것에 더 관심이 있다. 우리가 구원받고, 목적을 찾고, 그리스도처럼 되는 것은 그리스도의 몸 안에서이다.

그런데도 몇몇 공동체들은 "왜 우리는 우리만의 서약이 필요한가?"라고 묻는다. 모든 그리스도인들이 십자가에서 예수의 피로 인 쳐지고 그분을 기억하는 성찬식으로 경축하는 새 언약 아래 있지 않는가? 예수님과 초기 교회의 이야기도 우리 공동체의 기초가 되는 이야기가 아닐까?"

물론 우리는 그리스도인들이 구약의 성취로 이해하는 새 언약 아래 있다. 그리고 이 새 언약은 살아 있는 것이요, 성령께서 우리의 마음에 기록하신 율법이다. 그럼에도 불구하고 성령께서는 계속해서 새 일을 행하시며, 예수를 따르는 모든 사람에게 동일한 새 언약을 "지역적인 언약"으로 확장하신다. 그 언약은 함께 부르심을 받은 각각의 그룹들에게 독특한 이야기와 이 삶의 시기에 그들의 부르심의 독특한 은사 또는 카리스마선물를 가진 신실한 종이 되도록 그들을 부르신 독특한 맥락에 대해 특수성을 가진다.

예를 들어, 우리 모두는 이웃을 사랑하라는 부름을 받았지만, 이웃이 휴스턴의 카사 후안 디에고에서처럼 서류 미비 이민자이거나 노스캐롤라이나주 더럼에 있는 루트바 하우스에서 아프리카계 미국인 동거인과 함께 사는 법을 배우는 듀크 대학교 대학원생이라면, 신실함은 다른 삶의 조직을 요구한다. 레바에서 이것은 "다른 공동체를 양육하는 것"을 의미하는 반면, 플라우크릭 펠로우십에서는 농장이 지친 도시 사람들에게 휴양지를 제공하고 농부들의 시장을 위해 건강식품을 재배할 수 있는 기회를 제공했다.

지역적인 언약은 공동체가 성숙해지고 예수님의 복음을 표현하는 새로운 방법을 발견함에 따라 수정될 가능성이 높다. 그러나 성서 이야기와 우리를 양육한 전통의 연속성 속에서 하나님의 은혜에 대한 증언으로서 우리 자신의 특별한 이야기를 들려주는 것은 항상 시의적절하다. 시편처럼 이 이야기들도 실패와 회복을 포함할 것이지만, 우리가 영웅이 아닌 것으로 판명되더라도 그러한 이야기들에서 하나님은 영광을 받으신다. 성서 이야기들은 우리 공동체들이 하나님의 해방과 사람을 창조하는 행동을 서약을 만드는 과정의 2부를 구성하는 헌신의 전주곡으로 기념하면서 그들만의 시편을 쓰도록 자극할 수 있다.

삶의 규칙

언약, 가치, 계명, 그리고 공유된 관행은 모두 공동체가 그들의 삶을 함께 특징짓는 헌신과 동기를 표현하기 위해 사용해온 다른 어휘들을 나타낸다. 많은 공동체들은 삶의 규칙을 만들기 위해 이것들을 적어야 두어야 할 필요성을 느끼지만, 어떻게 진행해야 할지에 대해서도 당황하고 있다. 만약 우리가 우리의 모든 관행을 적는다면, 그 목록은 끝이 없을 수도 있고, 공동체 회의에 따라 매번 바뀔 수도 있다. 그리고 규칙을 읽는 누군가가 공동체가 사용하는 의미로 그 단어들을 받아들일 것이라고 어떻게 믿을 수 있는가? 그러므로 그리스도와 함께하는 삶에 대한 많은 것들은 오직 잡을 수 있을 뿐, 가르칠 수는 없다.

공동체의 삶의 규칙이 유용하기 위해 완벽할 필요는 없다. 하나님께서 여러분 모두에게 삶의 본질에 대한 통일성을 주셨는지 확인하기 위해서, 지역 언약을 회원 가입을 위해 공동체에 접근하는 수련자와 나누고 싶은 대화의 개요로 생각하라. 새로운 수도원주의의 12개 표지는 하나님이 당신의 특정 그룹에게 주신 일치를 표현하기 위해 채택될 수 있는 "초안"의 역할을 할 수 있다. 신조나 교단의 신앙 진술을 차용하거나 언급하는 것은 적절하다면 괜찮다. 메노나이트 관점에서의 신앙고백은 일부 공동체적 약속에 유용한 플랫폼임을 입증했다.

공동체의 삶의 규칙은 발명이 아니라 발견이며, 하나님께서 이 특정 그룹과 함께 하셨고 하고자 하시는 일을 말로 접근할 수 있는 방법이다. 그런 점에서 이것은 결혼 서약서를 쓰는 것과 유사하다. 공동체의 규칙은 "하나님이 주신 이야기에 응답하여 어떻게 신실하게 살 것인가?"라는 질문에 답한다.

삶의 모범적인 공동체 규칙을 제안하는 것이 아니라, 여기에 그들의 지역적 서약을 논의하기 위한 한 의도적인 그리스도인 공동체의 첫 번째 회의의 메모가 있다. 카스타네아는 내슈빌의 체스트넛 힐 지역에 있는 두 가족, 다섯 명의 아이들, 그리고 여러 명의 독신자들로 구성된 3년 된 공동체로, 그들의 큰 프로젝트는 그들 자신의 주거 공간과 저렴한 주택을 위해 두 개의 낡아빠진 아파트 건물을 개조하는 것이다. 이것들은 삶의 규칙을 만드는 것을 목표로 한 그들의 첫 회의에서 나온 메모들이다.

I. **비전**: 카스타네아Castanea는 하나님 나라의 삶을 구현하고 공유하는 상호의존적인 그리스도인 공동체로, 경제적, 생태적, 인종적 화해를 위해 해방되었다.

식사, 기도, 일, 공부, 놀이, 소유물을 나누는 것을 중심으로 **공동의 삶에 헌신하는 것**.

현지에서 음식을 조달하겠다는 약속과 함께 도시농업과 **교육을 통해 건강한 음식문화를 위해 노력**한다.

보존, 대체 운송 및 에너지, 지속 가능한 주택, 화석 연료에 대한 의존도 감소를 통해 **창조물을 돌본다.**

환대, 경제 지역화에 대한 약속, 일, 자원, 지지 및 축하의 공유를 통해 이웃의 인종 및 경제적 경계를 넘어 **연대를 촉진한다.**

II. 카스타네아의 서약 범위

1. 예수—하나님에 대한 지식과 사랑, 제자도, 신조 확언을 심화시키는가?
2. 공동의 기도
3. 카스타네아 비영리 법인의 비전과 사명선언문
4. 진실 말하기 – 평화 만들기
5. 남녀의 구별
6. 소유
7. 보편 교회 또는 외부 책임에 대한 복종과 결합된 상호 복종
8. 이웃을 알고 사랑하기 위한 헌신

본 바와 같이, 카스타네아의 삶의 규칙은 진행 중인 작업에서 시작되었다. 첫 번째 항목이 "약속하다", "일하다", "돌보다", "양육하다"와 같은 현재 진행형 시제인 동사로서의 가치를 강조하는 방법에 주목하라. 공동체는 자신이 공유된 비전을 향해 나아가고 있음을 인식한다. "서약 범위"는 그들이 공동의 삶에 중요하다고 인식하는 주제이며, 이에 대해 일치를 이루어야 하지만 더 많은 대화와 세부 사항을 통해 구체화해야 하는 문제이다.

그들이 공동의 비전을 가지고 있다고 생각했던 공동체들은 종종 실제로 서약서를 작성하고 합의하는 데 얼마나 오랜 시간이 걸리는지에 대해 놀랐다. 이 과정은 의견의 차이, 즉 그룹 내에서 다른 경험을 반드시 제거한다. 카

스타네아에서 어떤 이들은 "압박받는 자들과의 연대"를 표현하기를 원했고, 다른 이들은 "우리 이웃들을 사랑하는 것만으로도 충분하지 않은가?"라고 물었다. 필연적으로, 우리는 더 깊은 대화에 들어갈 때만 비로소 드러나는 가정을 한다. 우리 중 일부가 흔히 하는 것처럼 이념적 순결을 강요하기보다는 서로의 깊은 신념을 낳았던 경험들을 경청하는 것이 더 겸손하고 보람 있는 접근이다. 이런 식으로 각자의 이야기는 공동체의 공통된 이야기의 일부가 된다. 마지막으로 주어진 일치를 정직하게 표현하고 더 이상 주장하지 않는 것이 가장 좋다. 일치는 하나님께서 겸손하고, 듣는 마음으로 구하는 모든 사람에게 주시고자 하시는 선물이다. 공동체 서약은 사람들이 서로 사랑의 대화를 지속하고 예수님을 따르는 길에서 계속해서 일어나는 기적이다.

공간의 제약으로 이 책에서 완전한 의도적인 공동체 서약을 제시하지는 못하지만 미국에 있는 예수의 사람들, 즉 JPUSA시카고는 웹사이트에 해설과 함께 훌륭한 서약 진술을 가지고 있으며 소저너스교회샌프란시스코와 축하의 공동체펜실베니아 주, 알리키파도 마찬가지이다.

헌신과 갱신의 전례

여러분의 서약은 여러분이 함께 사는 한 공동체의 형성과 갱신에 중심적인 역할을 할 것이다. 코이노니아 파트너스에서 연례 서약을 맺는 예배를 드리는 날, 장기 서약을 한 공동체 구성원들과 새로 도착한 인턴들공동체에 첫 진지한 헌신을 하려는 사람들은 모두 코이노니아 캠퍼스에서 고속도로를 건너 어린이, 친구, 이사, 손님 등 가족들이 "내가 이 경주를 달리는 동안 내 발을 인도해 주세요"를 부르며 그들을 기다리고 있는 예배당까지 극적으로 행진한다. 공동체의 장로이자 목사인 노리스는 이들을 하나로 모으기 위해 하나님의 해방하시는 행동에 대한 이야기를 언급하며 그들 모두를 예배로 부른다.

우리는 여러 다른 방향에서, 여러 다른 길을 따라, 코이노니아라고 불리는 이 곳으로 여행을 했습니다. 우리는 대부분의 길을 혼자 왔습니다. 우리는 예배당으로 가는 길을 여러 번 걸어왔습니다. 하지만 오늘은 다릅니다. 오늘 우리는 손을 잡고 함께 걸었습니다. 우리가 서로 서약을 맺으려고 하는 것은 하나님께서 혼자가 아니라, 개인으로서가 아니라, 하나로 걸어가라고 우리를 부르셨다고 믿기 때문입니다. 새로운 파트너와 공동체 초보회원으로 오신 것을 환영합니다. 우리는 당신이 우리와 함께 길을 조금 더 걸어가도록 부르심을 받았다는 것을 기쁘게 생각합니다.

이어지는 예배에서, 그들은 모두 공동체 서약에 서명또는 재서명하고 공동체 사명 선언문을 함께 반복한다.

우리는 기도, 일, 공부, 봉사, 친교의 삶을 나누는 의도적인 공동체 안에서 함께 살도록 부름 받은 그리스도인들입니다. 우리는 평화 만들기, 지속 가능성 및 급진적인 나눔을 구현하고자 합니다. 모든 배경과 신앙을 가진 사람들을 존경하면서, 우리는 물질주의, 군국주의, 인종주의의 대안으로서 예수님의 길을 보여주기 위해 노력합니다.

예배는 다른 회원 그룹을 위한 갱신된 서약으로 이어진다. 그것은 계속해서 노래, 기도, 성경 읽기, 시, 그리고 증언으로 이어진다. 예배 시간은 예수님을 기억하는 성찬식과 평생 서약한 이들이 다른 성도들의 발을 씻기는 세족식으로 마무리된다. 그들은 다음과 같은 축도로 예배를 마친다. "우리와 함께, 우리 안에 거하시는 성령으로 새롭게 되어 함께 기도하고, 일하고, 연구하고, 봉사하고, 교제하기 위해 나아갑시다. 우리를 결코 버리지 않으실 하나님의 사랑이 지금과 영원토록 우리를 채우게 하소서. 아멘."

　여호수아 24장에서는 모세의 후계자인 여호수아가 서약 갱신 의식을 위해 이스라엘 열두 지파를 세겜으로 소환하고, 거기서 하나님께서 아브라함에게 약속하신 가나안 땅과 그 후손들에 대한 이야기와 이집트의 노예에서 해방된 그들의 이야기와 약속된 땅의 단계적인 점령에 대한 이야기를 다시 들려준다. 그런 다음 여호수아는 사람들에게 그들과 그들의 조상들이 얼마나 자주 넘어져서 그들이 살고 있는 땅에 있는 사람들의 신들을 얼마나 자주 숭배했는지를 상기시켜 준다. "당신들이 어떤 신들을 섬길 것인지를 오늘 선택하십시오."라고 여호수아는 도전했다. "그러나 나와 나의 집안은 주님을 섬길 것입니다." "당신들은 주님을 섬기지 못할 것입니다. 그분은 거룩하신 하나님이시며, 질투하시는 하나님이시기 때문에, 당신들의 허물과 죄를 용서하지 않을 것입니다. 만일 당신들이 주님을 저버리고 이방 신들을 섬기면, 그는 당신들에게 대항하여 돌아서서, 재앙을 내리시고, 당신들에게 좋게 대하신 뒤에라도 당신들을 멸망시키시고 말 것입니다." 그러자 백성들은 여호수아에게 말하였다. "아닙니다. 우리는 주님만을 섬기겠습니다." 이 터무니없는 조롱, 분노한 부인, 그리고 격분한 약속들은 계속해서 더 크게 반복되었다!

　그 날에 여호수아는 백성을 위하여 언약을 세웠다. 세겜에서 여호수아는 그들에게 규례와 율법을 다시 확인하였다. 그리고 여호수아는 이런 일들을 하나님의 율법 책에 기록하였다. 그는 큰 돌을 하나 가져다가, 주님의 성소 곁에 있는 상수리나무 아래에 두었다. "보십시오, 이 돌이 우리에게 증거가 될 것입니다. 주님께서 우리에게 하신 모든 말씀을 이 돌이 들었기 때문입니다. 여러분이 여러분의 하나님을 모른다고 할 때에, 이 돌이 여러분이 하나님을 배반하지 못하게 하는 증거가 될 것입니다."라고 모든 백성에게 말했다. 그런 후에 여호수아는 백성들을 제각기 유산으로 받은 땅으로 돌려보냈다.

이 이야기의 요점은 여호수아와 마찬가지로 우리는 서약의 전례와 서로에 대한 약속을 고안하는 데 창의적 일 수 있다는 것이다. 그렇다면 우리가 여호수아처럼 서로에게 진심으로 외치며, 공동체를 만드는 하나님의 은혜로운 행동을 상기하고, 우리가 성실하게 순종하며 걸어온 약속을 떠올리는 것은 어떨까? 하나님의 도움으로, 우리가 앞으로 몇 년 동안 그리고 몇 세대 동안 우리의 약속을 기념하고 새롭게 하는 이러한 방식으로 유지될 수 있기를 기원한다.

제19 장

공동체에 양파가 필요한 이유에 대하여

세 가지 각본을 상상해 보자.

공동체 A: 몇몇 사람들이 여름이 끝나면 떠날 것이라고 발표했다. 그들이 떠나는 이유는 해외 자원 봉사 기간, 다른 도시에서 공동체 기반 사역을 이끌라는 부르심, 2년 과정의 대학원 과정을 마치고 돌아오기를 희망하는 것 등으로 모두가 그것을 확인했다. 하지만 공동체가 장기적인 계획에 대해 이야기하고 싶을 때, 그들은 이 세 친구들을 대화에서 제외하는 것을 불편하게 느꼈다. 그래서 기본적으로, 그 공동체는 여름이 끝나고 "레임덕"들이 떠날 때까지 그 대화를 연기했다.

공동체 B: 맥스는 4년 전 공동체가 시작된 이래로 헌신적인 회원이었다. 그는 지금 일천 마일 떨어진 비슷한 공동체의 일원인 실리아와 구애 관계에 있다. 그들의 관계를 탐구하고 그들이 결혼할 경우 회원이 될 장소를 결정하기 위해, 실리아는 잠정적으로 B 공동체로 이사했다. 이제 맥스와 실리아가 공동체 B 멤버들의 모임에 참석하는 것은 정말 어색해졌다. 왜냐하면 그들은 그들 두 사람이 결혼을 할지, 결혼을 한다면, 결국 공동체 B에 남게 될지 아니면 실리아의 공동체에 다시 가게 될지 모르기 때문이었다.

공동체 C: 클라크 가족은 그리스도교 공동체에 강한 관심을 가지고 왔지만 다소 문제가 있는 전력을 가지고 왔다. 그들이 언약 구성원이 되기 전에 공동체 리더들은 과거의 단절된 관계, 특히 부모와의 관계를 화해하는 데 1

년 이상 시간을 투자해야 한다고 조언했다. 서로의 고민을 주의 깊게 듣기 위해 노력한 후, 클라크 부부도 이것이 그들의 바람이기도 하다는 것에 동의했다

이 세 공동체 모두 같은 것이 필요하다. 바로 "양파"가 필요하다.

이것이 공동체 "양파"의 아이디어가 시작된 유래이다. 심플 웨이필라델피아가 설립된 지 약 2년이 되었을 때, 공동체는 "공동체의 기초와 기능"에 관한 긴장에 대해 이야기하기 위해 테네시에서 긴급 피정으로 모였다. 그들은 방문자, 체류자, 임시 회원 및 헌신된 회원에 대한 그들의 이야기가 회원의 "등급"과 관련되어 어떤 범주가 다른 범주보다 더 높거나 더 낮거나 더 거룩하다고 암시하는 방식을 싫어했다. 그래서 그들은 헌신적인 공동체 중심부를 감싸고 있는 참여와 책임의 차이를 묘사하는 동심원의 층으로 이루어진 양파의 이미지를 떠올렸다. 심플 웨이의 "양파"는 누군가 원하는 경우 언약된 삶의 일부가 될 수 있는 단계에 대해 이야기하는 데 도움이 되었다. 그것은 특정한 시기에 특정한 사람들에게 적합한 공동체 생활의 몇 가지 방법을 검증했고, 권력 계층에서 지위 경쟁을 유발하지 않고 이를 수행했다. 그들의 웹사이트에 전시된 이 더 평등주의적인 양파는 인기를 끌었고, 다른 공동체들도 회원 범주의 양파에 대해 이야기하기 시작했다. 어떤 사람들은 양파 껍질을 벗기는 데 많은 눈물이 필요하지만 끈기와 하나님의 은혜로 양파가 테이블 주위에 있는 모든 사람에게 영양분을 공급하는 진한 국물의 맛을 낼 수 있다는 것이 얼마나 적절한 비유인지에 대해서도 주목했다.

의도적인 그리스도인 공동체에서 필연적으로 나타나는 구성원 계층과 권력 행사, 엘리트주의, 차별적, 희생적 목적을 위해 그것들을 오용하려는 유혹은 영원하고, 그것은 이미 예수와 그의 제자들에게도 존재했다. 그리스도인의 삶의 다른 영역과 마찬가지로 이것은 예수님의 가르침과 모범이 세

상과 우리의 일상적인 동기를 정하는 영역이다.

이제, 완전히 시대착오적이 되어 질문해보자, 예수님을 둘러싼 양파는 어떻게 생겼을까? 외부의 "껍질 벗기기"를 시작으로, 호기심 많고 기적을 구하는, 왔다 갔다 하는 "군중"이 있었다.마 4:25, 막 8:2, 12:37 그 후에 예수께서 둘씩 짝지어 선교사로 보내신 일흔두 명의 제자 무리가 있었다.눅10:1 그분과 함께 여행한 사람들 중에는 공동 금고에 참여하고 기여한 여성들도 포함되어 있었다. 이 제자 그룹 안에는 예수께서 특별히 모집하여 "사도"라고 부르신 열두 제자가 있었다. 우리는 또한 사랑하는 세 제자들인 베드로, 야고보, 요한의 보다 친밀한 관계에 대해 읽게 된다.마 17:1 및 26:37 예수님의 운명적인 예루살렘 여행에 동행하고 부활 후 성령을 기다리기 위해 모인 이들은 120여명행 1:15으로 집계됐다. 이러한 "구성원 범주"는 공동체에서 예수님과의 친밀함에 의존하는 제자 훈련 과정을 설명했지만, 그분의 사명에 대한 책임 측면에서도 기능적이었다.

우리는 또한 제자들 스스로가 그들의 공동체를 양파가 아니라 피라미드와 같은 것으로 묘사했다는 것을 알고 있는데, 그들은 정치적/군사적 계층 구조 안에서 "누가 가장 높을 것인가?" 하는 가상의 최고 자리를 놓고 경쟁했다. 어느 날 야고보와 요한의 어머니가 예수님 앞에 무릎을 꿇고 개인적 호의를 간청했을 때, 이 유독한 경쟁심과 적개심은 끓어 넘쳤다.

> "나의 이 두 아들을 선생님의 나라에서, 하나는 선생님의 오른쪽에, 하나는 선생님의 왼쪽에 앉게 해주십시오." 예수께서 대답하셨다. "너희는 너희가 구하는 것이 무엇인지도 모르고 있다. 내가 마시려는 잔을 너희가 마실 수 있겠느냐?" 그들이 대답하였다. "마실 수 있습니다." 예수께서 그들에게 말씀하셨다. "정말로 너희는 나의 잔을 마실 것이다.

그러나 나의 오른쪽과 왼쪽에 앉히는 그 일은, 내가 할 수 있는 것이 아니다. 그 자리는 내 아버지께서 정해 놓으신 사람들에게 돌아갈 것이다."

열 제자가 이 말을 듣고, 그 두 형제에게 분개하였다. 예수께서는 그들을 곁에 불러 놓고 말씀하셨다. "너희가 아는 대로, 이방 민족들의 통치자들은 백성을 마구 내리누르고, 고관들은 백성에게 세도를 부린다. 그러나 너희끼리는 그렇게 해서는 안 된다. 너희 가운데서 위대하게 되고자 하는 사람은 누구든지 너희를 섬기는 사람이 되어야 하고, 너희 가운데서 으뜸이 되고자 하는 사람은 너희의 종이 되어야 한다. 인자는 섬김을 받으러 온 것이 아니라 섬기러 왔으며, 많은 사람을 위하여 자기 목숨을 몸값으로 치러 주려고 왔다."^{마 20:21 - 28}

예수님의 즉흥적인 가르침은 구별이나 심지어 그분의 제자 무리 내에서의 경쟁을 없애지 않았으며, 오히려 그분은 추종자들에게 봉사와 특권의 포기, 그리고 당신의 모범에 따라 다른 사람을 위해 목숨을 바침으로써 자신을 구별할 것을 촉구했다. 그들은 그분의 고난의 잔을 마시고 그분의 십자가를 양파 한가운데에서 나누어 마심으로써 그분에게 더 가까이 오도록 초대받았다. 예수님의 길은 힘들지만 어느 누구도 배제하지 않는다. 모든 사람은 그분과 함께 여행하고, 예수님께서 모인 몸 안에 가난한 이들과 함께 계시는 친교와 성체의 핵심에 동참하도록 격려를 받는다.

이것이 오늘날 의도적인 그리스도인 공동체에 양파가 작용하는 이유이다.

1. 그것은 공동체에서 다양한 참여, 책임 및 헌신의 다양한 계층의 현

실을 명명한다. 즉, 이러한 차이로 인한 유혹 그리고 예수님의 가르침과 본보기라는 해독제가 그것이다.

비록 우리가 구성원의 구별이 없는 공동체를 원할 수도 있지만, 그럼에도 불구하고 그러한 차이는 존재하며, 인정되지 않는다면 혼란스럽고 이해할 수 없는 방식으로 영향력을 행사한다. 공동체를 소집하고 제자들 사이의 리더십과 지위에 대한 경쟁을 명명함으로써 예수님은 감염을 제거하고 지상에서 그것으로 자신의 몸이 알려지는 비천한 종이라는 치유 방부제를 적용할 수 있으셨다.

역할과 책임의 구분은 신체의 장기처럼 피할 수 없지만, 세상의 지배 체제에서처럼 희소한 권력과 특권 자원을 위한 경쟁으로 볼 필요는 없다. 공동체는 결코 너무 많은 종을 가질 수 없으며 얼마나 많은 겸손한 사람들이 예수님께 가까이 올 수 있는지에 대한 제한은 없다. 공동체에서 일부 기능적, 경험적 차이에도 불구하고 이러한 차이는 그리스도 안에서 모두를 하나로 묶는 사랑과 상호 돌봄의 일치에 부차적인 것임을 상기시키는 것이 중요하다. 그들은 중요하지만, 더 중요한 것은, 그들이 중요하지 않다는 것이다.

이것이 어떻게 작동하는지 보기 위해, 내가 레바 플레이스 펠로우십에서 가장 잘 아는 샘플 공동체 양파를 살펴보자. 그것의 외부 층에는 이웃, 소수의 직원, 손님, 공동체의 친구들이 포함될 것이다. 그러나 더 정렬된 계층은 다음과 같다.

- **견습생**: 9월부터 5월까지 9개월 동안 RPF의 공동의 삶을 공유함으로써 그리스도교 제자들의 삶과 공동체에 대해 배우려는 사람들.

- **실습 회원**: 특정 삶의 결정에서 하나님의 부르심을 탐구하면서 공동체 분별력과 지원에 대한 심층적인 경험을 원하는 사람들. 실습 회원 자격은 1년이며 필요에 따라 갱신할 수 있다.
- **초보 회원**: "모든 것을 공유하는" 삶의 규율을 실천하면서 RPF 회원에 대한 소명을 진지하게 테스트하는 사람들. 이것은 1년 동안이며, 필요하면 연장할 수 있다.
- **서약 회원**: 예수님의 제자로 상근하여 RPF의 모든 관행과 규율에 헌신하는 사람들. 서약 회원 자격은 평생 동안 또는 하나님이 다른 곳으로 부르실 때까지이며, 그러한 부르심은 지역 단체와 연합하여 분별될 것이다.

매년 9월에 새로운 견습생들이 도착하고, 다른 회원 그룹들은 그들의 서약을 하거나 갱신한다. 떠나는 사람들은 감사를 받고 축복의 기도와 함께 떠난다. 합류하는 사람들은 축하를 받는다.

양파의 층이 서로 다른 공동체에서 무엇으로 불리든지 간에, 그들은 현실에 이름을 붙인다. 즉, 공동체에서 사랑을 주고받는 예수님의 기능적인 제자가 되기 위해서는 시간, 훈련, 헌신이 필요하다. 특정 공동체에 헌신한 사람들은 공동의 선에 대한 독특한 책임감을 느끼고 보통 새로운 사람들이 하지 않는 방식으로 그 선에 봉사하기 위해 스스로 조직해 왔다. 코이노니아 파트너스에서는 이러한 핵심 구성원을 "비전의 청지기들"이라고 부른다. 그들은 정기적으로 만나 하나님의 인도하심을 구하고 장기적인 공동체 계획에 대한 합의에 도달해야 한다. 이제 막 도착한 사람들, 공동체적 가치에 의해 유사하게 형성되지 않은 사람들, 그리고 아직 서약을 하지 않은 사람들은 그들만의 추구할 의제가 있다. 한 집단이 다른 집단보다 나은 것은 아니지만 책임감이 다르고, 공동체로부터 그들이 필요로 하는 지원도 다르다. 예를 들어, 다음은 레바 플레이스 펠로우십의 견습생 서약과 그들에 대한 공동체의 약속에 대한 개요이다.

RPF가 견습생에게 기대할 수 있는 것:
- 견습생 프로그램 활동, 훈련 및 소그룹 참여
- 매주 RPF 회원 회의, 사회적 이벤트 및 연례 피정 참석
- 개인적인 생활비를 지불하기 위한 일주일에 24시간에서 30시간 동안 할 수 있는 일 찾기
- 일부 정규 봉사에서 일주일에 6-10시간 자원봉사 하기

견습생들이 RPF에 기대할 수 있는 것:
- 첫 달 비용과 RPF 가정에 온 것에 대한 환영
- 견습생 프로그램 감독
- 하고 있는 일에 대한 맨토와 모델
- 섬김과 영적 성장의 기회
- 우정과 목회적 돌봄의 이용 가능성

마찬가지로, 다른 회원 모드의 경우 공동체에 대한 고유한 지원 약속과 해당 회원에 대한 공동체의 보살핌 약속이 있다.

아마도 미국에서 가장 정교한 가톨릭 일꾼 공동체인 카사 후안 디에고에서는 양파가 매우 다르게 보일 것이다. 사실, 그 공동체는 30년 이상 이 공동체의 발전을 이끈 70대의 마크와 루이스 즈윅이라는 헌신적인 줄기를 가진 포도송이로 묘사하는 것이 더 나을 것이다. 이 기간 동안 많은 젊은이들이 몇

달 또는 몇 년 동안 자원 봉사를 했으며, 종종 결혼하여 확장된 공동체로 계속 활동할 수 있을 만큼 가까운 휴스턴에 정착하여 매주 몇 시간 또는 며칠 동안 상담과 봉사에 기여했다. 독신 남성 자원봉사자들은 20~40명의 이민자들 사이에서 고유한 순번제 리더십으로 서로에게 봉사하고 다양한 방식으로 공동체를 섬기는 쉼터인 남성의 집에 살고 있다. 여성 자원 봉사자들은 많은 아이들도 함께 있는 여성 보호소에서 생활한다. 여성들은 종종 6만 명의 독자들에게 발송되는 뉴스레터에 주소 라벨을 붙이느라 바쁘다. 독자들은 카사 후안 디에고에 대해 계속 알고 있으며 연간 120만 달러의 예산에 기여하고 있다. 그리고 다른 장애인 이민자들을 위한 요양원, 무료 진료소, 수백 명의 휴스턴 빈민들을 위한 음식과 의류 배급일이 있다. 지역 가톨릭 신학생들과 평신도들은 그들의 노력을 거기에 더하고 있는데 자비의 행위는 그들의 영적 형성에 필수적이기 때문이다. 도시의 한 블록 이상을 덮고 있는 집들, 기숙사들, 헛간들, 정원들의 집합체에서 일어나는 모든 것을 하나님 외에는 아무도 모르는 것 같지만, 그 일에 참여하는 많은 사람들이 목요일 저녁 스페인어 미사로 모여 드리는 기도와 감사가 일주일 내내 그것을 지탱하는 분에게 올라간다.

당신의 공동체의 양파 모양이 무엇이든 간에, 대부분의 공동체 회의, 사교 모임, 그리고 업무 행사들은 손님들과 함께 모든 다른 회원 그룹들을 하나의 공통된 삶에 모을 것이고, 대부분의 주제들은 공통의 토론을 위해 열려 있다. 그러나 각 회원 그룹이 고유한 교훈, 필요 사항 및 봉사 업무에 집중하기 위해 따로 모여야 하는 경우도 있다. 아무리 많은 층을 이루더라도 양파가 공동체의 현실에 적절한 이름을 붙이는 것이 중요하다.

    2. 양파는 사람들이 서약 회원이 되는 것을 정보에 입각한 선택과 확

인된 소명으로 접근할 수 있도록 하여, 아무도 배제되지 않고, 오히려 모든 사람들이 초대되어 중심으로 가는 명확한 경로를 보여준다.

양파의 층은 배타적이기보다는, 부르심을 받고 그것을 추구하고자 하는 모든 사람들에게 언약 구성원이 되는 방법인 순서를 제공한다. 장 바니에는 그의 고전적인 『공동체와 성장』에서 "진정한 성장은 공동체의 구성원들이 그들의 심장과 마음에 공동체의 비전이 통합될 때 옵니다. 그런 식으로 그들은 공동체를 있는 그대로 선택하고 그것에 대한 책임을 지게 됩니다."라는 사실에 주목한 바 있다. 이것은 대부분의 공동체가 수련자 회원 과정에서 집중하는 "나"에서 "우리"로 가는 영적인 여정이다. 7장 참조 어떤 사람들에게는 그것이 이상적인 공동체와 사랑에 빠지는 것에서 매우 현실적인 공동체를 위해 그들의 삶을 내려놓는 것으로의 이동이다.

3. 그렇다면 공동체 구성원 구조의 더 깊은 목적은 그의 사역에 대한 적절한 책임과 함께 "그리스도의 마음"으로 훈련하는 평생의 여정을 지원하기 위해 나타날 수 있다.

공동체 구성원 자격과 책임의 다른 층을 명명함으로써, 우리는 사물의 중심보다 경계에 더 집중했다. 다시 한 번 비유를 섞자면, 양파의 중심으로 들어가는 길은 사도 바울이 "그리스도의 마음"이라고 밝히고 빌립보 교회에 권면하는 자기 비움의 사랑그리스어로 케노시스의 내려가는 길이다.

서로의 관계에서 그리스도 예수와 같은 마음가짐을 가지십시오.

그는 하나님의 모습을 지니셨으나,

하나님과 동등함을

당연하게 생각하지 않으시고,

오히려 자기를 비워서

종의 모습을 취하시고,

사람과 같이 되셨습니다.

그는 사람의 모양으로 나타나셔서,

자기를 낮추시고

죽기까지 순종하셨으니,

곧 십자가에 죽기까지 하셨습니다!

그러므로 하나님께서는 그를 지극히 높이시고,

모든 이름 위에 뛰어난 이름을 그에게 주셨습니다.

그리하여 하늘과 땅 위와 땅 아래 있는 모든 것들이 예수의 이름 앞
에 무릎을 꿇고,

모두가 예수 그리스도는 주님이시라고 고백하여, 하나님 아버지께
영광을 돌리게 하셨습니다. 빌 2:5 - 11

그렇다면 이것은 젊은 세대가 공동체에 접근하는 것에 대해 가지는 두려
움과 권력을 휘두르고, 영광을 추구하고, 특권을 주장하는 권위에 대한 우리
의 모든 두려움에 대한 해답이다. 예수님의 자기 비움의 길은 정체성을 바꾸
고 희망을 불러일으키지만 구체적인 내용이 부족하다. 대부분의 사람들에
게, 어떤 훈련에서도 정상적인 것처럼 발달 과제를 성장 단계로 나누는 것이
유익하다. 우리는 덧셈과 뺄셈에서 미분 방정식으로 건너뛰지 않는다. 기본

적인 수학, 대수학, 기하학, 미적분학, 미분 방정식을 배워야 한다. 그리고 나면 다음에 올 어떤 것이든 할 수 있는 준비가 되어 있다. 이것은 내가 수학 부전공으로 중퇴하기 전에 배운 것이다. 그렇다고 해서 수학 전공이 도덕 방정식이나 하나님의 관점에서 초등학교 5학년보다 나은 것은 아니다. 그러나 모든 사람들은 계속 성장하고 다른 사람들이 현재 위치에서 성장하도록 도울 책임이 있다.

급성장한 수도원 운동을 갈리아로 가져가고 400년에 마르세유 수도원을 세운 존 카시안은 그의 강요에서 다음과 같은 단계에 따라 수도원 "교육과정"을 설명한다.

주님에 대한 두려움은

심장 마비로 이어지고

그것은 영혼 고유의 모든 것을 포기하도록 이끈다.

그것은 겸손으로 이끈다.

그것은 의지의 억제로 이끈다.

그것은 악덕을 몰아내는 것으로 이끈다.

그것은 미덕의 개화로 이끈다.

그것은 마음의 순결로 이끈다.

그리고 마침내 그것은 완전한 사랑으로 이끈다.

물론 실제 경험상 영적 성장이 이렇게 선형적인 것은 아니지만, 그러한 개요는 공동체 구성원들이 우리의 성장 과제를 논의하고 고백할 수 있는 공통 어휘 "왜 나는 항상 사랑과 인내에 '다시 시작'하고 있는가?"를 제공한다. 수도원 공동체의 교육과정은 전통적으로 포기해야 할 7가지 치명적인 죄교만, 탐욕, 시기,

분노, 정욕, 폭식, 나태와 경작해야 할 덕목신중, 정의, 인내, 절제, 믿음, 희망, 사랑의 목록과 함께 운영되어 왔다. 여기에서 "경작하다"는 좋은 단어이다. 왜냐하면 정원사의 노력이 중요하긴 하지만 성장을 일으키지는 않기 때문이다. 성장은 종종 우리가 이해할 수 없는 방식으로 하나님의 은혜로부터 온다.

헌신적인 공동체 구성원이 된다고 해서 자동적으로 모든 미덕 또는 어떤 미덕에서 성장하게 되는 것은 아니다. 그러나 공동체 없이는 이러한 일들이 일반적으로 발생하지 않을 것이며 공동체가 있으면 도움이 될 것이다. 가톨릭 일꾼 운동의 공동 설립자인 피터 모린은 종종 자신들의 공동체의 목적을 "사람들이 선해지는 것을 더 쉽게 하기 위함"이라고 설명했다. 하나님께서 우리에게 사랑하라고 주신 사람들을 가까이하고 신실하게 섬김으로써, 그리스도의 몸과 세상을 대표하여 하나님의 선물을 받고 나누며, 우리를 가장 잘 알고 함께 고통 받는 사람들의 조언에 귀를 기울임으로써 우리는 함께 그리스도의 마음을 배운다.

제20 장

창조 관리, 식량 정의, 그리고 공동 식탁

우리의 12살 손녀와 그녀의 동료들은 마이클 폴란의 베스트셀러 『잡종의 딜레마와 음식 규칙』의 핵심을 알아냈다. 필수요소를 선택했다. 그들은 지각 있는 생물들을 달걀, 우유, 육류 제품으로 바꾸는 공장식 축산의 질병에 대한 학교 비디오를 보았다. 우리는 제품을 먹는다? 왜!" 그녀와 그녀의 친구들은 이미 "생태학", "지구 온난화" 및 "지속 가능성"을 모국어로 이야기하고 있으며 식량 정의 문제 때문에 무엇을 먹을 것인지, 먹지 않을 것인지에 대해 정보에 입각한 실험을 하고 있다.

한편, 그녀의 부모 세대에는 점점 더 많은 사람들이 환경 독소에 알레르기가 생겨 응급실에 가지 않기 위해 유기농 식품을 먹을 것을 강요한다. 산업 농업 및 프랜차이즈 마케팅의 칼로리가 많은 요금은 비만, 당뇨병 및 심장병의 전염병을 만들고 있다. 점점 더 이러한 제품들은 가정이 공동 식사에 거의 앉지 않는 사회에서 혼자 먹게 되고 늘어나고 있다. 조나단 윌슨-하트그로브가 관찰했듯이, "우리는 신체의 구성원이 아닌 개별 소비자로서 먹는다."

오늘날 모든 의도적인 그리스도인 공동체는 또한 음식과 어떻게 관련될 것인지에 대해 합의해야 한다.

우리의 지구, 우리의 몸, 그리고 우리의 사회 구조는 정치인들과 기업 CEO들이 우리의 정치적, 경제적 위기에 대해 상상할 수 있는 유일한 해결책인 끝없는 성장으로 인해 모두 병들어 있다. 초기 문명은 자원을 소진하고 더 작고 지속 가능한 인구로 축소되어 거의 사라질 위기에 처했다. 우리는 무한한 소비가 우리를 어디로 데려가는지 보았고 이번에는 그 결과가 전 세계적으로 나타날 것이다. 인류는 다음 세대에 생존하고 번영할 수 있는 "평등"과 "충분함"의 교훈을 제때에 배울 수 있을까?

줄리엣 쇼어는 "충족:진정한 부의 새로운 경제"라는 비디오에서 생태적 지속 가능성을 위한 사회적 운동이 우리를 어디로 데려갈지 낙관적으로 판단한다. 이 비전의 핵심 요소는 우리의 일하는 날 수를 주 4일로 제한하여 스트레스와 소비가 감소된 더 많은 일자리를 창출하는 것이다. "충족 경제는 사람들에게 일을 떠나 더 많은 시간을 주고, 영향력이 적은 경제 활동을 위한 기회를 확대하며, 사회적 연결과 공동체에 대한 헌신을 제공한다. 그것은 우리 경제에 대한 인간적 규모를 되찾고, 우리의 생활 방식에 대한 책임을 지고, 우리 모두가 마땅히 받아야 할 존중으로 서로와 지구를 대하는 방법이다."

의도적인 그리스도인 운동은 매혹적인 다양한 방법으로 식량을 재배함으로써 지속 가능한 미래를 탐색하고 있는데, 그 중 일부는 지속 불가능한 것으로 판명될 수도 있는 반면, 다른 일부는 창조 관리, 식량 정의 및 공동 식탁을 통합하는 방법을 제시한다. 이 장의 나머지 부분에서 우리는 이러한 실험 계획들 중 몇 가지를 살펴보고 예수를 기억하는 공동 식사를 지원하는 관행을 고려하기를 원한다.

시범 계획들

지속 가능한 식량 재배 방법은 주어진 환경과 밀접하게 연관되어 있다. 우리는 농촌, 버려진 도시 공간, 인구 밀도가 높은 도시 경관이라는 세 가지 다른 환경에서의 공동 대응을 살펴본다.

조지아 주 아메리쿠스 인근의 코이노니아 농장은 석유에 의존하고, 트랙터를 사용하고, 토양을 죽이는, 줄 가꾸기 농업에서 자연의 그물망에 최소한의 해를 끼치면서 동물, 식물, 인간의 기여를 지속 가능하게 재활용하는 방식인 영속 농업으로 의도적으로 전환했다. 코이노니아의 경작지는 농부인 브렌던 프렌더가스트의 보살핌 아래 실습회원과 자원봉사자들의 도움을 받아 다시 태어난 목초지, 채소밭, 과수원으로 돌아가고 있다. 그들은 코이노니아의 일상적인 식사에 제공되는 많은 음식을 기르고 보존하고 있으며 여유분은 지역 마켓에서 팔고 있다. 이들은 방문객 투어와 9일간의 인증 세미나가 자주 열리는 영속 농업 트레이닝 센터가 되었다.

일리노이주 티스킬와에 있는 플라우 크릭 농장은 30년 이상 지역 농부들의 시장, 자신들의 판매 헛간, 그리고 최근 몇 년 동안 매주 레바와 시카고 지역의 다른 친구들에게 지역사회 지원 농업CSA을 통해 판매하기 위해 체험 베리와 건강한 야채를 재배해 왔다. 그러나 그들의 가장 중요한 수확물은 부지런함, 정원 가꾸기 기술과 땅에 대한 사랑과 보다 건전한 삶의 방식을 낳는 성품을 배운 모든 어린이와 여름 실습회원들일 것이다.

미국은 세계에서 가장 생산적인 농업을 가지고 있지만, 현재 시행되고 있는 것처럼, 정부의 농업 보조금을 제외하면 평균 순수입이 0인 2백만 명의 농부들만을 직접 지원하고 있다. 많은 젊은이들은 먹는 사람들과 직접적인 연결고리를 가지고 더 지속 가능한 농업 관행을 탐구하고 싶어 하지만, 고된 노동, 적은 수입, 필요한 자본은 막막한 일이다.

동부 캔자스시티에 있는 오크 파크 공동체의 회원인 바비 라이트는 10년 전에는 거의 존재하지 않았지만 지금은 번영하는 도시와 쇠퇴하는 도시 지역 모두에서 생겨나고 있는 도시 정원 가꾸기 사업가이다. 바비는 도시 농업을 장려하고 도시 농장을 운영하며 도시에서 농민 정책 옹호를 추구하는 비영리 단체인 컬티베이트 캔자스 시티에서 일하는 요령을 배웠다. 현재 그는 캔자스 시티 커뮤니티 가든스에 고용되어 있으며 자신이 하는 일과 이유에 대해 기꺼이 이야기한다. 최근에 그는 나에게 그것에 대해 이야기했다.

바비 라이트의 이야기

사실 나는 요즘 식량 정의에 대해 많이 생각하지 않습니다. 나는 기업 농업, 동물들이 어떻게 학대받는지, 그리고 농장 노동자들이 실제로 받는 적은 돈에 비해 음식을 저장하고, 가공하고, 배달하는 데 얼마나 많은 비용이 드는지에 대한 문제들이 있다는 것을 알고 있습니다. 나는 실제로 우리 공동체 정원에서 식량을 재배하고 이웃들을 참여시키는 데 더 집중하려고 노력하고 있습니다.

나는 우리가 하고 있는 일에 관심을 가지고 일주일에 몇 시간 정도 일하도록 고용한 십대와 함께 일하고 있습니다. 그는 내가 도시 농업을 위해 더 많은 부지를 되찾도록 돕고 있습니다. 그와 함께 일하면 효율성이 훨씬 떨어집니다. 우리는 기본적인 수학 개념을 검토하고 있습니다. 예를 들어 막대기를 네 개의 같은 조각으로 자르고 덩굴을 지탱하기 위한 지지대로 만드는 방법과 같은 것입니다. 하지만 우리는 단지 식량을 재배하는 것이 아니라 우정과 인격도 기르고 있습니다. 몇 주 전에 우리 공동체가 피정을 갔을 때 마르키스는 계란을 모으고 닭에게 먹이를 주고 밤새 닭장에 있는지 확인할 수 있었습니다. 그는 이것에 크게 만족했고, 우리도 마찬가지였습니다.

경제적 생존에 허덕이는 우리 이웃들이 더 큰 식량 정의 문제에 대해 많이 생각하기란 현실적으로 어렵습니다. 하지만 나는 마르키스와 그의 친구들과 집에 더 밀접한 문제들에 대해 이야기 할 수 있습니다. 며칠 전에 우리가 가게에 갔는데 그는 일 달러 오십 센트인 과자 한 봉지를 샀습니다. 나는 그에게 그 과자를 사는데 하루에 얼마를 쓰느냐고 물었습니다. 그는 약 삼 달러를 쓴다고 했습니다. 나는 그에게 이렇게 농담을 했습니다. "그러면 과자 값이 1년에 천 달러인데 심지어 좋은 음식도 아니야. 그렇다면 너와 가족을 건강하게 해 줄 좋은 음식을 그 천 달러로 살 수 있는 것으로 무엇이 있을까? 그 돈이면 소 한 마리를 통째로 살 수 있다!" 이것이 우리가 음식 교육을 하는 곳입니다.

우리 공동체는 교회 뒤의 부서진 아스팔트 주차장의 금이 간 곳을 직사각형으로 잘라낼 수 있는 중고 콘크리트 톱을 살 수 있는 보조금을 받았습니다. 이제, 다가오는 근무일에, 자원봉사자들은 우리가 아래의 자갈과 모래를 노출시키기 위해 잘라낸 아스팔트를 끌어올리는 것을 도울 수 있게 되었습니다. 그런 다음 그곳을 퇴비화 토양으로 채우면 인근에 "농사" 공간을 넓힐 것입니다

나는, 어렸을 때 남부에서 자급자족하는 농부와 소작농으로 살았던 것을 아직도 기억하고 있는 나이든 아프리카계 미국인 이웃 몇 명을 알게 되었습니다. 그들은 농작물 재배와 식량 보존에 대해 전수할 수 있는 풍부한 경험을 가지고 있었습니다. 농업 관행의 전수에는 한 세대 전체가 빠져 있습니다. 이 노인들은 더 이상 우리와 함께하지 못할 진정한 자원입니다. 나는 도시에서 정기적으로 하는 일이 정원사들이 그들의 부지에서 더 많은 식량을 재배하고 지역 시장이나 식량 교환을 통해 도시 농업을 보다 실행 가능하게 만드는 데 도움이 된다는 점에서 행운이라고 생각합니다.

의도적인 공동체의 모든 사람들이 정원 가꾸기에 관심이 많은 것은 아니지만 모든 사람이 때때로 도움을 주며 이러한 채소가 우리 식탁에 도착하거나 때로는 이웃에게 전달되는 것을 보는 것은 신나는 일입니다. 우리는 여전

히 예산에 맞을 정도로 싼 음식을 찾을 수 있는 곳이라면 어디서든 많은 음식을 사야 합니다. 함께 식사를 하면서 우리 가운데 있는 음식 알레르기와 민감성을 고려하는 것은 매우 힘든 일입니다. 그러나 우리가 식량의 일부를 재배하는 힘든 일을 하면서, 우리는 농부와 농장 노동자들이 생활 임금을 받고, 식량이 유기농으로 재배될 때, 훨씬 더 비싸지고 몇 년 안에 우리 예산의 훨씬 더 많은 부분을 차지할 것이라는 사실을 깨닫게 됩니다. 우리는 그것을 준비하는 것이 좋을 것입니다.

도시의 많은 젊은이들은 농업의 이상을 좋아하지만, 그에 따른 집중적인 노동은 그다지 좋아하지 않습니다. 나는 그저 흙을 만지고, 날마다 돌아와서 작물이 자라는 것을 보고, 사람들이 함께 우리의 작물을 키우고 가공하는 것을 보고, 하루가 끝나면 하나님의 선함을 만끽하는 것을 좋아합니다.

✢ ✢ ✢

케이티 리버즈는 샌프란시스코에 있는 소저너스교회의 교인이다. 공터가 없고 땅값이 비싼 샌프란시스코는 최대한의 임대료를 요구한다. 케이티는 창의적인 음식 공급과 공동 식탁에 대한 그들의 약속에 대해 나에게 말했다.

케이티 리버즈의 이야기

우리 모두는 우리의 가정에서 함께 식사하는 것에 동의했고 주일에는 우리 공동체 전체가 우리의 예배의 일부로 성찬에 우리의 식사를 끼워 넣었습니다.

샌프란시스코에 사는 우리는 텃밭 가꾸기를 많이 할 수 없지만, 각각의 우리 가정들은 약 70마일 떨어진 농장에서 CSA 박스를 받고 있습니다. 한 사람이 공동체 전체를 위해 그것을 실어옵니다. 이것은 식량 정의를 위해 우리 모두가 함께 할 수 있는 일입니다. 각 가정은 한 달에 한 사람당 125달러의 식비를 사용합니다. 사람들은 식량 정의와 창조 관리에 대한 신념이 다르고, 그것은 각 가정이 지역에서 재배한 작물을 사는 것, 유기농과 같은 지속 가능한 관행을 지원하는 것, 그리고 싼 것들을 구매하는 것 사이에서 균형을 찾아야 한다는 것을 의미합니다. 알레르기가 있는 사람들을 위해, 우리는 특별한 옵션을 준비합니다.

소저너스의 다른 요리사들과 마찬가지로 나는 사랑의 선물이자 예술 작품으로서 공동체를 위한 식사 준비를 경험합니다. 때때로 그 예술은 아름다움과 은혜로 예산에 맞추어 다양한 음식 요구를 충족시키고 윤리적 신념을 표현합니다. 제니와 나는 최근 교회 수련회를 위해 물건을 구입했을 때 어떤 것은 유기농 제품으로, 어떤 것은 더 싼 것을 사는 타협을 해야 했습니다.

식량이 나에게 제기하는 제자도 문제는 종종 분열로 이어지는 통제의 필요성을 놓아주는 것입니다. 우리의 가장 중요한 약속은 그리스도의 몸으로서 함께 먹고 그것을 가능하게 하기 위해 우리의 다른 가치들을 더 느슨하게 유지하는 것입니다.

✜ ✜ ✜

우리 식량의 대부분을 도시 환경에서 재배한다는 것은 현실적인 목표가 아니다. 그러나 식량, 경제, 환경은 심각한 정의 문제이다. 그리스도인들에게는 하나님을 공경하는 경제를 만들고 더 폭력적인 경제에서 벗어나야 할 책임이 있다. 도시의 공동체 의식을 지닌 사람들을 위해 우리는 가능한 곳에서 일부 식량을 재배하는 것 외에도 식량 조달에 에너지를 집중해야 한다. 우리 자신의 농작물을 기르는 것만큼 흥미롭지 않게 들릴지 모르지만 그것은 그만큼 중요하다.

함께 사는 삶은 부분의 합보다 전체가 더 크기 때문에 공동체 차원에서 가능한 한 많이 하는 것이 핵심이다. 많은 공동체들이 다음과 같은 방식으로 자신의 맥락에서 윤리적으로 먹는 방법에 대한 모델을 만들고 있다:

- 근로 자원 봉사와 CSA 출자, 특별 계절 주문, 선택 여행을 통한 식품의 직접 구매를 위해 사회적 의식이 있는 농장과의 유대 형성하기
- 이웃들이 윤리적인 식습관과 구매력에 대한 교육을 받으면서 작은 규모로 시작하여 성장할 수 있는 지역 식품 협동조합을 만들거나 지원하기.
- "프리간"무료이기만 하면, 그것을 먹는 사람과 이삭줍기 사역에 동참하는 "음식을 버리지 않는 사람"들을 조직하기. 이것은 지역 농산물 시장과 빵집의 뒷문에서 이용할 수 있는 놀라운 보상금을 수확하거나, 음식물 쓰레기 수거통에 버려지거나, 좋은 음식이 쓰레기 매립지에 가는 것을 보고 싶어 하지 않는 친절한 상점 관리자들을 포함한다. 이것은 영적 수행으로 구걸하고 남들이 원하지 않는 음식으로 생계를 꾸렸던 중세 탁발 수도회를 연상시킨다.
- 음식을 가공, 보존 및 저장하여 이웃과 공동 식탁에서 공유하는 공동의 작업 만들기.

우리가 함께 먹는 이유

가난의 한 종류는 "먹을 음식이 없는 것"이고 다른 하나는 혼자 먹는 것이다. 사라 마일스는 음식만으로는 만족할 수 없는 배고픔, 즉 빵을 사치스럽게 나눠 먹는 것에 주목한다. "우리가 우리 몫을 차지하기 위해 끊임없이 경쟁

한다면 우리는 결코 진정한 배부름을 느낄 수 없을 것입니다. 그것은 사랑이 부족하다고 믿고 그것을 주기를 두려워하는 것과 같습니다."

조앤과 내가 콩고 민주 공화국에 살던 때, 우리는 가난한 이웃들로부터 결혼식, 교회 절기, 학년말 축제에서 온 마음을 다해 공동의 기쁨으로 축하하는 법을 배웠다. 우리는 일반적으로 빈약한 음식을 먹는 사람들이 염소 고기 소스와 푸푸보통 카사바에서 추출한 녹말의 반죽 덩어리에 땅콩을 곁들인 두 배 분량의 채소를 먹고 어떻게 황홀해 할 수 있는가를 관찰했다. 음식을 먹은 후에는 해가 질 때까지 축구 경기로 축제가 연장되었고, 밤새도록 북을 치고 노래하고 춤을 췄다. 우리의 콩고 친구들은 "기쁘고 즐거운 마음으로" 축제를 즐기는 방법을 알고 있었다. 왜냐하면 그들의 미각은 축하하기 위해 이전에 먹은 것보다 더 이국적인 음식이 필요하지 않았기 때문이다. 그들은 우리에게 매일의 음식이 단순하고 기본적일 때 축하 행사가 스트레스를 덜 받고 모두가 포함되고 만족할 때까지 관대함이 확장될 수 있다는 "가난하기 때문에 더 풍요로워질 수 있다는" 교훈을 가르쳐주었다.

조나단 윌슨-하트그로브는 하나님께서 우리가 함께 식사하기를 원하시는 이유를 기억하도록 도와준다.

우리 이야기의 첫머리에 하나님은 열매 맺는 나무들로 가득한 정원을 가꾸시고 우리에게 와서 먹으라고 초대하신다. 하나님께서 세 명의 방문객으로 아브라함과 사라에게 오셨을 때 그들은 함께 식사를 합니다. 초기 교회에서 자매와 형제들은 "사도의 가르침을 받아 서로 교제하고 떡을 떼며 기도하는 일에 전념하였습니다." 예수님이 가장 좋아하시는 천국의 이미지 중 하나는 혼인잔치, 즉 하나님의 백성들이 긴장을 풀고 잔치를 즐기는 거대한 만찬입니다. 세상에서 하나님의 사랑이 어떤 모

| 작정하고 시작하는 그리스도인 공동체

습인지를 우리에게 상기시키기 위해 예수님은 우리에게 식사를 주셨습니다. 즉, 그분의 몸이 되는 빵과 생명의 피인 포도주를 친구와 원수에게 동일하게 부어 주셨습니다.

무엇보다 의도적인 그리스도인 공동체 간 실험의 풍요로움이 지속적으로 커지고 있으며, 식량을 조달하고 준비하는 것은 하나님 나라에서 공동의 식탁을 나누는 기쁨으로 이어진다. 우리는 식탁과 관련하여 말한 셸리나 바렐라의 신앙 여정을 따라가면서 더 많은 예수님을 발견하면서 이 여행을 마친다.

셸리나 바렐라의 이야기

우리 가족은 멕시코 출신으로 텍사스에 살고 있습니다. 우리 부모님은 두 분 다 학교 선생님이었지만, 매일 저녁 어머니는 우리 여섯 명이 한 테이블에서 나눠 먹을 수 있도록 요리를 하곤 했습니다. 금요일 저녁이면 피자를 만들고 영화를 보곤 했지만 여전히 함께 있는 경험이었습니다. 나는 함께 식사하는 그 전통을 소중히 여기며 어머니가 그 모든 식사를 어떻게 만드셨는지 놀랍기만 합니다. 내가 선생님이 되었을 때, 저녁에 내가 가진 힘으로 할 수 있는 일은 약간의 음식을 먹고, TV로 뉴스를 보고, 시험지를 채점하는 것뿐이었습니다.

나중에 내가 베일러 대학의 신학교에 갔을 때, 룸메이트와 나는 웬델 베리를 읽고 나서 세계 기아 구호 농장에 가입하여 CSA 공동체 지원 농업[Community Supported Agriculture] 주간지를 구독했습니다. 우리는 채식을 하기로 결정했습니다. 그것이 우리가 CSA 가방에 담고 있던 것이었고, 현지에서는 그렇게 먹는 것이 더 쉬워 보였기 때문이었습니다. 나는 내가 이 건강한 식습관을 정말 즐겼다는 것을 알게 되었습니다. 나는 케일과 근대와 콜라비를 먹어본 적이 없었습니다. 우리는 이러한 새로운 음식을 먹는 방법과 그에 맞는 조리법을 발견했습니다. 가끔 우리는 친구들을 초대해서 이런 예상치 못한 발견물들을 먹을 수 있도록 도와주곤 했습니다. 우리는 이 새로운 삶의 방식과 하나님 나라에 대해 배우고 있는 것에 맞는 음식을 함께 먹으며 즐겼습니다.

그런 다음 내가 레바의 청소 부서에 왔을 때 온 가족이 나를 수용하기 위해 채식을 하기로 결정했습니다. 나중에 패치 하우스에서는, 모든 사람들이 음식 정의와 지역 산물을 먹는 것에 대해 더 의도적이었습니다. 우리는 식품 협동조합, CSA 농산물, 쓰레기 수거통에서 얻은 것들을 주요 재료로 사용하여 가게에 가지 않고도 많은 사람들을 위해 요리를 했습니다. 처음에는 그것이 도전이었지만, 우리는 더 창의적이 되는 법을 배웠고 이를 통해 번창했습니다.

피터와 나는 결혼하여 어린 마테오를 키우고 있기 때문에 더 작은 테이블에서 식사를 하지만 아침과 저녁 식사를 함께 나눕니다. 피터는 손님, 특히 교회의 젊은이들을 초대하는 것을 좋아하지만 우리는 이 근처의 다른 식탁에서 훨씬 더 많은 대접을 받았습니다.

나는 존 하워드 요더의 책 『몸의 정치학』, 성찬에 관한 장에서 그가 쓴 글을 좋아합니다. 예수님께서 "나를 기념하여 이것을 행하라"고 말씀하셨을 때, "이것"은 단지 성찬적인 요소만을 가리키는 것이 아니라 정기적으로 함께 식사하는 습관을 가리킵니다. 예수님은 우리가 공동의 식탁에서 음식을 나누고 대화를 나눌 때 일어나는 일의 실재에 관심을 가지셨습니다. 그 식탁은 하나님 나라를 상징합니다. 즉, 누가 환영을 받는지와 우리의 음식이 공통적으로 공유되는지 둘 모두가 중요합니다. 우리가 음식에 대해 감사를 표하고 함께 먹을 때, 그것은 예배의 행위입니다.

나는 우리 정원에서 기른 것으로 만든 식탁에 앉을 때 음식점의 식탁에 앉을 때와는 다른 정신이 있다는 것을 압니다. 나는 두 경우 모두 하나님이 우리의 공급자이심을 압니다. 그러나 음식에 투입된 일과 보살핌에는 더 많은 감사와 기쁨이 있습니다. 음식에 우리가 참여하기 때문에 일하고 먹는 기쁨이 있습니다.

우리의 음식이 우리 공동체의 누군가가 준 선물일 때, 이것 또한 감사의 일부입니다. CSA 상자 안에 있는 플로우 크릭에서 기른 음식이 왔을 때, 우리는 그것을 재배하고 우리에게 전달하기 위해 일한 실제 사람들을 기억합니다. 우리는 우리가 식탁에서 보는 사람들보다 훨씬 더 많은 사람들, 즉 "이것을 행하여 나를 기념하라"고 우리에게 명령하신 예수님 때문에 서로 사랑하는 사람들과 함께 식사를 하고 있습니다.

아멘!

제21장

하나님의 경제와 재물의 공동체

두 경제는 우리 세계에서 나란히 운영되고 있다. 하나님의 풍요의 경제는 예수님의 모토인 "너희가 거저 받았으니 거저 주어라."는 규칙을 따른다. 그리고 돈과 이익의 경제예수님은 이것을 "맘몬"이라고 부르셨음는 희소성이 지배하고 모든 것에 가격이 매겨진다. 이번 장에서는 의도적인 공동체가 '공동의 소유인 모든 것'이라는 맘몬이 발붙일 수 없는 곳을 어떻게 확장하는지 살펴보고, 공동 지갑을 실천한 그룹들의 경험에서 지혜를 나눌 것이다. 우리는 웬델 베리의 도움을 받아 하나님의 경제인 "위대한 경제"가 실제로 모든 국민총생산을 합친 것보다 더 크고, 소위 말하는 현실의 세상보다 더 실제적이라는 것을 알게 될 것이다.

먼저 공유 재정을 실천하기로 선택하고 그것을 "단행"한, 한 공동체를 살펴보자. "비범한 지갑"이라는 제목의 기사에서 조디 가비손은 셰리스 부룩 공동체가 어떻게, 그리고 왜 재물의 공동체를 실천함으로써 그들의 믿음을 훈련해 왔는지를 우리에게 말해준다. 이 가톨릭 일꾼 공동체는 캔자스시티의 노숙자들을 위한 예언적 평화 증언과 환대를 유지하라는 부름을 받았다. 그곳의 "특이한" 이름은 예언자 엘리야가 아합 왕의 진노를 피해 광야로 도망쳤고, 까마귀 떼가 그곳 셰리스 브룩그릿 시냇가에서 그를 먹이고 살려두었다는 이야기에서 유래했다.왕상 17:4 다음은 조디 가비손의 기사에서 발췌한 내용이다.

돈을 나누는 것에 있어 일반적인 것은 없습니다. 그것은 매우 부자연스럽습니다. 우리는 돈과 지출에 관한 한 각자의 역사, 계승된 관점, 그리고 복잡한 관계를 가지고 옵니다. 사실, 에릭과 내가 결혼했을 때 사람들은 우리의 논쟁의 대부분이 돈에 관한 것이 될 것이라고 경고했습니다. 만약 이것이 사실이라면, 그리고 많은 사람들에게도 사실이라면, 왜 우리는 두 사람도 탐색하기 어려울 수 있는 이 일에 다른 다섯 사람을 포함시키는 위험을 감수해야 할까요?

우리의 공동 지갑은 단순하게 생활하고 연대를 실천함으로써 서로에 대한 헌신을 심화하기 위한 실험으로 시작되었습니다. 우리는 사도행전 2장의 "믿는 자들이 모든 것을 공유하여 궁핍한 사람이 없고 다 풍족하였더라."는 말씀과 더욱 닮은 삶을 살기를 원했습니다. 서로의 짐은 물론 심지어 재정적으로도 나눠야 한다는 생각은, 두렵게 느껴졌지만, 우리는 도전할 준비가 되었다고 느꼈습니다. 그러한 사고는 개인적인 희생을 감수하고 살면서 복음이 말하는 하향 이동성을 이어가자는 취지였습니다. 그러기 위해서는 우리 자신의 관점과 제한된 시야 외에 다른 무언가가 필요했습니다.

우리는 먼저 어떤 형태로든 공동 지갑을 가지고 있는 다른 공동체에서 조언을 구했습니다. 우리는 조지아 주의 주빌리 파트너스와 일리노이 주의 레바 플레이스 펠로우십에 연락했고 그들은 공동체에서 어떻게 일이 진행되는지에 대한 아이디어를 공유할 만큼 친절했습니다. 많은 토론과 기도 끝에 우리는 배운 것들을 결합하여 우리의 필요에 맞게 조정하기로 결정했습니다.

첫 번째 단계로, 우리는 각자 고정된 청구서, 월수입, 그리고 "원하는 것"을 포함한 개인 예산을 제출했습니다. 그로부터 우리는 "원하는 것"과 "필요한 것"의 차이와 우리가 가진 청구서를 단순화하는 방법을 통해 작업하려고 노력했습니다. 우리는 그렇게 많은 것들이 없는 삶과 우리가 자라며 익숙해진 것들을 어떻게 줄일 수 있을지 상상해 보았습니다. 우리가 없이 지낼 수 있는 가능성이 있는 것들은 무엇일까요? 이 것이 바로 공동 지갑이라는 이상과 일상생활의 현실이 만나는 곳이다. 우리는 어떻게 우리의 계획을 실제로 실행했을까요?

우리는 공동체 밖에서 일주일에 20시간 이상 일하지 않아도 되는 아르바이트를 찾기로 합의했습니다. 이것은 우리 모두가 셰리스 브룩에서 공동으로 공유하는 일, 즉 자비 사역과, 평화 만들기, 공동체 건설이라는 우리의 첫 번째 소명과 헌신을 위해 중요합니다. 하지만, 우리는 개인 청구서들에 지불해야 할 돈이 필요합니다. 휴대폰, 자동차 및 어린이 활동에 대한 청구서와 같이 기부금으로 충당되지 않는 청구서들입니다. 아르바이트로 벌어들인 돈은 우리의 공동 지갑이 될 것입니다. 우리 모두는 그것을 어떻게 사용할지 결정할 것입니다. 당신이 한 달에 900달러를 벌든, 300달러를 벌든 아무런 차이가 없습니다. 비록 우리 모두가 다른 임금을 받는 직업을 가지고 있지만, 우리 모두는 결정에 있어서 동등한 목소리를 가집니다.

일단 청구서를 검토한 후 각 사람에 대한 월 급여를 결정하려고 했습니다. 우리 모두는 사회적으로 다른 삶의 장소에 있으며 오락을 위해 시간과 돈을 사용하여 하는 일이 사람마다 다르다는 사실은 명백합니다. 나는 회춘을 위해 영화를 보러 갈 수도 있고, 에릭은 책을 살 수도 있고, 닉은 콘서트에 갈 수도 있습니다. 우리는 개인적인 월급으로 100달러를 제시했습니다. 이 돈을 쓰는 방식은 각자의 재량입니다. 급여의 목적은 단순히 오락만을 위한 것이 아닙니다. 그것은 또한 일 년 동안의 여행이나 휴가를 위해 모아두어야 합니다. 청구서 이외의 필요 사항은 공동체에서 논의하도록 합니다. 옷이나 신발, 위생용품 같은 것이 필요한 사람이 있다면, 우리는 먼저 기부금을 살펴봅니다. 많은 경우, 정확히 우리가 필요로 하는 것이 주어지거나, 인내심을 가지면, 그것은 곧 해결될 것입니다. 우리가 필요한 것을 찾을 수 없다면, 우리는 그것을 그룹별로 논의합니다. 문제는 모든 사람이 동의하지 않을 때 발생합니다.

그것이 가능한가? 분명히 그것은 쉽지 않습니다. 우리는 많은 어려운 대화를 통해 전력을 다했고 우리 모두는 각각의 대화에서 배우고 성장했습니다. 돈을 공유하는 것은 우리가 종종 돈에 부여하는 권력 및/또는 안전에 대한 잘못된 인식에 도전합니다. 우리는 이기적이고 부주의한 지출을 넘어서기 위해 계속해서 서로의 책임을 필요로 합니다. 돈에 대한 우리의 꽉 움켜쥔 손을 풀어줌으로써 우리는 소비주의와 개인주의라는 문화의 영향을 되돌리기를 희망합니다. 우리는 뿌리 깊은 소비 관행에 도전하면서도 여전히 서로를 사랑하는 방법에 대해 서로에게서 많은 것을 배웠습니다.

기적처럼 들립니까? 맞습니다. 정말 그렇습니다. 그것은 기적입니다! 지난 몇 년 동안 몇 번이나 보석금을 내고 싶었습니다. "내" 돈을 모으고 손실을 계산하고 내 갈 길을 가고 싶었습니다. 스스로 결정을 내리는 것이 확실히 더 쉽고 깨끗합니다. 하지만 그것이 더 건강한 것일까요? 그것이 치유일까요? 그것이 하나님 나라를 진척시키고 소유물과 소유권을 올바른 질서로 회복시키는 것일까요? 내가 뛰쳐나가고 싶은 유혹을 느낄 때, 나는 이 공동 지갑이 그것을 공유하는 우리 일곱 사람만을 위한 것이 아니라는 것을 부드럽게 떠올려봅니다. 우리의 공동 지갑은 모든 사람들의 이익을 위한 것이고, 그것에 대해 읽거나 듣는 다른 사람들의 이익을 위한 것입니다. 그것은 그것에 도전하고 비슷한 것을 시도하도록 영감을 받은 모든 사람들을 위한 것입니다. 그것은 우리가 우리의 마음을 감추어두지 않고 공유하고, 두려움 대신 하나님을 신뢰하는 삶을 살기로 재조정했기 때문에 이익을 얻는 다른 사람들의 유익을 위한 것입니다. 우리의 희망은 가난한 사람 없이 더 많은 것을 공유하는 것입니다.

조디의 이야기는 예수의 가르침과 초기 교회의 경험을 구현하고, 그들의 "욕망"을 길들이고, 그들의 너무 많은 소유물을 단순화하고, 다른 사람들을 섬기는 데 더 많은 시간을 집중하고 그들 자신을 위한 돈을 버는 데 덜 집중하기 위해, 그들의 공동의 삶의 더 큰 결정들에서 하나님의 뜻을 찾아가는 훈련을 하고, 율법주의와 작은 일들에 관한 일치의 번거로움을 피하기 위해, 같은 방식으로 다른 사람들에게 하나님을 신뢰하도록 영감을 불어넣어 줄 수 있는 증인이 되기 위해 많은 그리스도인 공동체들이 "공동의 소유"를 실천하는 삶을 선택해야 하는 여러 이유들을 보여준다.

많은 공동체들이 이런 공동의 소유의 방식을 선택한 이유는 그것이 하나님의 경제의 정의를 나타내기 때문이다. 다른 사람들이 결핍으로 인해 고통을 받고 있는데 어떤 사람들은 풍요롭게 사는 것은 하나님의 뜻이 아니다. 개인주의와 방종은 수많은 사람들의 삶의 방식이 되었고 심지어 예수님을 주님으로 공표한 사람들 가운데도 그런 사람들이 있다. 공동 금고에 재원을 결합하는 것은 교회에 예언적으로 말하고, 그리스도인들에게 빈곤과 불평등을 해결할 수 있는 실제적인 방법을 제공한다. 이는 또한 그리스도인들에게 세상을 새로운 종류의 정의로 부를 수 있는 본래의 모습을 제공한다. 개인은 정의를 위해 말할 수 있지만 정의를 구현하기 위해서는 공동체가 필요하다.

물론, 공동 지갑으로 생활하는 것은 다양한 형태를 취할 수 있다. 소저너스교회는 교인들에게 그들의 여러 가구에서 일정 수준의 수입으로 생활하고, 그들의 나머지 수입을 공동체가 지원하는 다양한 종류의 사역을 위한 공동 금고로 돌릴 것을 요청한다. 예수회 봉사단과 메노나이트 봉사단과 같은 많은 봉사 단체들은 자원봉사자들이 그들의 월급을 반납하고 적당한 월 수당을 받게 되는데, 이것은 그 단체들이 그들의 이웃에게 매주 많은 시간의 무료 봉사를 제공할 수 있게 해준다. 주빌리 파트너스조지아 주 커머를 포함한 다른 공동체들에서는 모두가 외부 기부금으로 유지되는 공동체 사역에서 풀타임으로 일하고 있다.

이러한 삶의 방식은 당신이 생각하는 것처럼 "보기 드문" 것은 아니다. 고인이 된 존 알렉산더소저너스교회의 전 영적 지도자는 아직 출판되지 않은 책 『공동체의 모든 것』에서 번창했던 다양한 방법들을 나열한다.

타협으로, 가족으로서의 교회가 위태로워진 콘스탄티누스 시대에 수도원 운동이 시작된 것이나 아시시의 프란치스코가 자신의 비전을 혼자 실천하는 대신 형제들을 모집한 것은 결코 우발적인 것이 아니다. 오늘날 거의 백만 명의 가톨릭 그리스도인들이 자매와 형제라는 호칭을 사용하는 수도사와 수녀들로 공동생활을 하고 있다.

종교개혁 기간 동안 아나밥티스트들은 공동체를 강조했고, 한 그룹후터라이트, 제이콥 후터의 추종자들은 함께 살 것을 요구했다. 그들은 모라비아 지역에서 시작했고 17세기 초에는 15,000명이 되었다. 거의 500년이 지난 지금, 그들 중 약 3만 5천 명이 여전히 캐나다와 미국의 서부 평원에서 함께 살고 있다. 그들은 브루더 호프형제의 집에서 살고, 공동으로 농지를 소유하고, 함께 사업을 운영한다.

또 다른 그룹인 아미시는 1693년으로 거슬러 올라간다. 그들은 큰 집에서 함께 살지는 않지만 함께 삶을 경험할 수 있을 만큼 가까이 산다. 그들은 서로에게 극적으로 의존하는 법을 배웠다. 그들은 서로를 보장하기 때문에 보험이 필요하지 않다. 왜 모든 그리스도인들이 이렇게 하지 않는가?

1920년, 에버하르트 아놀드는 독일에서 후터라이트 비슷한 그룹을 시작했다. 그들은 히틀러의 독일에서 도망쳐야 했지만, 오늘날 그 작은 무리는 2,500명으로 늘어났으며 그들 중 대부분은 미국에 있지만 영국, 호주, 독일에도 있다. 그들은 약 200개의 시골 "호프처소"에 살면서 공동 작업을 하고, 공동 점심 및 저녁 식사를 하고 공동 육아를 한다. 그들의 삶은 매우 공동체적이어서 개인들은 보통 돈조차 가지고 있지 않다!

1948년에 히틀러에 반대했던 다른 독일인들은 뮌헨에서 가톨릭 통합 공동체Katholische Integrierte Gemeinde를 시작했다. 그것은 약 600명의 정회원과 수백 명의 아이들, 회원 가입 과정에 있는 수백 명, 그리고 "친구들"이라고 불리는 특별한 범주에 속하는 많은 사람들이 있다. 독일 전역에 그룹이 있고 탄자니아에 두 개, 이탈리아에 한 개, 오스트리아와 헝가리에 신생 그룹이 있다.

이러한 예들은 수십 년 동안 진행되어 왔고, 수천 개의 젊은 실험들이 서로를 찾고 "우리는 혼자가 아니다."라는 사실을 발견한 미국과 캐나다의 많은 공동체들에 대해서는 언급조차 하지 않았다.

대화의 이 지점에서 나는 종종 다음과 같은 여러 가지 반대 의견이 제기되는 것을 듣게 된다. "사회주의가 통하지 않는다는 것은 역사가 증명했다. 끊임없는 불평등에도 불구하고 자본주의는 세계 역사상 가장 위대한 부의 창출원이다. 게다가, 예루살렘의 공동 지갑은 사도 바울이 더 부유한 이방인 회중들의 헌금으로 그것을 기능 장애에서 구해내야 했기 때문에 실패한 것이다."

국가가 강요하는 나눔은 예수님께서 약속하신 미래를 추구하는 예수의 제자로서 자발적으로 연합하는 신자들의 공동체의 경우와는 전혀 다른 짐승 같은 일임을 인정하자. 그러나 그리스도인들은 자신들의 개인적인 희생으로 이러한 문제를 해결하지 않는다면 세상이 정의를 구현하기 위해 강제 공유를 주장할 것이라는 사실에 놀라지 말아야 한다. 창조의 재화가 모두의 이익을 위해 공유되지 않고 소수에 의해 독점되는 것은 칼 마르크스의 잘못이 아니다. 희년의 날은 사회주의자들이 창안한 것이 아니라 우리가 섬기는 하나님의 뜻과 본성을 드러낸다. 따라서 그것은 국가가 해야 할 일이 아니다. 그것은 예수님을 믿는 우리가 어떻게 살아야 하는가에 대한 것이다. 부언하자면, 사도 바울이 예루살렘 교회를 위해 헌금을 거둔 것은, 가진 자들로부터 도움이 필요한 사람들에게 흘러가는 이런 나눔이 하나님의 성품을 나타내는 교회의 특징이 되어야 한다고 믿었기 때문이다.고후 9장

이번 장의 첫머리에서 나는 이 세상에는 두 개의 경제, 곧 하나님의 경제와 예수님이 "맘몬"이라고 불렀던 돈과 이익의 경제가 나란히 운영되고 있다고 언급했다. 그리고 "너희가 거저 받았으니 거저 주어라"라는 모토로 특징지어지는 하나님의 경제가 실제로는 지구상 모든 국가들의 국민총생산 GNP보다 더 크다는 것을 보여주기로 약속했었다. 숫자로 환산하면, 그 GNP를 합치면 연간 약 60조 달러, 또는 이 지구를 공유하고 있는 우리 모두를 합한 60억 인구 1인당 만 달러가 된다. 전 세계의 절반이 일 년에 천 달러 미만으로 살고 있는데, 이는 다른 쪽 끝에 있는 약 천 명의 억만장자들과 "평균

한" 것이다. 그렇다면 이보다 더 "엄청나게 거대한" 하나님의 경제는 어디에 있는가?

사실, 그것이 예수님이 제자들에게 농부가 보지 않을 때 자라는 밀에 대한 비유와 격언을 통해 보게 하려고 했던 것으로, 의로운 사람에게나 불의한 사람에게나 똑같이 내리는 비에 대한 것이며, 자신의 농장의 절반을 건달인 아들에게 넘겨주고 모든 것을 낭비한 후에 용서로 그를 다시 환영하는 아버지에 대한 것이다. 맘몬의 나라에는 돈을 가진 사람들에게만 충분한 희소성이 있다. 하나님의 나라에서는 하나님이 영원히 재생 가능한 자원이시기 때문에 거저 주고 거저 받을 수 있다. 이제 그 나라는 어디서 운영되고 있는가? 이런 일이 일어나는 것을 어디서 볼 수 있는가? 다음은 생각하고 볼 수 있는 몇 가지 힌트이다.

나는 대학생들에게 이런 질문을 하고 싶다. 어느 날 집에 왔을 때 당신의 부모님이 "우리가 용서한 모든 잘못은 말할 것도 없고, 우리가 너를 양육하는 데 들인 시간, 노력, 슬픔, 식료품, 옷, 휘발유가 바로 이 정도야."라고 하면서 20만 달러에 대한 청구서를 준다면 어떨까? 그 모든 사랑이 화폐의 금액으로 환산되어야 한다면 어떤 생각이 들까? 하지만 그것이 아니라고 젊은이들은 반대할 것이다. 그리고 우리 부모님은 사랑하기 때문에 무료로 해주셨다고 말하고 싶어질 것이다.

결혼한 부부가 일생 동안 무료로, 사랑으로 서로에게 무엇을 주고 용서할 수 있는지 생각해 보라. 평생 먹었던 모든 식사를 생각해 보라. 식당에서였다면 그 비용은 얼마나 들었을까? 벌어들인 돈과 나눈 돈을 생각해 보라. 서로의 말을 듣는 데 소요된 모든 시간과 상담원이 그렇게 한다면 비용이 얼마나 들 것인지를 생각해 보라. 같은 방에서 보내는 시간도 선물이다. 그들은 서로에게 수백만 달러를 투자했다, 그렇지 않은가?

가끔 나는 아이들에게 왜 돈도 받지 않고 학교에서 수년간 공부하는지 묻는다. 그들 중 몇몇은 배우는 것을 좋아한다고 말하는 반면, 다른 아이들은 그저 "그것은 아이들이 하는 일입니다."라고 말한다.

나는 약 5만 달러의 비용이 드는 교체 고관절을 가지고 있다. 때때로 나는 모든 관절을 교체해야 한다면 비용이 얼마나 들지 궁금하다. 그렇다면 당신의 몸은 얼마짜리인가? 어떻게 그 비용을 지불할 것인가?

좋다, 지금까지 그것은 작은 것에 불과하다. 이제 자본가들이 공짜로 계산하는 비, 햇빛, 공기, 표토, 지하 광물, 지구 안팎의 물은 돈으로 환산하면 얼마의 가치가 있는가? 그런 다음 자연이 인간에게만이 아니라 우리와 함께 지구를 공유하고 즐기는 200~400만 종의 생물 모두에게 얼마나 가치가 있는지 계산해야 한다. 그렇게 해도 그것은 하늘들을 계산하지 않고 단지 지구와 태양일뿐이다. 무슨 생각이 드는가. 우리는 웬델 베리가 영리 경제가 전적으로 의존하고 있고, 영리 경제는 단지 그것의 작은 부분일 뿐인 위대한 경제라고 부르는 것에 대해 이야기하고 있다. 그렇다면 누군가 주제를 다시 "실제 세계"로 바꾸고 싶을 때, 인간 없이 살 수 있는 세계는 어디이며, 어느 세계가 절대적으로 필요할까?

시카고의 화이트 로즈 가톨릭 일꾼 공동체는 때때로 희년의 전통에 따라 "자유 시장의 날"을 선포하여 이웃들에게 무료 봉사를 제공하고 이웃들도 그렇게 하도록 초대한다. 이날은 풍선, 무료 이발, 미술 수업, 정원 농산물, 닭을 쓰다듬을 수 있는 기회, 가격 없는 마당 세일, 공원에서 제공되는 상호 서비스의 포틀럭 잔치가 있는 축하의 날이다.

"거저 받았으니, 거저 주어라."마 10:8

예수님은 "이스라엘 집의 잃어버린 양"에게 보내심을 받은 제자들에게 병을 고치고 죽은 자를 살리며 귀신을 쫓아내며 하나님의 나라가 가까이 왔음을 알리는 사명을 이렇게 요약하셨다. 우리는 재물을 공유하는 공동체에 모일 때마다 우리를 위해 모든 것을 주신 예수님을 증거 한다. 볼 수 있는 눈이 있는 자는 보라.

그렇다면 우리 중 더 많은 사람들이 매년 급진적인 공유에 대한 언약과 함께 모든 것을 공유하는 이런 방식으로 살기를 선택하는 이유는 무엇인가? 왜냐하면 일단 익숙해지면 그렇게 사는 것이 가장 만족스러운 삶의 방식이기 때문이다. 예수님과 함께 이 길을 걸을 때, 친밀한 관계, 영적 성장, 정의의 지역적 실현, 세상에 대한 희망, 영생의 시작, 세상이 빼앗을 수 없는 기쁨이 솟아난다.

제22장

공동체를 위한(그럼에도 불구하고) 영적인 삶

톰 로디는 80세의 이웃이자, 레바 플레이스 펠로우십의 모든 사람들의 진심 어린 친구이다. 올해 그가 켄터키주 트라피스트에 있는 겟세마네 수도원으로 데려다 달라고 부탁했을 때 그것은 내게 영광이었다. 그곳에서 그는 그가 가장 좋아하는 작가인 토마스 머튼을 포함하여 산 자와 죽은 자를 포함한 수도사들과 함께 매년 4일간 피정을 한다. 그렇게 우리는 그곳에 오게 되었고 색이 물드는 9월의 떡갈나무 사이에 앉아 수도사들과 함께 시편을 부르며 저녁 레크리에이션을 하는 이 시간까지 침묵을 지켰던 수도원을 내려다보고 있다.

톰은 갑자기 진지한 표정으로 나를 쳐다보며 물었다. "데이비드, 개인적으로 정형화된 기도의 유형을 가지고 있습니까?" 나는 그에게 대답했다. "저는 그런 정형화된 틀에 대해 상당한 저항감을 가지고 있습니다. 내 안의 무언가가 내가 기도하려고 했던 어떤 예정된 상자에서 튕겨져 나옵니다. 매일 아침 조앤과 함께 기도하는 것과 공동체에서 기도하는 시간이 제가 감당할 수 있는 모든 구조입니다. 저는 좋은 수도사가 되지 못할 것입니다. 하지만 저만의 방식으로 정형화된 틀을 찾았습니다."

약 30년 전에 나는, 내 삶과 달리 모든 면에서 훈련되고, 계획되고, 정형화되어 있던 정신과 의사이자 전 중국 선교사였던 짐 스트링햄으로부터 가르침을 들었다. 짐이 가장 좋아하는 가르침은 마침내 『하나님은 당신에게 말씀하고 싶어 하신다」라는 소책자에 실렸다. 짐은 하나님이 나의 의식에 무엇을 가져오기를 원하시는지를 듣고, 그 다음에 무엇이 오는지를 적으면서, 매일 경건의 시간을 갖는 간단한 명상 수련을 권했다. 이러한 고독의 실천은 때때로 나를 축복해 주었던 퀘이커의 침묵 예배와 유사했기 때문에 나는 기꺼이 그것을 시도해 보았다. 그 이후로 내 결심은 하루 중 어느 시점에 손에 노트북을 들고 침묵하며 성령이 내게 보여주고 싶어 하시는 것을 기다리겠다는 것이었다.

내가 발견한 기도는 하나님의 사랑에 대한 인식을 계속 새롭게 하고, 무슨 일이 일어나든지 신뢰하는 법을 배운 지침을 주는 양방향 대화이다.

그런 다음 톰에게 "선생님은 어떤 영적 관습을 따르고 있습니까?"라고 물었다.

그는 "내가 젊은이었을 때, 나는 매일 한 시간씩 침묵 묵상을 해야 하는 메리놀 선교회에서 몇 년을 보냈습니다. 이후에 나는 그곳을 떠나, 결혼해서 가정을 꾸렸고, 그 모든 개인적인 일상이 사라졌습니다. 80년대 어느 날, 나는 성 닉지역 카톨릭 교구의 작은 나눔 그룹에 있었는데, 그곳에서 젊은 의학 기술 연구원인 동료가 우리에게 '매일 기도할 시간을 따로 두지 않는 한 당신은 영적인 삶에 대해 진지하지 않은 것입니다.'라고 말하는 것을 듣고 정말 큰 충격을 받았습니다."라고 대답했다. 톰은 눈물이 가득해져서 떨리는 목소리로 말했다. "나는 그것을 마음에 새겼고 매일 아침 커피를 마신 후 30분을 기도와 성경 공부 시간, 그리고 약간의 선禪 호흡 수련으로 침묵 가운데 보냈습니다. 그것이 내 삶을 변화시켰습니다." 그는 확신을 가지고 말했다. "그래서 저는 매년 예방 주사를 맞으러 이곳 수도원에 옵니다."

매일의 고독과 관상 기도는 물론 그 자체로 해야 할 좋은 일이다. 그것은 우리 내부와 주변 모두에서 "있는 그대로의 모든 선물"을 자각할 수 있도록 우리를 훈련시킨다. 그리고 기도는 언제 어디서나 할 수 있지만, 공동체 그리스도인은 자신의 온전함과 공동체의 복지를 위해 고독의 충실한 습관을 길러야 한다.

수도원은 종종 자신의 감옥에서 시간을 보내고, 하느님께서 그러시듯 자신을 알고, 단순하고 질서 있는 개인적인 습관을 형성하고, 고독을 배양할 것을 일깨워준다. 자신의 집이 없던 예수님은 종종 "외딴 곳으로 나가셔서, 거기에서 기도하고 계셨다."막 1:35 예수님은 한쪽 눈으로 하나님을 보고, 다른 한쪽 눈으로는 경건한 명성을 얻으려는 위선자들과 달리 제자들에게 이렇게 말씀하셨다. "너는 기도할 때에, 골방에 들어가 문을 닫고서, 숨어서 계시는 네 아버지께 기도하여라. 그리하면 숨어서 보시는 너의 아버지께서 너에게 갚아 주실 것이다"막 6:6갚아주신다는 이 보상이란 무엇인가? 고독 속에서 우리는 하나님이 우리를 보시는 방식으로 우리 자신을 보기 시작하고, 항상 엉망이면서도 사랑 받는 것이 아닐까? 고독 속에서 우리는 다른 사람들에게 인정받기 위해 수행하는 끈질긴 습관을 버리고 사랑과 감사로 인해 간절히 기뻐하는 하나님의 자녀로서의 우리의 정체성을 받아들일 기회를 가진다.

공동체가 기도, 성찰, 영적 독서, 자기 관리를 위한 개인 시간에 대해 가르치고 격려하는 것은 좋은 일이다. 그러나 이 문제에 있어서 예수님의 가르침에 충실하려고 노력한 사람은 누구나 영적 싸움이 자신의 책임임을 알게 될 것이다.

우리의 악마를 마주대하기

초기 사막의 교부들은 종종 그들이 기도하려고 할 때마다 그들에게 분노한 악마들과의 싸움에 대해 이야기한다. 오늘날, 우리가 마주치게 될 첫 번째 "악마"는 아마도 기도할 시간이 없다는 사실일 것이다. 우리의 공동체 생활은 이미 좋은 일들로 가득 차 있어, 넘친다. 우리의 세상은 "따라잡을 기회가 없다"고 불평하면서도 바쁜 것을 성공한 사람들의 특징으로 여긴다. 우리는 고독을 위한 공간을 만들기 위해 우리 삶의 나머지 부분에 질서, 단순함, 완전함이 와야만 한다는 것을 발견한다. 그러나 우리에게 필요한 소망과 인도와 용기를 하나님께 구하면 길이 열린다. 처음 시작할 때는 하루에 10분밖에 안 될지라도 이 약속은 우리와 함께 성장할 수 있다.

널리 읽히는 작가이자 노틀담, 예일, 하버드 신학교의 유명한 교수였던 헨리 나우웬은 영적 권위자로서의 그의 명성이 채울 수 없는 뼈아픈 영적 탈진에 대해 고백했다. 1년간의 피정과 라르쉬 공동체의 설립자인 장 바니에와 여러 차례 대화를 나눈 후, 나우웬은 토론토 근처의 데이브레이크 공동체에 가입하라는 초대를 수락했다. 이 삶의 전환에 대한 그의 일기인 『새벽으로 가는 길』은 공동체의 모든 초심자들의 투쟁을 드러내지만, 나우웬은 비범한 신학적 깊이와 목회적 감수성으로 이러한 투쟁들에 대해 숙고한다.

우리는 관상가의 두 번째 전투인 우리 자신의 흐트러지기 쉬운 마음에서 발견하는 혼란에 이르게 된다. 헨리 나우웬은 그에 대해 이렇게 쓰고 있다.

우리가 혼자가 되는 순간 혼돈이 우리 안에 열립니다. 이 혼돈은 너무 불안하고 혼란스러워서 다시 바빠지기를 거의 기다릴 수 없습니다. 그러므로 골방으로 들어가 문을 닫는다고 해서 우리의 내면의 모든 의심, 불안, 두려움, 나쁜 기억, 해결되지 않은 갈등, 분노한 감정, 충동적인 욕망을 즉시 차단한다는 의미는 아닙니다. 반대로, 외적인 산만함을 제거했을 때, 종종 내적인 산만함이 우리에게 본격적으로 나타난다는 것을 발견합니다. 우리는 종종 내부 소음으로부터 자신을 보호하기 위해 외부의 산만함을 사용합니다. 이것이 고독의 훈련을 더욱 중요하게 만듭니다.

우리 머릿속의 미친 목소리들이 끊임없이 우리 내면의 관심의 "마이크를 움켜쥐고" 더 많은 혼돈을 만들어내며 외친다.

관상 기도에서 발견되는 나쁜 소식은 우리가 우리 자신의 "마귀"를 물리칠 수 없다는 것이다. 우리가 어떤 종류의 자아 프로젝트에 의해 바꾸려고 하는 모든 결심은 문제가 되는 동일한 자아에 의해 만들어진다. 그러나 침묵 속에서 기다리며 참을성 있게 모든 어려움을 예수님께 가져옴으로써 그 목소리들은 결국 조용해진다. 좋은 소식은 예수님이 아버지와 함께 십자가에 이르기까지 신실하게 행하심으로 이미 우리의 승리를 쟁취했다는 것이다. 우리는 정말 은혜로 구원을 받는다. 나우웬이 말했듯이 "고독은 그리스도께서 자신의 형상대로 우리를 개조하시고 세상의 희생적인 강박으로부터 우리를 해방시키시는 장소입니다."

이것이 어떻게 작동하는지에 대한 본보기로, 최근 일기의 일부가 있다.

아, 예수님, 한적한 곳에서 혼자 지내던 시절에 무슨 일이 있었는지 알 것 같습니다. 저는 당신이 인생의 모든 엉망진창인 것을 고백할 필요는 없었지만, 허무함과 외로움, 오해를 받고, "그것을 알아듣지" 못한 제자들에 대한 분노의 감정을 가지고 있었다고 생각합니다. 그리고 거기서, 당신의 인간적인 몸부림은 다시 뚜렷하게 아버지로부터 사랑 받을 수 있었고, 그 어떤 것도 당신을 아바의 인도하심과 기쁨으로부터 떼어 놓을 수 없었습니다.

우리가 하나님과의 대화에서 알게 되는 자아는 다른 사람들과 우리 자신

앞에 긍정적인 이미지를 유지하기 위해 발버둥치는, 끊임없이 노력하는 우리의 자아보다 더 진실하다. 우리는 빠르게 대화하는 습관을 가지고 공동체에 온다. 왜냐하면 대부분의 환경에서, 우리는 어떻게 하든 말참견을 하기 위해 경쟁해야 하기 때문이다. 그러나 "주님께 귀 기울이기"를 실천하는 공동체에서 우리는 서로에게 "이번 주에는 무엇과 씨름했으며 주님으로부터 무엇을 들었습니까?"라고 물을 자유가 있다. 그 결과 대화는 사회적인 미묘함을 지나 하나님의 임재 안에서 두 영혼 사이의 친밀한 나눔의 공간으로 빠르게 이동한다. 나우웬은 우리가 이미 알고 있는 것을 상기시킨다. "침묵 없이는 말이 의미를 잃고, 듣지 않고는 말하는 것이 더 이상 치유할 수 없고, 거리가 없으면 가까움이 치유할 수 없습니다."

나는 창문을 닦을 때 유리창 양쪽에 한 사람씩 창문을 닦던 공동체에서 일하던 날을 기억한다. 나는 얼룩이 다른 쪽에 있다고 생각하고 몇 번이나 그것을 가리켰다. 내 상대방은 무엇을 추측하든?! 얼룩이 내 쪽에 있었기 때문에 문질러도 아무 소용이 없었다. 그 후 우리는 관계를 화해시키려는 우리의 노력에서 나의 독선적인 가정과 유리창 닦기의 유용한 은유에 대해 이야기했다. 종종 큐티 시간에 내 양심은 내가 돌아가서 수정해야 했던 사건들과 내가 잊고 있었던 약속들을 생각나게 해주었다. 우리가 귀를 기울이고, 우리의 온전함을 살피고, 하나님의 사랑의 밝은 빛이 우리 사이의 유리를 통해 빛날 수 있도록 관계를 화해시키도록 돕는다면, 성령은 우리 안에서 일하시는 것이다.

우리는 개인적이고 관계적인 악마와 대면하기 위해서 뿐만 아니라 하나님이 사랑하시는 부서진 세상을 위해 기도하기 위해 골방에 들어간다. 나우웬은 그에 대해 이렇게 쓰고 있다.

서구의 종교적 정서가 너무나 개별화되어 "통회하는 마음"과 같은 개념이 개인적인 죄의 경험과 그에 대한 참회 의지만을 언급하게 된 것을 보는 것은 비극입니다. 생각, 말, 행동에 있는 우리의 불순함을 자각할 수 있다면 참으로 우리는 양심의 가책을 받게 되고 용서의 몸짓에 대한 희망을 우리 안에 가지게 됩니다. 그러나 우리 시대의 파국적 사건, 전쟁, 대량 살인, 무자비한 폭력, 붐비는 감옥 고문실, 수백만 명의 굶주림과 질병, 인류 대다수의 형언할 수 없는 비참함이 안전하게 우리 마음의 고독 밖에 있다면 우리의 회개는 경건한 감정에 지나지 않습니다.

우리가 세상의 재난을 위해 기도할 때 하나님은 우리가 모든 것을 할 수는 없지만 무엇인가는 할 수 있음을 보여주신다. 그리스도의 마음을 배울 수 있는 장기적 관계에 집착하기보다 한 원인에서 다른 원인으로 이동하는 도덕적 유목민이 되기 때문에 활동가로서 우리는 뉴스의 최근 위기에 반응하려는 유혹을 받는다. 예를 들어, 소저너스교회샌프란시스코 교인들은 "수단의 잃어버린 소년" 중 한 명과의 우정을 통해 친구 마이클 아유엔 드 쿠아니의 고향에 학교를 짓는 프로젝트인 수단 재건Rebuild Sudan의 공동 후원자가 되기로 결정한 적이 있다. 내전의 와중에 난민 캠프에서 돌아온 것을 시작으로 경제, 교육, 영적 발전의 여러 단계를 통해 발레 누에보와 연대하고 우정을 돈독히 하면서, 이곳 레바에서 우리는 엘살바도르의 한 마을과 20년 동안 자매 공동체 관계를 맺어 왔다.

기도로 신실하게 식별되는 몇 가지 관계는 우리 세상의 재난 통계 이하다. 이것은 미디어와 뉴스에서 에너지를 얻는 단독 활동가보다 공동체가 더 잘할 수 있는 일이다. 기도로 태어난 것은 다른 무언가가 손짓할 때까지 우리가 할 수 있는 일에 대한 "좋은 아이디어"를 넘어서는 확신과 소명으로 다른 사람들에게 말할 것이다.

공동체에도 불구하고 절제된(훈련된) 영적 삶

많은 사람들이 외로움에서 벗어나기 위해 공동체에 온다. 다시 말해 그들은 같은 생각을 가진 다른 사람들과 함께 인생의 어려움을 함께 헤쳐 나갈 수용과 이해심 있는 친구를 찾을 수 있기를 바라며 온다. 그리고 종종 이런 일이 일어나지만, 우리가 그것을 필요로 하는 모든 방식으로 항상 일어날 수는 없다. 다시 헨리 나우웬의 말을 들어 보자.

> 나는 깊은 우정의 지지를 받고 아름다운 그리스도인들의 사랑의 그물망에 둘러싸여 정신적으로 장애가 있는 사람들과 함께 살면서 그들을 보살필 수 있기를 기대했습니다. 나는 두 번째 외로움을 감당할 준비가 되어 있지 않았습니다. 하지만 나는 데이브레이크 공동체가 예수님과 함께 두 번째 외로움으로 들어갈 수 있는 "안전한" 맥락을 내게 준 신비를 보러 올 것입니다. 그것에 관한 매력적이거나 낭만적인 것은 없습니다. 그것은 어두운 고통입니다. 그것은 전혀 모르는 곳으로 예수님을 따라가는 것입니다. 그것은 십자가에서 비워지고 벌거벗은 믿음으로 새 생명을 기다려야 하는 것입니다.

사랑에 대한 우리의 욕구는 무한하고 공동체가 우리에게 줄 수 있는 것은 제한적이다. 우리가 인간에게 집착하고 그들 안에서 모든 필요를 충족시키기를 희망한다면 우리는 공동체라는 우상을 만드는 것이다. 공동체 안에서도, 사실 때로는 특히 공동체 안에서도, 우리는 고통에서 돌아서지 말고, 우리가 할 수 있는 최고의 이름을 지어 하나님께 가져다 드리는 법을 배워야 한다. 장기적으로, 공동체는 구성원들이 모든 것의 중심에 있는 다시 시작할 수 있는 원천인 하나님의 부활 사랑에 대해 예수님처럼 기다리는 법을 배울 때만 가능하다. 다른 모든 것들은 반사된 빛이다.

관상 기도에 관한 뛰어난 작가이자 16세기 스페인의 12개 여성 종교 공동체의 창시자인 아빌라의 테레사는 이 두 번째 고독의 고통을 잘 알고 자매들에게 다음과 같은 모토를 가르쳤다. "어떤 것도 너를 방해하지 못하게 하라 / 어떤 것도 당신을 놀래지 못하게 하라 / 하나님께 매달리는 사람은 / 아무것도 부족하지 않을 것이다 / 하나님 한 분으로 충분하다" 이 지혜를 우리의 뼈에 아로새기는 이유는 우리를 영적 성숙으로 인도하고 하나님께서 우리를 이기게 해주신다는 확실한 믿음을 가지고 공동체에서 일어날 수 있는 최악의 상황에 대비하도록 우리를 준비시켜주기 때문이다.

나는 사랑하는 친구이자 우리 살바도르 자매 공동체인 발레 누에보의 영적 지도자인 토마사 토레스와 함께 합창, "아무도 당신을 방해하지 않습니다. 나다 테 터브"를 불렀던 것을 기억한다. 그것을 보고 나는 "우리는 죽음의 문턱까지 가는 시험을 받은 적이 없기 때문에 미국에 있는 우리가 이 노래를 부르는 것은 쉬운 일입니다. 이 노래가 당신에게 진심으로 다가옵니까?"라고 그에게 물었다.

토마사는 무릎을 바라보며 한참을 기다렸다가 천천히 몸을 일으키며 말을 이어갔다. "네, 그렇습니다, 우리는 여러 번 군대에 쫓겨 목숨을 걸고 도망쳤습니다. 때때로 우리는 사랑하는 사람들의 시체를 넘어 비틀거리며 어둠 속을 달렸습니다. 그건 끔찍한 시간이었습니다. 우리는 예수님처럼 십자가에 못 박혔습니다." 그녀는 눈물이 가득한 눈으로 위를 올려다보며 말했다. "그러나 우리는 참으로 '하나님 한 분으로 충분하다. Solo Dios basta'는 것을 알게 되었습니다."

공동체가 우리 곁에 있지 않거나, 우리가 그곳에 있는 사랑을 경험할 수 없는 어려운 시기에, 그럼에도 불구하고 우리는 우리 삶과 공동체의 닻인 "하나님 한 분으로 충분하다.Solo Dios basta"는 것을 알고 신뢰할 수 있다.

제23장

사람들이 떠날 때

모든 이탈은 떠나는 사람이나 남아있는 공동체에 대한 결과가 동일하지 않다. 내가 방문한 한 공동체는 한 실습회원이 아침 식사에 나타나지 않은 사건에서 회복하기 위해 안간힘을 쓰고 있었다. 그의 방을 살펴보니 그와 그의 모든 것이 사라졌다. 무엇이 잘못되었는지 또는 어떻게 회복될 수 있을지에 대해 이야기할 기회조차 없었다.

조앤과 나는 1984년에 뉴 크리에이션 펠로우십을 떠나 레바 플레이스 펠로우십으로 옮겼다. 이 이사캔자스 주 뉴튼에서 일리노이 주 에번스턴으로는 안식년으로 시작되었지만 몇 년에 걸친 우리 가족과 두 공동체 사이의 평화로운 분별 과정을 거쳐 주소 변경으로 끝났다. 두 공동체 모두 레바가 우리의 은사와 우리 가족이 필요로 하는 지원에 더 적합하다는 것에 동의했다. 비록 우리와 뉴 크리에이션의 사람들이 이 변화에 슬픔을 느꼈지만, 서로 축복하며 나아갈 수 있었다. 우리는 뉴 크리에이션에 남아있는 친구들과 관계를 유지하고 오히려 더 깊게 하기 위해 매년 다시 그곳을 방문하고 있다.

이 두 가지 예는 공동체의 이탈이라는 스펙트럼의 반대쪽 끝을 나타낸다. 이번 장에서 나는 이러한 이탈에서 얻은 몇 가지 지혜, 곧 그들이 오는 것을 보는 방법, 그들로부터 배울 수 있는 것, 그리고 이탈을 상호 축복의 시간으로 만드는 방법을 공유하고자 한다. 나는 주로 머무르는 공동체 구성원들을 위해 글을 쓰지만, 가족이 한 공동체를 떠나 다른 공동체에 합류한 사람으로서 다른 쪽의 경험도 공유하고 싶다.

몇 가지 일반적인 관찰

공동체의 이탈이 평화롭고 공유된 모든 것에 감사하며 축하할 때조차도, 그들은 반드시 기억해야 할 다른 의미의 슬픔으로 물들어 있다. 모든 사람들이 그들의 새로운 현실에 관심을 가질 것이기 때문에 관계는 예전과 같지 않을 것이다. 그리고 누군가가 화가 나서 사건을 처리할 기회가 없이 떠날 때, 양측의 고통은 깊고 지속될 수 있지만, 화해의 희망이 사라진 것은 아니다. 작고 젊은 공동체에서는 남아 있는 소수의 사람들이 공동체의 생존을 두려워할 수 있기 때문에 이탈이 더 위협적으로 느껴지는 경향이 있다.

역설적이게도 떠날 수 있는 자유는 공동체의 건강을 위해 필수적이다. 우리는 헌신적이고, 온 마음을 다하고, 번창하고, 대부분의 시간을 즐겁게 보내며, 강요에 의해서가 아니라 자발적으로 참석하는 사람들이 우리와 함께 공동체를 이루기를 원한다. 여러 가지 이유로 합리적인 시험 기간이 지난 후 사람들이 공동체에서 성장하지 않을 때, 그들이 부끄러움 없이 다른 곳으로 갈 자유가 있어야 한다. 의도적인 공동체는 감옥과 정반대여야 한다. 들어가기가 어렵고, 열정적인 참여자로 가득 차 있으며, 떠나기는 쉬워야 한다. 요한계시록 21장 25절에 따르면 천국에서도 문은 항상 열려 있다.

높은 기대의 문제

대부분의 공동체는 도착한 사람들의 기대에 주의를 기울이는 법을 배웠다. 새로 온 사람들은 쉐인 클레어본의 『거부할 수 없는 혁명』을 읽고, 그들이 온 공동체가 심플 웨이와 같지 않다는 것을 발견했을 것이다. 사실 지금의 심플 웨이는 클레어본이 그 책을 썼을 때의 심플 웨이와는 다르다. 만약 공동체가 살아있다면, 그것은 변화될 것이다. 따라서 거창한 비전이나 고정된 기대를 가지고 공동체에 들어온 사람들은 그들의 희망과 필요가 모두 충족되지 않기 때문에 곧 떠날 위험이 도사리고 있다.

공동체는 환영하고 친절하기를 원하기 때문에, 젊고 경험이 적은 공동체의 경우, 불행한 사람들이 떠난 경험이 있는 공동체만큼 수용 과정에서 신중하거나 민감하지 못할 수 있다. 미니애폴리스에 있는 그린하우스 공동체의 블리스 벤슨은 "우리는 사람들이 이곳으로 들어올 때, 단지 종이 한 장을 건네주는 것이 아니라, 그들과 함께 서약을 소리 내어 읽는 것을 관행으로 만들었습니다. 진행하면서 각 항목에 대해 논의합니다. 그런 다음, 우리의 공통된 이해가 다소 어긋날 경우를 대비하여 정기적으로 공동체 전체가 모여 이 서약을 다시 읽습니다."

또한 그린하우스에서는 사람들이 떠날 때 공동체가 더 잘 기능할 수 있는 방법에 대한 제안이나 조언을 듣기 위해 보고하는 시간을 갖는다. 이런 식으로 그들은 그들 자신의 진행 중인 과정에 대한 지혜를 축적했고, 그러한 대화는 떠나는 사람들과의 대부분의 긴장을 해소하여 방문객과 친구로 돌아올 수 있는 문을 열어 놓게 만든다. 실제로 그들은 종종 그렇게 돌아온다.

레바 리더십 팀의 일원인 앨런 하우가 다음과 같이 말했을 때 그는 다른 많은 공동체들을 대변한다고 할 수 있다. "여기서 우리가 함께 주요 결정을 내린다는 것을 입회하기 전에 명확히 하는 것이 중요합니다. 우리는 결정을 내리기 전, 아직 그것들에 대해 깊이 생각하고, 대화에 열려 있고, 함께 하나님의 뜻을 구하는 동안 우리의 감정과 책임을 공유합니다." 사람들이 공동체와 사랑에 빠졌을 때는 공유된 의사 결정에 대한 그러한 헌신에 동의하기가 쉽다. 그러나 공동체가 이러한 급진적인 의사결정 공유 관행을 계속 모델로 삼지 않는 한, 얼마 후 우리는 다시 지배적인 문화의 개인적 자율성으로 돌아가기 쉽다.

"공동체가 의존하고 있는 일을 그만두고, 더 많은 훈련을 받아야 할까요?" "우리의 결혼 생활에는 지속적인 스트레스가 있어 상담을 받고 싶습니다. 우리가 그 비용을 지불하는 데 공동체가 도움을 줄 수 있습니까?" 새로운 회원들은 공동체의 다른 사람들이 불안정하게 미래의 선택을 공유하는 것을 보면서 제자로서의 성격과 습관이 형성된다. 모든 사람의 개성과 경험을 존중하는 대화에 참여하면서도 여전히 성령이 최종 결정을 내리기를 기다리는 것은 변화를 가져온다. 결정을 공유하는 것이 공동체의 문화라면, 누군가가 떠나기로 한 결정으로 공동체를 놀라게 하지는 않을 것이다.

물론 견습 회원은 시험 기간이 지나면 부끄러움이나 약속을 어긴 경험 없이 자유롭게 탈퇴할 수 있다. 하지만 서약 구성원의 경우는 어떤가? 몇몇 공동체는 서약 구성원이 되는 것을 정직한 별거의 가능성이 없는 평생 동안의 결혼과 유사하다고 생각한다. 만약 이것이 가장 유력한 비유라면, 이탈은 이혼, 배신으로 경험되고, 이탈을 넘어 지속적인 관계를 거의 불가능하게 만든다. 그 결과는 보통 일어난 일에 대한 아주 다른 두 가지 이야기이며 양쪽 모두가 희생자처럼 느낄 수 있는 각본이다.

나는 결혼에 대한 비유가 공동체 서약의 성격을 과장하는 것이라고 생각한다. 아마도 공동체를, 예수님이 "안식일이 사람을 위하여 생긴 것이지, 사람이 안식일을 위하여 생긴 것이 아니다."막 2:27라고 하신 안식일에 비교하는 것이 더 나은 비유일 것이다. 공동체의 목적은 그 회원들이 예수님의 더 나은 제자가 될 수 있도록 지원하는 것이다. 공동체는 그 자체가 목적이 아니며, 하나님 나라를 충실히 표현할 수 있는 유일한 방법이다. 누군가가 다른 환경에서 주님을 더 잘 섬길 수 있다면, 그 사람이 소속된 공동체는 이러한 가능성을 처리하는 데 열려 있어야 한다. 물론 공동체를 떠나는 데에는 이보다 덜 숭고한 동기가 많이 있을 수 있으며, 이는 이 장의 뒷부분에서 논의한다.

공동체 이탈이 우리에게 지속적인 배신감을 남긴다면 하나님보다는 공동체에 신뢰를 두었다는 신호가 될 수 있다. 공동체에서 우리는 개인적인 소유물을 포기했을 수도 있지만 우리의 안전이 그들에게 달려 있는 것처럼 여전히 관계를 소유하고 있다. 아아, 이 삶에는 우리의 안전을 보장할 수 있는 제도도, 인간의 약속도, 계약도 없다. 켄터키 주 트라피스트에 있는 겟세마네 수도원의 관문 위에는 "하나님만이"라는 글귀가 바위에 새겨져 있다.

소외가 나타나기 시작할 때

사람들이 밖으로 떠나기 오래 전에 보통 안으로 물러나는 징후가 나타난다. 이것은 회의에 나타나지 않는 사람, 외면하는 눈, 진심어린 인사를 하지 않는 사람들에게서 나타날 수 있다. 누구나 개인적인 보살핌과 소외의 징후에 대한 우려의 질문으로 반응할 수 있는 자유를 느껴야 한다. 예를 들어 이런 말이 될 것이다. "어제 소풍 때 당신이 없어서 섭섭했어요. 혹 무슨 일 있어요?"

공동체가 그러한 필요에 특히 잘 대응할 수 있는 목사를 갖는 것은 중요하다. 소외감을 느끼는 사람이 충분한 성숙함과 자기인식을 가지고 있다면, 그 사람은 목사나 소그룹에게 그런 감정을 언급할 것이다. 그리스도 안에서 안전한 사람, 공동체의 복지보다 소외된 개인의 안녕에 우선 관심을 두는 사람이 그러한 감정에 귀를 기울이는 것이 중요하다. 사람들이 공동체에 대한 부르심에 흔들리고 있을 때, 논쟁에서 이기기 위한 목적이 아니라 그들을 온전하고 충만한 삶으로 회복시키려는 열망으로 그들이 처음 가입한 이유를 상기시키고 그 이유가 어떻게 되었는지 물어보는 것이 좋다.

1970년대 우리 가족이 뉴 크리에이션 펠로우십에 있었을 때, 한 시즌 동안 조앤은 심하게 부담을 느끼고 낙담하여, 공동체와 가족생활에서 낙오되었다. 나는 가능한 한 공동체 모임에 계속 참석했다. 하지만, 이것은 우리의 결혼에 부담을 주었고, 성령이 조앤과의 연대를 표현하기 위해 회원 자격에서 물러나도록 촉구하고 있다는 것을 내가 느낄 때까지 우리 사이에 불신은 커졌다. 놀라운 점은 공동체가 우리의 신분 변화를 받아들이면서도 우리를 사랑하고 섬기는 일을 그치지 않았다는 것이다. 실제로 그들은 우리가 거의 아무것도 줄 수 없었는데도 우리 삶에 대한 투자를 늘렸다.

아이린과 제이크는 1년 이상 매주 목요일 저녁마다 우리를 만나 우리의 고민을 듣고, 상담하고, 함께 기도했다. 공동체의 다른 사람들은 우리가 금요일 모임에서 시간을 보낼 수 있도록 금요일 저녁에 우리 아이들을 봐주었다. 결국 조앤은 삶과 희망이 회복되었음을 충분히 느끼게 되어 그녀와 나는 다시 공동체 회원으로 합류할 수 있게 되었고 기억에 남을 만한 일요일 아침에 정식으로 그것을 알렸다. 아무도 이런 사랑을 기대하거나 요구할 수 없지만, 그것은 우리 이야기의 일부이며, 그것이 없었다면 우리의 결혼 생활과 가족이 함께 유지될 수 없었을 것이다. 여러 면에서 우리는 공동체를 떠났지만 공동체는 우리를 떠나지 않았다. 어떤 규칙도 공동체에게 언제 사람들을 서약에서 해방시키고 계속 이렇게 사랑해야 하는지 알려줄 수 없지만, 성령에 귀를 기울이면 그러한 분별력을 갖게 될 것이다.

사람들이 잘 자라도록 돕기

예수님은 말씀하셨다, "나는, 양들이 생명을 얻고 또 더 넘치게 얻게 하려고 왔다" 요 10:10 개인이 공동체 안에서 예수님의 종의 길을 배우듯이 공동체의 구성원들이 이 풍성한 삶을 경험하게 하는 것도 공동체의 과업이다. 때때로 우리의 이주 이야기에서와 같이 사람들은 다른 공동체나 다른 직업에서 더 나은 삶의 맥락을 찾고, 하나님이 그들을 다른 곳에서 부르시는 가족이나 섬김과의 더 건강한 관계를 찾을 것이다. 이러한 문제는 고유하게 분별되어야 하며 일반적인 규칙에 의해 고정되어서는 안 된다. 그러나 하나님의 목적이 지역의 공동체보다 더 크다는 것을 기억하면 도움이 될 것이다. 우리의 공동체들은 개인과 가족이 하나님의 새로운 창조 안에서 가장 잘 자라고 번창할 수 있는 곳을 분별하도록 도울 수 있다.

때때로 의도적인 공동체의 사람들은 관계적으로나 영적으로 성장하지 않으며, 그들이 떠난 후 몇 년이 지나야 그 이유를 설명할 수 있다. 그들이 떠나고 싶어 하는 이유는 그들의 말을 들으려는 사람들에게는 "결론"이 되지 않는다. 그들의 모든 관심사에 대한 해결책을 찾을 수 있을 것 같지만 그들은 문제를 해결하기를 원하는 것이 아니다. 다시 말해 그들은 그저 떠날 필요성을 직감할 뿐이다. 마지막으로, 우리는 공동체의 건강한 삶에 필수적인 "원하는 것"을 누군가에게 줄 수 없다. 사람들이 부름을 받는 이유와 그들이 떠나는 이유는 둘 다 우리의 제한된 이해 방식으로는 다 이해될 수 없다.

예수님이 말씀하신 의미에서 사람들이 번성하도록 돕는 것은 우리 문화가 개인적 성취를 자율적으로 추구하는 것과 같지 않다. 예수님은 이리가 오면 도망가는 삯꾼들과는 달리 자신의 양 떼를 돌보는 목자의 비유를 통해 풍성한 삶에 대해 말씀하셨다. "나는 선한 목자이다. 나는 내 양들을 알고, 내 양들은 나를 안다. 그것은 마치, 아버지께서 나를 아시고, 내가 아버지를 아는 것과 같다. 나는 양들을 위하여 내 목숨을 버린다." 요 10:14 - 15

이 풍성한 삶은 상대방을 알고 사랑하고 그를 위해 모든 것, 즉 생명까지도 내어주는 관계인 아버지와 예수님이 함께 하시는 삶과 같은 삶이다. 우리는 사랑과 섬김을 위해 창조되었으며, 예수님의 방식으로 다른 사람을 위해 온 마음으로 자신을 내어줄 수 있을 때 이것이 풍성한 삶이다. 그러나 그것은 우리가 오직 받아 내어줄 수밖에 없는 삶의 방식이다. 우리는 그것을 소유하거나 다른 누군가에게 일어나도록 할 수 없다.

공동체가 더 넓은 협회나 질서에 가입해야 하는 한 가지 좋은 이유는 구도자들이 프레드릭 뷰크너가 쓴 것처럼 "당신의 가장 깊은 기쁨과 세상의 깊은 굶주림이 만나는 곳"을 찾도록 돕는 것이다. 자주 인용되는 이 인용문에서 뷰크너가 언급하지 않은 것은 등식의 공통부분, 즉 그러한 질문은 여러분이 알려진 공동체에서 가장 잘 식별되며 여러분이 속할 수 있는 섬김의 장소에 도착하는 데 도움이 될 수 있다는 것이다. 즉, 어떤 사람들은 수도회나 협회의 다른 공동체를 방문하여 자신을 온전히 바칠 수 있는 곳, 인생의 동반자를 찾을 수 있는 곳, 또는 그들의 섬김이 특별히 필요한 곳을 찾도록 격려 받을 수 있다는 것이다.

때때로 사람들은 떠나달라는 요청을 받아야만 한다

때때로 공동체는 그들이 떠날 수도 있는 위험을 받아들이면서 분열적인 행동에 대해 어떤 사람과 직면해야 할 필요가 있다. 누군가에게 떠나달라고 요청하는 것은 매우 드문 일이지만, 공동체가 대비해야 할 일이다. 예수님은 마태복음 18장 15~17절에서 그러한 상황에 대한 과정을 제시하신다. 소외의 조짐이 보이면 이를 알게 된 사람이 직접 가서 관계의 단절을 해결하기 위해 노력해야 한다. 그래도 안 되면 다른 두세 사람을 중재자로 데려와야 한다. 그래도 문제가 해결되지 않으면 전체 공동체가 참여해야 한다.

어떤 사람이 공동체의 말을 듣지 않을 것이 분명하다면 당사자에게 떠나라고 요청할 수 있다. 이 장은 이 민감한 문제의 모든 변형을 심층적으로 다루기에 충분히 길지 않다. 더 많은 도움이 필요하면 말린 예슈케의 『교회 훈육[Discipling in the Church]』을 참조하라. 예수님에게 중요한 문제는 범죄의 크기가 아니라 그 사람이 기꺼이 대화에 머물고, 경청하고, 대화와 조언에 마음을 열고 있는지 여부이다.

　라르쉬 공동체의 경험을 바탕으로 장 바니에는 그것에 대해 다음과 같이 말한다.

　　공동체에서 책임이 있는 사람들과 공동체의 장기적인 구성원들만이 누군가가 반드시 가야 한다고 결정할 수 있습니다. 그러나 그렇게 함에 있어서 그들 역시 자신의 죄를 인정해야 합니다. 아마도 그들은 분열의 첫 징후가 나타나자마자 용기 있게 그 사람을 엄하게 다루지 못했을 것입니다. 그러나 뒤늦게 잘못을 인정했다고 해서 공동체가 단호하게 행동하는 데 방해가 되어서는 안 됩니다. 누군가가 공동체 구성원들 사이에 불화를 일으키면 그 사람에게 떠날 것을 요청해야만 합니다.

　　공동체는 단순히 사람들이 방해가 되거나, 어려운 성격을 가지고 있거나, 잘못된 장소에 있는 것처럼 보이거나, 도전하고 있다고 해서 사람들을 내보내서는 안 됩니다. 떠나보내야 할 유일한 사람들은 이미 그들 자신의 마음속에서 공동체와 단절된 사람들입니다. 이런 사람들은 공동체를 분열시키고 공동체의 첫 번째 목적에서 벗어나게 합니다.

　이런 종류의 상황에 직면했을 때, 젊은 공동체들은 더 경험이 풍부한 그룹의 조언을 구하고 싶어 할 수도 있다. 스프링워터 공동체는 첫 번째 방문에서 "예언의 은사"를 가진 한 방문객이 개인적으로 몇 사람들에게 "불공정한" 관행에 대해 공동체에 도전하도록 격려했다.27장 참조 방문객이 말한 모든 것은 진실의 일부분을 담고 있었고, 분열은 커지고 있었다. 그러나 사적인 대화의 전체 패턴이 밝혀지고 방문 팀의 조언을 통해 도움을 받으면서 방문객이 자신의 분열적인 험담에 대해 책임을 져야 한다는 것이 분명해졌고 그때 그는 떠나기로 결정했다. 스프링워터 구성원들은 막 총알을 피한 것 같은 기분을 느꼈다. 바니에는 계속해서 다음과 같이 말했다.

> 공동체를 구축하는 데는 많은 시간과 지혜가 필요합니다. 그러나 권력을 추구하는 오만하고 파괴적인 사람이 회원이 되도록 허용된다면 공동체를 무너뜨리고 파괴하는 데 아주 짧은 시간이 걸릴 수 있습니다. 공동체에 그 사람과 맞설 만한 강한 사람들이 없다면 공동체는 분열되어 사라질 가능성이 높습니다.

이탈의 이유가 모든 화해의 노력들이 실패했기 때문인 경우, 최악의 경우의 시나리오는 무엇인가? 복음서에는 예수님과 유다의 관계에서 깊이 생각해 볼 수 있는 극단적인 예가 있다.

"열둘 가운데 하나인 가룻이라는 유다에게 사탄이 들어갔다. 유다는 떠나가서 대제사장들과 성전 경비대장들과 더불어 어떻게 예수를 그들에게 넘겨줄지를 의논하였다. 그래서 그들은 기뻐하여, 그에게 돈을 주겠다고 약조하였다. 유다는 동의하고, 무리가 없을 때에 예수를 그들에게 넘겨주려고, 기회를 노리고 있었다." 눅 22:3~6 유다의 전략과 희망이 무엇이었는지 우리는 정말 알 수 없다. 하지만 우리는 그가 은화 30냥에 시작한 드라마가 그가 기대했던 것과는 전혀 다른 결과를 낳았다는 것을 분명하게 알고 있다. 그리고 예수님께서 정죄를 받으셨을 때 유다는 회개하고 돈을 돌려주고 목을 매 죽었다. 수세기에 걸친 성서 해석은 유다를 최악의 악당으로 만들었다.

그러나 예수님은 단호하고 파괴적인 방식으로 공동체를 떠난 유다를 저지하거나 모욕하거나 공개적으로 비난하지 않으신다. 예수님은 그에게 그렇게 할 수 있는 자유를 허락하셨다. "네가 하려는 일을 속히 하라" 요 13:27 예수님은 사람들이 그들의 자유로 어떤 끔찍한 일을 하든지, 하나님께서 그로부터 선을 이끌어내실 수 있다고 믿는 사람으로서 말씀하신다. 내가 요점을 확장하는 것일 수도 있지만, 예수님은 공동체에서 약속을 어기는 사람들에게 "그러면 해야 한다고 느끼는 대로 하십시오."라고 우리에게 말하게 하시는 것처럼 들린다. 그것은 정죄가 아니며, 자신의 마음의 목적에 반하여 누군가를 붙잡는 것도 아니며, 인간이 할 수 있는 최악의 일, 심지어 사랑의 화신을 죽이는 것까지도 하나님께서 구속하시고 선을 위해 사용하실 수 있다는 신뢰를 포함한다.

레바 공동체의 리더인 샐리 영퀴스트는 다음과 같이 자신이 전에 깨달았던 바를 이야기한다. "사람들이 완전한 화해 없이 공동체를 떠날 때, 보통 두 가지 다른 이야기가 나옵니다. 종종 떠나는 사람은 묻는 사람에게 자신의 이야기를 들려줍니다. 반면, 공동체는 개인 정보를 공개하지 않아야 할 책임을 느낍니다. 공동체 리더로서 나는 종종 일어난 일에 대한 우리의 견해를 공개함으로써 연대감을 지키고 싶습니다. 그러나 나는 이것이 관계에 상처와 거리를 더할 뿐이라는 것을 깨달았습니다. 관계를 유지하고, 화해를 위해 기도하고, 그 목적을 위해 우리가 할 수 있는 모든 일에 열린 자세를 유지하는 것이 좋습니다."

또한 레바에서 온 앨런 하우는 이렇게 설명했다. "우리의 경험에 따르면 떠나는 사람들의 필요를 충족시키기 위해 실질적인 합의에 관대하게 행동함으로써 앞서 나갔습니다. 때때로, 1년 후, 떠난 사람들은 떠날 당시에는 명확하지 않았던 다른 무언가가 필요하다고 느낍니다. 진실을 가리지 않고 평화를 만드는 일을 하려고 합니다. 그렇습니다. 적들을 모으기에는 우리의 인생이 너무 짧습니다."

어려운 이별 후 공동체가 특별히 함께 시간을 보내며 감정을 나누고, 자신의 상처를 위로하고, 떠난 이들을 위해 기도하는 것이 좋다. 그럴 때 예수님은 특별히 임재 하셔서 우리를 치유하고 일치시키시고 다시 사랑하도록 회복시켜 주신다. 우리가 줄 때 우리는 절대 마르지 않는 하나님의 사랑의 샘에 연결되어 있다는 확실한 지식을 가지게 된다.

이별을 가능한 한 긍정적으로 만들기

대부분의 이별은 불안하거나 긴장으로 가득 찬 사건이 아니다. 분리의 이유는 충분히 논의되었고 충분히 인정되었다. 배워야 할 교훈들을 배웠고 축하해야 할 시간이다. 이러한 시간에 보통 식사나 파티에서 해야 할 말들은 몇 가지 간단한 제목으로 분류된다. "감사합니다.", "미안합니다.", "축복합니다.", "또 오세요." 등이다. 삶을 깊이 공유한 후 작별 인사를 해야 할 때 슬픔은 당신이 사랑했고 그 관계가 정말로 의미가 있다는 건강한 신호이다. 우리는 그 관계에서 받은 선물에 대해 감사하는 동안에도 슬픔을 느낄 수 있다.

조지아 주의 주빌리 파트너스는 난민들이 새 집으로 떠나기 전에 몇 달 동안 오리엔테이션을 하는 것을 환영한다. 이 기간 동안, 사랑과 상호 섬김의 깊은 유대감이 자란다. 난민들이 떠날 때, 공동체는 공유된 모든 선물에 대한 특별한 언급과 축복의 기도를 하며 초원에서 손에 손을 잡고 원을 형성한다. 그리고 나서 밴이 출발할 때 모든 공동체 구성원들이 진입로에 줄을 서서 눈물과 작별의 함성으로 친구들을 향해 손을 흔들며 그들의 삶의 다음 장으로 들어간다.

원로 모임

어느 정도 자리를 잡은 공동체마다 나름의 '원로 모임'이 있는 것 같다. 블리스 벤슨은 미니애폴리스의 그린하우스 공동체에서 한동안 살았던 많은 사람들이 현재 교회의 일부이며, 주일마다 그들을 만나고 있다고 말한다. 그녀는 "그들은 월요일 포틀럭에 계속 참가하고 있습니다,"라고 보고한다. 2007년에 이곳 레바에서, 우리는 과거의 회원들과 손님들 수백 명이 지역 공원의 큰 텐트 아래에서 축하하기 위해 돌아왔고, 옛 얼굴과 이름, 그리고 사건들을 다시 연결해주는 레바의 50년의 역사를 보여주는 슬라이드 쇼를 열었던 50주년 기념행사를 가졌다. 쥬빌리 파트너스는 수백 명의 재정착 난민, 과거 자원봉사자, 그리고 이전 회원들이 돌아와 음식 재료가 되었던 칠면조를 제외한 모든 사람들이 즐거운 하루를 보내는 이산가족 상봉을 위해 성대한 추수감사절 피크닉을 개최한다. 많은 공동체에서는 모든 친구, 이전 회원, 이전 자원봉사자확대 가족에게 소식지를 발송하여 사람들과 연락을 유지하고 다시 방문한 것을 환영한다.

패트릭 머레이는 수년간 느헤미야 하우스매사추세츠주 스프링필드의 일원이었다가 이사를 간 젊은이들과 연락을 유지할 수 있는 소명과 재능을 가지고 있다. 그는 먼 곳에 있는 많은 대학원생들, 의료 레지던트들, 봉사자들의 목사로 남아있다. 팻과 그들은 계속해서 자신들의 발전하는 소명감을 공유하고, 그를 통해, 방문과 전화로 느헤미야 하우스와의 관계를 유지하고 있다. 일부는 돌아올 계획을 세우고 있고 다른 일부는 그들이 도착한 공동체에 합류했다.

그들의 공동체로부터의 이탈에도 불구하고, 많은 전 구성원들은 그들을 "영원히" 변화시킨 공통된 삶의 형성과 관계를 맺는 방식을 공유한다. 다른 방식으로 방문을 위해 돌아온 사람들은 "익명의 교회나 피상적인 관계 때문에 파선했었다"고 말한다. 아마도 의도적인 그리스도인 공동체가 세상에 주는 최고의 선물 중 하나는 깊이 있고 정직한 관계를 맛보고 거기에 중독되어, 그것을 찾을 때까지 더 많은 것을 계속 찾게 되는 것이다.

6부

성숙한 공동체는 하나님의 새로운 씨앗들을 위한
토양이 된다

제24장

공동체를 가로막는 상처의 치유
데이비드 잰슨과 앤디 로스

예수님은 우리가 삶의 트라우마를 치유하고 성숙의 자유로 함께 걸어갈 수 있도록 그리스도인 공동체의 중심에 계시다. 이야기로 설명해보자.

공동체 식사 후 활기차게 놀던 아이 올리비아는 의자 가장자리에 부딪혀 무릎을 찔렸다. 올리비아는 피를 흘리며 쩔뚝거리며 어머니에게 갔고 계속 소리 내어 우는 동안 어머니는 그 아이를 꼭 안아주었다. 모임에 있던 간호사가 상처를 살핀 후 피부만 까졌다고 판단한다. 한편 그녀의 어머니는 올리비아를 무릎에 앉히고 울음이 가라앉을 때까지 그녀의 귀에 치유를 위한 기도와 격려를 속삭인다. 눈물이 글썽한 그녀가 잠시 절뚝거리는 동안, 다른 사람들은 "무슨 일이야?" "지금은 어때?"라고 묻는다. 얼마 지나지 않아, 그녀는 다른 아이들과 다시 뛰며 놀고 있는데, 조금 더 조심스러워졌지만, 즐겁게 회복되었다.

올리비아는 어머니의 위로와 기도, 좋은 의료 서비스와 정보, 곁에 있는 공동체의 확인이라는 도움으로 그녀의 고통을 처리했다. 올리비아는 그 순간을 덮을 만한 충분한 사랑이 있었기 때문에 사고로 인한 지속적인 감정적 트라우마가 남아 있지 않았다. 완전히 처리된 이 고통스러운 경험은 실제로 그녀의 삶의 자원이 되며, 그녀가 다른 사람들과 그리고 치유하시는 하나님과 관계적으로 연결되어 있는 동안, 힘든 시간을 이겨낼 수 있다는 확신을 심어준다.

반대로, 같은 사고가 발생했지만, 사랑과 적절한 보살핌 대신 부모가 아이가 너무 부주의했다고 나무라거나, 상처를 벌로 간주하고, 아이에게 "너를 가진 것은 큰 실수였다"고 상기시키는 장면을 상상해 보라. 이 아이가 고통스러운 경험을 처리하도록 도와줄 사람이 아무도 없다면 그것은 트라우마가 되어 기억 속에 저장될 것이다. 이 사건으로 인한 부정적인 감정은 기억이 처리되고 치유되지 않는 한 유사한 각본에 의해 반복해서 재현될 것이다.

정당해 보이는 상황에서 지나치게 감정적으로 대응하면서 자신이 과잉반응하고 있다는 사실조차 인식하지 못하는 어떤 사람이 "폭발"하거나 "녹아버리는" 것을 본 적이 있는가? 당신은 사소해 보이는 말이나 행동으로 인해 다른 사람들과 행복하게 연결되어 있다고 느끼는 상태에서 완전히 단절된 것처럼 느껴지는 상태로 변화되었던 경험이 있는가? 이는 처리되지 않은 과거의 기억이 현재 상황에 의해 촉발되어 공동체 생활 속에서 지뢰처럼 폭발하고 있음을 인지할 수 있는 징후이다. 관련된 모든 사람에게 불행하게도, 과잉 반응을 일으키는 처리되지 않은 기억의 근원은 발견하기 어려울 수 있으며, 그 사실을 모르는 현재의 사람들이 유발된 사람의 감정에 대해 전적으로 책임을 지게 된다.

우리 모두는 사랑하는 관계와 집단 소속에 대해 온전하게 참여하지 못하게 만드는 치유되지 않은 상처를 안고 공동체에 온다. 하나님은 성서와 그리스도의 몸 안에 우리를 위해 어떤 회복의 자원을 가지고 계실까? 우리의 공동체가 구성원들과, 하나님이 우리와 같은 길을 가게 하시는 사람들을 위한 치유의 장소가 되도록 할 공통된 이해의 틀이 있는가?

짐 와일더와 쉐퍼드 하우스 주식회사lifemodel.org의 다른 상담원들은 『생명모델: 예수님이 주신 마음으로 살아가기』라는 성숙을 향한 치유와 성장을 촉진하기 위해 공동체를 위해 고안된 소책자에서 두 가지 유형의 관계 및 정서적 트라우마를 구분한다. A형 트라우마는 우리 모두가 받아야 할 좋은 것들, 우리에게 정서적 안정을 주는 것들의 부재에서 비롯된다. 여기에는 어린 시절에 소중히 여겨지지 않는 것이 포함될 수 있다. 우리가 누구인지 이해하는 데 시간을 들이는 사람은 없다. 즉, 우리가 누구인지를 이해하기 위해 적절한 육체적 애정을 받지 못하거나 적절한 연령 제한을 경험하지 못하거나, 음식, 의복, 피난처 등의 영역에서 방치되거나, 어려운 일을 하는 방법을 배우지 않거나, 개인적인 재능을 개발할 기회가 없었던 경우 등을 헤아리고 살피는 사람은 없다.

대조적으로, B형 트라우마는 우리가 처리할 수 없었던 "나쁜" 경험들이다. 그것들은 학대, 사고, 재난을 경험하거나 목격하는 것과 같은 극단적인 상황에서부터 겉으로 보기에 작은 사건아이가 혼자 무릎에 멍이 들어 아픈 것과 같은에 이르기까지 다양하다. 이 정의에 따르면, 경험이 얼마나 작거나 큰지는 중요하지 않다; 만약 우리가 그것을 처리할 수 없다면 그것은 트라우마가 된다. 앞서 올리비아에 대한 일화에서 보았듯이, 세 가지 중요한 처리 작업은 다른 사람들과 관계를 유지하고, 우리가 돌아보고 만족감을 느낄 수 있는 치유 방식으로 상황을 탐색하고, 적절한 의미로 경험을 해석하는 것이다.

치유와 성숙의 여정에 관해 짐 와일더는 이렇게 쓰고 있다. "우리는 우리가 어디에 있는지, 무엇을 놓쳤는지, 어디로 가고 있는지 알아야 합니다. 적절한 이해와 지도가 없다면, 우리는 계속 같은 구멍에 **빠질** 것입니다."

A형 트라우마 치유는 사랑, 보살핌, 관심의 결핍이 발달의 초기 단계에서 **빠진** 것을 완성하는 관계에 의해 채워지기 때문에 사랑하는 공동체에서 시간이 지남에 따라 자연스럽게 일어나는 경우가 많다. 은유적으로 우리는 이것을 기쁨이 넘칠 때까지 사랑으로 "빈 양동이를 채우는 것"이라고 상상할 수 있다.

또 다른 간단한 예를 고려해보자. 카리마는 철학을 공부하는 다정한 대학생이었다. 그녀는 자주 악몽을 꾸고 낮에도 비슷한 고통을 겪었다. 뛰어난 지성에도 불구하고 그녀는 자신이 감정적으로 구속되어 친밀한 관계를 위험에 빠뜨릴 만큼 충분히 다른 사람을 신뢰할 수 없다는 것을 알게 되었다. 월요일 밤 레바의 포틀럭에 이은 작은 나눔과 기도 모임에서 카리마는 정서적으로 아픈 어머니와 놓쳤던 일종의 성인 관계에 대한 긴박한 갈망을 경험했다. 졸업 후 그녀는 대학 철학 교수레바 회원의 가족 근처로 이사했고 그곳에서 몇 년 동안 영적 입양과 같은 경험을 했다. 4장에서 이야기한 그녀의 이야기는 가족과 공동체 생활에서 사랑을 주고받음으로써 A형 트라우마를 치유한 예이다.

B형 트라우마는 "우리의 기쁨의 양동이에 있는 구멍"에 비유될 수 있다. 이러한 구멍은 해결되지 않은 문제가 있는 기억에 접근하여 처리함으로써 "메워" 진다. 이 작업을 위해서는 당신과 함께 있는 것을 진심으로 기뻐하고, 깊이 경청하며, 당신이 공유하는 것에 흔들리지 않는 성숙한 동료또는 전문 치료사가 있는 것이 가장 도움이 된다. 아래에서 볼 수 있듯이 이러한 상처의 치유에 참여하시는 하나님을 환영하는 방법도 있다. 많은 A형 트라우마 뒤에는 B형 구멍이 있다는 것을 기억하는 것이 필수적이다. 관련된 유형 B 구멍을 해결하지 않고 사랑과 좋은 의도로 "양동이를 채우려고" 시도하는 공동체는 그들의 노력이 고갈되는 속도로 소모된다는 것을 알게 될 것이다.

일리노이 주 티스킬와 출신의 플로 크릭 펠로우십 장로이자 파트타임 제빵사인 루이즈 스탠케는 사랑스러운 공동체의 지원으로 학대적인 기억을 재처리한 그녀의 이야기를 들려준다.

루이즈 스탠케의 이야기

나는 항상 낮은 자아상, 많은 수치심, 감정적 슬픔으로 어려움을 겪었습니다. 1980년대 후반, 나는 기도 상담가들의 도움으로 나를 어린 시절로 되돌아가게 하는 한 성적 학대의 기억을 다루기 시작했습니다. 플로우 크릭에 있는 내 소그룹에게 내가 무엇을 다루고 있는지 알렸습니다. 그것은 나에게 정말 좋은 경험이었습니다. 비록 완벽하지는 않았지만, 내가 직면한 것을 사람들에게 알리고 판단을 받지 않을 수 있다는 것을 배웠습니다.

그것이 나에게 문을 열어주었고, 몇 년 후에 의식의 학대에 관한 정말 더 무거운 더 많은 기억들이 나타났을 때, 그때도 여전히 공동체와 자유롭게 공유할 수 있었습니다. 나는 후에야 내 경험이 실제로 얼마나 독특한지 알게 되었습니다. 비슷한 학대를 경험한 내가 아는 다른 사람들은 상담원을 제외하고는 완전히 고립되었다고 느꼈습니다. 그것은 싸워야 할 엄청난 적자입니다. 하지만 여러분은 반드시 누구와 안전하게 공유할 수 있는지에 대해 많은 분별력을 발휘해야 할 필요가 있습니다.

제 남편 마크와 저는 짐 와일더와 그의 동료들의 트라우마 치유 접근법에 대해 배우기 위해 두 번의 스라이브 컨퍼런스에 갔습니다. 그곳에서 우리는 기쁨의 힘에 대한 강의를 들었습니다. 어린 시절에 유아와 부모 사이의 미소 교환과 사랑스러운 눈 맞춤이 어떻게 기쁨의 힘을 키울 수 있는지에 대해 들었습니다. 강의 후반부에 "자신의 능력이 일정 수준에 이르면 자신의 능력 수준에 해당하는 것을 기억하게 된다."는 말을 들었습니다. 다시 말해, 내면의 힘이 그것에 대처할 준비가 되었을 때 트라우마를 기억하게 될 것입니다.

나는 어머니가 나에게 기쁨이나 긍정을 주지 않았을 때 어떻게 트라우마를 기억할 수 있는지 궁금했습니다. 그러나 하나님은 세 가지 방법으로 몇 년 동안 나의 기쁨의 힘을 세워 주셨습니다. 즉, 큐티 시간에 "내 딸아, 내가 너를 사랑한다"와 같은 주님의 말씀을 듣는 것, 나와 함께 있는 것을 기뻐하는 남편과의 30년 동안의 좋은 결혼생활, 그리고 나는 사람들이 나를 만나면 항상 반가워하는 공동체에서 25년을 보냈습니다.

공동체가 준 또 다른 큰 선물은 많은 수치심과 굴욕감을 느끼게 했던 것들을 기억하는 동안 사람들은 내가 가치 있고, 사랑받고 있고, 받아들여졌다는 것을 일관되게 떠올리게 해주었던 것입니다. 나는 공동체의 리더십과 더불어 전적으로 신뢰를 받아왔습니다. 하지만 이 위기가 닥치고 기억이 너무 강렬하게 되살아났을 때, 장로직을 그만두고 6개월간의 안식년을 얻었습니다. 만약 내 모든 이야기를 했다면, 어떤 사람들은 "박살이 났다"고 생각할 것입니다. 그러나 그들은 여전히 나를 존중하고 소중히 여겼습니다.

나는 더 이상 이 쓰레기가 내 삶에 영향을 미치게 두지 않기로 결심했습니다. 5년 동안 열심히 일했지만, 지금은 지난 1년 반 동안 새로운 기억이 없습니다. 이런 종류의 학대를 치료하기 위해서는 숙련되고 경험이 풍부한 도움이 반드시 필요합니다. 나는 칼과 샬롯 리만[아래 참조]이 치유 기도에 대해 훈련시킨 도구와 상담원을 강력히 추천합니다. 선한 마음을 가진 친절한 사람이 중요하지만 그것만으로는 충분하지 않습니다.

치유의 장소가 되고자 하는 그룹의 경우 적어도 한 사람이 공동체 구성원들을 평가하고 돌보는 데 능숙해지는 것이 중요합니다. 여러분이 세상의 모든 것을 해결할 수 있다고 가정하지 마십시오. 문제에 대한 경험이 있는 다른 공동체의 사람들과 상담하십시오. 공동체를 위해서뿐만 아니라 여러분이 도우려는 사람을 위해서도 여러분이 무엇을 할 수 있는지에 대해 현실적이어야 합니다.

✥ ✥ ✥

관상 기도, 사랑하는 남편, 공동체의 지원은 시간이 지남에 따라 루이즈의 A형 트라우마로 인한 많은 공허함을 채웠다. 그렇게 하고 나자 B형 외상에 대한 억압된 기억이 떠올랐을 때, 그녀는 그녀가 "정말 무거운 것"이라고 부르는 것을 처리할 수 있는 충분한 지지와 기쁨의 힘을 느꼈다. 이를 위해 그녀는 집중적인 기도, 전문적인 상담, 그리고 치유를 통해 볼 수 있는 지원 그룹의 자원이 필요했다. 루이즈가 말하지 않는 것은 지금 자신이 발산하는 조용한 기쁨, 공동체에 제공하는 불안하지 않은 리더십, 그리고 위기 때 다른 사람들을 상담하는 자원이 된, 자신의 투쟁을 통해 하나님이 주신 지혜와 분별력이다.

레바 플레이스교회의 젊은 남편이자 아버지인 앤디 로스는 루이즈 스탠케가 권고하는 것처럼 "공동체 구성원을 평가하고 돌보는 데 능숙해야 한다"는 요청을 들었다. 그는 최근의 자신의 경험을 설명했다.

앤디 로스의 이야기

나는 평생 동안 공식 및 비공식 그리스도교 공동체에 참여해 왔습니다. 나는 케냐 마사이족의 공동 사회라는 문화에서 자랐습니다. 우리 선교팀은 함께 즐기는 것을 좋아하는 "고모"와 "삼촌"이 많은 대가족으로 활동했습니다. 케냐 이후 저는 홉우드 그리스도교 교회에서 함께 예배하고, 먹고, 일하고, 놀고, 기도하면서 축하하는 점점 더 깊어지는 방식에 참여했습니다. 2007년부터 2010년까지, 나는 여자 친구였던 크리스틴과 함께 레바 플레이스 펠로우십의 실습회원이었습니다. 우리는 2008년에 결혼했고 현재 "레바 마을"에서 아들 가브리엘과 함께 살고 있습니다

크리스틴과 나의 우정이 깊어지고 결혼 서약에 대해 탐구하면서 우리는

신뢰 문제와 내가 다른 여성들에게 너무 많은 관심을 기울이고 있는 것이 아닌지에 대한 심각한 갈등에 직면했습니다. 그런 상황이 이어진 후에, 우리는 칼과 샬롯 리먼을 만났습니다. 그들은 우리의 과거 고통이 열려 있는 상처처럼 아주 작은 접촉에도 민감하다고 설명했습니다. 다행히도, 우리는 과거의 고통을 해결할 수 있어서 그것은 만져도 아프지 않은 흉터처럼 되었습니다.

레만부부는 우리에게 임마누엘 "하나님이 우리와 함께 하신다" 접근법 또는 단순히 임마누엘 기도라고 불리는 감정 치유를 위한 기도의 형태를 소개했습니다. 임마누엘 접근법을 통해 우리는 몇 가지 중요한 근원적인 고통을 점차적으로 해결했고, 우리의 갈등은 결혼을 해도 좋다는 확신을 가질 수 있을 정도로 꾸준히 줄어들었습니다. 크리스틴은 부모님의 이혼에 대해 치유를 받았고, 나를 더 신뢰할 수 있게 되었습니다. 나는 이전 관계의 거절과 상실에 대해 치유를 받았습니다. 이것은 내가 더 한결같은 헌신적인 사랑을 얻고 서약에 대한 두려움을 극복하는 데 도움이 되었습니다. 우리는 우리 자신의 성장에 필수적인 임마누엘 접근 방식을 계속해서 찾고 있습니다. 나는 또한 회합을 진행하고 레바와 그 이상에 대한 접근 방식을 가르치고 있습니다. 지난 2년 동안, 나는 교대로 임마누엘 기도를 진행하고 받기도 하는 남성 소그룹과 만나왔습니다.

하나님과 타인과의 더 깊은 교제를 방해하는 것을 사람들이 인식하고 해결할 수 있도록 돕는 것이 내 소명의 일부라고 생각합니다. 사랑하는 이들의 격려와 분별 팀의 도움으로 나는 상담사 자격증을 따기 위해 로욜라 대학의 목회 상담 프로그램에 입학하게 되었습니다. 정규 학습을 통해 내가 하는 일을 풍부하게 하는 다양한 치유 접근 방식에 대해 대화할 수 있게 되었습니다.

✥ ✥ ✥

우리는 임마누엘 접근법이 훈련된 평신도들이 기도 그룹 환경에서 삶의 대부분의 상처를 치유할 수 있는, 의도적인 그리스도인 공동체의 많은 가치와 일치하는 확실한 선택이라는 것을 발견했다. 칼 레만 박사는 의도적인 공동체에서 자란 그리스도인 정신과 의사이다. 그의 아내 샬롯 레바 플레이스교회의 목사과 함께, 레만 부부는 이러한 치유의 방식의 교사이자 트레이너로 국제적으로 알려지게 되었다. 임마누엘 치유 회합이 어떻게 진행되는지 묘사하기 위해 "콜린" 가명의 실제 이야기를 들어보자.

콜린의 이야기

나는 평소와 다름없이 감사의 시간을 갖고 시작하면서 하나님의 임재를 경험했던 때를 떠올렸습니다. 하나님에 대한 인식을 새롭게 하기 위해 하나님을 초대했고, 곧 나는 현재의 순간에 하나님을 인식했습니다. 그런 다음 우리는 주님께서 어떤 말씀을 하실지 기다리는 시간으로 이동했습니다. 나는 누군가가 나에게 부당하게 화를 내기 시작한 최근의 사건을 떠올렸습니다. 나는 그들의 분노를 내 것으로 막아야 하는 것처럼 황급하게 반응하며 화를 냈습니다. 다시 말해 내가 나 자신을 보호하고 싶었던 것처럼. 우리는 하나님께서 이 사건에 대해 내가 무엇을 알기를 원하시는지 묻기 위해 잠시 멈추었고, 그때 내가 약 6살이었을 때의 또 다른 기억이 떠올랐습니다. 이 기억을 도와주는 사람퍼실리테이터과 큰 소리로 공유하면서 현재와 과거의 연결이 이해되기 시작했습니다. 우리 가족은 식당에 있었고, 아빠는 자제력을 잃고 상스러운 소리를 지르기 시작했습니다. 나는 울음을 터뜨렸고, 그것은 아빠를 더욱 화나게 만들었습니다. 식당에 있는 모든 사람들이 지켜보고 있었기 때문에 나는 정말 부끄러웠습니다.

나는 예수님께 그 기억에 대해 무엇을 알기를 원하시는지 물었습니다. 나는 이런 장면이 다시는 일어나지 않도록 무엇이든, 내가 할 수 있는 것은 무엇이든 하겠다고 맹세했던 것을 기억했습니다. 예수님은 내가 그분에게 내 감정을 말하기를 원하시는 것 같았습니다. 나는 아빠가 나에게 소리를 지르고 억울하게 굴어서 얼마나 화가 났는지, 내가 우는 동안 사람들이 나를 지켜보는 것이 얼마나 부끄러웠는지, 그리고 내가 부끄러워서 어떻게 더 화가 났는지를 그분에게 말씀 드렸습니다. 예수님의 응답을 기다리다가 "저를 여기 있게 해주셔서 감사합니다. 당신을 너무 오래 기다렸습니다."라는 말씀이 떠올랐습니다. 도와주는 사람에게 메시지를 전달하면서 정말 사실처럼 느껴졌습니다. 그런 다음 예수님은 내 분노가 괜찮다고 확신시켜 주셨습니다. "누가 화를 내지 않겠느냐?" 나는 예수님과 연결되는 것을 느낄 수 있었고 나의 분노를 느낄 수 있었습니다. 나는 또한 식당에 있는 사람들이 내가 나쁜 아이라고 생각하지 않는다는 것을 알 수 있었습니다. 아버지의 비난에 동참하지 않고, 그들은 나를 불쌍히 여겼습니다. 그들은 제가 "멍청한 울보"라고 생각하지 않았습니다. 그것은 그 사건에 대한 나의 경험을 변화시켰고 그래서 나는 그것을 정죄의 기억이 아니라 긍정의 기억으로 기억할 수 있게 되었습니다.

그 기억을 처리하는 또 다른 부분은 하나님께서 아빠에 대해 보여주신 새롭고 더 은혜로운 관점이었습니다. 나는 그분이 우리 가족 여행을 위해 모든 세부 사항을 처리하는 것에 많은 스트레스를 받고 있다는 것을 깨달았고, 압도당했고, 아마도 그분이 나를 힘들게 한 것에 대해 부끄러워했을 것입니다. 이 새로운 관점으로, 나는 아빠에게 연민을 느꼈고 마침내 아빠를 용서할 수 있게 되었습니다.

이 기도회 이후로 누군가가 나에게 목소리를 높이거나 공격하는 것처럼 보일 때 나는 방어적인 성향이 덜하게 되었습니다. 나는 분노가 치솟거나 그 사람을 막을 필요성을 느끼지 않습니다. 나는 긴장되고 어색한 사회적 상황에서 더 평화롭게 느끼는 경향이 있습니다. 이 완벽하게 처리된 기억은 이제 부정적인 감정을 다루는 방법에 대한 모델이 되었습니다. 그것은 내 감정에 대해 예수님께 이야기할 수 있고 다가오는 상황에 대한 관점을 그분에게 여쭈어볼 수 있다는 것을 상기시켜줍니다.

✣ ✣ ✣

본 바와 같이 임마누엘 접근법은 조력자, 탐험가, 예수님의 삼자 대화이다. 기도회는 그 사람이 하나님의 임재나 선하심을 분명히 인식했을 때 긍정적인 기억의 맥락에서 하나님과 다시 연결되는 것으로 시작된다. 그런 다음 탐험가는 하나님에게 자신의 생각을 인도해 달라고 요청한다. 임마누엘 접근법에 대한 우리의 경험에서, 하나님의 인도하시는 임재는 종종 엘리야가 호렙산에서 만난 "부드럽고 조용한 소리"왕상 19장로 나타난다. 마음에 떠오르는 것이 처음에는 대수롭지 않게 보일 수 있지만, 큰 소리로 나누다 보면 훌륭한 치유자가 우리의 마음을 새롭게 하는 작업에서 우리와 협력하고 있다는 것이 분명해진다. 때때로 하나님은 우리가 단지 쉬고 함께 친목과 교제를 즐기기를 바라는 것처럼 보인다. 다른 때에는, 하나님이 우리의 관계를 방해해 온 가공되지 않은 기억들로 우리를 인도하신다. 우리가 그분의 임재를 구할 때 그분은 치유 과정을 인도하신다. 이 접근법은 또한 누군가 명백한 해결책이 없는 불행한 기억에 갇혀 있다고 느끼는 경우를 위해 안전망을 갖추고 있다. 그런 경우, 조력자는 우리에게 하나님의 존재나 선함에 대한 초기의 긍정적인 기억으로 돌아가라고 제안할 수 있으며, 우리는 아무런 해를 끼치지 않고 기도회를 마친다.

좋은 소식은 자신의 상처를 기꺼이 치유하고자 하는 대부분의 평신도들이 비교적 빨리 훈련을 받아 임마누엘 접근법의 귀중한 조력자가 될 수 있다는 것이다. 이것은 우리가 아주 현명하기 때문이 아니라 그 과정을 인도하시는 분이 예수님이기 때문이다. 더 많은 것을 배울 수 있는 가장 좋은 곳은 immanuelapproach.com 이다.

매우 효과적인 임마누엘 접근 방식을 사용하더라도 우리의 치유 여정은 시간이 걸린다. 우리 각자가 더 완전한 치유를 기다릴 때, 상처로 인해 과잉 반응을 일으키고 다른 사람과 단절될 때 관계에서 해를 끼치는 것을 제한할 수 있는 몇 가지 실용적인 기술을 갖추는 것이 도움이 된다. "리먼 박사의 저서 『당신을 능가하는 법*Outsmarting Yourself*』에 나오는 다음과 같은 관행들은 내 결혼 생활과 우정에 엄청난 도움이 되었습니다."라고 앤디 로스는 쓰고 있다.

1. 우리는 우리를 촉발하는 상황에 적절한 반응보다 더 당황하게 된다는 사실을 인정하고 그것을 기억해야 한다. 여러 가지 이유로, 이것은 처음에는 믿을 수 없을 정도로 어려울 수 있지만, 연습을 통해 "나는 정말 화가 났고 대부분이 여러분의 잘못이 아니라고 의심하지만, 나는 약간의 공간이 필요합니다."라고 말하는 것이 더 쉬워진다

2. 기쁨으로 돌아가는 여정을 시작하고 다음과 같은 방식으로 관계를 복원한다.
   • 심호흡, 릴렉스, 음악 또는 운동 기술과 같은 평정심 되찾기.
   • 우리가 우리의 삶에서 감사의 구체적인 이야기를 기억하거나, 쓰거나, 말하면서 신중하게 감사하기.
   • 하나님이나 성숙한 사람에게 우리의 감정을 판단하지 않고 우리가 어떻게 느끼는지 말함으로써 감정적 조율을 받음과 동시

에 우리가 화가 났을 때 우리와 함께 하시는 하나님이나 성숙한
사람을 우리와 함께 할 수 있도록 환영하는 것.

비록 이러한 관행이 근본적인 상처를 치유하지는 않지만, 그것들은 상처
가 완전히 치유되고 우리의 평화를 방해할 힘을 잃을 때까지 기쁨과 관계로
돌아가는 명확한 길을 제공한다.

제25장

공동의 일과 사역 개발

나는 미니애폴리스에 10명의 어른과 3명의 아이들이 살고 있는 그린 하우스 공동체의 리뷰에 참가하도록 초대를 받았다. 그린하우스는 샐비지 야드 교회에 소속된 6개의 느슨하게 연결된 기독교 가정 중 하나이다. 공동체의 내외적 차원에 대한 논의를 시작하기 위해 '모이는 공동체'라는 가로축과 '나오는 공동체'라는 세로축으로 도표를 그렸다.

```
                          사회적 참여
                                              지저스 위드
                                           히즈 다사이플즈
        심플 웨이                                    떼제
                                    쥬빌리 파트너즈
                          Rutba 루트바
                            Reba 레바
얕은 공동체                                      깊은 공동체
─────────────────────────────────────────────────────────
1             2           3          4           5

        그린 하우스                              브루더호프


                                              후터라이트
                                                콜로니
                          사회적 비참여
```

수평 축에서는 더 얕은 공동체에서 더 깊은 공동체로 이동하면서 다음과 같은 가능성을 확인했다.

1. 대부분 익명으로 남아 있는 사람들로 일주일에 한두 시간 만난다. 예: 교회에 다니는 평범한 교인들.

2. 몇몇 친목 단체와 이웃을 공유하는 그리스도인. 예: 지역화 된 교구 유형의 교인들 과 그리스도교 공동 주택 단체들.

3. 숙소, 식사, 일상 기도, 집안일을 공유하는 공동체로 공통 일정을 가짐. 예: 루트바 하우스와 몇몇 가톨릭 일꾼 환대의 집.

4. 공동의 소유, 식탁 교제, 정기 예배, 보육 또는 노인 돌봄, 기타 업무에 참여하는 그리스도인들. 예: 레바 플레이스 하우스홀드 및 주빌리 파트너.

5. 공동 작업과 사역을 하는 소비와 생산의 완전한 공동체. 예: 후터라이트, 브루더호프, 떼제 및 기타 수도원 공동체들.

그런 다음 우리는 수직적인 사회 참여의 축을 고려했는데, 이것들은 매우 다양한 형태를 가지고 있기 때문에 깔끔한 수준의 "외부 봉사outreach"로 해결하기가 더 어렵다. 그린 하우스 공동체는 이웃과 친구들을 위한 유일한 공동 봉사 활동인 주간 포틀럭을 개최한다. 그래서 그들은 왼쪽 아래 사분면에 위치한다.

그리스도교 공동체들이 일반적으로 듣는 경고는 "공동의 모든 것"을 가진 공동체가 고립되고 주변 사회와 연결되지 않는다는 것이다. 시골 후터라이트 마을 또는 세상을 등진 수도원 공동체를 그 예로 들 수 있다. 하지만, 이 2차원 도표를 통해 우리는 긴밀한 공동체와 사회 참여가 서로를 배제할 필요가 없다는 것을 알 수 있다. 예를 들어, 예수님과 그의 제자들은 모두 열정적으로 공동생활로 모였으며 순회 사역 중에 방문한 사람들과 사회 문제에 깊이 관여했다. 두 차원은 특히 성령도표에 수직인 것으로 우리가 상상할 수 있는 세 번째 차원이 활동할 때 종종 서로를 강화했다.

예루살렘의 초기 교회는 예수님의 희년의 가르침의 표현이자 억제와 박해 시도로 대응한 당국을 위협한 그분의 부활의 증인으로서 "공동의 소유"를 실천했다. 그럼에도 불구하고 많은 사람들이 주목하여 "주님께서는 구원받는 사람을 날마다 더하여 주셨다."행 2:47

심플 웨이 필라델피아의 쉐인 클레어본은 컨퍼런스와 캠퍼스 모임에서 수천 명의 젊은이들에게 예언적인 사역을 하고 있으며, 그곳에서 그는 그들에게 『저항할 수 없는 혁명』에 동참하도록 도전하지만, 고향에 있는 그의 공동체는 지속될 수 있을 것인지의 어려움을 겪고 있다. 때때로 브루더호프는 집에서 부지런히 일하며 지역 교도소를 방문하거나 지역 소방서에서 자원봉사를 한다. 하지만 다른 계절에 그들은 전 세계의 다른 선교 공동체들의 사역을 지원하기 위해 개인과 소그룹들을 보낼 것이다. 대조적으로 프랑스의 떼제 공동체는 수도원 생활을 하는 약 120명의 금욕적인 형제들로 구성되어 있으며 매년 약 6만 명대부분 청년이 그들과 함께 공동체를 경험하기를 환영한다. 일주일 동안 야영하는 이 무리들은 기도를 위해 하루에 세 번 수도사들과 합류하여 지금은 전 세계에 알려진 떼제 성가를 부른다.

내가 도표에 몇 개의 그룹을 매우 주관적으로 배치했음에도 불구하고, 네 개의 사분면 각각에 다양한 카리스마를 가진 중요한 그리스도교 공동체가 있다는 것은 분명하다.

미니애폴리스에 있는 그린하우스의 공동체의 구성원들은 모두 도표에서 자신의 깃발을 꽂을 수 있는 위치에 동의했지만 더 많은 사람들이 모여 사는 삶과 더 많은 사회적 참여의 방향으로 나아갈 수 있다는 희망도 표명했다. 그것은 하나님이 공동체를 보다 온전히 공유하는 삶과 사역으로 옮기시는 방법에 대한 진지한 토론을 촉발했다. 우리는 그러한 변화의 출발점이 성령의 쇄신과 인도를 위한 공동의 끈질긴 기도라는 데 동의한다. 더 깊어지고 사회 참여적인 공동체 생활로 나아가야 한다고 느끼는 모임의 다음 단계는 그러한 공동체들을 방문하고 유사한 비전을 가진 모임과 멘토링 관계를 시작하는 것이다. 이것은 종종 공동체가 무엇이 가능한지 보고 그들의 상황에 맞는 성령이 이끄는 변화를 일으키도록 영감을 준다. 그러나 공동체가 공동 사역을 향한 큰 발걸음을 내디딜 수 있는 방법을 살펴보기 전에 우리의 태도와 동기를 성찰하는 것이 중요하다.

외부 사역이 내부 사역이 될 때

"외부를 위한 봉사 활동을 하는 것"은 인상적으로 들리고 기분이 좋아지며 "주는 사람"으로서 우리가 우리의 사역을 받는 사람들보다 어느 정도 더 낫다고 생각하도록 유혹한다. 우리는 급진적인 사회적 참여로 명성을 떨치는 공동체 중 하나가 되고 싶어 한다. 그리고 바로 그것이 문제이다.

당신이 선교사가 되기 위해 집을 떠나 어딘가로 갈 수 있을 때, 그것은 사도 바울이 "육체"라고 부르는 자아를 부풀릴 수 있다. 그러나 당신이 "보살피는" 누군가가 당신의 친구가 되고 싶어 하고, 공동체에 합류하고, 매일 당신의 사랑을 받고 싶어 한다면 어떻게 될까? 그 사람이 당신에게 "독선"과 "위선"을 포함하여 당신의 잘못을 말하기 시작한다면 어떻게 될까? 그것이 바로 외부 사역이 내부사역이 되는 시점이다. 그때가 하나님이 정말 기뻐하시고, 우리가 달려가고 싶을 때이다. 그때는 우리 자신의 성품이 수술대에 있기 때문에 우리가 하고 있는 일에는 영광이 없다. 그때 우리는 하나님이 우리를 구원하기 원하신다는 것을 알게 된다. 앞으로 나아가는 유일한 길은 하나님께 더 많은 사랑과 자비를 간절히 구하는 것뿐이다. 그리고 그때가 우리와 함께 하시는 예수님이신 임마누엘을 만나는 때이고, 그분은 변화의 이 모든 고통을 상세히 알고 있고 우리 안에서 우리를 통해 살겠다고 제안하시는 분이시다. 이것이 사도 바울이 "나는 그리스도와 함께 십자가에 못 박혔습니다. 이제 살고 있는 것은 내가 아닙니다. 그리스도께서 내 안에서 살고 계십니다."갈 2:29라고 쓴 내용의 의미이다. 그래서 지금 외부 봉사 활동으로 시작된 것은 사람들이 옛 모습을 버리고 예수님처럼 사랑하는 법을 배우려고 애쓰는 공동체의 삶에서 우리를 구원하고 하나님을 찬양하는 손길이 내부로 뻗친 것이다. 하지만 우리는 더 이상 그것에 대해 자랑할 수 없다. 그것은 예수님의 "서로"의 삶이 그분의 제자들과 함께 일상이 되는 것이다.

다시 말해서, 더 많은 사회적 참여를 향한 길은 대개 가난한 공동체 구성원들 사이의 사랑을 깊게 하고, 치유를 향한 우리의 개인적인 생활과 우리의 진정한 은사와 필요들에 대한 공동의 분별을 가져온다. 더 깊고 더 치유된 공동체는 하나님을 영화롭게 하는 장기적인 봉사의 겸손한 방법인 진정한 외부활동이 가능한 기반이 된다.

졸린 로드만은 에반스톤과 시카고의 로저스 공원 근처에 있는 여러 아파트 건물을 관리하고 있는데 이는 레바 플레이스 펠로우십의 공동 작업의 일부이다. 다음은 그녀가 부동산 관리자 및 공동체 건설자로서의 자신의 직업을 설명하는 방법이다.

졸린 로드만의 이야기

내가 가끔 도망치고 싶은 힘든 일은 1528 프랫 빌딩에서 하는 일입니다.

하지만 내가 사람들과 시간을 보낼 때 그들은 내가 예상하지 못했던 방식으로 나에게 마음을 여는 경우가 너무 많습니다. 나는 하나님이 나를 이 건물과 그분이 이곳에 두신 사람들에게 부르신 것을 봅니다.

이 51가구 아파트 건물은 아무도 자신이 공동체에 속해 있음을 인정하고 싶어 하지 않는 대가족으로 사는 것과 같습니다. 여기 있는 대부분의 사람들에게 이 건물은 노숙자로부터 한 단계 위의 단계일 뿐입니다. 어떤 사람들은 여기에 잠시 있었고 더 안정적이 되었지만, 대부분은 이곳이 낭떠러지에 있는 것과 같습니다. 그들이 내는 집세는 소득의 절반 이상일 수 있습니다. 어떤 사람들은 중독이나 정신 질환에서 회복하도록 돕는 프로그램에 참여하고 있습니다. 우리는 안전과 편안함, 나눔의 공간이 되는 데 주력하고 있습니다.

열쇠를 가지고 있고 집세를 받는 힘 있는 자리에 있다는 것은 거친 일입니다. 하지만 니에타 존스와 나는 이 건물에서 한 방에 사는 영혼의 친구로 살고 있습니다. 우리는 누구든 이야기하고 싶어 하는 사람들의 말을 듣기 위해 우리의 많은 저녁 시간을 내어주고 있습니다. 내가 개인적으로 나 자신을 더 많이 내어줄수록 그들이 누구인지 더 많이 알 수 있습니다. 주말에는 쓰레기 수거통을 뒤져 먹을 수 있는 것들을 찾아내어 사람들이 함께 먹을 수 있도록 로비에 음식을 남겨둡니다. 그것은 일과 관계 사이의 경계를 모호하게 만드는 데 도움이 됩니다. 내가 잠들 때 이 사람들은 내 마음 속에 있고, 내가 아침에 일어날 때는 내 기도 속에 있습니다.

나는 사람들이 도박으로 돈을 날려 집세를 낼 수 없게 되었음을 인정하는 것을 듣곤 합니다. 또 어떤 사람은 자기가 다시 마약 중독에 빠졌다고 고백했고 그 때문에 나는 그 사람과 함께 앉아서 슬퍼하기도 합니다. 또 다른 사람은 나에게 전화를 걸어 그녀가 10일 동안 금주를 했고, 그 후에 그녀가 다시

"술통에 빠진 것"을 보는 고통이 있다고 말했습니다. 나는 누군가에게 집세 지불에 책임을 지도록 하고 언제 은혜를 베풀어야 할지 결정하는 힘든 길을 걷고 있습니다. 때때로 나는 임차인의 옹호자가 되어 그들이 다른 긴급 자금 조달원을 찾도록 돕습니다. 하나님은 그 모든 것을 통해 일하고 계십니다. 누군가가 우리가 제공하는 은혜를 받아 망칠 수 있다는 것을 아는 것은 도박입니다. 때로는 "당신은 여기서 더 이상 살 수 없어요,"라고 말해야 하는 고통이 있습니다. 헤로인을 사용하는 한 사람은 건물 안의 다른 사람들에게 유혹이 됩니다. 하지만 우리는 그런 사람이 떠나야 할 때에도 그가 잘 되기를 바랍니다.

이 건물은 내가 사회구조의 부당함과 남용을 가까이서 볼 수 있도록 도와주었습니다. 우리가 그 건물을 샀을 때 사람들은 항상 우리에게 매우 화를 내고 정신을 못 차리게 했습니다. 그들은 단지 말하기 위해 싸우는 것에 익숙해져 있습니다. 이제 그곳의 분위기가 바뀌었습니다. 우리는 한겨울에 이곳에서 일련의 보일러 문제와 배관 누수를 겪었지만 화난 전화를 받은 적이 없습니다. 사람들은 우리가 일하는 방식을 이해하고 그들도 우리를 돌보아줍니다. 그들은 체면과 봉사를 얻기 위해 우리와 싸울 필요가 없다는 것을 알게 되었습니다. 그것이 이곳을 유지하는 방식입니다. 만약 우리가 우리의 믿음을 우리가 하는 일과 연결시키지 않는다면, 우리는 훨씬 더 많은 문제와 분노한 사람들을 마주하게 될 것입니다. 이처럼 조금씩, 조금씩 우리는 공동체가 되어갑니다.

✤ ✤ ✤

당신은 졸리의 마지막 문장에 있는 "우리"에 주목했는가? 건물의 비용을 지불하기 위해 각자의 몫을 다하는 모든 사람들의 경제적 규율은 실제로 사람들이 성장하고 현실에서 살 수 있도록 도와준다. 외부활동에 대해 이야기할 수 있게 해주는 신분의 분리는 사라졌다. 왜냐하면 그것은 모두 하나의 삶, 삶이 무엇을 가져오든 가까이 다가갈 수 있는 특권과 때때로 하나님 나라 처럼 보이는 "우리"가 되었기 때문이다.

공동의 일과 사역의 예들

대부분의 공동체 그룹은 자본주의 경제에 가능한 한 적게 의존하고, 공동 작업에서 동료애를 찾고, 구성원들의 일정을 보다 완전한 공동생활을 통해 동시성을 가질 수 있게 되기를 열망한다. 그러나 성공적인 공동체 농장이나 사업을 개발하려면, 적어도 처음에는 공동체가 갖출 수 없는, 특별한 전문 지식, 장기적인 희생 및 창업 자본이 필요하다.

윌리엄 캐버노는 그의 자극적인 책 『소비되고 있다*Being Consumed*』에서, 경제학과 기독교적 욕망은 기독교인들의 비전을 "다른 종류의 경제적 공간, 즉 그리스도의 몸으로 표시된 공간을 여는 구체적인 대안적 실천을 만들 것" 이라고 주장하면서, 이어지는 페이지들에서는 "그리스도의 몸으로 표시되 는" 경제 공간에서 가능한 다양성과 창의성을 보여주는 공동 작업과 공동 사 역의 몇 가지 예들을 공유하겠다고 말한다.

레바의 초기 역사1970년대에는 대부분의 남자들이 시카고 주립 병원 정신 병동에서 보좌관이나 감독관으로 일했던 시기가 있었다. 그들은 출퇴근길 에서도 공동체를 경험할 수 있도록 하나의 밴에 함께 탔다. 그 병원은 분명히 제국의 방치된 구석이었다. 그 남자들은 학대를 없애고 환자와 근로자 모두 를 위한 환경을 인간화하기 위해 작업을 재구성하는 방법을 재빨리 알아차 렸다. 그리고 병원에서 배운 내용을 바탕으로 그들은 레바를 트라우마와 가 족 학대의 이력이 있는 많은 구도자들을 위한 치유의 장소로 바꾸었다. 1970 년대에 이 작업에 참여했던 사람 중 한 명인 앨런 하우는 내게 이렇게 말했다. "당신이 당신의 일에 필요 이상으로 충분히 교육을 받고 팀으로서 기능할 때, 환경에 대변혁을 일으킬 수 있는 더 많은 여지가 있습니다."

마찬가지로 나는 공동체의 지원으로 1970년대에 공동체 소유 기업의 성장을 이끌 수 있었다. 농장에서 자라면서 나는 직업에 대해 별로 생각하지 않고 다양한 건설 기술을 축적했다. 그리고 우리가 뉴 크리에이션 펠로우쉽캔자스주뉴튼에서 우리의 공동체를 시작했을 때, 나는 필요한 수입의 일부를 채우기 위해 화가로 일한 다음, 내 기술의 부족한 부분을 메우기 위해 건축 분야에서 일했다. 그 후 나는 우리 공동체의 일원으로, 뉴 크리에이션 빌더스의 일반 건설업자가 되었다. 10년 이상 함께 지내면서, 매년 약간의 물자, 장비, 그리고 가게에 투자하는 점진적인 스타트업은 결국 우리를 믿을 수 있는 다목적 소형 건설 회사로 만들었다. 음악가, 철학 전공자, 방문객, 취업률이 낮은 친구, 그리고 무엇이든 할 수 있는 사람들로 구성된 우리 팀은 우리의 생활비를 벌 수 있었고 우리의 주요 소명이었던 다른 사역에 참여할 수 있는 상당한 유연성을 제공할 수 있었다. 그리고 많은 사람들이 우리가 그러한 사역들을 지원하기를 원했기 때문에 우리를 고용했다.

또 다른 하나는 캔자스 시티의 체리스 브룩 공동체인데, 이 공동체는 노숙자 이웃에 대한 환대의 사역을 지원하기 위해 기부금을 모으는 소식지를 제공하는 비영리 서비스 기관을 가지고 있다. 대부분의 회원들은 또한 공동체의 생활비를 지불하는 공동 지갑을 채우기 위해 아르바이트를 한다. 이런 종류의 일종의 "혼합 경제"는 몇 년 동안 존재해 온 많은 공동체들에게는 일반적인 일이다.

또 다른 창업 경로는 비영리 공동체 개발부가 처음으로 설립된 캔자스시티 호프 센터의 지도자인 크리스와 태미 젤리에 의해 설명될 수 있는데, 이제 이곳의 직원들은 도전적인 이웃들과 살기 위한 장기적인 헌신을 유지하기 위해 더 의도적인 공동체를 향해 나아가고 있다.

조지아 주빌리 파트너스에서는 모든 공동체 구성원들이 난민 재정착 및 평화 조성 사역에 참여하고 있으며, 정기적인 소식지를 통해 알려지는 광범위한 지원 기반으로부터 오는 기부금으로 재정적 지원을 받고 있다. 단순한 삶, 많은 정원 가꾸기, 그리고 그들의 내부 비 화폐 경제로 그들은 소득세 면제 수준이면서도 잘 살고 있다.

일반적으로 면세 지위501c3, 미국의 세법 조항이하로 살면서 기부금을 요청하는 공동체가 자신의 방식으로 버는 공동체보다 더 많은 사역들을 유지할 수 있다는 사실을 알 수 있다. 그러나 그들은 또한 그리스도의 몸으로 표시되지 않은 경제적 영역에 삶이 더 묶여 있는 기부자들에게 크게 의존하게 된다. 대조적으로 시카고에 있는 지저스 피플 유에스에이는 회원들의 수입과 지붕 공급 회사 및 노인 요양 시설과 같은 몇 가지 공동 사업에서 공동생활과 다양한 사역들을 지원하기로 선택했다. 레바와 마찬가지로 지저스 피플 유에스에이는 미국 국세청에 의해 "사도적 명령", 501d로 인정되며, 종교적 목적 내에서 공동생활과 공동 작업을 특징으로 하며, 이를 통해 최소한의 소득세 책임을 위해 모든 공동체 소득을 동등한 몫으로 나눌 수 있다.

대부분의 서번트 킹 교회오리건 주 유진 회원들은 Wipf & Stock 출판사에서 일하고 있으며, 그들 중 존 스탁커뮤니티 구성원이 그 회사 대표이다. Wipf & Stock 출판사는 공동체의 소유가 아니지만 공동체의 가치와 정신으로 가득 차 있다. 구성원들은 관리자, 편집자, 제본하는 사람 및 판매원으로 활동한다. 그들은 종종 그들의 노력의 결실이 행사를 위한 예언적인 자원이 되는 회의에서 팔기 위해 책을 밴에 한 가득 싣고 간다. 마찬가지로, 패러클릿 출판사이 책의 출판사는 베네딕트 수도원 전통의 의도적인 그리스도인 공동체인 예수 공동체에 의해 소유되고 운영되며, 이들의 주요 아웃리치 형태는 공동

신앙생활을 위한 자료를 출판하고 홍보하는 것이다.

브루더호프 공동체는 수십 년 동안 "공동체 놀이기구" 작업장에서 공동 작업을 통해 전국의 어린이집과 유치원을 위한 양질의 원목으로 만든 장난감과 놀이 구조물을 생산함으로써 스스로를 지원해 왔다. 최근에 그들은 신체적 장애를 가진 사람들의 이동성을 촉진하는 제품 라인을 생산하는 리프턴 이큅먼트와 새로운 사업을 시작했다. 공동 작업은 그들의 공동체가 평화로운 속도로 통합된 삶을 살 수 있게 해주고, 많은 손님들을 사랑하는 일과 교제에 참여하게 해주는데, 그들은 그러한 재능을 가지고 있다.

마지막으로, 공동 작업과 공동 사역의 주된 은사는 때때로 인상적인 것처럼 구축되어 온 훌륭한 봉사의 전통과 모든 사업 구조에 있는 것은 아니다. 오히려 이런 공간들이 존재해 사람들이 번성하고 그들의 은사가 공동선을 섬기는 공동체, 예수님께서 일상적인 일에 살아계시고 세상에 희망을 주시는 곳에서 일하는 사랑과 단결의 매력적인 힘을 세상이 목격할 수 있도록 존재한다.

제26장

공동체에서 예언자적인 소명과 가족을 유지하기

젊은 급진주의자들이 아직 미혼일 때 영웅적인 예언적 행동에 참여하는 것은 그리 어렵지 않을 수도 있다. 하지만 반문화적인 공동체의 지원 없이는 대부분의 아이들이 교정기가 필요할 때쯤이면 자본주의적인 생활 방식과 가치관으로 되돌아가 또래 아이들처럼 스마트폰을 강력하게 요구할 것이다. 그래서 삶의 여러 다양한 단계를 거치며 여하히 그러한 증인으로서의 삶을 유지할 수 있는가 하는 문제가 발생한다. 특히 아이들을 가진 가족들에게는 가장 어려운 도전이 아닐 수 없다. 그래서 삶의 여러 다양한 단계를 거치며 여하히 그러한 증인으로서의 삶을 유지할 수 있는가 하는 문제가 발생한다. 특히 아이들을 가진 가족들에게는 가장 어려운 도전이 아닐 수 없다. 예언자적 공동체의 이야기에는 용기 있고 창의적인 답변이 포함되어 있다.

1960년대 민권운동이 일어나기 전 조지아주 아메리쿠스 인근 코이노니아 농장은 폭력적인 백인 분리주의자들과 백인과 흑인이 함께 식탁 교제와 공동 작업을 실천하는 작은 의도적인 농촌 공동체 사이의 서사적 투쟁의 중심이었다. 이러한 인종 평등과 연대의 비전은 농부이자 성서학자인 클라렌스 조던이 사회 현실로 번역한 복음서에서 직접 온 것이다. 자세한 내용은 Dallas Lee, *Cotton Patch Evidence*를 참조하라.

수년 동안 공동체는 달리는 차를 이용한 총격, 폭탄 테러, 백인 상인들이 코이노니아 농장과 관련된 어떤 것도 사고팔기를 거부하는 주 전체의 불매동맹으로 포위되었다. 클라렌스 조던은 이 폭행에 대해 전국의 대학과 교회의 들을 수 있는 열린 귀를 발견할 수 있는 곳이면 어디든 가서 연설하며 하나님 나라의 "모략 시위"로써 충실하게 지속하기 위한 그들의 투쟁에 대해 이야기했다. 불매 운동을 둘러싼 최후의 과정에서 코이노니아 공동체는 피칸으로 만든 제품들을 광범위하게 증가하고 있는 친구들에게 판매하는 새로운 통신 판매 사업을 시작했다. "조지아에서 피칸을 싣고 가는 배를 지키소서!" 그의 믿음의 정의는 "증거에도 불구하고 결과로 드러나지 않는 삶은 믿음이 아니라는 것"이었다.

가차 없는 박해의 시기에 코이노니아는 어떻게 공동체와 가족의 삶을 유지했을까? 코이노니아를 향한 폭력이 절정에 달했을 때, 공립학교에서 공동체의 아이들은 경멸과 적대의 대상이었다. 한동안 코이노니아는 아이들 중 일부를 노스다코타의 포레스트 리버 후터라이트 콜로니, 레바 플레이스 펠로우십, 북부 뉴욕의 우드크레스트 브루더호프 등 더 북쪽에 있는 다른 의도적인 공동체로 보냈다. 한편, 이들과 다른 그룹들은 연대의 방문을 했고, 가능한 한 지지를 규합했다. 도로시 데이는 코이노니아를 방문했고, 그 때문에 총을 맞았지만 회복한 후, 그것에 대한 석연치 않은 차이를 「가톨릭 일꾼」 신문에 게재했다.

이 어려운 시기에, 코이노니아 공동체에 거주하는 사람들은 조던과 휘트캠프 두 가족만 남을 때까지 줄어들었다. 거의 절망에 가까운 시기에 클라렌스는 레바에 편지를 써서 그들에게 농장을 제공해달라는 요구를 했다. 그러나 결국 전세가 뒤집혔다. 자경단이 코이노니아와 거래하고 있다는 소문이 돌던 아메리쿠스 시내의 한 사업체를 폭격했을 때 불매 운동은 취소되었고 차디찬 휴전이 뒤따랐다. 다른 사람들이 자원봉사를 위해 왔고 코이노니아 공동체와 증거를 지원했다. 이 젊은 가족들 중 하나가 밀라드와 린다 풀러였는데, 이들은 코이노니아에서 저렴한 주택 사역을 시작했고, 결국 해비타트 포 휴머니티라고 불리는 세계적인 벤처로 성장했다.

다른 의도적인 공동체의 협력과 지원은 코이노니아의 이웃뿐만 아니라 자신의 삶에 대한 하나님의 부르심을 완전히 인식하며 자란 코이노니아 어린이들에게도 깊은 영향을 미치는 증거가 되어 가족과 공동체 생활을 유지하는 데 결정적인 역할을 했다. 2세대가 지난 지금, 클라렌스와 플로렌스 조던의 막내아들인 레니 조던은 비록 부모님과는 다른 영적인 길을 선택했지만, 학령기 또래들로부터 받은 적개심에도 불구하고, 인종 화해를 위한 용기 있는 증인의 일부가 된 것을 자랑스럽게 생각한다고 말한다. 레니는 2012년 가을로 계획된 코이노니아의 70주년 기념행사의 모금 위원장으로 그의 뿌리인 코이노니아로 돌아왔다.

우리는 다른 의도적인 공동체의 유사한 이야기로 위 이야기의 감동을 배가시킬 수 있다. 볼티모어에는 1973년 필립 베리건과 그의 아내 엘리자베스 맥앨리스터가 설립한 요나 하우스가 있는데, 그들은 다른 공동체의 구성원들이 집에 남아 있던 그들의 아이들을 양육하는 동안 상징적인 핵무기 파괴로 수년 동안을 감옥에서 보내며 보습 만들기Plowshares라는 일련의 행동을 지속해 왔다.

전 코이노니아 회원들이 1979년에 세운 쥬빌리 파트너스는 6명의 가족, 독신자, 3개월 자원봉사자들로 구성되어 있으며, 수년 동안 3천 명 이상의 난민들을 수용했다. 공동체의 지원을 받아 회원들은 처음부터 난민의 원인이 되는 세계 강대국들에 항의하여 때때로 시민 불복종을 범했다. Don Mosley, *Faith Beyond Borders* 참조.『국경을 초월해 집짓는 사람들』대장간 역간.

1980년부터 휴스턴의 카사 후안 디에고는 법적 지위에 관계없이 자녀가 있는 히스패닉 여성, 불완전 고용된 남성, 병들고 죽어가는 이민자들에게 피난처를 제공했다. 이유는 그들이 가난한 사람들 속에 계신 그리스도이기 때문이다. Mark and Louise Zwick, *Mercy without Borders* 참조 이 일은 가톨릭 일꾼 뉴스레터 독자, 지역 가톨릭교회, 지역 자원봉사자, 그리고 가끔 아무도 받아들이지 않을 부상당하고 학대 받는 이민자들을 내려주는 경찰관들의 지원을 받는다. 주요 행동이 이루어지는 곳에서 한 블록 떨어진 즈윅 가족의 집은, 마크와 루이스를 보고, 쉼터가 필요한 수십 명의 사람들과 삶을 공유하기 위해 돌아오는 손자를 가진 가정으로 성장한 가정들에게 쉼터를 제공해왔다.

이와 같은 공동체의 이야기들은 평범한 사람들이 함께 뭉칠 때 세상을 변화시키는 예수의 복음에 대해 비범한 용기와 충성심을 보일 수 있음을 보여준다. 그러나 그런 공적인 장면 뒤에는 인생의 여러 계절을 통한 개인적인 변화와 헌신적인 끈기, 그리고 길고 느린 하나님의 역사가 있다.

이 모든 장소들과 시간들에서, 다음 사실들은 명확하다.
- 예언적 소명의 내면적 변화는 물에 잠긴 빙산 덩어리와 같으며, 때때로 사람들이 볼 수 있도록 가시적인 부분이 드러나 있다.
- 동일한 소명 내에서 강조점이 다른 삶의 계절들이 있다.
- 자신이 사랑받고 있다는 것을 아는 정의에 대한 열정을 가진 아이들은 주님이 세상에 주시는 선물이다.
- 빨리 가고 싶으면 혼자 가고, 멀리 가고 싶으면 함께 가야 한다.

그렇다면 예언자적이 된다는 것은 무엇을 의미하는가?

그것이 노숙자 이웃에 대한 환대와 지속 가능한 도시 음식 문화에 대한 창의적인 탐구를 카리스마로 가진 세 가구의 공동체인 미니애폴리스의 미시오 데이의 마크 반 스틴웍에게 내가 물었던 것이다. 마크는 메노나이트 목사로 안수 받았으며, 널리 읽히는 JesusRadicals.com 블로그의 활동적인 편집자 이며, 그의 아내 에이미와 함께 3살 된 조나스의 부모이다. 그는 다음과 같이 말한다.

마크 반 스틴윅의 이야기

예언은 실제로 일어나고 있는 일을 드러내는 진실을 말하는 것입니다. 히 브리 예언자 아모스가 그 예입니다. 그는 결과에 상관없이 일어나고 있는 불 의를 말합니다. 예언자들은 우리에게 익숙한 눈가리개를 벗겨냅니다.

우리는 삶의 어려움을 겪고 있는 다른 사람들과 함께 살면서 교활함이나 생색내는 태도 없이 가족으로서 그렇게 하려고 노력합니다. 우리 가족은 미 시오 데이의 클레어 하우스에 살지 않습니다. 그곳은 사람들이 길거리로 내 몰리지 않고 환영받는 곳입니다. 하지만 여기 마이클 새틀러 하우스에는 우 리 아들이 "삼촌"과 "이모"라고 부르는 장기 투숙객과 회원들이 더 많습니 다. 우리는 왜 어떤 사람들이 다른 사람들보다 더 잘 살아야 하는지에 대한 복음적인 이유를 알 수 없습니다.

환대에는 몇 가지 수준이 있습니다. 그리고 나는 환대의 집에서 이 모든 것을 보았습니다. 첫째, 단지 가난을 정의 문제로만 이야기하는 환대를 전혀 하지 않는 겸손한 비 환대, 둘째, 서비스를 제공하면서도 지위 차이를 유지하 지 않는 겸손한 환대, 셋째, 당신이 누군가의 의무를 게을리 하지 않는 가족 이 되는 포용이 이루어지는 곳으로, 우리가 믿는 것과 우리가 어떻게 살아야 하는지에 대한 말보다 사랑이 앞서는 곳입니다. 그것은 희년을 표현합니다. 이것이 초기 예루살렘교회에서 일어났던 일이고, 그곳에서 사람들은 그들의 재물을 팔아 공유했고, "주님께서는 구원 받는 사람을 날마다 더하여 주셨습니다."

✙ ✙ ✙

예언자적 공동체는 이상주의적이지 않으며, 이상적이어서도 안 된다. 그들은 현 시대에 대해 현실적이며 하나님으로부터 오는 시대의 빛 속에서 현시대의 타락을 본다. 그들은 세상에서 시간이 작동하는 방식과 다르게 시간을 이해한다. 세상에서는 여전히 시간이 흘러가는 현재의 질서 속에서 생존과 인정받기 위해 경쟁하는데 투자되고 있다. 예수님처럼, 그들도 합법적이든 아니든, 예수님이 주님이신 그 나라의 권능과 정신 안에서 지금 살라고 하나님이 우리를 부르셨고 모든 민족이 충분한 세상에서 서로 평화롭게 살게 될 것임을 확신하면서 역사를 뚫고 이미 임한 하나님 나라를 향해 살아있다.

이 비전은 본질적으로 공동체적이다. 구약 성서의 예언자들은 보통 "예언자 학교"의 대변자들이었다. 침례 요한과 예수는 둘 모두 두 시대 사이에서 이 시기의 축복과 박해를 살았던 제자들 무리와 함께 이 전통에 있었다.마 5:1 - 12 예언자의 메시지의 온전함은 심판과 소망의 증인으로서 다가올 시대의 규례에 따라 이미 살아가는 것에서 비롯된다. 도로시 데이의 평화와 정의를 위한 공적 증언의 시간은 부패한 경제 체제에 뭉개진 노숙자들과 삶과 식탁을 함께 공유했기 때문에 신뢰할 수 있었다.

예언자적 공동체는 이상주의자들을 끌어들이며, 그들의 영웅적 충동을 무시하는 것은 공정하지 않다. 이상은 때때로 고통의 경험이 부족하고, 여러 일들을 시도하지만 그 중 일부는 실패하며, 정의를 위한 장기간의 투쟁을 통해 하나님 안에서 갱신을 발견하는 젊은이들이 가지는 비전과 동기의 전부이다. 이상의 문제는 추상적이고, 좌뇌적이며, 성서적 관점에서 우상이 되는 경향이 있다는 것이다. 복음서를 읽음으로써 얻을 수 있는 연민, 평등, 정의,

포괄성과 같이 우리가 때때로 "가치"라고 부르는 좋은 이상들도 고통 받는 인간들의 구체적인 삶 속에 구현된 살아있는 영혼인 예수님과 분리될 때 우상이 될 수 있다.

"내가 너희를 사랑한 것같이 너희도 서로 사랑하라"는 예수님의 계명을, 우리의 본성이 되고 그리스도께서 우리 안에 거하실 때까지 충실히 실천할 때 우리에게 필요한 더 깊고 지속적인 사랑이 발견된다. 예수님과의 관계를 새롭게 하는 것과는 별개로, 이러한 이상들은 우리의 소유물, 계획, 자매와 형제들을 판단하는 기준이 되어 이처럼 하나님께서 우리에게 사랑하라고 주신 실제 공동체와 사람들을 파괴하는 경향이 있다.

아이들과 더불어 예언적으로 살아가기

한 가지 문제가 반드시 제기될 것이다. 이것을 "걱정스러운 조부모님의 질문"이라고 하자. 그렇게 평범하지 않은 곳에서 어떻게 너의 가족, 우리 손자들을 키울 수 있겠니?" 몇 가지 오만한 답변이 떠오른다. "당신은 우리를 당신이 최선이라고 생각하는 방식으로 키웠습니다. 이제 우리 차례입니다." 또는 "우리가 세상을 어떻게 보는지를 고려할 때, 이것은 우리에게 '정상적인' 것입니다." 하지만 그것들은 대화를 중단시키는 것들이다. 겸손한 대답은 부모의 모든 세대가 준비되지 않았고 하나님의 은혜가 필요한 엄청난 책임이 있음을 인정하는 것이다. 그리고 우리는 조부모님, 가족, 친구들과 함께 우리 삶에 대한 하나님의 부르심을 더 깊이 탐구하기를 원한다.

"정상"이라는 단어는 "평균" 또는 "규범에 따른다."라는 두 가지 의미를 가지고 있다. 하나님은 우리를 세상의 기준으로 평균이 되라고 부르지 않으셨다. 그렇다면 우리의 "정상"을 어디에서 찾을 것인가? 우리가 대림절에 어린이들에게 읽어주는 성서 이야기는 무슨 일이 일어나든 하나님의 메시아를 자신의 삶에 영접하기 위해 마리아가 직면했던 선택을 시연한다. 우리는 가난한 사람들에게 관대하게 대응하고, 공동의 선을 위해 희생하고, 하나님을 위해 용기를 내는 어린이들의 능력을 과소평가해서는 안 된다. 우리 아이들의 영혼은 기쁨을 나누고, 솔직한 용서와 다른 사람들과 함께 축하하는 연합의 경험을 통해 예언자의 삶을 위해 깊이 자양분을 얻고 강화된다. 아아, 하지만 우리 세계에서 그러한 유산은 정상이 아니라 예외적이다.

그러나 우리는 성서와 다른 공동체의 경험에 기초한 급진적인 제자도 생활 방식에 아이들을 참여시키는 방법에 대한 실천적인 지혜가 반드시 필요하다. 예수님의 순회 제자도 공동체에는 아마도 아이들이 포함되지 않았을 것이지만. 예루살렘 공동체는 의심할 여지없이 포함되었을 것이다. 초기 교회는 종종 박해를 받는 삶인 그들의 공동체 생활에 버려진 아기들을 입양한 것으로 유명했다. 교회는 순교자들의 자녀들을 위한 가정을 찾았다. 용기 있는 증인들, 평화를 만드는 사람들, 순교자들의 이야기는 그들이 아는 사람들의 값비싼 제자도의 역사를 포함하여 우리 아이들을 위한 이야기 시간이 되어야 한다.

우리의 좋은 의도가 무엇이든 간에 배워야 할 건전한 교훈이 있다. 1970년대에 10년 동안 레바 플레이스 펠로우십은 큰 목회 가정으로 환영받은 궁핍한 사람들을 위한 외부활동에 너무 많은 투자를 했기 때문에 또래 그룹의 어린이들은 부모의 사랑과 관심을 충분히 받지 못한 것에 대해 분개하며 자랐습니다. 회개와 교정의 시절이 이어졌고, 자녀가 있는 가족은 필요하다고 느끼면 자신의 아파트를 가질 수 있는 자유를 얻었다. 그 이후로, 공동체는 아이들이 파괴적인 정서적 문제를 가진 사람들과 생활공간을 공유하지 않도록 조심해왔다. 대부분의 다른 의도적인 공동체와 마찬가지로, 레바 역시 자녀들이 교육적으로 현대 경제에서 자신들을 부양할 준비가 되어 있는지 확인했다. 이를 통해 그들이 경제적 필요가 아닌 개인적인 소명으로 공동체에 남을 수 있게 하였다. 그럼에도 불구하고, 아이들이 받을 수 있는 최고의 선물 중 하나가 그들 자신보다 더 크고, 핵가족보다 더 큰 목적을 위해 사는 것, 특히 가장 마지막과 가장 작은 모든 사람들에게 축복이 될 하나님의 나라에 대한 비전이라는 레바의 확신이 남아 있다.

제27장

책임지기 방문 및 공동체 협회

아마도 우리는 집단 내 사고와 권위주의적 리더십이 어떻게 공동체에 치명적이고 독이 될 수 있는지를 증명하기 위해 존스타운, 데이비드 코레쉬와 그의 와코, 텍사스, 부족, 또는 16세기 뮌스터에서의 아나밥티스트 붕괴의 비극을 재연할 필요는 없을 것이다. 비록 그러한 끔찍한 이야기들이 유익할 수 있지만, 나는 편집증적인 그룹이 이 책을 읽고, 유죄 판결을 받고, 그들의 방식을 뉘우칠 것을 기대하지 않는다. 그렇다면 책임에 관한 이번 장은 누구를 위한 것인가?

그것은 건강한 성숙을 위해 공동체를 성장시키는 데 관심이 있는 모든 사람들을 위한 것이며, 특히 공동의 소명과 비전을 가진 길벗들을 찾고 있는 장기적인 지속 가능성에 대해 생각하는 공동체를 위한 것이다. 그러한 그룹은 위기의 계절이 올 것이라고 예상하고 도움을 청할 때 나타나서 개입할 수 있을 만큼 다른 누군가가 자신들을 잘 알기를 원한다. 그들은 이미 지역 교회 및 그들 지역의 다른 의도적인 공동체와 연결되어 있을 수 있지만 필요할 때 조언과 지원을 많이 해줄 수 있는 근접한 디엔에이를 가진 곳은 없다. 자신들의 에너지의 많은 부분이 자신들이 실수를 하거나 다른 누구도 모르는 것들을 발견하고 있다고 믿는 것에 의한 배움으로부터 올 때 이런 공동체들은 청년기의 삶의 단계를 지난 것이다. 그들은 더 이상 그들의 마음에 살고 있는 "부모"에게 "우리 스스로 할수 있다"는 것을 증명할 필요가 없다.

공동체 동료 검토

우리는 이미 경험이 풍부한 공동체와의 멘토 파트너십, 이사회를 구성하거나 지역 공동체에 속하는 것을 포함하는 적당한 형태의 책임16장참조에 대해 논의했었다. 그러나 공동체가 성숙해짐에 따라, 그들은 종종 책임 관계를 공식화하려고 한다. 이번 장에서는 상호 지원을 약속하고 공동생활의 규칙을 공유하는 방문다른 공동체 동료들의 정기적인 공동체 검토과 공동체 협회또는 서열에 대해 살펴볼 것이다.

팀 오토는 샌프란시스코의 소저너스 교회SOJO가 어떻게 샬롬 선교 공동체SMC에 가입하기로 결정했는지, 그리고 어떻게 공동체가 전략적 방문의 도움으로 트라우마의 계절에 살아남았는지에 대해 이야기한다.

팀 오토의 이야기

우리는 특히 책임감 때문에 샬롬 미션 공동체에 관심을 갖게 되었습니다. 왜냐하면 우리는 서번트 킹 교회 공동체 내에서 무슨 일이 벌어졌는지 보았기 때문입니다. 우리는 그 교회와 어떤 연관성을 가지고 있었습니다. 가다나 공동체와 다른 그룹들 사이에 갈등이 생겼을 때 모든 사람이 기꺼이 중재자로서 신뢰하고 복종할 사람이나 그룹이 없었습니다. 결국 한 사람이 결정할 것이고 대화가 끝나거나 그 요구를 수용해야 한다는 것이 분명했습니다.

그것은 소저너스교회의 리더인 존 알렉산더에게 매우 실망스러운 일이었습니다. 우리는 책임 관계에 있을 수 있는 다른 그룹들을 둘러보았습니다. 우리는 샬롬 선교 공동체의 공유된 서약 소책자를 읽었고 그것이 우리에게 매우 적합하다고 생각했습니다. 그래서 우리는 친분을 쌓기 위해 샬롬 선교 공동체 캠프 모임에 참석했고, 그 후 협회에 가입하게 되었습니다. 2001년에 우리는 방문단이 와서 공동체 검토를 했는데, 알고 보니 존 알렉산더가 죽기 약 6개월 전이었습니다. 그리고 1년 후, 우리의 다른 장로 지도자인 잭 버나드도 사망했습니다.

잭이 죽은 후 너무나 낙심한 나머지 몇몇 사람들이 떠났고 나머지 사람들은 이것이 우리 공동체의 마지막인지 궁금해 했던 것을 나는 기억합니다. 우리의 문제를 이미 알고 있고 모두가 신뢰하는 동일한 방문단을 다시 부를 수 있어서 정말 좋았습니다. 때때로 방문단은 공동체의 문제와 갈등을 다루지만, 존과 잭이 사망한 이후, 우리는 대부분 경청과 격려가 필요했습니다.

방문 팀이 우리와 함께 하기 위해 왔을 때, 그들은 "존과 잭이 누구인지를 고려할 때, 우리는 여러분들이 왜 낙담하고 포기하고 싶은지 이해합니다."라고 말했습니다. 나는 이어서 "하지만 우리가 새로운 교회 공동체를 시작하고 있고 이 그룹이 이미 모인 것을 본다면 매우 고무되고 유망한 미래를 보게 될 것입니다"라고 말한 사람이 바로 앨런 하우레바 출신였다고 생각합니다. 그런 말들이 가장 마음에 와 닿았습니다.

하지만, 우리는 또한 리더십의 공백을 다루고 있었습니다. 데일과 나는 한 걸음 더 나아가 로라와 함께 새로운 역할을 맡아야 했습니다. 그러나 우리 사이에는 몇 가지 지속적인 갈등이 있었습니다. 그래서 약 4개월 후, 데일과 내가 우리의 갈등을 해결할 수 없었을 때, 우리는 앨런 하우에게 다시 와서 우리를 도와달라고 요청했습니다. 그는 이미 배경 지식이 있었고 우리를 잘 알고 있었습니다. 우리는 함께 그 문제들을 분류했고 앨런은 몇 가지 제안을 했습니다. 그것은 완벽하지는 않지만, 우리가 앞으로 나아갈 수 있게 해주었습니다.

샬롬 미션 공동체와 방문단에서 우리 공동체가 서로에게 했던 약속은 우리 역사에서 절대적으로 중요한 역할을 했습니다. 여기에서 서약을 맺은 회원이라면 누구나 무언가 심각하게 잘못되고 있다고 생각되면 방문을 요청할 수 있다는 사실을 아는 것이 좋습니다. 따라서 우리가 통제할 수 없는 일이 발생하면 우리를 잘 아는 다른 사람들이 와서 우리가 어떤 어려움을 겪고 있든 우리에게 희망을 줄 수 있습니다. 우리는 위기 때뿐만 아니라 정기적인 영적 건강 검진으로써도 방문단의 열렬한 팬입니다.

✥ ✥ ✥

샬롬 선교 공동체의 공유된 서약shalommissioncommunities.org은 안정성, 비폭력, 자기 사랑, 리더십, 소유물, 직업, 의사 결정, 가족, 영성 및 복음에 관한 공통 가치를 표현한다. 리더십과 관련하여, 그 진술은 다음과 같이 마무리된다. "우리는 정기적인 방문을 통해 다른 샬롬 선교 공동체의 상담과 지원에 우리 공동체를 개방하여 우리의 육체 생활과 리더십 경험을 검토합니다."

이 방문 아이디어에 대한 영감은 무엇인가? 확실히, 마리아가 그녀의 사촌 엘리자베스를 방문한 초기 사례, 아니 오히려 성령이 그들의 만남에서 방문한 것을 알아차린 것처럼, 『새벽으로 가는 길』에 나오는 헨리 나우웬에게서 그 한 가지가 나온다.

> 하나님의 개입으로 두 여자가 임신하게 됩니다. 엘리사벳은 마리아와, 그녀가 "말씀대로 내게 이루어지이다."라고 말한 믿음을 이해할 수 있는 유일한 사람입니다. 마리아도 엘리사벳도 고립된 채 기다릴 필요가 없었습니다. 그들은 함께 기다릴 수 있었고, 따라서 불가능한 것이 없으신 하나님에 대한 믿음이 서로에게 깊어질 수 있었습니다. 이처럼 하나님의 가장 급진적인 역사 개입은 공동체 안에서 경청되고 받아들여졌습니다.

마리아와 엘리사벳에 대한 나우웬의 명상은 공동체 간 방문의 핵심에서도 일어난다. 방문객들은 동일한 신성한 소명을 공유하고 그들이 방문하는 공동체 내에서 성장하는 새로운 삶에 대한 내적 이해를 갖게 된다. 나우웬은 계속해서 다음과 같이 말한다.

> 방문 이야기는 나에게 우정과 공동체의 의미를 가르쳐줍니다. 하나님의 은혜를 확신하고 심화시키고 강화할 수 있는 사람들의 공동체에 살지 않는다면 어떻게 하나님의 은혜가 내 삶에서 온전히 역사하도록 할 수 있겠습니까? 우리는 이 새로운 삶을 혼자 살 수 없습니다. 하나님은 은혜로 우리를 고립시키고 싶어 하지 않으십니다. 오히려 그분은 우리가 그분의 은혜가 충만하게 자라 열매를 맺을 수 있는 거룩한 장소인 새로운 우정과 새로운 공동체를 형성하기를 원하십니다.
>
> 만남으로 인해 교회에 새로운 생명이 나타나는 경우가 많습니다. 도로시 데이는 가톨릭 일꾼을 자신의 발명품이라고 주장한 적이 없습니다. 그녀는 항상 그것을 피터 모린과의 만남의 결실이라고 말했습니다. 장 바니에는 결코 자신이 라르쉬를 스스로 시작했다고 주장하지 않습니다. 그는 항상 페레 토마스 필리페와의 만남을 라르쉬의 진정한 시작으로 지적합니다. 그러한 만남에서 두 명 이상의 사람들은 서로의 은사를 확인하고 서로에게 "말씀대로 내게 이루어지이다."라고 격려할 수 있습니다. 이런 식으로 세상에 새로운 희망이 주어집니다.

나우웬은 성령 안에서 어떤 일이 있어도 예수님이 우리 가운데 태어나게 하라는 하나님의 위험하고 세상을 바꾸는 부르심이 들리고 확인되는 영감을 받은 방문에서 공동체는 종종 태어나고 다시 태어난다고 완곡하게 말한다.

공동체 방문이 전개되는 방식

공동체 양육 프로젝트의 한 가지 사명은 수도원 공동체와 샬롬 미션 공동체의 최근 경험에서 파생된 이 방문 전통을 다른 공동체에 알리는 것이다.

공동체 방문은 초청 공동체가 공동체 "점검"을 수행할 신뢰하는 소수보통 3명의 사람과 접촉하고 2~3개월 전에 날짜를 정하면서 시작된다. 이것은 공동체를 지배하는 계급구조가 아니라 동료들에 의해 행해지는 책임이다. 방문이 일반적으로 전개되는 방식은 다음과 같다.

방문 약 2주 전, 공동체 구성원들은 무엇이 잘 되고 있는지, 무엇이 잘 되지 않는지, 리더십을 어떻게 경험하고 있는지, 그들의 서약이 얼마나 유용한지, 공동체 방문에서 배려 받기를 희망하는 문제가 무엇인지를 나타내는 비밀 설문지인 "만족도 조사"를 작성한다. 완성된 설문지는 방문에 앞서 방문 팀으로 발송된다.

방문은 주말 계획을 검토하고 당면한 공동체의 의제에 익숙해지기 위해 공동체의 리더들과 방문 팀의 금요일 오후 회의로 시작할 수 있다.

금요일 저녁에 방문 팀은 친분을 쌓고 주말에 대한 희망과 기대를 공유하고 방문객들이 공동체의 정신을 느낄 수 있도록 전체 공동체와 아마도 공동 식사 시간에 만난다. 모든 공동체 구성원이 일정을 조정하여 주말을 공동체 수련회처럼 만드는 것이 중요하다.

토요일은 방문 팀과의 일대일 만남으로 이어져 원하는 모든 사람이 들을 수 있는 기회가 주어진다. 공동체 안의 소규모 그룹 또는 태스크 팀도 방문자와 만나고 싶어 할 수 있다.

토요일 저녁은 전형적으로 사회적 행사, 장기자랑, 소풍 또는 방문팀의 누군가가 "우리의 서약 갱신" 또는 "우리 공동체의 경제적 공유"와 같이 공동체가 요청한 주제에 대해 강의하거나 토론을 이끌 수 있는 기회이다.

일요일에는 공동체와 함께 예배를 드리는 것이 포함될 수 있지만 어떤 식이든 그렇게 된다. 일요일 오후는 방문 팀이 모여 보고서를 준비하는 시간으로, 대개 다음과 같은 제목에 해당한다. (a) 그들이 읽고 들은 것을 요약한 관찰. (b) 공동체가 소명에 충실한 상태에서 잘 진행되고 있는 사항에 대한 표창. (c) 주의와 변경이 필요할 수 있는 문제를 다루는 우려 또는 제안. (d) 예수의 길과 회원들이 서로 맺은 서약에 신실할 수 있도록 하는 격려. 그 후 저녁은 축복의 기도로 끝난다. 방문이 끝날 무렵 성령은 종종 초청 공동체와 방문자로 대표되는 공동체 사이의 연대와 하나님의 임재에 대한 인식을 고조시킨다. 이런 것이 진정한 방문이다.

방문 후, 수용 공동체는 보고서를 요약하고 보고서를 자신들의 의제로 만드는 방법을 결정하는 데 몇 주가 걸릴 것이다.

그렇다면 공동체는 이 보고서를 어떻게 받아들여야 할까? 그것은 하나님의 말씀인가, 아니면 인간의 말인가?

우리는 요한계시록의 첫 세 장에서 이 질문을 아주 재미있게 엿볼 수 있는데, 여기서 우리는 소아시아의 일곱 교회에 대한 "방문 보고서"를 발견한다. 사도 요한은 이 일곱 교회 공동체에 대한 감독 역할을 오랫동안 해온 것으로 보인다. 하지만 그는 압도적인 시력을 가졌기 때문에 무슨 일이 일어나고 있는지 알기 위해 그들을 방문할 필요가 없었다. "인자와 같은 분, 얼굴은 해가 강렬하게 비치는 것과 같았습니다."계 1:13과 1:16 그분은 요한에게 "네가 보는 것을 책에 기록하여 일곱 교회로 보내라"계 1:11고 말씀하셨다. 신성한 계시에서 이 교회들은 하나님 앞에 "교회의 영"을 지속적으로 하나님께 전달하고 각 교회에 하나님의 말씀을 공급하는 사자인 일곱 금 촛대와 일곱 천사로 나타난다.

이제 이 환상은 우리에게 이상하게 보이는 것 그 이상이다. 특히 우리가 우리의 상황에 대한 문자 그대로의 연결을 찾으려고 할 때 더욱 그렇다. 그렇다면 요한이 교회들이 아닌 각 교회의 천사들에게 편지를 쓰고 있다는 것은 무엇을 의미할 수 있을까? 내 생각은 이렇다. 공동체를 방문하는 순간, 우리는 그 그룹이 기쁜 마음으로 환영하는지, 지치고 낙담하는지, 화해한 관계의 평화 속에 살고 있는지, 예를 들어 지도자들과 긴장 상태에 있는지와 같은 그 그룹의 정신을 매우 신속하게 알아차리게 된다. 그리고 공동체에 사는 우리들은 우리가 단지 개인적인 감정 변화가 있는 개인들의 모임이 아니라 공동의 정신인 장소의 정신에 지속적으로 영향을 받고 기여한다는 것을 알고 있다. 요한의 환상에서 우리는 하나님이 한 공동체의 정신에 지속적으로 관심을 기울이시는 것을 볼 수 있다. 이것이 방문이 분별하고 다루어야 하는 것이다.

"방문" 보고서를 읽으면서 우리는 곧 친숙한 느낌을 받고 그 형식을 인식하게 된다. "사람의 아들과 같은" 사람은 요한에게 "에베소 교회의 천사"에게 다음과 같이 쓰라고 명령한다. "나는 네가 한 일과 네 수고와 인내를 알고 있다. 또 나는, 네가 악한 자들을 참고 내버려 둘 수 없었던 것과, 사도가 아니면서 사도라고 자칭하는 자들을 시험하여 그들이 거짓말쟁이임을 밝혀 낸 것도, 알고 있다. 너는 참고, 내 이름을 위하여 고난을 견디어 냈으며, 낙심한 적이 없다. 그러나 너에게 나무랄 것이 있다. 그것은 네가 처음 사랑을 버린 것이다. … 귀가 있는 사람은, 성령이 교회들에 하시는 말씀을 들어라."

우리는 교회에 보낸 편지에서 신실한 봉사에 대한 긍정, "그러나 너에게 나무랄 것이 있다."책망, "귀 있는 사람은 들어라.…"권고의 친숙한 패턴을 볼 수 있다.

그렇다면 방문 보고서는 사람의 말인가, 아니면 하나님의 말씀인가? 둘 모두 "예"이다.

귀와 듣기에 대한 이 수수께끼 같은 단어들이 요약에 무엇인가를 더하는가? 나는 방문 보고서의 마지막에 우리가 종종 다음과 같은 말을 했던 것을 기억한다. "저희 팀은 여러분의 신뢰와 정직한 공유에 큰 영광을 느낍니다. 우리는 관찰, 칭찬 및 가능한 변경 사항에 대한 몇 가지 제안을 드렸습니다. 우리는 여러분 모두의 말을 듣고 성령의 말을 들으려 하는 실수하기 쉬운 인간입니다. 그러니 우리의 말을 여러분이 해야 할 일에 대한 최종 결정으로 받아들이지 마십시오. 우리가 말한 것을 가지고 토론하고 그것을 가지고 주님 앞에 앉으십시오. 당신의 영혼과 성령이 확신하는 것을 보십시오." "귀 있는 사람은 성령이 교회들에게 하시는 말씀을 들어라."

약 한 달 후에 방문 팀장이 다시 전화를 걸어 보고서에서 만든 의제를 공동체가 어떻게 하고 있는지 물어보고 계속해서 주님의 말씀을 듣도록 격려하는 것이 좋다.

공동체 협회

개별 공동체가 연합하거나 전통적인 수도원이 "수도회"라고 부르는 기존 공동체 연합에 가입할 때 상호 책임의 더 발전적인 모습이 나타난다.

여러분은 아마도 베네딕토회, 성 프란치스코의 세 수도회, 도미니크 수도회, 예수회, 형제 수도회, 사랑의 수녀회, 의료 선교 수도회, 메리놀 등등의 적어도 이름을 아는 가톨릭 교회의 수도원과 선교 수도회에 익숙할 것이다. 어떤 수도회들은 예수회처럼 고도로 집중된 리더십을 가진 곳도 있다. 나는 베네딕트회와 같은 다른 수도원들이 모든 것을 책임지는 우두머리가 있는 전통적인 계층 구조가 아니라 수세기에 걸쳐 다른 공동체를 탄생시킨 공동체를 기반으로 가계도와 유사한 수도회 연합으로 더 유기적으로 조직되어 있다는 사실에 대해 배우고 놀랐다. 각 수도회와 전체로서의 수도회는 방문을 담당하는 사람을 지명하여 공동체 간의 의사소통과 관계 연결을 강화했다.

이 수도원과 선교 수도회의 특징은 무엇이며, 이러한 특징들은 최근의 평신도 그리스도인 의도적인 공동체들에게 어떻게 도움이 될 수 있을까? 다음은 수도원을 특징짓는 기능의 대략적인 목록이다.

종종 그의 삶이 특정 카리스마의 모델이 되고, 그 수도원을 특징지은 봉사나 선교의 타고난 방식이었던 설립자성 프란치스코와 같은가 있었다.

수도원에는 삶의 규칙예: 베네딕트의 규칙이나 서약한 삶의 기대치를 명확히 하는 규약이 있다.

수도원에는 일반적으로 일일기도 일정과 일반적으로 3년 주기로 일련의 성서 읽기가 있는 기도서가 있다.

수도회는 새로운 구성원들이 수도원의 "요령을 터득하여" 어느 곳이든 갈 수 있도록 준비하기 위하여 그들을 교육하고 형성하기 위한 집중적인 형성 기간최대 7년을 제공한다.

수도회에는 지역, 국가 및 국제회의의 모범인 리더십 협의회가 있다.

수도회는 관상기도와 선교에 대한 공통된 경험에서 나오는 전문지식많은 책들을 포함하는의 전통을 제공한다.

수도회는 가족을 형성하여 구성원들이 수도회의 다른 공동체에 대해 알고 동일한 관심사를 위해 기도하며, 방문, 인적 교류, 뉴스레터, 그리고 지금은 인터넷을 통해 연락을 유지한다.

비록 신 수도원주의와 동일시하는 평신도 공동체들이 스스로를 수도원이라고 생각하지는 않지만, 그들이 이미 삶의 규칙회심을 위한 학교: 새로운 수도원주의 12 지표, 기도서공동의 기도: 평범한 급진주의자들을 위한 전례, 정기적인 캠프 모임파파페스트, 지도자 모임가족 상봉, 그리고 경우에 따라 기본적인 회원 형성을 제공하는 1년 견습 프로그램과 같은 것을 가지고 있다는 것을 관찰하는 것은 흥미롭다. 이러한 공동체가 성장하고, 번영하고, 연결됨에 따라 "수도회"의 다른 기능이 나타날 가능성이 높다. 다음은 그러한 다른 평신도 대가족의 예들이며, 그들 모두는 여전히 성장하고 있다.

평화주의적 신념을 가진 아나밥티스트의 한 갈레인 후터라이트는 미국 북부 초원지대와 캐나다 중부 지방에 있는 200개 이상의 농업 공동체회원 5만 명를 포함한다.

브루더호프 "형제들의 처소"는 제1차 세계대전 이후 독일에서 에버하르트와 에미 아놀드가 설립했으며 현재 주로 미국 동부와 영국 등 4개 대륙에 수천 명의 회원이 있는 23개의 공동체를 가지고 있다. 그들은 1990년까지 줄곧 후터라이트와 제휴관계에 있다.

은사주의 운동에 뿌리를 두고 있는 성령의 검 Sword of the Spirit은 미국과 전 세계에 있는 30개의 의도적인 공동체로 이루어진 에큐메니칼 연합체이며, 더 큰 연합체에 일관성과 지도력을 부여하는 금욕적인 형제애맜음의 종를 가지고 있다.

라르쉬는 1964년 프랑스 트로슬리 브뢰유에서 장 바니에가 정신 장애가 있는 두 남자와 삶을 공유하고 연약한 공동체에서 그리스도의 사랑을 더 깊이 이해하게 되면서 시작되었다. 장애가 있는 핵심 구성원을 중심으로 구축된 라르쉬 공동체는 이제 국제 라르쉬 연맹과 제휴한 40개국의 약 150개 그룹이 있다.

1930년대 대공황 시대에 도로시 데이와 피터 모린에 의해 시작된 급진적인 가톨릭 일꾼 공동체는 현재 도시와 시골 모두에서 200개 이상의 공동체 또는 환대의 집이 있다. 아나키스트 가톨릭 일꾼들은 어떤 중앙 조직에도 알레르기가 있지만, 우정의 전통, 지역 캠프 모임, 지적 연대는 노숙자와 평화의 증인과의 공동체라는 그들의 카리스마를 지지한다.

샬롬 미션 공동체는 미국과 엘살바도르에 있는 아나밥티스트 신앙을 가진 5개의 회원 공동체로 구성된 "샬롬 커넥션" 가운데 가장 어린 공동체이다. 샬롬 미션 공동체는 대부분의 신 수도원주의 공동체들보다 오래된 세대임에도 불구하고 공동체 육성 프로젝트에서 이 새로운 공동체 운동에 강력하게 참여하기로 결정했다.

이러한 의도적인 그리스도인 공동체들 중 어느 누구도 신 수도원주의 운동과 자신을 동일시하지는 않지만, 그 가치의 많은 부분을 공유한다.

이 모임은 파파페스트PAPAfest 캠프 모임을 주최했지만 진행 중인 조직은 없는 심플 웨이와 그 친구들이 후원하는 약 12개의 비공식적이고 비정기적인 공동체 모임이다. 자세한 내용을 보려면 이러한 각 공동체 협회 및 여기에 언급되지 않은 기타 기관의 웹사이트가 있다. 마지막으로, 공동체 육성 프로젝트와 대화하면서 떠오르는 다른 유사한 지역 또는 지역 공동체 그룹들이 있다. 셰인 클레어본, 조나단 윌슨-하트그로브, 그리고 다른 사도적 유형들은 캠퍼스와 교단 청소년 대회에 참석하는 그들의 여행과 연설 활동에서 말씀을 전파하고 메시지를 마음에 새긴 그룹들 사이에 연결을 만든다.

아직 협회나 수도회에 소속되지 않은 젊은 공동체에게 전하는 말

협회는 소규모 공동체가 따라잡을 시간, 돈 또는 관심이 없는 "보험" 수준인 요구와 관계의 또 다른 층처럼 느껴질 수 있다. 이러한 지역 공동체들은 그들의 이웃에 매우 잘 적응하고 함께 모인 사람들의 고유한 개인적인 여정에 의해 형성된다. 그들은 이미 존재하는 어떤 "질서"의 우산 아래에 있다는 생각에 즉각적으로 매력을 느끼지 않는다. 하지만 그들이 서로를 방문하고, 아이디어, 사람, 회의, 책 및 기타 자원을 공유하고, 공동체 간 구애를 지원하면서 그렇다, 그런 일들이 일어나고 있다, 공동체들의 더 의도적인 공동체에 대한 아이디어가 계속해서 등장한다.

보통 좀 더 공식적인 협회를 찾는 공동체는 소저너스교회처럼 책임감과 상호 지원의 헌신적인 관계에 대한 필요성이 그들에게 정말 깊은 인상을 받은 "각성"의 경험을 했다. 또는 코이노니아 파트너즈와 같이 공동체가 거의 죽을 뻔했을 때 갱신을 위한 비전에는 공동체 협회에 소속되는 것과 기능적으로 동등한 다른 의도적인 공동체를 이사회에 포함시키는 것이 포함되었다.

그 다음으로 간접비가 있다. 샬롬 미션 공동체는 시간제 코디네이터, 뉴스레터 편집자 및 공동체 육성 프로젝트에 대한 기부금을 충당하기 위해 공동체 예산으로 일인당 연간 약 $120 모두를 기부한다. 샬롬 미션 공동체와의 제휴를 고려하는 일부 그룹은 이 비용을 그들이 필요로 하지 않는 비용으로 간주한다.

나는 수년에 걸쳐 의도적인 그리스도인 공동체에 대한 내 자신의 관찰에 근거하여 예측하는 것을 주저하지만 그래도 다음과 같이 할 수도 있다. 나는 10년 후에도 여전히 존재할 젊은 공동체들이 더 넓은 공동체 연합에 가입했거나 전통적인 수도회와 같은 기능을 하는 다른 그룹들과 새로운 상호 지지의 유대를 형성한 사람들이 되기를 바란다. 이러한 광범위한 관리 네트워크가 없다면, 의도적인 공동체는 현재의 지도자들보다 더 오래 존속하지 못할 것이다. 공동체가 20대와 30대로 구성되어 있는 곳에서, 이러한 전망은 지평선 너머에 있는 것 같아 보일 것이다. 하지만 그것은 그들의 머리가 하얗게 세기 전에 주의를 기울여야 할 사항이다.

제28장

홈 기반으로부터 새로운 공동체를 만들고 육성하기

기존 공동체가 새로운 공동체를 구축, 진수, 가꾸거나 또는 낳는 방식에 적합한 은유는 무엇일까? 목수처럼 짓기? 선박제작자처럼 진수하기? 정원사처럼 가꾸기? 아니면 임산부처럼 낳기?

도로시 소얼Dorothee Soelle은 회고록 『바람을 거슬러Against the Wind』에서 다음과 같이 말했다. 급진적인 그리스도인의 회고록인 그 책은, 그녀 자신과 가족의 다른 여성들의 경험에서 출산의 고통을 반영한다. 이 원초적 여성 경험을 통해 그녀는 로마서 8장 18~30절에 대한 통찰력을 얻었다. 그곳에서 사도 바울은 교회를 탄생시키는 사명의 고난에서 의미를 찾는다. "모든 피조물이 이제까지 함께 신음하며, 함께 해산의 고통을 겪고 있다는 것을, 우리는 압니다. 그뿐만 아니라, 첫 열매로서 성령을 받은 우리도 자녀로 삼아 주실 것을, 곧 우리 몸을 속량하여 주실 것을 고대하면서, 속으로 신음하고 있습니다."

소얼은 이렇게 쓰고 있다. 바울은 "질병, 박해, 투옥, 고문이 무엇을 의미하는지 알았습니다. 해산하는 여자의 이러한 울부짖음과 신음은 파멸과 암울함을 의미하지 않습니다. 출생의 이미지는 고된 노동의 진통 속에서 여성이 이해하는 관점인 변형으로서의 투쟁을 바라보는 새로운 방식을 불러일으킵니다."

더 이상 우리는 선하고 전능하신 하나님이 어떻게 선한 사람들에게 나쁜 일이 일어나도록 허락하는지에 대한 결실 없는 철학적 질문과 씨름할 필요가 없다. 소얼은 "고통의 신학은 질문을 여성화하고 우리의 고통을 하나님의 고통과 연관시킵니다."라고 썼다. 그렇다면 문제는 어떻게 고통을 피할 것인가가 아니라, "어떻게 우리의 고통이 하나님의 고통이 됩니까? 어떻게 하면 우리가 메시아적 해방의 고통, 진통 중에 있는 피조물의 신음의 일부가 될 수 있겠습니까? 우리가 어떻게 고통을 겪어야 우리의 고통이 출산의 고통이 될 수 있겠습니까?"가 된다.

"우리는 사랑할 수 있기 때문에 고통 받을 수 있습니다. 사랑, 고통, 출산, 죽음과 같은 활동은 이미 우리가 그 아래 살고 있는 경제의 명령에 대한 저항의 한 형태입니다. 아이들을 세상에 데려오기 위해 천천히 자신의 죽음을 낳는 것, 그리고 가능하다면 그것을 인식하지 않고 그것을 극복하려 하는 대신 그것을 빨리 받아들이는 것은 -우리의 너절한 환상이 그러려는 것처럼- 창조에 참여하는 행위입니다. 빵 한 조각이 우리에게 하나님을 확신시킬 수 있는 것처럼 이 고통은 하나님 현존의 표징인 성례전입니다. 어떻게 우리가 그것을 잃어버릴 수 있었을까요?"

출산에 대한 신성한 은유를 염두에 둔 상태에서, 다음 이야기는 출산이 아직 남아 있는 "수태와 임신" 중 하나이다. 조쉬와 캔디스 맥칼리스터는 두 아이를 가진 젊은 부부로, 새로운 그리스도인 의도적 공동체를 탄생시키라는 부름을 받았다. 이제 조쉬가 하는 이야기를 들어보자.

조쉬 맥칼리스터의 이야기

우리는 작은 시골 마을인 뉴멕시코 주 클로비스에 살았는데 그곳에서 나는 소그룹 사역과 일부 선교 사역을 담당하는 감리교교회의 부목사였습니다. 나는 교회 사람들과 소그룹을 형성하고 서로 영적인 가족이 되는 것에 대해 이야기했습니다. 대부분의 교인들은 이런 종류의 공동체에 대한 이전 경험이 없었으며 그 필요성을 이해하는 데 어려움을 겪었습니다. 아내인 캔디스와 나는 둘 다 직업적인 사역에 좌절감을 느꼈습니다. 우리의 좌절에는 뿌리가 있었습니다.

전에, 아직 미혼일 때, 나는 시카고에 있는 지저스 피플 유에스에이라는 공동체에서 살았습니다. 그것은 제자도와 영적 성숙을 위해 나를 변화시키는 힘을 가졌습니다. 이러한 삶의 방식은 나에게 성서적으로 해야 하는 좋은 일이라는 깨달음을 주었습니다.

그런 다음 캔디스와 나는 결혼했고 우리는 1년 동안 워드 메이드 플레쉬와 함께 태국에 갔고 방콕 빈민가에서 존재의 사역을 통해 사람들의 고통과 기쁨을 친밀하게 나누었습니다. 방콕에서 돌아오는 비행기에서, 나는 음악 잡지모든 곳의[of all places]에서 쉐인 클레어본과 신 수도원 운동에 대해 읽은 것을 기억합니다. 어느 시점에서 우리는 그의 책, 『저항할 수 없는 혁명』을 읽었는데, 이 책은 우리에게 그리스도인 공동체 생활에 대해 더 많은 영감을 주었지만 실질적인 조언을 많이 주지는 못했습니다. 우리는 『회심을 위한 학교』에서 신 수도원주의의 12가지 표지를 읽었고 두 차례의 그리스도인 공동체 개발 협회CCDA 회의에 참석하여 쉐인과 조나단 윌슨 하트그로브를 만났습니다.

클로비스에서 우리는 정말 좋은 소그룹에 참여했지만 제자도에 대한 우리의 믿음을 명확하게 공유하지 않았고 참가자들과 함께 이 삶을 수행하는 데 매우 제한적이었습니다. 우리가 의도적인 그리스도인 공동체를 시작하도록 부름 받을 수 있다고 제안한 사람은 캔디스였습니다. 여러분은 그것에 대해 배우기 위해 신학교에 가지 않습니다. 그래서 우리는 우리가 가르침을 받을 수 있는 경험이 풍부한 의도적인 공동체를 조사하기 시작했습니다. 그 무렵 우리는 아이를 낳았기 때문에 좀 더 신중하고 사려 깊게 진행해야 했습니다. 우리는 공동체를 시작하는 데 우리가 모르는 많은 것들이 있다는 것을 알고 있었습니다. 우리는 독립적으로 행동함으로써 상호의존성을 본보기로 삼지 않는다는 점을 깨닫고 지원을 통해 이 일을 하고 싶었습니다.

나는 12 표지 책에서 레바 플레이스 펠로우십의 초심자 연도에 대해 읽었고, 이것은 공동체에 대해 배울 수 있는 방법으로 우리에게 다가왔습니다. 공동체를 시작하라는 우리의 부름은 레바의 사명 선언문과 일치했습니다. 여기에는 "하나님이 우리에게 은혜를 베푸실 때 [사랑과 제자도의] 다른 공동체를 양육하는 것"이 포함되었습니다. 레바 역시 다른 공동체들을 시작하기 위해 사람들을 보낸 전력이 있었고, 그들은 우리 자신의 리더십을 확신했습니다.

우리는 레바와 1년이나 2년만 있을 것이라고 생각했지만, 첫 해에 우리는 또 다른 아기를 낳았습니다. 두 번째 해에, 우리는 초심자에서 서약 회원이 되기 위한 과정을 시작했습니다. 우리는 "문 앞에 서서 방에 대해 많은 것을 알 수는 없다"고 생각했습니다. 이것은 다른 공동체를 시작하라는 우리의 소명이 우리가 가입한 공동체에 제출된다는 것을 의미했습니다. 우리는 스스로에게 물었습니다. "우리는 이 사람들을 우리의 삶, 돈, 우리의 미래로 사랑하고 신뢰하는가?" 우리의 마음은 그렇다고 말했습니다. 우리는 그리스도인 공동체의 삶과 책임에 완전히 몰입함으로써 그리스도인 공동체에 대해 가장 많이 배울 것이라고 생각했습니다. 캔디스는 중앙 리더십 팀에서 봉사하라는 요청을 받았습니다. 공동체를 세우는 것이 우리를 향한 하나님의 뜻이라면 우리는 멘토, 소그룹, 우리를 잘 알고 우리가 준비되었다고 말하는 공동체의 지지를 원합니다. 우리에게 이것 외에 다른 방법은 없을 것입니다.

레바에 있는 동안 나는 공동체 낳기에 대한 독서와 대화 모두에 있어서의 많은 자료들을 발견했습니다. 이제 나는 우리가 가정에서의 평화 만들기, 공동체 회계, 지역 교회와 관련된 문제, 사업 시작 또는 다른 실질적인 문제들에 대해 문제가 있을 때 누구에게 전화해야 하는지 알고 있습니다. 나는 또한 온라인 잉글우드 리뷰 오브 북스와 신 수도원주의에 대한 훌륭한 독서 목록을 발견했습니다. 캔디스와 나는 다른 레바 부모들과 우리가 우리 가족을 키우고 싶은 공동체에 대해 많은 이야기를 나눴고 이곳 나이든 가족들의 경험과 이야기로부터 많은 것을 얻었습니다. 공동체에서 자녀를 양육하는 것에 대한 기록물은 많지 않습니다. 사라 벵거 쉥크의 책 『왜 축하하지 않겠는가 *Why Not Celebrate*』는 훌륭하지만 절판되었습니다.

앞을 내다보아도, 우리의 이동 시기는 아직 명확하지 않습니다. 우리는 남서쪽, 아마도 뉴멕시코에 있는 장소에 전념하고 싶고, 적어도 30년 동안 떠나지 않기를 원합니다. 우리는 인구 통계를 연구하고, 가난한 동네를 방문하고, 거리를 걷고, 환영받을 수 있는 곳을 알아보기 위해 사람들과 이야기할 수 있기를 바랍니다. 우리는 이웃들이 우리를 변화를 위한 의제를 가지고 멕시코의 바리오로 이사하는 특권층 백인으로 경험하게 되는 것을 원하지 않습니다.

우리는 우리 둘이 뿌리를 둔 교단인 지역 감리교 회중의 축복을 받는 공동체를 세우게 되기를 바랍니다. 우리는 우리가 받은 구원과 성서 연구와 기도의 기초에 감사하고 있습니다. 하지만 그 뿌리들의 한계 역시 우리에게는 매우 현실적입니다. 우리는 교회 갱신에 참여하고 그리스도인의 삶에 대한 보다 원만하고 헌신적인 공동체적 관점에 기여하기를 원합니다. 우리는 퍼킨스 신학대학원의 일레인 히스 박사가 새로운 수도원 종류의 공동체와 지역 연합 감리교 신도들 사이의 관계를 촉진하고 있다는 사실에 고무되어 있습니다. 우리는 이 교회들에 대해 많은 사랑을 가지고 있고, 교회 안에 있는 우리와 같은 사람들이 좀 더 참여적인 생활 방식에서의 회심을 갈망하고 있다고 믿습니다.

우리는 우리와 의도적인 공동체에 관심이 있는 약 10명의 친구들과 연락을 유지해 왔습니다. 우리는 샬롬 미션 공동체와 강력한 관계를 맺고 있으며 우리가 이사할 준비가 되면 그들과 다른 사람들에게 이 소식을 전하기를 희망합니다. 우리는 공동체가 얼마나 관상적일지 혹은 활동적일지 알 수 없습니다. 우리는 우리의 지지 기반과 우리와 함께 가는 친구들과 함께 성령의 인도하심을 분별할 수 있기를 기대합니다.

✢ ✢ ✢

조쉬와 캔디스의 이야기에서 "공동체의 산파"가 되겠다는 소명을 가진 다른 사람들이 어떤 관찰을 이끌어낼 수 있을까? 나는 아주 많다고 생각한다.

우리는 외부에서 관찰하기보다는 주로 소속감과 자신을 내어줌으로써 공동체에 대해 배운다. 이것은 신학교에 다니는 신학생이나 교단 내 수도사 양성과 비슷한 시간과 노력의 투자이다. 스스로 공동체를 시작하는 개인과 함께 그 부름을 분별한 공동체에 의해 파견된 사람들 사이에는 영적 성숙도에 큰 차이가 있다.

성령께 열려 있는 공동체는 회원들이 그들의 소유물이 아니라 함께 부름을 받고 때로는 가는 사람과 머무르는 사람 모두를 돌보시는 하나님을 신뢰하는 방식으로 파송된다는 사실을 깨닫게 될 것이다. 새로운 공동체를 탄생시키는 데는 노동의 고통과 깊은 희생이 따른다.

새로운 공동체는 "모범 사례"의 청사진이나 프랜차이즈 모형에 따라 구성되지 않는다. 그것들은 성령에 의해 지역의 필요에 따라 사람들과 공동체의 독특한 은사와 가용성을 통해 유기적으로 성장한다. 이러한 윤곽은 신중한 탐구, 관계 구축, 믿음의 눈에 의해 분별 된다. 그러나 공동체 창설의 이야기는 고무적이며 귀중한 교훈 그 이상을 전한다.

팀 리더십과 경험으로 검증된 삶의 모델이 함께하는 그리스도인 공동체는 새로운 지도자를 성장시키는 온실과 같을 수 있다. 그렇다면 이 젊은 지도자들이 자신들의 역량을 키우기 위해 어디로 가야 하는가? 홈 기반의 지원을 받아 새로운 공동체를 탄생시키는 것은 좋은 방법 중 하나이다. 이들은 생존과 빠르게 번창할 가능성이 가장 높은 새로운 공동체이기 때문이다.

수도원 수도회는 6세기에 각각 수도원장과 12명의 수도사가 있는 12개의 수도원을 설립한 누르시아의 베네딕트 시대 이후로 본수도원에서 새로운 공동체를 개척해 왔다. 대조적으로, 후터라이트 공동체는 발달하는 유기체의 세포 분열과 유사한 더 극적인 공동체 증식 패턴을 가지고 있다. 공동체 마을이 분할을 고려해야 할 정도로 충분히 커지면, 감독관은 각각 말씀의 종영적 지도자, 서기농장 관리자, 그리고 다른 필수적인 역할을 담당할 수 있도록 가족과 독신자를 두 개의 목록으로 분류한다. 공동체는 토지를 구입하고 새로운 공동체 건물을 위한 기금을 적립한다. 운명적인 이사하는 날에는 모두가 짐을 싸고, 이사를 할 A조인지 B조인지를 결정하기 위한 제비를 뽑기 전, 기도하기 위해 모인다. 포옹과 눈물 어린 작별 인사를 하고 한 그룹은 차량에 짐을 싣고 차를 몰고 떠나고 다른 그룹은 짐을 풀고 집에 머물게 된다. 하나님이 이 모든 것을 결정하셨다.

이것이 어떻게 작동하는지에 대한 다른 공식도 있다. 레바가 새로운 공동체 가정을 시작하면 이 모험에 관심이 있는 사람들은 1년 정도 동안을 매주 소그룹으로 함께 모일 것이다. 그들은 자신의 부름을 시험하고, 누가 헌신적인지를 가려내고, 예배하는 방법과 팀으로서 기능하는 방법을 배우고, 서약을 작성한다. 레바는 건물이나 농장에서 시작하여 그것을 채울 사람을 찾지 않는다. 각 사람은 먼저 몸이 된다. 일단 사람들이 부름을 받고 헌신하면 하나님께서 물질적 필요들을 적시에 공급하실 것이라는 믿음이 있고, 실제로 그렇게 된다. 레바가 플라우 크릭 농장을 시작했을 때, 두 그룹은 농장이 생산하고 회원들이 지역 일자리를 찾을 때까지 하나의 공동 금고의 지원을 받아 역할을 다했다.

장 바니에는 경험과 봉사를 제공하기 위해 새로운 공동체에 가입한 노련한 가톨릭 사제나 수녀들의 도움을 받아 새로운 라르쉬 공동체를 설립한 경험에 대해 쓰고 있다.

> 오늘날 한 공동체주로 종교 공동체에 소속되어 있고, 가난한 사람들과 더 가까운 곳에서 살고 있는 새로 설립된 공동체에 가입하기 위해 하나님의 부르심을 받는 사람들이 점점 더 많아지고 있습니다. 그러면 그들은 두 개의 공동체에 속하게 됩니다. 이 이중 소속은 종종 매우 유용합니다. 첫 번째 공동체는 그들이 새로운 공동체에서 번성하는 동안 깊은 유대감을 유지하는 어머니 공동체와 같은 역할을 합니다. 그들이 새로운 공동체에서 그들의 생명을 주고 생명을 줄 수 있기 위해서는 어머니 공동체의 형성과 성장이 필요했던 것과 같습니다. 어머니 공동체에서 배운 모든 것과 함께 그들의 존재는 새로운 공동체를 위한 큰 힘의 원천입니다.

브루더호프 공동체 가족은 약 12개의 시골 "처소들"로 성장했으며, 각각 200명에서 300명의 사람들이 함께 살고 있으며, 기숙사 스타일의 거주지와 작업장, 보육원, 초등학교, 공용 주방 및 식당이 있다. 그러나 최근 몇 년 동안 그들은 다른 유형의 도시 공동체를 세우기 시작했다. 찰스 무어는 그런 도시에서의 공동체 설립과 그들이 배운 몇 가지 교훈들에 대해 이야기한다.

찰스 무어의 이야기

나는 캘리포니아에서 자랐고 그곳에서 대학을 다녔습니다. 그 후, 덴버 신학교에서 가르치는 동안 나는 덴버의 작은 도시 공동체의 일원이 되었습니다. 도시의 궁핍한 사람들과 연결하려는 우리의 노력은 여러 면에서 재앙이었습니다. 우리는 우리에게 필요한 지원과 너무 단절되어 있었습니다. 아내와 내가 브루더호프에 가입하라는 부름을 받았을 때 우리는 30대였습니다. 그것은 약 이십 년 전 일이었습니다. 초기에 우리는 존과 베라 매 퍼킨스와 함께 파사데나에 있는 하람베 하우스에서 한동안 살도록 요청받았습니다. 우리는 여러 브루더호프 공동체의 일원이었고, 나는 그 시간의 대부분을 플라우 출판사에서 일했습니다. 약 6년 전에 아내와 나는 뉴욕 주 올버니에서 새로운 공동체를 시작하는 데 도움을 달라는 요청을 받았습니다.

많은 젊은이들은 우리가 공동체 밖에 있는 사람들과 교류하기 위해 도시에서 공동체를 시도해야 한다고 생각했습니다. 우리는 심플 웨이, 캠든 하우스, 셰인 클레이본, 그리고 CCDA의 존 퍼킨스를 알고 있었습니다. 우리는 처음에 뉴저지주 캠든으로 인도되어 그곳에서 가난한 사람들과 연결되었습니다. 이것은 우리에게 핵심적인 가치였습니다. 우리는 우리의 삶의 방식과 폭력적인 도시 환경 사이의 엄청난 문화적 차이를 고려하지 않은 채 비용을 충분히 계산하지 않고 무언가를 시도했습니다. 하지만 우리는 여전히 다양한 상황에서 이 삶을 살기 위해 노력할 필요성을 느꼈습니다.

도시의 가장 외딴 곳을 찾는 대신, 우리는 우리 자신의 경험 범위 내에서 더 많이 연결할 수 있지만 우리를 확장할 수 있는 곳을 찾았습니다. 우리는 올버니, 뉴욕의 할렘, 바다 건너 런던, 그리고 몇몇 작은 마을에 집을 짓기 시작했습니다. 우리는 공동체에서 우리가 경험했던 것을 공유하고, 이러한 맥락이 어떻게 우리가 도전해야 할 우리 자신을 위해 만든 눈가리개와 상자를 드러낼 수 있는지 보고 싶었습니다. 우리는 양방향의 교환 속에서 성장하기를 원했습니다.

이러한 도시 개척은 선교 공동체가 아닙니다. 즉, 우리는 그들 각각이 자급자족하기를 기대합니다. 올버니에서 우리 중 일부는 다른 사람들을 위해 일하도록 고용되었고, 일부는 수공예 간판 사업을 시작했습니다. 우리 회원들 중 일부는 의대생들이었는데 인턴들과 레지던트들에게는 수입이 좀 있었습니다. 큰 집을 가진 또 다른 공동체는 어린이집을 운영했습니다. 우리는 자신을 유지하기 위해 무엇이든 우리의 가치와 일치하는 일을 계속 했습니다.

이러한 새로운 도시 공동체의 탄생과 성장은 우리에게 그 형태를 어떤 것의 본질로 착각하지 않도록 가르쳤습니다. 새로운 시도를 할 때는 기본에 충실하되 지역적 형태가 유기적으로 성장하도록 해야 합니다. 여러분이 가진 것을 다른 곳에 강요하려는 시도는 인위적이며 그리스도의 영을 짜내는 것입니다.

우리가 사람들을 보낼 때 그들은 정말 하나 된 곳에서 옵니다. 우리는 많은 기도와 방문, 자매 형제들을 격려하는 의미 있는 방법으로 그 일치를 유지하기를 원합니다. 우리는 계속해서 "어떻게 진행되고 있고 무엇에 맞서고 있습니까?"라고 묻습니다. 우리는 끊이지 않고 보냅니다.

다른 사람을 위해 무언가를 하려고 하기 전에 우리는 먼저 우리 자신이 되어야 합니다. 많은 사람들이 도시 환경에 들어가 그들이 보는 모든 필요에 대응하려고 노력합니다. 그러나 우리는 사람들이 먼저 그리스도 안에서 공동체가 되겠다는 여러분의 약속을 살아내고, 그 다음에 거기서 인도되어 뻗어나가도록 격려합니다. 그것은 당신이 만나는 사람들과 그룹을 통해 일어날 수 있습니다. 도시 환경에서는 과부하가 발생하기 쉽습니다.

도시 공동체에서 우리는 아이들을 공립 또는 사립학교에 통합시키는 것이 매우 어렵다는 것을 알게 되었습니다. 초등학교에서, 특히 고등학교에서 우리 아이들에게 주는 압박감은 정말 극심합니다. 우리가 올버니로 이사했을 때, 가톨릭 초등학교에 아이를 보냈지만, 그곳에서도 아이는 많은 엇갈린 신호를 받았습니다. 우리는 학교의 다른 부모들과 연결되는 것이 매우 어렵다는 것을 알았습니다. 만약 우리가 더 오래 머물렀다면, 우리는 홈스쿨링을 진지하게 고려했을 것입니다. 도시의 다른 가정들은 홈스쿨 그물망과 연결되어 있습니다. 여러분은 여러분의 아이들을 고립시키고 싶지 않을 것입니다.

소규모 공동체에서 여러분은 더 많은 이런 결정들을 내려야 할 것입니다. 우리는 일반적으로 성숙한 부부에게 도시 공동체를 돌볼 책임을 맡길 것을 요청합니다. 그러나 모두가 가족으로서 함께 협력하여 필요 사항을 파악하고 관리, 쇼핑, 요리, 재정 등에 대한 책임을 분담합니다.

우리의 경험은 그리스도 안에서 공동체가 가능하다는 증거를 지속하기 위한 헌신의 탁월한 중요성을 가르쳐 주었습니다. 우리가 그리스도 안에서 공동체보다 더 높은 다른 이상을 가지고 있다면 우리의 애착은 조건적이 되어 다음과 같이 말하게 될 것입니다. "이 공동체는 저에게 충분히 단순하지 않습니다, 홈스쿨링을 하지 않거나, 가난한 사람들과 충분히 참여하지 않거나, 제 개인적인 목표를 달성하지 못합니다, 그래서 저는 떠날 것입니다." 그러나 우리의 간절한 소망이 하나님 나라의 증인으로 함께 사는 것이라면 우리는 공동의 길을 찾을 것입니다.

✤ ✤ ✤

　지금까지 살펴본 바와 같이, 우리 시대에 새로운 공동체가 생기고 있는 실용적이고 유기적이며 성령의 인도를 받는 많은 방법들이 있다. 그리고 이것이 여러분의 소명이라면, 여러분은 혼자가 아니다. 다른 많은 사람들은 공동의 여정에서 얻은 경험과 지혜를 공유하기 위해 길을 걷고 있다. 그러나 그것은 하나님께서 하시는 훨씬 더 큰일에서 우리의 위치를 분별하는 데 도움이 된다.

　그분의 시대에 예수님은 심판과 희망을 가지고 오셔서 "하나님의 나라가 가까이 왔다"고 선포하셨다. 사도 바울은 온갖 종류의 논쟁과 박해를 통해 작은 유대인-이방인 교회 공동체의 탄생을 새로운 창조의 증거로 보았고, 하나님은 권세들 앞에서 모든 역사가 기다려온 화해를 보여주셨다.

　현대 그리스도교는 하나님이 하시는 이 새로운 일에서 자신의 자리를 찾기 위해 고군분투해왔다. 일부 그리스도인들은 하늘이 이 땅을 변화시킬 것이라고 기대하지 않는 세상의 현상 유지에 깊이 박혀 있는 영혼들을 하늘나라로 구원하기를 간절히 원한다. 다른 사람들은 우리 사회의 불의의 구조를 하나님 나라와 더욱 유사하게 바꾸기 위해 노력하지만, 그들의 일상생활에는 종종 공동체의 평화와 정의 안에 있는 하나님의 임재에 대한 사랑과 경험을 놓치고 있다.

　현대 사회 운동은 헌신적인 공동체에서 구체화된 평화와 정의의 증인인 예수님의 개인적 제자도를 하나로 모으고 있다. 이런 움직임은 하나님 나라가 새롭게 태어날 것을 대비해 피조물이 신음하고 내면으로 이동하는 해산의 고통과 같다. 이러한 이유로 질병, 고통, 박해, 교훈적 실패, 공동체를 위한 고통스러운 희생은 모두 의미가 있다. 우리 모두가 하나님의 긴급한 요청에 사로잡히고, 고통과 노동 속에서 예언자적 공동체의 탄생을 위해, 새로워진 세상에 대한 희망의 징표에 사로잡히기를 바란다. 그 새로워진 세상의 얼굴은 예수님이시다.

제29장

뛰어난 재능을 가진 사람들과 복종에의 도전

일부 공동체는 지역적인 교제보다 더 넓은 무대에서 "필요로 하는" 예외적으로 뛰어난 재능을 가진 회원이라는 혼합된 축복을 받았다. 그러한 사람들은 종종 그들을 그들의 홈 기반으로부터 멀어지게 하는 글쓰기, 대중 연설 또는 음악 공연을 통해 하나님에 의해 강력하게 사용될 수 있다. 공동체 관계에서 삶의 안정은 그들이 자기 지식과 겸손을 얻을 가능성이 가장 높은 곳이지만, 이것이 공적인 인물을 얻은 회원들에게는 어려울 수 있다. 더욱이 뛰어난 재능을 가진 사람은 자신의 소명을 이해하는 동료들과 기회에 참여할 수 있고 좋은 조언을 줄 수 있는 친구가 없을 때 복종하기가 어렵다. 공동체 자체는 회원의 명성에 너무 감명을 받거나 또는 이를 질투할 수도 있다. 여러 가지 이유로 "유명 인사"는 의도적인 그리스도인 공동체에 특이한 목회적 문제를 일으킬 수 있다.

그러한 사람들 중에는 20세기의 가장 유명한 그리스도인들 가운데 일부가 포함되어 있다. 이번 장에서 우리는 아빌라의 테레사, 도로시 데이, 존 하워드 요더, 헨리 나우웬, 토마스 머튼 등 대중적이고 영적인 "유명인"이 되어 역시 복종의 도전에 직면했던 다른 사람들의 삶에 대한 이야기와 성찰을 나눌 것이다.

아빌라의 테레사는 16세기 스페인 카르멜 수도회의 사교적인 회원이었으며, 그녀 자신의 판단에 따르면, 하나님과의 대화에 대해 진지해지기 전까지 20년 동안 평범한 영적 삶을 살았다. 테레사는 황홀한 환상을 경험하기 시작했고, 이것은 스페인 종교 재판에서 그녀의 상급자들에게 심각한 우려를 야기했다. 그들은 테레사에게 그녀의 환상이 악마로부터 온 것인지 아닌지를 시험하기 위해 그녀가 『내 인생의 책The Book of My Life-출판사에서는 종종 자서전으로 불렀던』이라고 부르는 것을 쓰도록 명령했다.

테레사는 한탄했다. "왜 우리는 우리가 '하나님!', '하나님!'이라고 말할 수 있고 악마들을 떨게 만들 수 있을 때 '악마!', '악마!'를 부르며 울면서 뛰어다닐까요?" 이 당국자들에 대해 그녀는 이렇게 말했다. "의심할 여지없이, 내가 악마를 두려워하는 것보다 악마를 두려워하는 사람들을 더 두려워합니다." 테레사가 윗사람에게 복종하여 이러한 초자연적인 경험들을 억압하려 하면 할수록, 환상의 빈도와 강도는 더 증가했다. 나쁜 영적 충고는 그녀를 거의 미치게 만들 뻔했다. 결국 그녀는 십자가의 성 요한자신보다 한 세대 어린 수도사에게서 자신의 영적 여정을 공유하고 깊이 털어놓을 수 있는 영적 조언자이자 고해 신부를 찾았다.

하나님과의 친밀한 경험과 대화로부터, 테레사는 스페인 문학과 신비주의 신학의 고전들을 훌륭하고 풍부하게 썼다. 그러나 그녀가 받은 나태한 카르멜 수도회를 갱신하라는 부르심은 많은 반대에 부딪혔다. 그럼에도 불구하고, 테레사는 활기차고, 매력적이었으며, 그녀의 대의를 지지하는 친구들을 사귀는 일에도 박차를 가했다. 그녀는 자신의 서약과 수도원 구성원들 모두에게 복종의 가치를 의심한 적이 없었지만, 그것을 실행하는 방법에 대해서는 창의적이었다. 그녀의 직속 감독자보다 더 높은 위치에서, 그녀의 쇄신 임무에 대한 승인을 얻었고 예수님의 사랑을 위해 관상하고 기도하는 봉쇄된 삶에서 육체적 간고를 겪고자 열망하는 12개의 수녀원 공동체를 설립했다.

아빌라의 테레사를 읽는 사람은 누구나 생생하고 억제할 수 없는 진정한 영과 연결되지만 권위에 대해 복종하는 것에 대한 그녀의 생각은 기이하게도 중세 시대처럼 보인다. 포스트모던 시대에 살고 있는 우리에게는 하나님의 뜻을 행하기 위해 영적 지도와 지역 공동체에 복종해야 하는 이유가 그렇게 명확하지는 않다.

도로시 데이의 많은 친구들에게는 이 활기찬 무정부주의자가 정기적으로 신부에게 고해성사를 하러 가야 한다고 주장하고, 지역 주교에게 가톨릭 일꾼 집을 지을 수 있는 허가를 요청하고, 피터 모린의 아이디어가 없었다면, 자신의 삶의 목적을 찾지 못했을 것이라는 주장을 반복하는 것이 이상하게 보였다. 그녀의 유명세에도 불구하고, 그리고 그녀의 마지막 40년 동안의 삶은 심오한 것이었지만, 그녀는 그런 사람으로 살기를 거부했다. 그녀는 가톨릭 일꾼 운동을 형성하는 중요한 시기에 피터 모린이 현장에 도착한 것이 하나님의 섭리였고 그의 글이 그녀가 앞으로 나아가는 데 필요한 비전 있는 계획과 확신을 주었다고 사람들에게 설명하기 위해 노력했다.

복종은 데이와 가톨릭 일꾼에게 유익한 삶을 유지할 수 있게 해주는 핵심이었다. 그녀의 예는 누군가가 우리 어깨 너머로 바라보고 우리 귀에 대고 좋은 조언을 하지 않는 한, 우리가 영혼과 마음과 힘을 다해 하나님의 일에서 자유롭게 나아갈 수 없다는 것을 보여준다. 하나님의 말씀은 어떤 한 사람에게 분명할 수 있지만, 다른 사람에 의해, 그리고 또 다른 사람에 의해 확인될 때, 그때가 하나님의 일이 이루어지는 때이다. 우리 주변에는 사랑 안에서 진리를 말하는 믿음의 가족이 필요하다. 특별한 은사를 받은 사람들이 영적으로도 성숙하다면, 자신들의 은사가 순종을 선택 사항이 아니라 더욱 필요하게 만든다는 것을 깨닫게 될 것이다.

슬프게도, 교회는 공동체 안에서 상호 복종하는 삶에 의해 형성되거나 인도되지 않은 야망과 특성을 가진 지도자들에 의해 종종 불구가 되었다. 레바 플레이스 펠로우쉽의 회원인 앨런 휴는 그의 신학교 교수인 존 하워드 요더가 포함된 의도적인 그리스도인 공동체를 세우려는 시도가 실패한 이야기를 들려준다.

앨런 휴의 이야기

제리 린드와 나는 1960년대 후반에 메노나이트 연합 성서 신학교의 학생이었는데, 그곳 학생이 된 주된 이유는 존 하워드 요더의 지도하에 공부하기를 원했기 때문이었습니다. 요더는 특히 우리가 레바 플레이스 펠로우쉽에서 휴가 중인 회원이었고 레바의 설립자인 존 밀러에 대한 존경심 때문에 우리 휴 가족에게 관심을 가졌습니다.

린드, 휴와 요더 가족 사이에 우정이 커졌습니다. 린드와 휴 부부는 요더 부부와 의도적인 공동체를 탐구하기 위해 대학원 졸업 후 1년 정도 더 머물기로 결정했습니다. 우리는 매주 식사와 소그룹 모임을 시작했습니다. 1968년에 마시아와 제리 린드, 진과 나는 우리의 아기들과 함께 다섯 명의 아이와 곧 태어날 아이를 가진 존과 애니 요더의 집으로부터 반 블록 떨어진 엘크하트의 클리브랜드 501가에 있는 집으로 함께 이사를 했습니다. 애니 요더는 그들의 가족 구역으로 우리를 환영했고 특히 존이 없을 때 우리의 지원에 감사했습니다. 언니인 베키와 마사는 잔느와 어울리는 것을 좋아했습니다. 우리 가족은 잘 어울렸습니다.

존 하워드 요더는 신학계에서 떠오르는 별이었고 급진적인 제자 공동체로서의 교회에 대한 그의 아나밥티스트 비전은 그리스도교 공동체를 탐구하는 신 아나밥티스트 세대를 뒷받침했습니다. 1968년에 그는, 지금은 유명해진 『예수의 정치학』이라는 제목으로 출판된 원고의 초기 버전을 우리 사이에 돌렸습니다. 예수님께서 가르치셨고 존이 우리를 위해 열어준 공동체를 함께 탐험하는 것은 힘든 시간이었습니다.

지니와 나는 이전에 레바에서 소그룹 경험을 한 적이 있었기 때문에 다섯 명의 성인이 의자에 원형으로 앉아 있고 여섯 번째 성인은 책상에 서서 서류를 뒤섞고, 쓰고, 읽고, 가끔 그룹 진행에 대해 의견을 말하는 공동체 모임을 갖는 것이 우리에겐 이상하게 느껴졌습니다. 리더십이 어색했습니다. 그 그룹에서 명백한 연장자는 존이었지만, 그의 참여는 특이했습니다. 우리는 "우리의 교수였던 사람을 어떻게 대할 것인가?"와 씨름했습니다.

존은 대부분의 시간을 전 세계를 돌아다니며 강연을 하거나 다음 여행을 준비하고 있었기 때문에 공동체를 위해 지도자 그룹을 모으는 것은 거의 불가능한 것으로 판명되었습니다. 6개월 이내에 우리 모두는 몇 가지 이유로 그것이 작동하지 않는다는 결론을 내렸습니다. 린드 가족은 이사를 갔고, 10대인 베키와 마사는 이제 막 여섯 번째 아이가 생긴 요더 가족에 대한 스트레스를 풀기 위해 우리와 함께 이사를 왔습니다. 그 결과 우리가 시도했던 공동체의 해체에도 불구하고 우리는 요더 가족과 깊고 지속적인 유대감을 갖게 되었습니다.

존 하워드 요더는 가르침, 끊임없는 글쓰기, 그리고 최고 수준의 신학적 대화에 깊은 소명을 느꼈습니다. 우리가 어떻게 그의 은사를 가장 잘 사용하는 사람이 누구인지 분별할 수 있겠습니까? 존에게 가족, 직업, 성격 개발 문제에 대해 복종할 수 있는 진정한 동료가 없다는 것을 생각하면 마음이 아픕니다.

12권의 책과 600개의 논문을 생산한 경력을 어떻게 판단할 수 있겠습니까? 그의 지적 분석 능력은 세계적인 수준이었습니다. 그는 에큐메니컬 대화에서 매우 인자하고 능숙할 수 있었습니다. 하지만 대인관계는 요더의 가장 약한 부분이었습니다. 그가 평범한 공동체 관계의 규율과 미덕을 배우기 위해 자신을 다스려야 했을까요?

조언과 주변 사람들에 대한 요더의 저항은 몇 년 후 그의 부적절한 성적 접근에 대해 여러 여성과 대면했을 때 그를 물고 늘어졌습니다. 1997, 그는 결국 이 문제에 대한 교회 권징에 복종했고, 치료를 받았고, 여성들에게 사과했고, 1997년 갑자기 죽기 몇 달 전에 교회 회원으로 회복되었습니다. 존 자신의 치유에 대한 필요성은 일반적으로 심리학자와 상담가들의 부정적인 견해에 반했습니다. 나는 그가 자신의 삶에서 평범한 사람들에게 복종하고, 그가 가르치고 그토록 다작으로 쓴 공동체의 비전을 더 완전하게 구현했다면 자신과 다른 사람들을 도왔을 것이라고 생각합니다.

✣ ✣ ✣

헨리 나우웬도 마찬가지로 학문적 성취의 정점에 있었다. 하버드 신학교에서 교수로 있는 동안, 그는 자신이 감정적으로 메말랐으며 영적으로 고갈되었다는 것을 발견했다. 그는 설립자인 장 바니에의 초대로 라르쉬 공동체와 함께 1년 동안 피정의 시간을 가졌다. 그해 말에 그는 토론토 근처의 데이브레이크 공동체에서 살기 위해 여생을 보내라는 소환장을 수락했다.

나우웬은 "우리 자신이 볼 수 없는 우리 마음속의 황혼 지대"에 대해 쓰고 있다. "우리 자신에 대해 꽤 많은 것을 알고 있을 때에도, 즉 우리의 은사와 약점, 우리의 야망과 포부, 우리의 동기와 추진력 등 우리 자신의 많은 부분이 의식의 그늘 속에 남아 있습니다. 이것은 정말 좋은 일입니다." 나우웬은 우리가 친구들과 공동체에 의해 완성되기 때문에 그것이 좋은 일이라고 주장한다. 다른 사람들, 특히 우리를 사랑하는 사람들은 우리가 결코 할 수 없는 방식으로 우리의 약점과 삶의 중요성을 모두 볼 수 있다. "그것은 은총입니다. 겸손할 뿐 아니라 사랑하는 이들에 대한 깊은 신뢰로 우리를 부르는 은총입니다. 진정한 우정이 탄생하는 곳은 우리 마음의 황혼 지대입니다."

이러한 영적인 우정은 자기 앎, 성숙한 성장, 신실한 봉사에 필수적이다. 예수님은 제자들을 둘씩 보내셨다. 사도 바울은 몇몇 동료 선교사들과 함께 여행하는 경향이 있었다. 장 바니에는 공동체 정신에 기반을 두기 위해 자신의 강연을 위한 여행에 한 사람 혹은 두 사람의 핵심 구성원인 장애인들과 동행한다. 조나단 윌슨-하트그로브는 공동체와 함께 여행 일정을 계획하고 한 달에 한 번의 여행으로 자신의 부재를 제한한다. 그러한 지침을 따르면 "빛 가운데 살기"가 더 쉬워지고 자신의 온전함을 보살피는 자매 및 형제들과의 관계에 기반을 두기가 더 쉬워진다.

종종, 누군가의 명성, 우리 공동체에 대해 잘 말하는 그의 재주, 그녀의 예술적 또는 지적인 기품, 또는 공동체가 누군가의 기금 모금 능력에 의존하기 때문에, 우리는 그러한 사람을 그들의 미성숙함에서 느슨하게 만드는 데 공모하게 된다. 우리는 다른 사람의 재능에 대한 감탄이나 부러움에 동기를 부여받으며, 이는 아무리 형편없더라도 관찰과 마음을 파고드는 질문으로 타개하는 대신 서로를 고립시킨다.

뛰어난 재능을 가진 사람들은 종종 독특한 방식으로 외롭다는 것이 밝혀졌다. 우리 대부분은 우리 공동체 내에서 우리를 충분히 이해하는 친구들을 찾을 수 있다. 뛰어난 재능을 가진 사람들도 동료가 필요하며 종종 공동체 밖에서만 찾을 수 있는 경우가 있다. 누가 창의적인 작곡가에게 그녀의 재능에 관한 좋은 관리에 대해 조언을 할 수 있을까? 천재적인 컴퓨터 프로그래머, 또는 특별한 의욕을 가진 공동체 조직가의 경우도 마찬가지다. 보통 비슷한 재능을 가진 헌신적인 그리스도인일 것이다. 가정 공동체는 각 구성원들이 어딘가에 그러한 연결고리를 가지고 있다는 것에 관심을 가져야 한다.

때로는 자기 성찰과 대화를 많이 한 후에 자신의 공동체가 자신의 은사와 소명을 행사하기에 적합한 환경이 아님을 알게 될 것이다. 그러나 그 누구도 그러한 문제로 인해 자신의 공동체를 빨리 떠나서는 안 되며, 오직 자신의 서약 파트너들의 동의를 포함해야 하는 신중한 분별의 과정을 거친 후에만 가능하다.

　앨런 휴는 1970년대 초에 자신과 버질 보그트가 레바에서 코이노니아 파트너스로 소환되어 세 명의 고위 지도자인 라돈 시트, 밀라드 풀러, 돈 모슬리에게 의견 차이를 조정하는 방법에 대해 조언했던 시기에 대해 이야기한다. 이러한 긴장은 개인적인 갈등이 아니라 개인적인 다른 소명에 관한 것이었고, 코이노니아가 이 특별한 재능을 가진 사람들의 소명을 적극적으로 지지하는 일종의 공동체가 되어야 하는지에 대한 것이었다. 결국 그들은 모두 서로 다른 방향으로 가는 축복을 받았다. 레이던 시트는 베리건 형제와 볼티모어의 조나 하우스와 관련된 전쟁 저항 운동에 뛰어들었다. 밀라드 풀러는 별도의 비영리 법인으로 해비타트 포 휴매니티를 시작하기 위해 조지아주의 아메리쿠스 근처로 가기 위해 캠프를 떠났다. 그리고 돈 모슬리는 난민들을 환영하는 그들의 카리스마를 발견하고, 난민들을 만들어내는 전 세계의 불의에 창의적으로 항의하기 위해 마침내 몇몇 다른 코이노니아 가족들과 함께 쥬빌리 파트너스를 설립했다. 돌이켜 보면 이 세 사람 모두 코이노니아에서 좋은 것을 가져다가 하나님의 영광을 위해 다른 곳에 다시 심은 것 같다. 그리고 코이노니아는 시골 환경에서 인종 간 파트너십과 급진적인 제자 훈련이라는 본래의 카리스마를 이어가는 축복을 받았다.

　그의 자서전인 『7층 산』에서 토마스 머튼은 실존적 위기에 도달할 때까지 방탕한 삶과 도덕적 막다른 골목에서 그의 자유를 탐구하고 이용했던 비범한 문학적 재능을 가진 안절부절못하는 젊은이를 보여준다. 그는 규율 있는 공동체 안에서 예수님께 자신을 완전히 드리지 않는다면 자신의 생명과 많은 은사를 낭비하게 될 것임을 깨달았다. 특유의 열정과 무한한 에너지로 머튼은 수도원 고독의 가장 극단적인 예를 찾았고 트라피스트 수도회를 그의 영적인 고향으로 선택했다.

바질 페닝턴의 머튼 전기는 그의 안절부절못하는 모습을 기록하고 있습니다. "라틴 아메리카에서 더 고독한 곳을 찾기 위해 겟세마니를 떠날 수 있도록 허락해 달라"는 청원과 호소를 그의 상관들에게, 그리고 마지막으로 교황 자신에게 청원했다. 로마로부터의 대답이 최종 거절로 돌아왔을 때, 머튼은 복종에서 자유를 발견하고 놀랐다. "내려진 결정은 나를 매우 자유롭고 공허하게 만들었습니다. 나는 그들이 완전히 새로운 종류의 기쁨을 맛볼 수 있게 해주었다고 말할 수 있습니다." 그의 일기에서 그는 이렇게 썼다. "나는 확실히 고독을 가질 것입니다. 여기나 저기나 별 차이가 없습니다. 어딘가에. 아무데도. 모든 곳을 넘어. 지리 외부 또는 그 안의 고독. 무엇이든 문제가 되지 않습니다."

더 푸른 수도원 목초지에 대한 이 안절부절못하는 탐색은 머튼을 위해 반복적으로 일어났고, 그가 받은 대답은 대개 '아니오'였지만, 어느 시점에서 그는 수도원 부지에서 더 신비로운 삶을 살 수 있는 예외가 허용되었다. 수도원의 고독을 기반으로 그는 불교를 포함한 모든 방향의 방문객 및 특파원과 에큐메니컬 대화를 시작했다. 한 동료 수사는 머튼에 대해 "그가 가졌던 작은 고독에 대해 매우 잘 썼습니다."라고 말한 적이 있다.

여러 차례 머튼은 창의적인 작가, 예술가 및 최첨단 교회 지도자들을 위한 피정을 주최했는데, 이들은 수도원 구내에서 우정의 원을 이루어 다른 사람들에게 그가 필요로 하는 것, 즉 서로 다른 전통 내에서 충실함에 대한 조언을 줄 수 있는 동료들의 공동체를 제공했다.

겟세마니 수도원의 견습수사들의 교사로서 머튼은 무분별한 복종이 미덕이라고 결코 믿지 않았습니다. 오히려 그는 제자들이 수도원 공동체에서 그들의 삶을 형성하는 수행에 대한 더 깊은 이유에 주의를 기울일 것을 촉구했다. 머튼은 모든 방향으로 복종의 경계를 넓혔지만 한계점을 넘지 않았다. 머튼은 베트남 전쟁에 반대하는 모든 출판물에서 상급자들에 의해 검열을 받았을 때, 평화 운동에 참여한 친구들집 포리스트, 도로시 데이, 다니엘 베리건에게 "베네딕트 몽크"와 "J. 마르코 프리스비"와 같은 가명으로 편지를 보냈고, 그들은 그것들을 널리 퍼뜨렸다. 때론 가톨릭 일꾼 신문에 "편집자에게 보내는 편지"로 나타나 있다. 하지만 한 친구가 머튼에게 금지령을 무시하거나 수도원을 떠날 것을 제안했을 때, 그는 "이런 종류의 반응은 스캔들을 일으키고 그들이 옳다는 것을 증명할 뿐입니다."라고 대답했다.

『행동하는 세상에서의 관상Contemplation in a World of Action』에서 머튼은 다양한 종류의 자유에 대한 자신의 성찰을 다음과 같은 방식으로 마무리한다.

> 제한, 구속, 자기 부정, 희생 등을 받아들일 필요가 있습니다. 우리 시대의 사람들에게 인간의 성취에 너무 열중하는 것은 정말로 수치스럽게 보일 수 있습니다. 많은 면에서 성취되지 못하는 것이 사실 최고의 성취로 가는 방법이라는 것을 알기 위해서는 특별한 통찰력이 필요합니다. 기본적으로 오직 한 종류의 자유가 있는데 그것은 십자가의 자유입니다. 그것은 십자가에서 그리스도와 함께 자신을 완전히 내어드리고 그리스도와 함께 올려졌으며 그리스도의 자유를 가진 사람에게 오는 자유입니다. 단순히 평범한 인간의 자발성에서 오는 것이 아니라 하나님의 영의 자발성에서 오는 것입니다.

그리스도의 영 안에서 자발성을 위한 복종이라는 이 역설적인 말씀은 우리 모두를 위한 것이다. 뛰어난 재능을 가진 사람들은 우리와 근본적으로 다르지 않다. 공동체의 모든 사람들은 재능이 있다. 비록 유명한 회원들을 다루는 것이 대부분의 공동체의 문제는 아니지만, 우리는 모든 곳에서 다양한 정도의 유사한 역학을 인식할 것이다. 우리 모두는 자신의 전문성 때문에 특권을 추구하려는 유혹을 받는다. 우리 모두는 일상적으로 우리와 삶을 공유하는 사람들에게 충분히 명백한 사각지대를 가지고 살고 있다. 우리가 성령으로 받은 다양한 은사들이 그리스도의 몸 안에서 서로를 보완한다.

이번 장에서 우리는 테레사, 도로시 데이, 헨리 나우웬, 토마스 머튼, 그리고 존 하워드 요더 역시 그들의 삶이 끝날 무렵 그들이 말하는 것의 현실을 알았다고 믿도록 초대받았다. 십자가의 길에 대한 이러한 신뢰는 특히 우리의 꿈과 명성이 제단에 드려질 때 우리를 변화시키고, 자매와 형제들과 함께 하나님이 원하는 것을 함께 분별한다. 때때로 우리의 십자가는 다른 사람들이 우리의 방식대로 사물을 보지 못하는 공동체 자체와 그 지도자이며, 하나님이 우리 모두와 함께 새롭고 부활한 일을 행하실 수 있도록 우리는 예수님과 함께 죽는다.

결론

갱신 수용

엘살바도르의 산에서 버스를 타고 우리 자매 공동체인 발레누에보로 선교 여행을 가던 한 십대가 내 옆에 앉아서 내가 자신의 멘토가 되어줄 수 있는지를 물었다. 사라 벨서는 계속해서 자신이 레바 플레이스 펠로우십에서 자랐고, 모든 것을 당연하게 여겼지만, 이제는 대학에 진학하는 대신, 하나님이 그녀의 유산으로서의 공동체의 역사와 신학을 공부하기 위해 곁에 있어달라고 요청하고 있다고 믿었다. 그녀는 이 결정에 대해 오랫동안 기도했고 하나님께서 하실 일에 대해 흥분을 느꼈다. 내가 이 모험에서 그녀와 파트너가 되어야 하는가?

사라의 요청은 마치 그녀와 나의 삶의 갱신의 기회로써 성령께서 주신 새 포도주 선물과 같이 다가왔다. 그러나 우리 둘 중 누구도 이 대화가 전체 친교를 근본적으로 변화시키고 오늘날까지 계속되는 방식으로 많은 젊은이들이 사라실제로 예수를 따르도록 영감을 주는 갱신의 연장된 시즌의 시작을 알리는 것이라는 사실을 깨닫지 못했다.

예수님이 가르치신 것처럼 새 포도주는 유연한 새 가죽 부대를 필요로 한다.마 9:17 사라와 나는 우리가 느꼈던 감동을 전달하고자 하는 성령의 충동을 표현하기 위한 공동의 사역이 필요했다. 우리는 몇몇 다른 젊은이들이 사라가 배우고 싶었던 것을 경험할 수 있도록 레바가 실습회원 프로그램을 시작할 것을 제안했다.

우리는 많은 사람들을 차에 태워 신시내티에 있는 바인야드 센트럴을 방문했다. 그곳에서 성령은 우리가 배울 수 있는 활기찬 실습회원 제도를 통해 공동의 각성을 불어넣어주었다. 우리는 그들의 지도자인 케빈 레인스와 우정을 쌓았고, 바인야드 센트럴의 젊은 생활공동체로부터 그들의 집중적인 제자도 경험이 어떻게 그들이 공동체에 참여하고 그 사명을 확장하도록 영감을 주었는지에 대해 들었다. 우리는 그들의 안내서를 차용했고, 사라는 그것을 우리의 상황에 맞게 수정했다. 우리는 실습회원 지원 위원회를 조직하고 근처와 멀리 있는 젊은이들에게 공동체, 제자도, 봉사에 중점을 둔 레바에서의 1년을 제공한다는 내용을 담은 소책자를 보냈다.

일부 레바 사람들은 젊은이들이 정말로 어울리고 싶어 할 지에 대해 회의적이었다. 그들은 레바가 오래 전에는 성령이 이끄시는 용기 있는 모험의 역사를 가지고 있다는 것을 알고 있지만 이제 우리는 20대와 30대 회원이 거의 없는 백발들이 많다. 그러나 때마침 듀크 신학교의 리처드 헤이스 교수가 방문하여 노년에 기적적으로 임신하게 된 사라와 엘리자베스의 이야기에서 우리에게 예언적인 말을 해주었다. 누군가가 우리의 은퇴 자금을 새로운 세대에 투자하자고 제안했다. 물론 그건 우리가 은퇴 자금이 없었기 때문에 농담이었지만, 이제 우리는 우리 자신의 미래가 아니라 하나님의 미래를 위해 우리의 마지막 힘을 투자해야 한다는 것을 알았다.

첫 해에 우리는 몇 가지 실수를 저질렀고 실습회원들은 일찍 떠났다. 그러나 두 번째 해에는 몇몇 활기찬 젊은이들이 도착하여 사라의 열정을 사로잡았고 훌륭한 경험을 했다. 매년 실습회원들과 공동체 간의 교류는 우리가 "그들"에 대해 이야기하는 것에서 벗어나 "우리"가 되는 것을 배우면서 더 나아졌다. 세 번째 인턴 그룹에서 에릭 로렌스는 블루밍턴에 있는 일리노이 대학교에서 그와 함께 실습회원제도에 뛰어들 친구들을 적극적으로 모집했다. 이상주의, 격동적인 관계, 늦은 밤의 대화, 새벽기도에 대한 헌신이 순식간에 깨지는 혼란스럽고 신나는 시간이었다. 우리는 그 당시보다 나중에 생각해보면 하나님의 일처럼 보이는 영광스러운 혼란을 겪었다.

공동체 피정에서 에릭과 회사는 중고 자전거를 수리하고 판매하고, 아이들에게 자전거를 돌보는 방법을 가르치고, 화석 연료를 절약하도록 세상에 영감을 주는 재활용이라는 새로운 사업을 제안했다. 한 공동체 장로가 에릭에게 우리 대부분이 마음속에 가지고 있던 질문을 했다. "그리고 당신은 이 일이 일어나도록 돕기 위해 얼마나 오래 머물 것입니까?"

"흠, 글쎄요." 에릭은 대답하고 곰곰이 생각했다. "3년은 어떨까요?"

에릭과 그의 친구들에게 3년은 영원처럼 보였지만, 하나님은 그런 시작으로 일하신다. 리사이클러리는 현재 점포를 가진 사업이며 에릭은 케이티와 결혼하여 우리 가운데서 활기찬 두 자녀의 부모가 되었다.

그 무렵 인근 노스파크 대학에서 가르치고 있는 레바의 철학자 그렉 클라크는 레바의 월요일 밤 포틀럭과 그에 이은 실습회원 오리엔테이션 세미나의 활기를 보았다. 그래서 그는 많은 노스 파크 학생들이 우리의 포틀럭과 대학 학점을 위한 세미나에 참여하는 "의도적인 그리스도인 공동체"라는 과정을 설계했다. 첫해에는 두 명의 학생들만 나타났지만, 입소문이 났고, 그때부터 우리는 참여자를 15명으로 제한해야 할 정도로 엄청난 인기를 끌었다.

사라 벨서는 결혼을 하고 이사를 갔고, 나는 항상 후배 파트너와 함께 다양한 변화를 통해 인턴 프로그램을 계속 이끌었다. 몇 년 전 나의 마지막 후배 파트너인 셀리나 바렐라가 "레바 견습생 제도"로 이름을 바꾼 것을 이어받았다. 이 젊은이들 중 많은 수가 회원이 되기 위해 주변에 남아 있기 때문에 우리의 친교 모임에는 이제 노인들과 독신, 신혼부부, 젊은 가족들이 모두 모여 있다. 예언대로 노인들만 임신한 것이 아니라 젊은 부부들도 임신했다.

이 모든 새로운 사람들을 공동의 삶으로 사회화하기 위해서, 우리 모두는 나이든 사람들과 젊은 사람들이 함께 더 자주 만날 필요가 있다. 그래서 우리의 회의 일정과 회원 범주, 직무 팀, 인구 통계가 모두 변경되었다. 새로운 세대의 리더십이 자리를 잡고 그 자리를 바꾸고 있다. 이 청년 운동으로 인해 우리는 "신 수도원주의"라는 갱신 운동에 뛰어 들었고 여러 파파페스트 행사를 주최하는 데 도움을 주었다. 정원에서 싹이 나고, 덤스터 다이빙쓰레기 통에서 사용 가능한 물품들을 골라내는 것이 제도화되고 있다. 모든 고통스러운 기쁨을 가진 새 생명이 매일 우리를 둘러싸고 있다. 그리고 이 모든 것은 성령에 대하여 살아있는 한 레바 청년이 우리와 함께 하나님의 나라를 찾고 싶어 하고 그 이야기에 참여하기를 원하는 다른 사람들에게 이야기하기 시작했을 때 시작되었다.

사도 베드로가 그의 오순절 설교에서 인용한 선지자 요엘에 따르면행 2:17-18, 이것은 갱신의 때의 모습과 같다.

> 하나님께서 말씀하신다.
> 마지막 날에 나는 내 영을 모든 사람에게 부어 주겠다.
> 너희의 아들들과 너희의 딸들은 예언을 하고,
> 너희의 젊은이들은 환상을 보고,
> 너희의 늙은이들은 꿈을 꿀 것이다.
> 그 날에 나는 내 영을 내 남종들과 내 여종들에게도 부어 주겠으니,
> 그들도 예언을 할 것이다.

우리 시대에 이것은 많은 방문객, 회의 및 회심을 위한 주말 학교를 주최

하는 것처럼 보이는 경향이 있다. 여기서 젊은이들은 늦게까지 머물며 손님들과 유쾌한 분위기를 나누고 노인들은 일찍 잠자리에 들기 때문에 일찍 일어나 위원회를 구성하고 이를 다시 실현할 기금을 마련한다.

전국의 다른 의도적인 그리스도인 공동체들에서 성령 갱신에 대한 유사한 이야기들을 배가시킬 수 있다. 예를 들어, 약 8년 전 미니애폴리스에서 있을 것 같지 않은 펑크와 부적응자 무리를 한데 모은 "하드코어 성서 연구"가 있었고, 샐비지 야드라고 불리는 교회와 잃어버린 사람들을 계속 모아서 "우리가 한때 그랬던 것처럼" 손을 뻗는 의도적인 공동체 가정들의 느슨한 네트워크를 발행했다. 그들은 슈타이거 사역을 통해 전 세계의 다른 유사한 단체들과 연락을 유지해왔다.

한편 인디애나폴리스의 북쪽에 있는 잉글우드 크리스찬 처치는 새로운 목사인 마이크 볼링과 한 무리의 친구들이 기도와 교회와 그 이웃에 대한 하나님의 비전에 대한 간절한 탐구를 위해 몇 년 동안 매주 일요일 밤 신실하게 만나기 시작할 때까지 쇠퇴하는 도시 환경에서 죽어가는 통근자들의 모임인 교회였다. 고립된 교회를 이웃을 위한 공동체 센터로 바꾸려는 의도적인 공동체와 함께 도시의 한 구석에 침투할 수 있는 통합이 점차적으로 이루어졌다. 성령은 주택, 유치원, 일반 식사, 도서 출판 사업, 그리고 이웃들과 고갈되어 가던 많은 개인들에게 희망을 주는 구원의 우정의 웹에서 일련의 창조적인 이웃 개발 사역에 영감을 주었다. 그 이후로 그들은 존 퍼킨스가 시작한 다인종 그리스도인 공동체 개발 협회의 강력한 참가자가 되었다.

이러한 이야기들과 각 공동체가 말할 수 있는 수많은 다른 이야기들은 예루살렘 초대 교회의 탄생에서 비롯된 최초의 빅뱅의 우주적 확장이다. 성령 세례는 지중해 주변의 모든 언어 집단에서 온 사람들을 불러 모았는데, 그들 중 많은 유대인 디아스포라 출신 순례자들이 오순절 축제를 위해 예루살렘에 모였다.행 2:5-13 사도들은 흥분한 새신자들에게 지금이 모든 선지자들이 예언한 역사의 전환기, 즉 메시아의 시대가 가까웠다는 사실을 상기시켰다. 그들의 회개와 침례는 강렬한 교제의 계절에 함께할 시간을 벌기 위해 그들이 어디에서 왔는지에 관계없이 땅과 집을 파는 결과를 낳았다. 그들은 예수님의 사랑을 나누고, 성령의 기쁨을 축하하며, 하나님의 일을 위해 자신들의 소유물을 자유롭게 사용하고, 주님처럼 핍박 받기에 합당한 자로 여기심을 보고 기뻐했다. 몇 년 동안 그들은 예수님과 함께 했던 최초의 제자들이 그랬던 것처럼 같은 공동체 형성에서 서로의 삶으로 들어가는 경험을 했다.

박해의 물결이 교회를 흩어지게 했고, 이는 급속한 팽창의 또 다른 단계였다. 성령의 인도를 받은 이 초기 그리스도인들은 개종자들을 모아 유대와 사마리아 전역행 8:1~8과 페니키아, 구브로, 안디옥과 같은 도심에 교회를 세웠다.행 11:19~30 세 번째 단계는 교회의 대 핍박자인 사울이 부활하신 예수님을 만나고 이방 세계에 화해의 기쁜 소식을 전하기 위해 보냄을 받았을 때였다.

이러한 갱신의 이야기에서 우리가 분별할 수 있는 공통적인 주제는 무엇인가?

하나님의 백성들은 은혜를 받고 나누기 위해 부지런히 포도주 부대를 만들어내는 동안 주연은 성령이시고 그분은 포도주를 부어주신다. 하나님께서 행하시는 새 일에 시간과 에너지와 재정 자원을 투자하는 것이 중요하다.

갱신은 종종 공동체의 오래된 사람들과 새로 온 사람들 사이의 존경스러운 줄다리기의 결과이다. 새로 온 사람들은 공동체를 그들 자신의 것으로 만들기 위해 그것을 다시 만들 필요가 있다. 실천의 의미는 그들이 시도하기 위해 신선하고 확실해야 한다. 그러나 그 의미가 드러날 때까지 실천해야만 이해할 수 있는 것들이 있다.

예를 들어, 나는 한 대학생이 공동 소그룹에 가입했을 때 원 주위의 각 사람이 차례로 그 주의 "감사와 기도 제목"을 말하는 형식에 조바심을 느꼈던 때를 기억한다. 대화는 그에게 느리고 어색하게 형식적으로 보였다. 그러나 몇 주 후 그는 갑자기 깨어났고, 캠퍼스에서 가장 말 잘하는 사람을 제외한 모든 사람을 끊임없이 방해하고 소외시키는 데 익숙했던 경쟁적인 학생 대화의 피상적인 특성을 처음으로 보았다. 그는 처음에는 이해하지 못했던 일을 함으로써 새롭고 아름다운 현실을 볼 수 있는 마음과 마음이 형성되었음을 깨달았다.

그러나 그것이 무의미한 반복이 미덕으로 가는 길로 작용하도록 만들지도 않는다. 소그룹을 위한 갱신은 모든 사람이 잘 경청하도록 보장하면서 자발성을 장려하는 방법을 모색함으로써 이루어질 수 있다.

갱신을 경험하는 공동체는 주변의 영적 운동과 사회적 위기에서 시대의 징표를 분별하고 하나님이 새 일을 행하시는 다른 그룹과 연결된다. 그러나 가짜 갱신도 역시 손짓을 하기 때문에 신앙 공동체는 방문하고, 초대하고, 배울 운동에서 선별적이어야 한다. 한 세대 전만 해도 대부분의 의도적인 그리스도인 공동체는 카리스마적 갱신의 영향을 강하게 받았으며, 그것은 성령의 새로운 은사, 황홀한 예배, 내면의 치유, 공동체에 굶주린 사람들을 가져왔다. 그러나 그 운동은 또한 많은 사람들의 삶을 혼란에 빠뜨리고 지속되지 않는 열매를 맺는 거대한 권위의 행사에 감염되었다. 줄리아 듀인, 『불과 영광의 날들: 카리스마적 공동체의 흥망성쇠 [*Days of Fire and Glory: The Rise and Fall of a Charismatic Community*]』 참조

갱신은 실수를 하고 더 깊은 대화에서 실수로부터 배우는 시간이 될 것이다. 나는 이것이 몇 년 동안 일부는 심오하고 일부는 피상적인 여러 형태를 취하는 것을 보았다. "우리는 비판적이라는 비난을 받아왔습니다. 따라서 우리는 우리의 생각을 억누르고 손님을 더 잘 받아들이도록 노력할 것입니

다. 사람들은 우리의 기대치가 너무 높기 때문에 우리 공동체에 합류하기를 원하지 않습니다. 그러므로 기대치를 낮추어야 합니다." 그렇지 않다. 진정한 갱신은 각자의 진리와 주님의 말씀에 귀를 기울이는 동안 길고 끈기 있는 대화를 통해 양자택일 또는 이분법 아래로 갈 것이다.

많은 사회학자들은 공동체와 제도의 라이프사이클에 주목해왔다. 그들은 카리스마, 높은 에너지, 새로운 사람들의 포용, 창의적인 제도적 형태, 그리고 시간과 소유에 있어서 개인적인 희생에 걸맞은 생생한 목적의식에서 출발한다. 그리고 그들은 제도적 자기 보존을 위해 같은 노인들이 똑같은 오래된 과업을 하는 낮은 에너지로 끝난다. 그러나 구조를 만지작거리는 것으로도 갱신이 이루어지지는 않을 것이다.

예수님은 우리에게 "지속적인 열매를 맺으라."고 부르신다. 나는 갱신의 시기에 성령께서 한동안 하나님 나라의 전진을 거의 수월하게 보이도록 만드는 많은 은사를 주시는 것을 관찰해왔다. 하나님께서 그 일을 행하고 계시고 우리는 표적과 기사의 열광에 이끌려 간다. 그러나 예수님은 또한 구경거리를 찾는 군중들이 힘든 시기에는 녹아버리는 변덕스러움에 당황하셨다.

성품의 즉각적인 성숙은 성령의 선물이 아니다. 성숙함은 신실한 섬김과 고통, 인내를 통해 성품의 새로운 습관을 길러주고 미덕을 심어주는 제자의 삶의 결과로서 시간이 걸리는 성령의 열매이다. 우리는 공동체에서 멋진 시간을 보내는 사이에 우리의 신실함이 필사적으로 정직한 기도와 숨겨진 봉사에서 날마다 주입되는 하나님의 은혜에 의존하는 어려운 고투의 시간과 자랑할 만한 영웅적인 것이 전혀 없는 시간이 있다는 사실에 놀라지 말아야 한다. 우리는 부활과 오순절이 있기 전, 그분의 고난과 십자가에 못 박히심이라는 현실에서 예수님을 알게 된다.

성령은 우리보다 우리 공동체의 갱신을 원하시며 우리 시대에 하나님의 자녀들이 나타나기를 간절히 기다리신다. 그리고 개인과 마찬가지로 공동체도 거듭, 거듭, 거듭 태어날 수 있다. 갱신으로 가는 길은 일부 그리스도교 전문가가 방금 발견한 세 가지 쉬운또는 어려운 단계 목록이 아니라 예수님이 항상 우리를 기다려주시는 축복이다.

정교회 피스 펠로우십의 회장이자 토마스 머튼의 친구인 짐 포레스트는 팔복에서 "축복받은"의 원래 의미를 파헤친다. "고전 그리스어에서 '마카르'는 불멸의 신들과 관련이 있습니다. '카리Kari'는 '운명' 또는 '죽음'을 의미하지만 부정 접두사 '마ma'를 사용하면 '죽지 않고 더 이상 운명에 종속되지 않음'을 의미하며, 이는 인간이 접근할 수 없고 갈망하는 상태입니다. 신들인 호이 마카리오이hoi Makarioi가 복을 받은 것은 그들의 불멸성 때문이었습니다." 그리스도교적 용법에서 축복받은 자들인 '마카리오이'는 이미 하나님의 생명에 참여하고 있다.

"마음이 가난한 사람", '"슬퍼하는 사람", "온유한 사람", "의에 주리고 목마른 사람", "자비한 사람", "마음이 깨끗한 사람", '"평화를 이루는 사람", "의를 위하여 박해를 받은 사람"은 이미 끝이 없는 하나님의 생명에 속하기 때문에 복이 있다. 이 축복은 우리 인간의 존재를 무의미한 고통에서 하나님의 생명에 참여하도록 변화시킬 뿐만 아니라, 놀라운 방식으로 십자가에 못박히시고 부활하신 분 안에 있는 하나님의 본성을 우리에게 드러낸다.

예수님은 패권을 위한 전투의 "승자", 즉 흥망성쇠 하는 제국의 "승자"가 만든 역사가 아니라 매우 다른 역사관으로 우리를 가르치고 초대하신다. 그러나 역사는 고통과 신실함, 겸손과 희망으로 공동체를 위해 자신을 바치고 다른 사람들이 지배권을 위한 총체적인 전투에서 파괴한 것을 작은 규모로 수리하고 화해하는 팔복의 사람들에 의해 만들어진다. 이것들은 "보는 눈"을 가진 이들을 위해 하나님의 은혜와 신비한 능력으로 실제로 생명을 물려

주고 역사를 새롭게 하며 또 다른 세대를 가능하게 하는 죽음과 부활의 이야기들이다.

우리는 예수님의 부활과 성령의 선물 이후, 더 이상 죽음을 두려워하지 않는 사람으로 삶을 바쳐, 대부분의 경우 순교에 의해 드러난 신실한 증인의 삶 속에서도 땅 끝까지 제자를 삼았던 사도들에게서 갱신을 위한 신비한 힘을 본다. 그들은 시간을 초월하여 성부와 성자와 성령의 원무에 동참한 것이 아니라 예수님과 함께 죽음을 이긴 그들의 승리가 이미 죽기 전에 모든 것을 바꾸어 놓았다. 그리스도의 자유 속에서 사는 것이 이미 지금 여기 역사 속에 있는 거룩한 공동체에서의 그들의 삶을 특징지었다.

도로시 데이가 시에나의 캐서린의 말을 인용하면서 자주 말했듯이, "천국으로 가는 모든 길은 천국이다." 그리고 지상의 천국은, 우리가 확신하는 바와 같이, 팔복처럼 보이고, 예수님처럼 보인다. 좋은 소식은 아무도 배제되지 않는다는 것이다. 모든 사람들이 무기를 내려놓고 "창세로부터 죽임을 당한 어린 양"의 원무에 동참하도록 초대를 받았다. 계 13:8

주

독자들이 먼저 읽기를 바라는 저자의 서문

디트리히 본회퍼에 대한 언급은『함께 하는 삶』뉴욕: Harper Collins, 1954, p.26 - 27
에 나온다.

N. T. 라이트의 인용문은 쉐인 클래어본, 조나단 윌슨, 하트그로브, 에누마 오코
로의『일반적인 기도: 평범한 근본주의자들의 전례*Common Prayer: A Liturgy for Ordi-
nary Radicals*』Grand Rapids: Zondervan, 2010, p.72에서 찾을 수 있다.

2. 해체된 공동체의 풍경과 공동체에 대한 우리의 열망

교회 폐쇄와 대학생들이 신앙을 떠나는 것에 대한 통계는 팀 모렐리Tim Morely,
『우리의 신앙 구현: 살아가기, 나눔, 실천하는 교회*Embodying Our Faith: Becoming a Liv-
ing, Sharing, Practicing Church*』Downers Grove, IL: InterVarity Press, 2009, 26ff에 나온다.

3. 공동체에 대한 저항의 등고선

가톨릭 신자들과 메노나이트들은 낙태, 사형, 전쟁을 반대하는 "이음새 없는 생
명의 외투"에 대한 가르침의 전통을 가지고 있다. 그것은 대부분의 개신교 신자들에
게 일반적인 것이 아니었다. 일반적인 분열은 복음주의자들이 평화에 찬성하는 말
은 거의 없지만 태어나지 않은 사람들을 옹호하는 정치적 경계와 유사하다. 그리고
주류들은 가난한 사람들을 돌보기 위해 우리를 소환하지만 성적 제한의 미덕을 다루
지 않을 수 있다. 그러나 이 젊은 세대의 많은 사람들은 문화 전쟁으로 인해 외면당하
고 "이음새 없는 외투" 비전으로 돌아오고 있다.

다음은 제3장을 쓴 브랜든 로즈의 경험이다.

의도적인 그리스도인 공동체는 18세에서 30세 사이의 사람들과 거의 대부분을 보냈던 2003년 이후 내 삶의 많은 부분을 차지해왔다. 나는 3년 동안 오리건 주 유진에 있는 카이 알파 공동체에서 그것을 경험했다. 그것은 전국의 그리스도인 대학생들 사이에서 창조적인 보살핌을 위한 조직화, 예수 급진주의자들을 위한 글쓰기, 그리고 포틀랜드에 있는 스프링워터교회를 설립하는 것을 도왔다. 또한 2년 동안 나는 이웃에 뿌리를 둔 의도적인 공동체, 교회, 예수를 사랑하는 가족들의 잡다한 네트워크인 패리시 콜렉티브와의 작업을 통해 이러한 세대적인 단절에 부딪혔다. 내가 여러 세대들이 함께 사는 공동체에서 4년 간 살아왔기 때문에 우리 세대의 특징은 다른 세대들과 대조적으로 두드러진다는 사실을 알고 있다. 예를 들어, 헌신에 대한 우리 세대의 불안에 대해 나이든 사람들이 당황할 때 이것을 확인하게 된다. 때때로 이러한 세대 간의 단절에 부딪히는 것은 교차 문화의 경험처럼 느껴지며, 건강한 공동체에 도달하기 위해 인내심과 경청이 필요하다는 우리의 인식을 심화시켰다.

5. 공동체에서 제자가 되라는 복음의 부름

웬델 베리의 인용문은 『성, 경제, 자유, 공동체』New York: Random House, 1993, 8장에 있다.

6. 당신의 공동체 찾기: 방문, 인턴십, 멘토

성인기 지연이라는 문화적 현상은 20년 동안 광범위하게 연구되어 왔으며, 더 최근에는 심리학자 제프리 아넷이 2000년 "미국 심리학자"라는 잡지의 논문에서 "출몰하는 성인기"라는 제목으로 연구된 바 있다. 위키피디아 항목 "출몰하는 성인기"에 따르면 성인기 지연은 "자녀가 없거나, 자신의 집에서 살지 않거나, 20대 초반에서 후반에 완전히 독립할 수 있는 상당한 수입이 있는 선진국의 청년에게 적용된다." 이 주제에 대한 뛰어난 자료는 크리스틴 하슬러의 *20 Something Manifesto: Quarter-Lifers Speak Out About About They Are*, *What They Want*, *How to Get*

*It*Novato, CA: New World Library, 2008이다.

15. 작업 일정 잡기 및 직업의 유혹

데이브레이크 공동체에 가입한 사람들의 회원 자격 진술에 대한 나우웬의 회상은 『새벽으로 가는 길: 영적 여정』뉴욕: Doubleday, 1988, 154 페이지에 있다.

17. 교회에 다니지 말고 교회가 되라

존 알렉산더의 인용문은 샌프란시스코에 있는 소저너 교회가 소유하고 있는 그의 원고인 "예배드리러 교회에 다니지 말고 교회가 되라"에서 가져온 것이다. 원고에는 페이지 숫자가 없다. 그동안에 조나단 윌슨-하트그로브는 존 알렉산더를 대신해 자신의 저서 『교회가 되기: 하나님의 백성으로 사는 법에 대한 성찰』Eugene, OR: Cascade, 2012에서 이 작품을 편집해 발표했다.

18. 이야기, 규칙, 헌신의 예식에서 언약 만들기

모든 성서의 언약적 성격에 대한 인용은 리처드 헤이스의 『신약의 윤리적 비전: 공동체, 십자가, 그리고 새로운 창조』San Francisco: HarperSanFrancisco, 1996, p.196-97에서 가져왔다.

코이노니아 파트너스의 완전한 언약 전례는 커뮤니티 웹사이트 Koinoniapartners.org를 통해 요청 시 이용할 수 있다.

19. 공동체에 양파가 필요한 이유에 대하여

구성원들이 그들의 공동체를 있는 그대로 책임지는 것에 대한 인용문은 장 바니에의, 『공동체와 성장』Mahwah, NJ: Paulist Press, 1989, p.131에서 찾을 수 있다.

20. 창조 관리, 식량 정의, 그리고 공동 식탁

조나단 윌슨-하트그로브의 인용문은 *Conspire 3, no. 4*2011년 가을: 8.에 있다.

줄리엣 쇼어는 "플렌티튜드: 진정한 부의 새로운 경제"라는 비디오, http://front.moveon.org/the-secret-to-creating-jobs-that-wall-street 에서 확인할 수 있다. 2012년 5월 23일 발표 쇼어는 책 제목과 같은 저자이다.New York: Penguin, 2010

빵을 사치스럽게 나누고자 하는 우리의 굶주림에 대한 사라 마일즈의 관찰은 *Conspire3, no. 4*2011년 가을: 14.에 있다.

21. 하나님의 경제와 재물의 공동체

조디 가비손의 에세이 "비범한 지갑"은 *Cherith Brook Catholic Worker*, Lent 2011, 4ff의 허가를 받아 재 인쇄되었다.

존 알렉산더의 많은 종류의 공동체에 대한 인용문은 샌프란시스코의 소저너스교회 소유의 출판되지 않은 원고인 "교회에 다니지 말고 교회가 되라"에서 유래한다. 원고에는 페이지 표시가 없다.

2010년 국민총생산 통계는 세계은행 웹사이트worldbank.org 에서 제공된 것이다. 포브스지의 웹사이트는 세계 억만장자와 그들의 순자산을 나열하고 있는데, 그 중 2012년 1월forbes.com 에는 실제로 1,165명이 있었다.

22. 공동체를 위한(그럼에도 불구하고) 영적인 삶

『하나님이 당신에게 말씀하기를 원하십니다』의 사본은 IL 60202, 에반스톤, 737 레바 플레이스 지하에 있는 레바 플레이스 펠로우십 사무실에서 구할 수 있다.

헨리 나우웬의 인용문 "우리가 혼자가 되자마자 혼돈이 우리 안에 열립니다"는 *Making All Things New and other Classics*London: HarperCollins, 2000와 goodreads. com/author/quotes/4837.Henri J_M_Nouwen에서 인용했다.

"서구의 종교적 정서가 어떻게 그렇게 개인화되었는지 보는 것은 비극적입니다."라고 시작하는 나우웬의 인용문은 *Reaching Out: Three Movements of the Spiritual Life* New York: Doubleday, 1975과 goodreads. com/author/quotes/4837. Henri_J_M_Nouwen.에서 왔다.

소저너스교회 친구인 마이클 아유엔 드 쿠아니의 고향에 있는 수단의 새 학교 건설 프로젝트에 대한 자세한 내용은rebuildsudan.org 를 참조하라.

나우웬은 『새벽으로 가는 길』, p.224 - 25에서 공동체 내에서의 "두 번째 외로움"의 고통에 대해 쓰고 있다.

23. 사람들이 떠날 때

장 바니에는 『공동체와 성장』, p.127에서 공동체 회원이 탈퇴 요청을 받을 수 있는 상황에 대한 조언을 제공한다.

24. 공동체를 가로막는 상처의 치유

트라우마와 트라우마를 변화시키는 방법에 대한 자세한 내용은 칼 리먼 박사의 책 『자신을 능가하기: 현재를 침략하는 과거를 포착하고 과거에 대해 어떻게 해야 하는가 Outsmarting Yourself: Catching Your Past Invading the Present and What to Do about it』와 outsmartingyourself.org 의 무료 미디어 및 자료를 참조하라.

외상 처리와 관련된 작업에 대한 자세한 내용은 레먼 박사의 『뇌 과학, 감정 외상, 그리고 우리와 함께하는 신, 제2부: 고통스러운 경험을 위한 처리 경로와 심리적 외상의 정의 Brain Science, Emotional Trauma, and the God Who Is with Us, Part II: The Processing Pathway for Painful Experiences and the Definition of Psychological Trauma』, kclehman.com 에서 찾을 수 있다.

thrivetoday.org.thrivetoday.org 에서 스라이브 컨퍼런스에 대해 자세히 알아보라.

진정 운동, 의도적인 감상 및 조정에 대한 자세한 설명은 『자신을 능가하기 Outsmarting Yourself』, 18 – 20장을 참조하라.

임마누엘 접근 방식을 통합하는 데 관심이 있는 그룹의 경우 훈련 자료, 무료 미디어, 에세이 등을 immanuelapproach.com에서 찾을 수 있다. 특히 에세이 "임마누엘 접근법에 관한 교육을 어디서/어떻게 받을 수 있을까"와 "감정 치유와 삶에 대한 임마누엘 접근법"을 보라. 하나님의 신실함에 대한 이야기를 떠올리고 하나님의 인도를 초대하며 뒤따르는 자발적인 생각을 목소리로 표현하는 등 임마누엘 삶의 기본 요소가 바로 구현될 수 있다. 정서적 치유 세션을 용이하게 하기 위해, 리먼 라이브 사역 시리즈 비디오를 모델로 한 세션을 보거나, 이상적으로는, 직접 보는 것이 도움이 된다. 아마도 배우는 가장 좋은 방법은 그 접근법에 능숙한 사람과 함께 당신 자신의 치유 여행을 하는 것일 것이다.

25. 공동의 일과 사역 개발

경제적 "그리스도의 몸으로 표시되는 공간"을 여는 것에 대한 윌리엄 캐버노의 인용문은 그의 *Being Consumed: Economics and Christian Desire* Grand Rapid: Eerdmans, 2008, viii에서 찾을 수 있다.

27. 책임지기　방문 및 공동체 협회

마리아의 사촌 엘리사벳의 방문, 도로시 데이의피터모린과의 변화된 만남, 페레 토마스로부터 온 라르쉬 공동체에 대한 장 바니에의 영감에 대한 헨리 나우웬의 성찰은 『새벽으로 가는 길』, p.101에서 찾을 수 있다.

28. 홈 기반으로부터 새로운 공동체를 만들고 육성하기

도로시 소얼의 출산과 사회적 변화에 따른 고통과 고통의 결실에 대한 논평은 *Against the Wind: Memoir of a Radical Christian* Minneapolis: Fortress, 1995, p.78 - 79에서 찾을 수 있다.

장 바니에는 『공동체와 성장』, p.76에서 기존 공동체의 "종교적" 베테랑들이 라르쉬 그룹을 새로 형성하는 데 제공한 지원을 지지한다.

29. 뛰어난 재능을 가진 사람들과 복종에의 도전

악마와 그녀의 불안한 영적 조언자에 대한 아빌라의 테레사의 논평은 *The Book of My Life*, Mirabai Starr 역, Boston: New Seeds, 2007 25장에 나온다.

존 하워드 요더의 위법 행위와 그에 대한 메노나이트 교회의 징계에 대한 가장 완전한 보고서는 톰 프라이스가 1992년 7월 12일자 엘크하트 트루스The Elkhart Truth에 쓴 일련의 기사와 그 이후 기사에서 찾을 수 있다. 아메리칸 내셔널 바이오그래피 온라인은 요더의 삶에서 이 연장된 에피소드에 대해 다음과 같이 보도한다. "1990년대의 성적 부정에 대한 주장이 표면화되는 동안, 1992년 메노나이트 교회의 인디애나-미시건 회의는 요더의 목사 자격을 정지시켰다. 메노나이트 교회에서 국가 지도자 위치에 있는 여덟 명의 여성이 그를 위법 혐의로 고소했다. 요더는 그들의 고발에 이의를 제기하지 않을 만큼 충분한 진실이 있다는 것을 인정했다. 그는 치료뿐만 아니라 관련된 모든 여성들에 대한 사과를 포함한 매우 길고 힘든 치료 과정에 충실하게 굴복했다. 997년에 그는 메노나이트 교회에서의 그의 직위가 복권되었다."

이 일은 같은 해 12월 그가 사망하기 불과 몇 달 전에 일어났다.

"우리 마음의 황혼 지대"를 들여다보고 우리가 볼 수 없는 것을 볼 수 있는 친구의 중요성에 관한 헨리 나우웬의 의견은 *Bread for the Journey*: *A Daybook of Wisdom and Faith*San Francisco: HarperSanFrancisco, 1997, 3월 14일에 나온다. 머튼의 복종의 자유에 대한 표현은 바질 페닝턴, 토마스 머튼의 *My Brother*: *The Quest for True Freedom*Grand Rapids: Zondervan, 1990과 Maryknoll, NY: Orbis, 1991에서 왔다.

결론

짐 포레스트의 팔복에서 사용된 "복이 있다"의 어원은 *The Ladder of the Beatitudes*Maryknoll, NY: Orbis, 1999, p.20에서 왔다.

잉글우드 그리스도교 교회가 의도된 그리스도인 공동체로 거듭난 이야기는 C. 크리스토퍼 스미스의, *The Virtue of Dialogue*: *Conversation as a Hopeful Practice of Church Communities, Kindle edition* Englewood, CO: Patheos Press, 2012이 들려준다.

추천도서

Alexander, John. *The Secular Squeeze: Reclaiming Christian Depth in a Shallow World*. Downers Grove, IL: InterVarsity Press, 1993. The author, from the Church of the Sojourners in San Francisco, critiques the secular American culture as flat, boring, devoid of challenges worthy of a life. Jesus's story and call has the power to break through to relationships of depth and mystery.

-----. *Stop Going to Church and Become the Church*. See chapter 21 above for a fuller description of this unpublished book in the hands of the Church of the Sojourners community, who can be contacted at churchofthesojourners .wordpress.com/.

Berry, Wendell. *Sex, Economy, Freedom and Community*. New York: Random House, 1993. A diverse collection of writings from America's master essayist on the deterioration of our natural environment, communities, and moral character, along with some insightful cures that arise from deep roots in biblical practice and reflection.

Bonhoeffer, Dietrich. *Life Together*. New York: HarperCollins, 1954. First published in German in 1939; first published in English in 1954. Various editions. Growing out of Bonhoeffer's communal experience in an "underground seminary" during the rise of Nazism, this is a classic, seminal book for anyone interested in the biblical basis for forming intentional community. 『성도의 공동생활』, 정현숙 옮김, 복있는사람 역간.

Bruggemann, Walter. *The Prophetic Imagination*. 2nd ed. Minneapolis: Fortress Press, 2001. Bruggemann surveys the prophetic tradition from Moses through Jesus, illustrating how prophets, both biblical and contemporary, expand our imagination to see oppression for what it is and to empower alternative communities of justice and creative resistance. 『예언자적 상상력』, 김기철 옮김, 복있는사람 역간.

Cavanaugh, William. *Being Consumed: Economics and Christian Desire*. Grand Rapids: Eerdmans, 2008. The author provides a trenchant critique of the way the consumer economy consumes us. This is in contrast to the Christian story in which our desires are rightly ordered toward the kingdom of God as we partake of the Eucharist by which we, paradoxically and miraculously, become Christ, whom we have consumed. Gripping economics and theology!

Christian, Diana Leaf. *Creating a Life Together: Practical Tools to Grow Ecovillages and Intentional Communities*. Gabriola Island, BC: New Society Publishers 2003. A nuts-and-bolts manual for building intentional community based upon secular examples. Christians will find a lot of technical usefulness in this book, although the purpose and motivations for community are fundamentally different.

Claiborne, Shane. *The Irresistible Revolution*: Living as an Ordinary Radical. Grand Rapids, MI: Zondervan, 2006. This book has inspired thousands of young people of all ages to question their status quo Christianity and swelled the ranks of a movement seeking to live the life of Jesus in Christian community among the poor, as modeled by the author and his community in North Philadelphia, The Simple Way. 『믿음은 행동이 증명한다 』, 배응준 옮김, 아바서원 역간.

Claiborne, Shane, Jonathan Wilson-Hartgrove, and Enuma Okoro. *Common Prayer*: *A Liturgy for Ordinary Radicals*. Grand Rapids: Zondervan, 2010. This book has been responsible for introducing a younger generation to faithful daily liturgical prayer as an undergirding for prophetic community life and witness. Reissued in 2012 as a condensed paperback pocket edition.

Claiborne, Shane, and Chris Haw. *Jesus for President*. Grand Rapids: Zondervan, 2008. Published during the 2008 election campaign, Jesus for President helps readers imagine how they can participate in Jesus's politics of radical love that transforms this world into the kingdom of God. 『대통령 예수 』, 이주일 옮김, 죠이북스 역간.

Duin, Julia. *Days of Fire and Glory: The Rise and Fall of a Charismatic Community*. Baltimore: Crossland Press, 2009. In the early 1970s the Church of the Redeemer in Houston, under the leadership of Graham Pulkingham, was the scene of Holy Spirit signs and wonders, miraculous healings, an outpouring of new songs and forms of worship, with many families relocating into the inner city for household ministry. But within a decade the rector was confronted with his sexual misconduct and most of the ministries had fallen apart. Julia Duin, both a journalist and a participant in the church, examines what happened.

Erlander, Daniel. *Manna and Mercy: A Brief History of God's Unfolding Promise to Mend the Entire Universe*. Minneapolis: Augsburg Fortress, 2007. Illustrated to look like a child's coloring book, this quirky biblical narrative engages children of all ages to reflect on how God inspires courageous food sharing and radical forgiveness, which calls together communities of resistance to the domination systems of our world.

Friesen, James, et al. *The Life Model: Living from the Heart Jesus Gave You*. Pasadena: Shepherd's House, 2000. Built on earlier versions of this book by James

Wilder, this packed edition outlines practical steps to healing from life's traumas and growth to maturity in stages involving both personal and community collaboration.

Gandhi, Mohandas. *The Story of My Experiments with Truth*. Boston: Beacon Press, 1957. Many other editions as well. Originally written in serial form for Gandhi's newspaper, Young India, in the 1920s, this classic story of Gandhi's life tells of his personal and social experiments that developed many new strategies of nonviolent direct action for justice, social change, and reconciliation based on the ancient truths in most religions, but especially in Jesus's Sermon on the Mount.

Hays, Richard. *The Moral Vision of the New Testament: Community, Cross, and New Creation. A Contemporary Introduction to New Testament Ethics*. New York: HarperCollins, 1996. This master scholar demonstrates a unified vision of ethics in the New Testament under the themes of community, cross, and new creation. Reflecting Hays's formative experience in Christian intentional community, this book examines key twentieth-century ethicists according to the fruit of their writings in the church communities they inspired. 『신약의 윤리적 비전』, 유승원 옮김, IVP 역간.

Jackson, Dave, and Neta Jackson. *Living Together in a World Falling Apart*. Carol Stream, IL: Creation House, 1974. This classic intentional community handbook features a dozen community visits from the movement a generation ago. The book was reissued in 2009 with further reflections by the authors.

Janzen, David. *Fire, Salt, and Peace: Intentional Christian Communities Alive in North America*. Evanston, IL: Shalom Mission Communities, 1996. Contains profiles of thirty intentional communities some of which no longer exist along with essays on the history of the movement.

Jeschke, Marlin. *Discipling in the Church: Recovering a Ministry of the Gospel*. Harrisonburg, VA: Herald Press, 1988. Advocating a return to church discipline, Marlin Jeschke goes to the classic text on the subject, Matthew 18:15-18, and demonstrates the value of this neglected practice for restoring lives and reconciling relationships in communities of integrity.

Lee, Dallas. *Cotton Patch Evidence: The Story of Clarence Jordan and the Koinonia Farm Experiment 1942-1970* Americus, GA: Koinonia Partners, 1971. Dallas Lee tells the story of the first thirty years of this community of blacks and whites sharing common work and a common table in southern Georgia, despite violent attacks and a countywide boycott. The title refers to Clarence Jordan's "Cotton Patch Gospel" translation of the Greek into Southern vernacular, as the community itself was a translation of New Testament koinonia "sharing" into the local context.

Lehman, Karl. *Outsmarting Yourself: Catching the Past Invading the Present and*

What to Do about It. Libertyville, MO: This JOY! Books   A Division of Three Cord Ministries, 2011. Contains a wealth of stories from guided inner healing sessions with explanations of what is happening from brain science research, psychiatry, and broad experience of the Immanuel Healing Approach. The book contains references to further training opportunities for small group and community leaders.

Linn, Dennis, and Matthew Linn. *Healing of Memories: Prayer and Confession Steps to Inner Healing*. New York: Paulist Press, 1974. The Linn brothers have written a series of trustworthy Christ-centered books on healing of life's hurts. This small book outlines six steps of healing of painful memories through gratitude and forgiveness resulting in new and liberated behaviors.

Lohfink, Gerhard. *Does God Need the Church: Toward a Theology of the People of God*. Translated by Linda M. Maloney. Collegeville, MN: Liturgical Press, 1999. Late in life, this mature biblical scholar found and joined the intentional community called the Katholische Integrierte Gemeinde. He plumbs the reasons for the historic European church's collapse and concludes that the faith can only survive by a return to New Testament communal commitments, selling all to follow Jesus.

Longacre, Doris Janzen. *Living More with Less*. Harrisonburg, VA: Herald Press, 2010. Written in 1979, before the current wave of awareness that the world cannot afford the American Dream, this book is full of practical counsel about how Christians around the world live with more justice, simplicity, and joy, and with less of the stuff that clutters our spirits and our landfills. Buy the Thirtieth Anniversary reissue of this book with additional essays updating the relevance of this witness.

Merton, Thomas. *Contemplation in a World of Action*. Notre Dame: University of Notre Dame Press, 1999. Restored and corrected from the original 1971 edition. Merton maintained correspondence with many friends engaged in the civil rights and antiwar movement. In this series of essays he establishes the deep connection between sustained prophetic action and contemplation where we meet God and our true identity that cannot be shaken.

-----. *The Seven Storey Mountain*. Boston: Harcourt Brace, 1948. An improbable bestselling autobiography of a young man who left behind a promising literary career and college teaching post to enter the Abbey of Gethsemani in rural Kentucky. Time magazine said it "redefined the image of monasticism and made the concept of saintliness accessible to moderns." 『칠층산』, 정진석 옮김, 바오로딸 역간.

Miller, John. *The Way of Love*. Evanston, IL: Reba Place Fellowship, 1960. This pamphlet by a Reba founder outlines a few core practices shared finances, living in proximity, reconciled relationships, etc. that express and sustain a common life in the way of love as taught by Jesus. Reprinted edition 2000 available from rebaplacefellowship.org.

Mosley, Don. *Faith beyond Borders: Doing Justice in a Dangerous World*. Nashville: Abingdon, 2010. Mosley has written of his lifelong efforts to live the Sermon on the Mount in the context of Jubilee Partners community, Habitat for Humanity's beginnings, the Fuller Center for Housing, and other courageous partnerships, demonstrating the power of the gospel around the world to break through in reconciliation with folks whom the powers have made into our enemies.『국경을 초월해 집짓는 사람들』, G12프로젝트 옮김, 대장간 역간.

Nouwen, Henri. *The Inner Voice of Love: A Journey through Anguish to Freedom*. New York: Doubleday, 1996. This is the unsparingly honest and painful journal of a widely respected spiritual counselor and priest as he struggled with his celibate commitment and need for love, a need that only God could fill.『마음에서 들려오는 사랑의 소리』, 한정아 옮김, 바오로딸 역간.

------. *Making All Things New and Other Classics*. London: HarperCollins, 2000. This is a reprint of earlier works by Nouwen including A Letter of Consolation and The Living Reminder. In the lead essay, Nouwen awakens in the reader a hunger for God's presence through the practices of prayerful solitude in community.『모든 것을 새롭게』, 윤종석 옮김, 두란노 역간.

------. *The Road to Daybreak: A Spiritual Journey*. New York: Doubleday, 1988. Nouwen's intimate diary of the journey of personal transformation from the pinnacle of academic achievement to a life shared in community with persons with mental disabilities who reveal Jesus to this masterful writer with a troubled soul.『데이브레이크로 가는 길』, 최종훈 옮김, 포이에마 역간.

------. *The Way of the Heart: Desert Spirituality and Contemporary Ministry*. New York: Ballantine, 1981. Drawing on the witness of the Desert Fathers, Nouwen introduces us to the role of silence, solitude, and prayer, centering us in God for effective ministry.『마음의 길』, 윤종석 옮김, 두란노 역간.

Pennington, Basil. Thomas Merton, *My Brother: The Quest for True Freedom*. Grand Rapids: Zondervan, 1990. Written by a spiritual master who shared Merton's monastic life, this book contains memories from fellow monks and analyses of Merton's engagement with monastic authorities, contemporary social issues, friends from around the world, and Merton's discovery of freedom through crucifixion of the false self.

Pollan, Michael. *Food Rules: An Eater's Manual*. New York: Penguin, 2009. A boiled-down version of the Omnivore's Dilemma arguments with easy-to-remember rules about what to eat such as "Eat food. Not too much. Mostly plants."

------. *The Omnivore's Dilemma: A Natural History of Four Meals*. New York:

Penguin Press, 2006. This popular author and activist examines the nutritional value along with social and ecological consequences of four ways of sourcing food: the current industrial system, the big organic operations, the local selfsufficient farm, and the hunter-gatherer. Controversial, enlightening, and disturbing for people dependent on large-scale food production operations.

Rice, Chris. *Grace Matters: A True Story of Race, Friendship, and Faith in the Heart of the South*. San Francisco: Jossey-Bass, 2002. White author Chris Rice tells of his seventeen-year friendship with African-American Spencer Perkins who died in 1998, in the interracial Antioch household affiliated with Voice of Calvary Ministries in Jackson, Mississippi. The struggles to sustain such a friendship and community reveal the painful shape of racism in our day and of the reconciliation possible by the grace of God.

Rutba House. *Schools for Conversion: 12 Marks of a New Monasticism*. Eugene, OR: Cascade Books, 2005. Includes essays by participants in a 2004 conference hosted by Rutba House, at which time these twelve marks were discerned and announced as something of a manifesto of newer intentional Christian communities. The essays were written by younger communitarians, scholars, and veterans of older communities.

Scandrette, Mark A. *Practicing the Way of Jesus: Life Together in the Kingdom of Love*. Downers Grove, IL: InterVarsity Press, 2011. An inspiring array of stories, practices, and group experiments introducing people to more radical ways of following Jesus. See a brief review of this book in chapter 8 above.

Shenk, Sara Wenger. *Why Not Celebrate*. Intercourse, PA: Good Books, 1987. This excellent book about families and celebrations in community is, unfortunately, out of print.

Smith, C. Christopher. *The Virtue of Dialogue: Conversation as a Hopeful Practice of Church Communities*. Englewood, CO: Patheos. Kindle edition, 2011. It took several years of patient conversation in which people yelled, walked out, cried, and listened to the wounds of a broken and declining congregation till a core of folks at Englewood Christian Church bonded in a holy love for each other and began to invest in intentional community and many surprising ministries of community renewal. Chris Smith tells the ugly and tender story of Holy Spirit renewal in North Indianapolis.

Soelle, Dorothee. *Against the Wind: Memoir of a Radical Christian*. Minneapolis: Fortress, 1995. Activist and theologian Dorothee Soelle combines stories, passionate action, and top-notch scholarship about peacemaking, feminism, and hope for a more radical grassroots church.

Stringham, Jim. *God Wants to Speak to You. Are You Listening?* This pamphlet by a former China missionary and psychiatrist shares his experiences and counsel on how to "listen to the Lord" like Moses, Samuel, and Paul with pen and journal in hand Available from carepkg.org.

Teresa of Ávila. *The Book of My Life*. Translated by Mirabai Starr. Boston: New Seeds, 2007. See discussion of this book in chapter 29 above.

Vanier, Jean. *Community and Growth*. Mahwah, NJ: Paulist Press, 1989. This is the "Bible" of Christian intentional community resources, full of wise counsel from the founder of L'Arche communities centered on core members with mental disabilities, but applicable to all types of intentional communities. Be sure you get the second edition, which is much expanded over the first printing in 1979.

Wilson-Hartgrove, Jonathan. *The Wisdom of Stability: Rooting Faith in a Mobile Culture*. Brewster, MA: Paraclete Press, 2010. In the context of his community, Rutba House, and the black neighborhood of Walltown in Durham, North Carolina, Wilson-Hartgrove digs up the lessons of stability tested by monastic communities in all ages: by staying put rather than fleeing difficult relationships, we see God's power to transform ourselves and our neighborhoods as we learn patience, peacemaking, and forgiveness. 『페이스북 영성이 우리를 구원할까?』, 최요한 옮김, 홍성사 역간.

Wright, N. T. *After You Believe: Why Christian Character Matters*. San Francisco: HarperOne, 2010. Wright argues that the Christian life between conversion and funeral is neither about keeping rules nor about being spontaneous, but a process of practicing the Christian virtues until they become our second nature. 『그리스도인의 미덕』, 홍병룡 옮김, 포이에마 역간.

Yoder, John Howard. *Body Politics: Five Practices of the Christian Community before the Watching World*. Nashville: Discipleship Resources, 2001. This gem of a book, in only eighty pages, examines essential ecclesial practices described by the New Testament, and in so doing recovers the communal character of the "sacraments" as practiced by the early church, and largely ignored by contemporary Christianity. 『교회, 그 몸의 정치-우리를 지켜보는 세상 앞에서 기독교 공동체가 해야 할 다섯 가지 실천사항』김복기 옮김, 대장간 역간.

-----. *The Politics of Jesus*. Grand Rapids: Eerdmans, 1972. No one makes the case better for the radical, consistent nonviolence of the Gospels, the epistles, and Revelation than John Howard Yoder. This book may be the most influential contribution to theological ethics of the twentieth century. 『예수의 정치학』 신원하 권연경 옮김, 알맹e 역간.

Zwick, Mark, and Louise Zwick. *Mercy without Borders: The Catholic Worker and Immigration*. Mahwah, NJ: Paulist Press, 2010. Through the eyes and voices of refugees fleeing violence and destitution from south of the border, Mark and Louise Zwick tell the story of welcome that these waves of immigrants have found in the Houston Catholic Worker community, Casa Juan Diego. Seeing the face of Jesus in the poor cancels out any judgments we might have about their right to seek a better life among us.